# 한경지략

漢京識略

# 한경지략

漢京識略

## 19세기 서울의 풍경과 풍속

유본예 저 ┃ 장지연 역해

규장각
새로 읽는
우리 고전
023

아카넷

# '규장각 고전 총서' 발간에 부쳐

고전은 과거의 텍스트이지만 현재에도 의미 있게 읽힐 수 있는 것을 이른다. 고전이라 하면 사서삼경과 같은 경서, 사기나 한서와 같은 역사서, 노자나 장자, 한비자와 같은 제자서를 떠올린다. 이들은 중국의 고전인 동시에 동아시아의 고전으로 군림하여 수백 수천 년 동안 그 지위를 잃지 않았지만, 때로는 자신을 수양하는 바탕으로, 때로는 입신양명을 위한 과거 공부의 교재로, 때로는 동아시아를 관통하는 글쓰기의 전범으로, 시대와 사람에 따라 그 의미는 동일하지 않았다. 지금은 이들 고전이 주로 세상을 보는 눈을 밝게 하고 마음을 다스리는 방편으로서 읽히니 그 의미가 다시 달라졌다.

그러면 동아시아 공동의 고전이 아닌 우리의 고전은 어떤 것이고 그 가치는 무엇인가? 여기에 대한 답은 쉽지 않다. 중국 중심의 보편적 가치를 지향하던 전통 시대, 동아시아 공동의 고전이 아닌 조선의 고전이 따로 필요하지 않았기에 고전의 권위를 누릴 수 있었던 우리의 책은 많지 않았다. 이 점에서 우리나라에서 고전은 절로 존재하였던 과거형이 아니라 새롭게 찾아 현재적 가치를 부여하면서 그 권위가 형성되는 진행형이라 하겠다.

　서울대학교 규장각한국학연구원은 법고창신의 정신으로 고전을 연구하는 기관이다. 수많은 고서 더미에서 법고창신의 정신을 살릴 수 있는 텍스트를 찾아 현재적 가치를 부여함으로써 새로운 고전을 만들어가는 일을 하여야 한다. 그간 이러한 사명을 잊은 것은 아니지만, 기초적인 연구를 우선할 수밖에 없는 현실로 인하여 우리 고전의 가치를 찾아 새롭게 읽어주는 일을 그다지 많이 하지 못하였다. 이제 이 일을 더 미룰 수 없어 규장각한국학연구원에서는 그간 한국학술사 발전에 큰 기여를 한 대우재단의 도움을 받아 '규장각 새로 읽는 우리 고전 총서'를 기획하였다. 그 핵심은 이러하다.

　현재적 의미가 있다 하더라도 고전은 여전히 과거의 글이다. 현재는 그 글이 만들어진 때와는 완전히 다른 세상이다. 더구나 대부분의 고전은 글 자체도 한문으로 되어 있다. 과거의 글을 현재에 읽힐 수 있도록 하자면 현대어로 번역하는 일은 기본이고, 더 나아가 그 글이 어떠한 의미가 있는지를 꼼꼼하고 친절하게 풀어주어야 한다. 우리 시대 지성인의 우리 고전에 대한 갈구를 이렇게 접근하고자 한다.

'규장각 새로 읽는 우리 고전 총서'는 단순한 텍스트의 번역을 넘어 깊이 있는 학술 번역으로 나아가고자 한다. 필자의 개인적 역량에다 학계의 연구 성과를 더하여, 텍스트의 번역과 동시에 해당 주제를 통관하는 하나의 학술사, 혹은 문화사를 지향할 것이다. 이를 통하여 우리의 고전이 동아시아의 고전, 혹은 세계의 고전으로 발돋움할 수 있기를 기대한다.

기획위원을 대표하여 이종묵이 쓰다.

# 차례

✿

**일러두기**

1. 이 책은 서울대학교 규장각한국학연구원 소장 『한경지략』(가람古 915.11-Y9h-v.1-2, 가람본)을 저본으로 하고 고려대본, 존경각본, 역박본을 참고하여 번역하였다.

2. 저자는 항목명, 내용, 안설의 형식으로 저술하였는데, 저자가 붙인 해설인 案, 謹案 등은 모두 "안설"이라 붙였으며, 역주 해설은 ✿ 아래 달았다.

3. 송신용이 가람본에 단 두주는 원문이나 번역으로 반영하지는 않은 대신 해설에서 풀어서 서술하였다.

4. 원문은 필사본이라 오탈자가 적지 않았는데, 오탈자의 경우 다른 필사본이나 인용 서목 등의 원문과 비교하여 원문에서 교정하고 각주로 교감 내용을 서술하였다.

5. 들쭉날쭉한 항목의 위계는 조정하였다.

6. 저자는 인용을 한 부분의 끝을 분명히 하기 위해 [止此]라는 표현을 붙였는데, 원문에는 그대로 두되 번역에서는 빼고 줄바꿈을 하였다.

7. 원문에 간지로 나온 연도는 서기(왕력)로 바꾸어 번역하였다.

8. 황명(皇明), 천사(天使) 등 당대의 위계를 반영한 표현은 명, 명나라 사신 등으로 바꾸었다. 이러한 위계 표현은 그 자체로 큰 의미가 있으나 원문이 부기되어 있으므로 이를 참고하도록 하고, 번역에서는 가독성과 일관성을 중시하여 위계성을 제거한 표현으로 통일하였다.

# 『한경지략』, 19세기 경화인(京華人)의 자기 기록

　『한경지략』은 19세기 인물인 유본예(柳本藝, 1777~1842)가 편찬한 지리지이다. 한성 관련 지리지는 16세기 간행된『신증동국여지승람』(이하『승람』) 이후 19세기『한경지략』이 편찬되기 전까지 단독으로 증보되거나 새로 편찬된 적이 없었다. 다른 지역의 지리지는 17세기 이후 여러 차례 증보되고 사적으로 편찬된 적이 있다는 점에 비추어보면 특이하다고 할 만하다.

　『한경지략』은 한성만을 독립적으로 다룬, 얼마 안 되는 지리지이자 19세기 당대성이 살아 있다는 점 때문에 일찌감치 그 사료적 가치를 평가받아 왔다. 1956년 서울특별시사편찬위원회에서 가람 이병기가 소장하고 있던 필사본『한경지략』을 서울사료총서의 두 번째 책으로 표점을 붙여 영인한 것은 이러한 배경에서 비롯한 것이었다.[1] 이 표점·영인본의 이미지는 현재 서울역사편찬원 사이트에서, 가람 이병기 기증 원본의 이미지는 서울대학교 규장각한국학연구원 사이트에서 볼 수 있다. 1973년에는 권태익이 이 영인본을 저본으로 번역한 책이 출판되었고, 이는 2016년 개정판으로 다시 출간되기도 하였다.[2] 대체로 1956년 영인본이 출간된 이래 1973년 번역본까지 저본의 변화나 새로운 번역 등이 없이 현재까지 그대로 유통되어 온 셈이다.[3]

---

1  서울특별시사편찬위원회, 1956,『한경지략』(서울사료총서2), 서울특별시사편찬위원회. 『한경지략』 영인본에서는 일부 명백한 오류를 수정하고 표점을 달았다. 2000년 목차를 가로쓰기로 바꾸고 해제를 단 개정판이 나왔는데, 내용은 바뀌지 않았다. 가람 이병기 소장본에는 책쾌 송신용이 두주를 단 곳이 있었는데, 영인본에서는 이 두주를 삭제하였으며, 교감한 글자를 두주로 표시한 교감주 같은 경우에도, 글자 자체를 본문에 반영하여 출간해 버려서 교감 여부를 확인할 수 없다. 서울역사편찬원 사이트의 원문 이미지는 영인본 이미지이기 때문에 두주나 교감 내역을 확인할 수 없으나, 규장각한국학연구원 사이트에서는 원 책의 이미지를 제공하고 있어서 원본의 상태대로 확인할 수 있다. 규장각 소장 가람본에는 여백에 연필로 알아보기 힘들거나 이상한 글자를 다시 쓴 흔적도 있는데, 아마도 영인본 출간 당시의 흔적인 듯하다. 영인본이 원문의 내용을 훼손하지는 않았지만 이렇듯 여러 부분에서 손을 보았기 때문에 유의할 필요가 있다.

2  유본예 저/권태익 역, 1973,『한경지략』, 탐구당(2016 탐구당). 2016년 개정판은 세로쓰기를 가로쓰기로 바꾸고 한자를 줄여 가독성을 높이고 부록으로 넣은 유적지 주소를 약간 수정한 것 외에 큰 변화는 없다.

3  이 책의 마지막 교정을 며칠 앞두고 새로운 역주본이 출간되었다는 소식을 알게 되었다.(박현욱, 2020,『역주 한경지략 – 조선시대 서울의 역사지리지』, 민속원)

『한경지략』은 4종의 필사본이 알려져 있다. 이 중 서울대학교 규장각한국학연구원 소장 가람 이병기 기증본이 일찌감치 영인되면서 가장 많이 알려져 있으며(이하 '가람본'), 이 외 고려대학교 중앙도서관 한적실(이하 '고려대본'), 성균관대학교 존경각(이하 '존경각본'), 그리고 서울역사박물관(이하 '역박본')에 소장된 본이 있다. 필사본의 서지적 측면을 비교한 박현욱은 이 중 가람본과 고려대본을 같은 계통으로 보았다. 서적 중개상 송신용(宋申用)[4]이 같은 저본을 필사하였거나 고려대본을 바탕으로 가람본을 필사했으며, 가람본에만 있는 두주 등은 고려대본 필사 후 송신용이 추가한 것이라 보았다.[5] 이 두 본이 같은 계통이라는 점은 분명하나, 필사의 선후는 확정하기 힘들다. 가람본에서 두주나 첨자로 교정하라고 표시한 부분들이 고려대본에서는 수정되어 본문에 반영된 경우들이 있으며 가람본에 송신용이 두주를 더 첨가했던 것을 볼 때, 가람본을 먼저 필사하고 이를 바탕으로 고려대본을 정서하고 가람본은 이후 저본으로 계속 활용했을 가능성도 배제할 수 없기 때문이다.[6]

한편 존경각본은 다른 본들이 모두 괘선이 없는 용지를 사용한 것에 비해 사주쌍변(四周雙邊)에 상이엽화문어미(上二葉花紋魚尾)가 찍힌 종이를 사용하여 좀 더 신경을 써서 필사한 것으로 보인다. 두주는 궐외

---

4  가람 이병기에게 『한경지략』을 판 서적 중개상 송신용에 대해서는 이민희의 연구가 있다.(이민희, 2009, 「서적 중개상 宋申用 연구」, 『고소설연구』 27, 한국고소설학회; 2015 『마지막 서적중개상 송신용 연구』, 보고사)

5  박현욱, 2008, 「『한경지략』의 저자와 현존 제본에 대하여」 『도시역사문화』, 123쪽.

6  가람본에는 1942년에 기입된 두주가, 고려대본에는 1937년에 기입된 두주가 있다.

각사의 성균관 항목에서 나이준(羅以俊) 관련 서술을 한 것 외에는 없어 필사자의 흔적도 거의 드러나지 않는다. 또한 가람본과 고려대본이 궐외각사의 성균관 항목, 상동 항목 등에서 범하고 있는 오류나 빠진 구절들을 수정하고 있다는 점에서 볼 때 내용상 충실한 편이다. 그러나 여러 사람이 필사하여 필체와 같은 형태적 일관성은 떨어진다.

역박본은 다른 본과 형태상 차이가 크다. 다른 본이 2권 2책으로 구성된 것에 비해, 역박본은 2권 1책(상·하책 합본)으로 구성되어 있으며, 먹의 사용, 글씨체나 책의 크기도 다른 본과 확연히 다르다. 이에 비하면 존경각본은 고려대본이나 가람본과 비슷한 편이다. 역박본은 다른 본보다 오탈자가 많은 편이지만 다른 본보다 고졸한 필체와 서지 형태를 가지고 있다는 점에서 의미가 있다.

『한경지략』의 저술 시기는 1830년(순조 30)~1842년(헌종 8) 사이로 추정된다. 이 책의 서문이 1830년(순조 30)에 저술되었기 때문에 일반적으로 1830년을 저술 시점으로 보지만, 본문 내용 중에 1830년 이후 사실이나 표현이 기재되어 있어 서문 저술 이후에도 저자가 추가나 보완을 했던 것으로 추정된다. 1830년 이후 기록된 것으로는 1831년(순조 31)의 경희궁 수리 기록이라든가 1833년(순조 33)의 준천 등을 들 수 있다. 또한 장용영 항목(권2)에는 '순종'이라는 시호가, 경우궁 항목에는 '순조'라는 시호가 등장하고 있어서 순조 사후에 본문이 추가되었음을 알 수 있다. 이 중에서 순종에서 순조로 묘호가 격상된 것은 1857년(철종 8)이며 유본예의 몰년은 1842년이므로 이 부분은 유본예 사후 추가된 것으로 보인다. 본문에 추가된 1830년대 이후의 사실들은 판본에 상관

없이 거의 동일하게 들어가 있고 유본예의 몰년에 비추어볼 때 유본예 본인이 추가한 것으로 추정된다. 다만 경우궁 항목(권1)의 '순조를 낳았다'는 내용은 유본예 사후의 표현이며 본문이 아니라 세주로 달린 것이어서 필사 과정에서 첨가되었을 가능성이 크다.[7]

## 유본예의 생애와 편찬 동기

『한경지략』의 서문에서 저자는 스스로를 수헌거사(樹軒居士)라 밝혔다. 이에 대해서는 송신용이 이조묵(李祖默)이라고 본 적도 있었으나, 소장자였던 가람 이병기가 유득공(柳得恭, 1748~1807)의 아들인 유본예라고 주기를 단 이래 대부분 동의하고 있었다. 본문에 인용된 아버지의 시가 유득공의 작품이며, 교서관동(권2)에 대해 자신의 집안이 이곳에 오래 살았으며 아버지가 고운(古芸)이라는 호를 사용했다는 내용이 주요 근거가 되었다.

아버지 유득공에 비해 유본예에 대해서는 알려진 사실이 적었으나, 근래 유본예의 문집인 『수헌집(樹軒集)』이 알려지며 저자에 대한 연구가 심화될 수 있었다.[8] 이에 따르면, 유본예(자는 季行, 호는 樹軒, 본관 文化)는 1777년(정조 1) 교서관동의 집에서 유득공과 전주 이씨 사이의 2남 2

---

7   박현욱, 위의 논문, 126~130쪽.
8   김현정, 2008, 「19세기 초반 조선지식인의 서울인식과 朝鮮中華儀式─柳本藝의『한경지략』을 중심으로」, 서울시립대 국사학과 석사논문.

녀 중 둘째 아들로 태어났다. 1792년경 청주 한씨와 혼인하였는데, 부인인 청주 한씨는 『해동역사』를 지은 한치윤(韓致奫, 1765~1814)의 형 한치규(韓致奎, 1756~1789)의 딸이다.

유본예의 집안은 광해군대에 판서를 지낸 유잠(柳潛, ?~1576)의 후손이다. 유잠의 손녀가 바로 광해군비여서 손자인 유희분(柳希奮), 유희발(柳希發) 등은 광해군대에 상당한 권세를 누렸으나, 인조반정으로 집안이 몰락하며 이후에는 그다지 현달한 인물이 나오지 못하였다. 유본예는 『한경지략』에서 자기 집안을 살짝 소개는 하였지만 이에 대해 자세히 설명하지 않음으로써 선대의 치부를 감추었다. 각동(권2) 중 송현의 달성위옹주궁에 대한 서술을 보면, 이것이 원래 자신의 10대조인 판서공 유잠의 집으로 3대를 내려왔는데 달성위 서경주(徐景霌, 1579~1643)에게 넘어갔다고 하였다. 그 경위에 대해서는 설명하지 않고 야사에 전한다고만 하고 말았는데, 전후 사정을 볼 때 인조반정 후 유잠의 집이 적몰되었다가 이괄의 난 때 공을 세운 달성위에게 이 집이 내려진 것으로 보인다.

그다지 현달하지 못한 유잠의 후손 중에서도 유본예 가계는 그 고조부가 서자였기 때문에 관로에 한계가 있었다. 그러나 정조대에 규장각을 설치하면서 아버지 유득공은 비슷한 처지의 이덕무(李德懋, 1741~1793), 박제가(朴齊家, 1750~1805), 서이수(徐理修, 1749~1802) 등과 함께 검서관에 임명되어 규장각의 4검서로 꼽힐 정도로 많은 활동을 하였다. 유본예는 형인 유본학(柳本學)과 함께 1796년(정조 20) 서이수 등의 추천을 받아 검서관 취재에 응하였다. 바로 입격하지는 못하였으나, 형 유본학은 아버지의 공을 인정받아 검서관으로 임명되었고 유본예는 검서관의 일을 보조하였다. 유본예가 정식으로 검서관에 임명된 것은 8년 뒤인 1804년(순조 4)으로, 이후 사근찰방이나 단성현감 같은 외직을 지낸 몇 년을 제외하고는 인생의 대부분을 규장각 검서관으로 지냈다.[9] 그런 점에서 아버지 유득공만큼이나 유본예도 규장각과 떼려야 뗄 수 없는 인생을 살았다. 다만 아버지가 활동했던 때에 비해 상당히 위축된 규장각에서 일했다는 차이가 있다.

그는 아버지, 형, 본인 등 3명의 규장각 검서관이 자기 집안에서 나왔다는 점에 상당한 자부심을 가지고 있었으나, 규장각이 많이 위축된 순조 때에 검서관 활동을 한 그가 당대에 성취할 수 있는 것은 거의 없었다. 예를 들어, 정조대에 추진되었던 지리지 편찬도 중단되었는데, 1826년(순조 26) 『승람』을 수정, 보완해야 할 필요성을 제기하기도 했던 유본예 입장에서는 이러한 상황이 아쉬울 수밖에 없었을 것이다.[10] 이러한 상황에서 그는 자신의 당대에는 실현되지 못하더라도 이 책이 후대의 지리지 편찬 때 자료가 될 수 있기를 희망하였다.

『여지승람』에서는 동월의 「조선부」를 가장 먼저 싣고 우리나라 사람들의 제영도 많이 실었으나 사실들은 그다지 상세하지 않았다. 하물며 이 책은 중종조에 완성되어 지금까지 속편이 이루어질 겨를이 없었으니, 이

---

9  박현욱, 앞의 논문, 111~113쪽.

10 『樹軒集』, 雜著, 續成輿地勝覽議.

것은 흠이 되는 일이다. 혹 나중에 『승람』의 속편을 만들려고 하는 자가 내 책을 취하여 보충하였으면 하니, 이것이 곧 내 뜻이다.[11]

그는 기존 『승람』의 한계와 문제점을 지적하며 후대에 희망을 걸었는데, 이는 자신의 한계를 의식한 속에서 자기 작업에 의미를 부여하는 과정이었다.

유본예가 지리지 편찬을 시작하면서 그 대상을 한양으로 한정한 것은 자신이 서울 사람이라는 점을 강하게 의식하고 있었기 때문이다. 그는 다음과 같이 편찬 동기를 설명하였다.

나는 서울에서 나고 자라면서 스무 살 무렵부터 경성(京城)의 고사를 쓰는 것에 뜻을 두고 있어서, 책 중에서 이에 속하는 것이 있으면 일일이 뽑아서 기록을 해두었으나 책을 이루지는 못하였다. 또 20년 동안 비적을 교감하는 일에 분주하여 옛 공부를 버려둔 지가 오래되었다. 근래에 상자 속의 옛 원고를 보니 모아놓은 것이 죽순 묶어놓은 듯하여 스스로 분연히 그 옛날 뜻이 성취되지 못하였음을 개탄하였다.[12]

---

11 『漢京識略』 권1, 序 "輿地勝覽 首載董賦 又多載東人題咏 而事實則亦未詳悉 況此書成於 中宗朝 而至今未遑續成 寔爲欠典 或使後之續成勝覽者 取吾識略而補焉 則是吾志也"

12 『漢京識略』 권1, 序 "余生長輦轂之下 粤自弱冠 有志於京城故事 凡書籍中屬於斯者 一一箚 記 而未成書 又卄載奔走於秘籍校勘之職 舊學之蕪廢久矣 近日忽於巾篋中見舊草 戢戢如 束筍 自思奮然嘅惜其夙志之未就"

24

한양에 대한 고금의 정보를 담은 지리지를 편찬하려는 생각은 유본예가 젊을 때부터 가지고 있었는데, 이는 그가 경화인(京華人), 서울 사람으로서 자신의 정체성을 구축하고 있었기 때문이다. 이는 당대 경향분기(京鄉分岐)의 흐름 속에서 서울로 집중된 문화적 위상을 자각하고 있었다는 의미일 것이다.

이러한 문화적 위상은 지역으로서 서울이 발견되는 계기이기도 하였다. 서울은 근본적으로 지역성이 뚜렷지 않은 중앙이라는 정체성과 지방(local)으로서의 서울이라는 정체성이 중첩되어 있는 장소로서, 이 두 가지는 명쾌히 분리되지 않는다. 그런데 이 시기는 경향분기 흐름 속에 서울이 차별적 위상을 차지한다는 점 자체가 '지방(local) 서울'의 정체성을 구성하였다. 유득공의 『경도잡지(京都雜誌)』, 김매순(金邁淳, 1776~1840)의 『열양세시기(列陽歲時記)』가 모두 이 무렵 한양의 풍속을 대상으로 저술되었다는 점은 이러한 정체성에 대한 자각을 보여주는 것이다.

이렇듯 자기 출신지에 대한 지역적 정체성을 바탕으로 저술 의지를 다진 스무 살은 마침 그가 규장각 검서관 일을 돕기 시작하던 무렵이기도 하였다. 경화인으로서의 자각과 규장각 일을 도우면서 여러 자료를 접할 수 있을 것이라는 기대도 이러한 뜻을 세우는 데 영향을 주었을 것이다. 또한 아버지가 저술한 『경도잡지』도 서울 지역을 대상으로 지리지를 작성하겠다는 의지에 직간접적으로 영향을 주었을 것이다.

한편 유본예는 수도 한양에 대한 저술이 다른 나라 사람이 아니라 조선인에 의해 이루어져야 한다고 생각하였다.

우리 동방에 이르러서는 신라와 고려 이래로 모두 기록이 부족하지만, 고려 때 성과 궁궐의 제도는 서긍의 『고려도경』에서 그나마 찾아볼 수 있고, 우리 조정 궁전의 제도는 동월의 「조선부」에서 대략 볼 수 있다. 그러나 다른 나라 사신 하나가 한때 잠깐 보고 들은 것이 그 땅에서 살아온 원주민보다 낫겠는가?[13]

이 시기 여러 저술에서는 중국 자료에 좀 더 신뢰성을 부여하고 고증에 활용하는 일이 많았다.[14] 『한경지략』에서도 동월의 「조선부」는 상당히 비중 있게 인용하고 있기도 하다. 그럼에도 위에서 언급한 것처럼 원주민이 쓴 저술이라야 제대로 된 저술일 수 있을 것이라고 한 것은, 지리지식이야말로 현지에 밀착된 사람으로부터 비롯해야 한다는 인식에서 기인하였다. 그만큼 조선의 경화인인 자신이 의미 있는 저술을 남길 수 있다는 자신감을 보여주는 것이라고 하겠다. 서문의 첫머리에서 언급한 중국의 역대 수도를 읊은 유명 저술은 수도를 읊은 저작의 사례를 든 것이긴 하지만, 다른 한편으로는 자신의 저작이 그에 비견될 만한 저작이 될 수 있다는 야심을 비추는 것이기도 할 것이다.

---

13 위의 책, "至於我東 則自羅麗以下竝闕焉 麗朝城闕之制 僅考於徐兢高麗圖經 我朝宮殿之制 只因董越朝鮮賦而槪見 然則他邦价一時電邁之見聞 及勝於土着原居人乎"

14 개성 관련 지리지에서는 19세기 초반 『고려도경』을 전면적으로 활용하며 고적에 대한 고증이 일변하게 되는데, 이는 이 무렵 『고려도경』에 대한 관심도가 높아지며 그 내용에 높은 가치를 부여했기 때문이다.(장지연, 2011, 「조선시기 고려 법궁에 대한 지식의 변천」, 『규장각』 39, 23~25쪽)

## 저술의 특징

### 1) 『승람』 및 『문헌비고』와 비교

서문에서 유본예는 "『여지승람』을 주로 하되 오부의 경계 이내로 한정하였으며, 또 다른 책들을 곁다리로 찾고 직접 보고 들은 것 외에도 혹 노인들이나 박아한 여러 군자에게 질문하여"[15] 이 책을 저술하였다고 하였다. 서술의 기초는 『승람』에 두고 다른 책들을 참고하고, 이 외에 견문을 더하였다는 의미이다. 그러나 『승람』을 주로 하였다는 설명과는 달리, 『한경지략』은 구성과 체제에서 『승람』과 상당히 차이가 난다. 제일 눈에 띄는 차이는 경도와 한성부의 구분이 없어졌다는 점이다.

수도 한성에 대한 최초 지리지인 『세종실록』 지리지에서는 경도와 한성부의 구분이 없었으나, 『승람』에서는 경도와 한성부로 구분하여 서술하였다. 이는 『대명일통지(大明一統志)』의 체제를 수용한 것으로서, 경도편이 국가를 상징하는 추상적 실체를 담고 있다면 한성부편은 구체적인 지리적 실체를 서술한 것이었다.[16] 이후 19세기 말까지 편찬된 모든 지리지는 경도와 한성부의 구분을 유지하였는데, 오직 『한경지략』만 이

---

15 『漢京識略』 권1, 序.

16 장지연, 2013, 「조선 전기 개념어 분석을 통해 본 수도의 성격」, 『서울학연구』 52, 36~39쪽.

구분을 따르지 않고 있다.[17] 그런 점에서 이는 『한경지략』을 다른 지리지와 구별 짓는 가장 큰 특징이다. 『한경지략』은 권제 없이 권1과 권2로 구성되어 있는데, 이를 『승람』과 비교하면 아래 〈표 1〉과 같다.

〈표 1〉 『한경지략』과 『신증동국여지승람』 편목 비교

| 한경지략 | | 편목 간 이동 비교 | 신증동국여지승람 | |
|---|---|---|---|---|
| 권1 | 天文 | | | 권1, 京都上 |
| | 沿革○ | from 한성부 | | |
| | 形勝○ | from 한성부 | | |
| | | | 國都 | |
| | 城廓 | | 城廓 | |
| | 宮闕 | | 宮闕 | |
| | 壇 | 단묘가 단유와 묘전궁으로 나뉨 | 壇廟 | |
| | 廟殿宮 | | | |
| | 祠廟○ | from 한성부 | | |
| | 苑 | | 苑 | |
| | 宮室○ | from 한성부(누정도 수록) | | |
| | 闕內各司 | 카테고리 다름 | 文職公署 | 권2, 京都下 |
| 권2 | 闕外各司 | | 武職公署 | |
| | | | 建置沿革○ | |
| | | | 郡名● | |

---

17 김현정, 앞의 논문, 128쪽 표 3 참고.

| 한경지략 | 편목 간 이동 비교 | 신증동국여지승람 | |
|---|---|---|---|
| | | 姓氏● | |
| | | 形勝〇 | |
| | | 風俗● | |
| 驛院 | | | |
| 橋梁 | | | |
| 古跡 | | | |
| 山川(附 諸井藥泉) | | 山川 | |
| | | 烽燧● | |
| | | 宮室〇 | |
| | | 樓亭〇 | |
| | | 驛院 | 권3,<br>漢城府 |
| | | 橋梁 | |
| 名勝◎ | 한경지략에만 있음 | | |
| 各洞◎ | 한경지략에만 있음 | | |
| 市廛 | | 市街 | |
| | | 佛宇● | |
| | | 祠廟〇 | |
| | | 古跡 | |
| | | 名宦● | |
| | | 人物● | |
| | | 題詠● | |

〇 : 『신증동국여지승람』의 한성부에서 『한경지략』(권 1)으로 옮겨진 편목

● : 『신증동국여지승람』에는 있었으나 『한경지략』에는 없는 편목

◎ : 『한경지략』에만 있는 편목

위 표를 보면 『한경지략』의 구성이 『승람』과 사뭇 다르다는 점을 알 수 있다. 편목 중에는 권 순서가 바뀐 것이 많고, 『승람』에는 있었으나 『한경지략』에는 수록되지 않은 것도 많다. 또 관서 같은 경우에는 『승람』에서 문직과 무직으로 계통에 따라 구분했던 것에 비해, 『한경지략』에서는 궐 안과 궐 밖이라는 장소를 기준으로 구분하였다. 이는 사실상 기존의 서술 방식을 완전히 해체한 후 재구성한 것이다. 이렇게 새롭게 구성한 『한경지략』의 권차 구성은 장소의 성격을 기준으로 구분한 것으로 평가된다. 권1이 왕실과 국가 관련 장소로, 권2는 왕 이외 서울 사람들의 삶과 관련된 장소라는 것이다.[18]

『승람』에서는 왕실이나 국가의 제례처라 할지라도 국왕이나 경관(京官)이 제례를 드리며 국가 전체를 상징하는 장소와 해당 지역의 지역성이 의미를 지니는 장소를 구별하여, 전자는 경도에, 후자는 한성부에 수록하였다. 예를 들어 사직단, 풍운뇌우산천성황단, 선농단, 선잠단 등의 길례 수록 제단은 단유로 경도(권1 경도상)에 수록한 데 비해 백악신사, 목멱신사, 한강단 같은 제사처는 사묘로 한성부(권3)에 수록했다. 백악신사, 목멱신사, 한강단은 중악 및 명산대천 중 한성부 지역에 해당하는 제사처였다. 이는 제사처의 상징성이 국가에 관련되어 있는지, 지역에 국한되는지에 따른 구분이었다. 그러나 『한경지략』에서는 이러한 구분을 따르지 않고 해당 장소의 형식적 특성, 즉 단유인지, 묘전궁인지, 사묘인지를 가지고 구별하였다.

---

18 김현정, 앞의 논문, 130~131쪽.

한편『한경지략』과 비슷한 시기에 편찬된『도성지』에는 공간적으로는 한성과 무관한 화성행궁, 온양행궁 등이 수록되어 있다. 이는 국왕의 장소를 기입하였기 때문으로 추정되는데,『한경지략』에는 이들 장소는 포함되어 있지 않다. 유본예는 서문에서 이미 오부의 경계 이내로 서술 대상을 한정한다고 한 바 있어서,『한경지략』은 수도 한성이라는 지역적 경계 안에 포섭된 장소만 서술의 대상으로 삼되 해당 장소의 상징성과 활용자를 기준으로 권을 나누었다고 볼 수 있다.

이처럼『승람』의 체계를 벗어날 수 있었던 것은 유본예가 초록, 즉 메모를 바탕으로 저술하였기 때문으로 추정된다.[19] 한번 잡힌 체제를 바꾸는 것은 쉽지 않고 특히 관서처럼 문직과 무직의 구분을 궐내와 궐외로 바꾸는 것은 상당히 번거로운 작업이다. 관서뿐만 아니라 형승 편목 (권1) 같은 경우엔 편목명은 비록『승람』한성부(권3)의 형승 편목과 동일하지만 그 내용은 전혀 다르다.『한경지략』의 형승 편목에서 인용하고 있는『승람』부분 중 동월의「조선부」는 경도(권1)에서 가져왔으며『고려사』인용 부분은 한성부(권3)의 형승에서 가져왔다. 이처럼 서술 내용에 따라『승람』의 여기저기에서 몇몇 구절씩『승람』을 해체하여 배치하는 것은 꽤나 번거로울 수밖에 없으나, 이것이 가능했던 것은 메모 방식으로 자료를 모아두었기 때문으로 보인다. 서문에서 유본예는 자신이 모아둔 자료를 죽순을 묶어놓은 다발에 비유하였다. 이러한 초록

---

19 장지연, 2018,「『한경지략』을 통해 본 19세기 한 서울인의 자의식」,『서울학연구』 70, 77쪽.

을 모아서 책을 저술한다면, 기존의 형식은 큰 문제가 되지 않았을 가능성이 크다. 이는 일종의 카드 재배치에 해당하기 때문이다.

한편 유본예가 저술할 무렵에는 『승람』 시기에 비할 때 한양이 상당히 많이 달라져 있었다. 『한경지략』 묘전궁 편목에 수록한 항목 대부분은 조선 후기에 건립하였고 사묘 편목에 수록한 항목도 절반 정도는 후기에 건립한 것이다. 궁궐 중 경복궁은 소실되어 버렸고 경희궁이 광해군대에 건설되었으며, 관서는 워낙 치폐나 입지에 변화가 많은 상황이었다. 이렇게 새로 추가되거나 변화된 사항의 정보를 무엇을 바탕으로 업데이트할 것인가 하는 점은 저술할 때 고민이 되었을 법한 부분이다. 『한경지략』에서 처음 설정된 각동 편목 같은 것은 저자의 견문이나 야사를 활용하였는데, 묘전궁, 사묘, 관서 등은 이렇듯 신뢰도가 낮은 자료를 활용하는 것은 문제가 되었을 것이기 때문이다.

저자가 이들 항목 서술에서 주로 참고한 자료는 『문헌비고』였다. 『문헌비고』는 이들 편목 말고도 책 전체에서 『승람』 다음으로 가장 많이 활용한 도서 중 하나였다.[20] 직접적인 인용의 빈도뿐만 아니라 천문 편목이나 궐외각사의 경우에는 편목의 설정과 개별 항목 서술은 물론이고 전체 항목의 전개 순서 등도 거의 『문헌비고』를 따르고 있다. 이처럼 『한경지략』 서술에서 『문헌비고』의 영향력은 쉽게 확인이 되지만, 유본예는 서문에서 『승람』만을 언급하고 『문헌비고』를 참고하였다는 점을 특별히 밝히지는 않았다. 이러한 점은 『문헌비고』의 활용방식을 연구할

---

20 『승람』은 21차례, 『문헌비고』는 20차례 인용했다.(김현정, 앞의 논문, 131~132쪽)

때 한 번쯤 짚어볼 만한 지점이다.

『한경지략』과 『승람』의 다른 점으로는 시문이 거의 실리지 않았다는 점을 꼽을 수 있다. 서문에서 『승람』이 제영(시문)은 많이 실었으나 해당 지역의 주요 정보들은 별로 싣지 않았다는 지적이 있었는데, 이는 조선 후기 지리지 편찬 논의가 있을 때마다 자주 나오는 지적이었다. 원래 『승람』은 인문교화적 측면이 강한 지리지였기 때문에 제영과 인물 항목 등이 풍부하게 기록되었다. 그에 비해 지역 정보는 풍부하지 못한 편이었던 데다, 시기가 내려오며 군현의 치폐 등 지역 사정이 크게 변화하게 되자 이를 개정해야 한다는 논의가 여러 차례 있었다. 특히 18~19세기에는 시문을 간략하게 처리하자는 주장이 여러 차례 나왔다. 유본예의 아버지 유득공이 참여하기도 하였던 정조대의 『해동여지통재(海東輿地通載)』 편찬 작업에서는 호구 같은 실용적인 정보를 포함하는 것을 중시하고 있었으며, 이때 김종수는 시문을 간략하게 처리하자는 건의를 한 적도 있다.[21] 또한 19세기 저술된 것으로 추정되는 『기인한상량(杞人閒商量)』에서는 지리지의 제영이 너무 폐단이 많다고 강하게 비판하기도 하였다.[22]

『한경지략』은 이러한 동시대의 문제의식을 공유하며 『승람』에 실린 제영 등은 거의 생략하고 기문의 경우에는 저자와 제목만 밝혔다. 다

---

21  배우성, 1996, 「18세기 전국지리지 편찬과 지리지 인식의 변화」, 『한국학보』 85, 168쪽.

22  정대영, 2015, 「『杞人閒商量』, 19세기 초 洪義祖가 바라본 조선의 지리지 제작」, 『한국문화』 72, 489쪽.

만 부친인 유득공이나 교유한 인물인 박제가 등의 시문이나 글만은 예외였다. 또한 18세기 지리지 제작 때 지방 사족과 흔히 갈등을 빚게 만들곤 했던 인물 편목 같은 것도 별도로 설정하지 않았다. 다만 각동이나 명승의 장소에서 서울을 거쳐간 유명 인물이 확인될 뿐이다. 그러나 『한경지략』에 제영이나 인물 편목이 없다고 해서 실용적 정보를 위주로 지리지를 새로 편찬해야 한다는 당대의 문제의식과 완전히 궤를 같이 했던 것은 아니다. 조선 후기 이후 19세기 말까지 새로 수립된 편찬 원칙이나 『한경지략』 이후 나온 서울 관련 지리지에 호구나 토산 같은 실용 정보가 포함된 경우가 많은 데 비해, 『한경지략』에는 그러한 정보들은 전혀 들어가 있지 않다. 『한경지략』이 당대의 정보들을 많이 담고 있기는 하지만, 그 정보는 실용적이라기보다는 또 다른 종류의 인문적 정보였다.

## 2) 묘사적 서술[23]

『승람』과는 다른 『한경지략』의 체계는 어떠한 흐름과 기준에 따라 설정된 것일까? 천문과 연혁부터 시작하는 『한경지략』의 목차를 보기 쉽게 나열해 보면 다음과 같다.

---

23 장지연, 위의 논문, 77~82쪽.

| 권차 | 구성 순서 |
|------|-----------|
| 권1 | 천문 → 연혁 → 형승 → 성곽 → 궁궐 → 단유 → 묘전궁 → 사묘 → 원유 → 궁실 → 궐내각사 |
| 권2 | 궐외각사 → 역원 → 교량 → 고적 → 산천 → 명승 → 각동 → 시전 |

　맨 먼저 천문에서는『문헌비고』, 제소남(齊召南)의『수도제강(水道提綱)』등을 인용하여 한양의 북극고도를 설명하고 있는데, 현대식으로 표현하자면 이는 도시의 좌표에 대한 설명이다. 이어지는 연혁에서는 고조선 이래 백제, 신라, 고려 시기의 연혁을 설명하고 있는데, "왕도는 고조선의 경역이다"라는 서술은『승람』의 경도편에서,[24] 백제 이하 고려 시기까지의 연혁은『승람』의 한성부(권3)에서 기존 서술을 약간 수정하여 따왔다. 그리고 연혁의 마지막에서는 "동으로 양주목 경계까지 10리, 남으로 과천현 경계까지 10리, 서쪽으로 고양군 경계까지 10리, 북으로 양주목 경계까지 10리"라고 한성의 지역적 경계에 대하여 설명하였다. 이 역시『승람』의 한성부편에서 가져온 것이다.

　천문―연혁으로 이어지는 서술을 정리하자면, 대상의 좌표를 먼저 설명하고(천문), 간략한 역사와 한성의 지역적 범위를 설명한(연혁) 것이라 하겠다. 그리고 그 뒤에 서울의 전체적인 자연지세를 설명하는 형승이 이어지고, 그다음으로 성곽, 궁궐, 단유 등의 인문 환경을 설명하고

---

24 『한경지략』(권1, 연혁)에서는 "王都 古朝鮮之域"이라고 서술하고 있는데,『승람』의 경도편(권1)에서는 "古朝鮮馬韓之域"이라고 언급하고 있다.

있다. 형승 이후는 도시의 곳곳을 주제별로 훑고 가는 셈이다. 『승람』의 한성부조에 있던 형승을 굳이 이 책의 앞부분에 배치한 것은 이러한 흐름에 따른 것이라고 볼 수 있다. 이는 공간을 상상하며, 혹은 공간에 대한 상상을 불러일으키는 묘사적인 전개방식이다.

공간에 대한 상상이 서술로 이어졌다는 점은 다른 부분에서도 확인된다. 관서 역시 궐 밖과 궐 안, 그리고 궐 안에서는 궁별로 공간을 구분하여 서술한 점은, 공간적으로 관서들의 위치를 상상하면서 서술하였다는 점을 의미한다. 그렇기 때문에 동일한 관서가 여러 궁에 위치할 때 궁별 궐내각사마다 다 설명이 되어 있었다. 예를 들어 승정원은 창덕궁과 경희궁, 양 궁에서 다 서술이 되었다. 그는 서문에서 궁궐 전각 역시 천문도를 보고 별자리를 이해하는 것처럼 서술하였다고 밝히기도 하였다. 즉 아무 전각은 아무 전각의 어느 쪽에 있다는 식으로 밝혔다는 것이다.

공간적 상상이 서술의 바탕이 된 것은 교량 편목에서 특히 잘 드러난다. 그는 다음과 같이 교량 서술의 기준을 밝혔다.

경성 안 남북의 산에서 각각 흘러나오는 개울들에는 크고 작은 다리 이름이 매우 많다. 그래서 먼저 물이 흘러나오는 쪽에서부터 다리 이름을 드러내어서 보는 사람이 헷갈리지 않게 할 것이다.[25]

---

25 『漢京識略』 권2, 橋梁 "京城內南北山 各有條達之川流 大小橋名甚多 故今先導水 以露橋名 則觀者或不眩矣"

크고 작은 물길별로 물이 흐르는 방향에 따라 다리 이름을 서술하는 것은 서술자나 독자 모두 물길의 흐름을 머릿속에 재현하면서 다리를 배치하도록 하려는 목적을 지니고 있다. 그래야만 이 많은 다리들이 혼동되지 않을 것이기 때문이다.

이러한 측면들은 이 책이 지리지이긴 하지만, 당대 한양을 묘사한 다른 장르인 그림이나 노래, 시 등에서 발견되는 묘사적 특성을 공유하였음을 보여준다. 정조대의 「성시전도(城市全圖)」를 놓고 찬진한 이만수의 「성시전도시」의 경우 "서두-한양의 지세-궁궐과 관서-상가-승경지-도회지 조감-마무리"의 구성을 갖추었으며, 이덕무는 한양의 풍경을 "한양의 연혁-지리와 개관-산천-궁궐과 관아-명소와 저택-종로와 고관 행차-시장과 교외"로 포착했다.[26] 이는 『한경지략』과 그다지 다르지 않다. 즉 『한경지략』은 「성시전도」나 「성시전도시」, 『한양가』 등의 묘사적 표현을 지리지로 옮긴 듯한 느낌이라는 뜻이다. 유본예는 박제가의 「성시전도시」를 여러 차례 인용하고 있기도 하다.

『한경지략』에서 풍속 편목을 별도로 설정하지 않고 장소별로 일상의 풍속을 소개한 것 역시 같은 맥락에서 파악할 수 있을 듯하다.[27] 이 시

---

26 안대회, 2009, 「성시전도시와 18세기 서울의 풍경」『고전문학연구』 35, 224쪽; 228쪽.

27 『한경지략』에 풍속 편목을 별도로 설정하지 않은 것은 『동국여지지(東國輿地志)』와도 상통한다. 『동국여지지』 범례에서는 우리나라는 지역이 좁아 중국처럼 지역별로 풍속이 다양하지 않다며, 풍속 편목을 서술할 필요가 없다고 하였다. 『한경지략』이 『동국여지지』와 서술 방식에서 통하는 부분이 일부 있는 만큼 풍속 편목 서술이 빠진 것은 동일한 주장에 근거한 것일 수 있다.

기의 성시풍속도[28]는 성시의 건물 모습만이 아니라, 그 공간에서 벌어지는 다채로운 인간의 삶을 표현하곤 하였다. 『한경지략』의 구성은 바로 이러한 성시풍속도를 연상시킨다. "신의를 숭상하고 유술에 돈독하다" 같은 『승람』 풍속 편목의 도덕주의적 서술은 생략한 대신, 다리밟기[29]나 산단의 씨름놀이,[30] 여름철 연꽃 구경하는 곳[31] 등은 해당 장소의 풍속으로 기록해 두었다. 순조가 보았던 「성시전도」에는 1,717명이 등장하고 56가지 행위가 그려져 있다고 하는데,[32] 이처럼 성시를 그린 그림이 사람과 행위를 포함하고 있었다는 점은 『한경지략』에 거주자이자 행위자인 사람이 자주 등장하는 점과 일치한다.

이처럼 『한경지략』의 서술적 특징은 동시대 비슷한 주제를 지닌 다른 장르의 작품들과 경향을 같이하고 있다. 정조대의 「성시전도」와 「성시전도시」가 이후 여러 장편가사와 유득공의 『경도잡지』를 비롯하여 『한경지략』의 서술 방식과 출현에도 영향을 준 것이다.[33] 『한경지략』 곳곳에 정조의 특별한 행위들에 대한 기억이 자세한 것도 이러한 맥락에서

---

28 김희경은 성으로 경계된 '城市' 안팎의 한정된 공간을 배경으로 인물·풍속이 총체적으로 담긴 회화를 '城市風俗圖'라 명명하였다.(김희경, 2007, 「조선후기 성시풍속도의 유형별 특징 연구」, 『온지논총』 16, 299쪽)

29 『漢京識略』 권2, 橋梁.

30 『漢京識略』 권2, 名勝.

31 『漢京識略』 권2, 名勝 天然亭.

32 안대회, 앞의 논문, 220쪽.

33 안대회, 앞의 논문, 241쪽.

비롯하였을 것이다.

## 개인적이며 개성적인 기록으로서 『한경지략』 읽기

지리지는 논리적이거나 감성적일 수 있는 다른 저작에 비해, 지리지식을 나열하는 건조한 서술로 구성되기 때문에 '객관적 정보' 위주로 구성되어 있다고 평가받는 편이다. 물론 지리지에서도 저자의 개성과 의도 및 시대성이 드러나긴 하지만 다른 글에 비해서는 이러한 개성이 쉽게 드러나지 않는다. 그렇기 때문에 현재에 와서도 해당 지역의 역사를 고찰해 갈 때 지리지를 먼저 활용하되, 그 정보가 어떤 방식으로 취사선택되었는지에 대해서는 주의를 덜 기울이는 편이다. 그런 점에서 『한경지략』도 지금까지는 주로 19세기 한양의 모습을 '있는 그대로', 혹은 '최대한 잘' 보여주는 자료로만 주목되어 온 경향이 크다. 그러나 이 책역시 유본예 개인의 개성이 담겨 있는 자료라는 점을 간과해서는 안 된다. 여기에서는 이 책에서 드러나는 유본예의 개성을 한계인, 경화인, 사대부로 나누어 살펴보겠다.

### 1) 한계인의 자의식[34]

유본예는 유명한 규장각 검서관 4대가 중 하나인 유득공의 아들로서

---

34 이 부분의 서술은 장지연, 2018, 82~91쪽을 주로 참고하였다.

당대 여러 명망가와 교유하고 영향을 주고받았다. 그러나 이러한 과거의 명망에 비할 때 유본예 당대에 그가 성취할 수 있는 일은 별로 없었다. 이미 안동 김문을 비롯한 서울의 몇몇 벌열 가문에게 권력이 집중되어 상당수의 사대부조차 권력에서 소외되고 있던 상황에서 서얼 가문 출신인 유본예의 한계는 명백할 수밖에 없었기 때문이다.

그는 이러한 한계성을 궁궐이나 규장각과 관련한 자신의 상세한 기억을 과시하는 것을 통해 자위하였다. 비록 규장각은 순조 즉위 이후 위상이 저하되며 그가 활약할 수 있는 공적 영역은 지극히 제한되어 있었지만, 여전히 예전의 영화를 간직하고 있는 곳이었기 때문이다. 『한경지략』에서 규장각은 일단 수록 분량이 많다. 창덕궁내각사에 서술되었을 뿐만 아니라, 궁궐 편목의 창덕궁 항목에도 수록되어 있다. 규장각은 내각, 직원(直院), 외각의 3개 조직으로 나눠 볼 수 있는데, 내각은 궁궐 편목의 창덕궁 항목에, 각신이 근무하는 직원인 이문원 권역은 궐내각사 중 창덕궁내각사에서 소개한 것이다. 또한 궁궐 편목의 창덕궁 항목에 붙은 안설의 2/3가 세조대 양성지의 건의부터 이어지는 규장각 설치와 관련한 연혁과 수장 도서의 규모, 규장각의 팔경(八景) 같은 규장각 관련 내용일 정도로 창덕궁에서 규장각의 비중은 지나칠 정도로 높은 편이다.[35]

궐내각사 편목에서도 내각, 즉 규장각의 비중은 매우 높다. 승정원 다음으로 두 번째로 서술할 만큼 내각 항목의 우선순위가 높고, 경외

---

35 『漢京識略』 권1, 宮闕 昌德宮.

동가(動駕) 때 각신과 검서관에게도 사복시 말을 지급했던 일, 정조가 검서관들의 협착한 직소를 다시 짓게 해서 만든 소유재(小歈齋)의 내력 등 정조대의 특별했던 검서관에 대한 대우 같은 소소한 이야기를 상세히 서술하였다.[36] 그 밖에 원유(苑囿) 편목도 규장각을 강조한 것과 관련이 깊었다. 원유 편목에서는 『승람』의 기사를 모두 옮기고 세조대에 창덕궁 열무정 인근에 팠던 네 개의 우물에 대한 최항(崔恒)의 서문까지 그대로 기록하였다. 『한경지략』에서 『승람』 수록 시문들은 대체로 저자와 기문 제목만 밝힌 것과는 차별화된 지점이다. 그렇다면 그는 왜 굳이 창덕궁 우물에 대한 서문을 다 기록했을까? 바로 그다음에 이어지는 그의 안설을 통해 의도를 짐작할 수 있다.

열무정은 지금 봉모당이 되었는데, 봉모당 북쪽 주합루 앞 연못 옆에 지금 석정(石井) 한 군데가 있어서 몸을 숙여 떠먹을 만하고, 맛도 매우 맑고 시원하다. 붉은 울타리를 만들어 보호하고 있는데, 이것이 바로 세조가 판 네 개의 우물 중 하나이다.[37]

규장각 서남쪽에 위치한 봉모당은 역대 어제, 어필, 유고, 밀교 등을 보관하던 전각이다. 위 안설은 그가 규장각에 근무할 당시 떠 마셔본

---

36 『漢京識略』 권1, 闕內各司 昌德宮內各司.

37 『漢京識略』 권1, 苑囿 "閱武亭 今爲奉謨堂 而奉謨堂北 宙合樓前池邊 今有石井一座 可俯而挹 味甚淸洌 設朱扉護之 此卽世祖所鑿四井中一也"

봉모당 인근 우물에 대한 회고와 관련된 것으로, 최항의 서문은 자신이 마셔본 규장각 인근의 우물을 고증하는 장치로서 의미가 깊었던 것이다. 그런 점에서 원유 편목은 규장각이 있어야 의미를 부여할 수 있는 편목이었다.

자신과 관련이 깊은 규장각에 대한 특별한 기술에 더해 그는 여러 곳에서 출세담 계열의 유명 야담을 옮겨놓곤 했다. 원유 편의 문직군 신귀원(辛貴元)의 이야기라든가, 경복궁 경회루 항목의 구종직(丘從直), 사묘의 양녕대군사의 이지광(李趾光) 이야기가 그것이다. 이 이야기들은 모두 정상적인 관료제 절차 아래에서는 출세하지 못하던 인물이 국왕의 특별한 지우를 받아 출세하게 된 내용이다. 이들의 이야기는 완전한 허구가 아니라 일정 부분의 사실, 특히 영조와 정조의 정치행위에 기초하고 있었다. 영조와 정조는 이들 설화의 모티브가 된 인물들에 대한 기념 행위를 하여 구종직의 후손이나 양녕대군의 후손인 이지광을 등용했다. 이는 탕평을 강조하던 영조와 정조가 '붕당을 가리지 않고 현명한 사람을 등용하는 군주'라는 명분을 취하고자 하였던 것과 관련이 깊었다. 그런데 이러한 설화는 유본예 본인에게도 큰 의미가 있을 수 있었다. 탕평군주의 이러한 시도가 비록 정치적인 쇼에 불과할지라도, 유본예 본인의 이익과 관심에는 지극히 부합하기 때문이다. 『한경지략』의 이런 인물전은 사회적 성취에 선천적 제약을 지닌 '한계인'으로서 그가 가졌던 희망을 잘 보여주는 지점이다.

한편 그는 서얼이라도 가문의 계승자가 될 수 있다는 인식을 간접적으로 드러내기도 하였다. 각동 편목 중 대사동의 이완(李浣) 고택의 배나무 설화에서는 『죽창한화』를 인용하여 다음과 같이 서술하였다.

　　재상 이완이 대사동에 집을 지었는데, 죽은 지 20년 후에 민종도(閔宗道)가 이곳에 살았다. 뜰 안에 이완이 직접 심은 배나무가 있었는데, 민씨네가 들어와 산 후로는 전혀 열매를 맺지 않다가, 갑술년 후에 이완의 서손이 들어와 산 이후로 배가 다시 열매를 맺게 되었다.[38]

　　다른 집안이 살 때는 열매를 맺지 않다가 서손이 들어와 산 이후에야 다시금 열매를 맺은 배나무에 대한 위 고사는 자신이 비록 서얼 출신일지라도 경화 명문가의 후손이 될 수 있다는 유본예의 인식을 반영한 것이 아닐까. 이처럼 유본예가 지닌 한계인으로서의 자의식은 이 책의 서술 균형에 상당한 영향을 미치고 있다.

## 2) 경화인의 자의식

　　유본예가 지닌 서울 사람으로서의 자의식, 즉 '경화인' 인식은 이 책 저술의 직접적인 동기였다. 그는 서문에서 "서울에서 나고 자라면서 스무 살 무렵부터 경성의 고사를 쓰는 것에 뜻을" 두었다고 한 바 있는데, 이러한 의식이 가장 잘 드러나는 편목이 바로 각동이다.

---

38 『漢京識略』 권2, 各洞 大寺洞 "李相國浣 治第于大寺洞 捐館廿年後 閔宗道居之 園有相國手植梨 閔家入居後 全不結實 甲戌後 其庶孫還入後 梨又結實"

각동 편목은 『한경지략』에서 처음으로 설정된 것이자 다른 지리지에서는 찾아볼 수 없는 가장 독특한 편목이다. 근 70건에 달하는 각동 항목의 2/3는 그곳에 거주했던 유명 인물들의 고택 혹은 자취에 대한 설명이다.(각동 편목의 해설 참조) 즉 서울을 거쳐간 위대한 인물들의 자취를 통해 교화의 근원이자 위엄 있는 수도를 찬양하는 것이다.

수도 서울은 이곳을 거쳐간 위대한 인물들의 후손이 대대로 거주하는 장소였다. 이정귀(李廷龜)의 후손이 거주하는 관동, 조말생(趙末生)의 후손이 사는 타락동, 이경여(李敬輿)의 봉사손이 거주하는 남산동, 한명회(韓明澮)의 자손이 거주하는 난정리문동, 김장생(金長生)의 후손이 거주하는 누국동, 서성(徐渻)의 후손이 거주하는 약전현, 이재(李縡)의 후손들이 거주하는 아현 등이 바로 이에 해당한다. 그리고 그러한 맥락에 그들과 나란히 살고 있는 자신의 집안도 배치되어 있다. 송현에는 자신의 10대조 판서공 유잠의 옛집이 있었으며, 교서관동은 정조 때 자기 집안이 오래 살던 곳이다. 아버지 유득공은 교서관동에서 이름을 따서 고운을 당호로 삼기도 하였다. 이러한 서술은 훌륭한 문물과 인문적 교양을 공유하고 있는 경화인으로서의 동질감의 표현이었다.

서울 사람 유본예의 미시적 지식은 교량과 우물의 서술에서 더욱 분명히 드러난다. 『승람』에는 개천 본류와 그 위의 다리만 기술되어 있었다. 그러나 『한경지략』에는 도성 안 세세한 지천과 그 위의 다리가 빼곡히 서술되어 있고, 다리는 별칭까지 기록했다. 또한 산천 편목에 부록으로 붙인 우물과 약샘은 지극히 미시적일 뿐만 아니라 생활 밀착형 지식이라고 할 것이다.

한편 명승 편목에서는 계절에 따라 서울 사람들이 노니는 장소와 놀이문화를 언급하였는데, 개중에는 사람들이 그 동네에서 많이 읊는 시구절 등도 언급되어 있다. 송동 항목에서 언급한 정경순의 「친구에게 준 송동에서 노니는 시(贈友人遊宋洞詩)」가 대표적이다. 이 시는 현재 문헌으로는 전해지지 않는데, 당대에 구전으로 즐기던 음풍(吟諷) 문화의 한 단면을 보여준다는 점에서 흥미롭다. 이러한 구전 지식은 당대의 서울 사람이 아니라면 결코 알 수 없는 것이다.

유본예는 한양을 더욱 세분화하여 그 특색을 인식하였다. 각동 편목에서 타락동은 동촌 사람들이 노니는 곳이라든가 인왕산 아래 누국동은 여항 서리들이 주로 사는 곳이라는 설명처럼 지역별로 거주하는 사람의 특성을 꼽기도 하였으며, 훈련원 배추와 왕십리 미나리, 북둔의 복숭아, 시전 편목에서 남쪽은 술을 잘 빚고 북쪽은 떡을 잘 만들어 '남주북병'이라고 한다는 등의 특산물을 언급하기도 하였다. 이는 그가 한양이라는 지역을 세분하고 그 특색을 구별할 수 있다는 점을 보여준다. 이처럼 미시적이며 생활에 밀착된 지식은 서문에서 유본예가 강조했던, 원주민이어야 제대로 기술할 수 있다고 자부한, 바로 그 정보였다. 그러나 이러한 정보들은 또 하나의 인문 문화적인 것이었지, 실용적이거나 수치화할 수 있는 정보는 아니었다. 시전 편목 같은 부분에서도 이러한 한계는 잘 드러난다. 『승람』에 비하면 훨씬 구체적인 정보들이 담겨 있기는 하지만, 시전의 배치를 그릴 수 있는 기초 정보 이외에 다른 정보는 담겨 있지 않다. 이 부분에서는 별다른 견문이나 이야기도 수록되어 있지 않아서, 당대의 상업적 면모나 변화의 흐름을 추정하기는 힘들다.

이는 서울 사람으로서 유본예가 지닌 관심이 실용적이거나 도시적 면모에 있다기보다는 여전히 인문적 차원에 머물러 있었음을 보여준다.

### 3) 사대부, 노론 낙론계 위주의 관계망

유본예는 서얼 가문 출신이기는 하였으나 그의 의식은 사대부의 그것과 크게 다르지 않았으며, 경세의식도 지니고 있었다. 예를 들어 『한경지략』에는 성균관과 문묘에 상당한 비중이 할애되어 있다. 문묘 항목(권1)에서는 동무(東廡)와 서무(西廡)의 수많은 종향 대상을 일일이 밝혔고, 궐외각사 중 성균관 항목(권2)에서는 거재생(居齋生)의 제도 등을 일일이 고증하였다. 이는 유본예가 서얼 가문이기는 하지만 사대부가와 취향과 지향을 공유하며 사인(士人) 의식을 지니고 있었기 때문이었을 것이다. 그런 점에서 이 시기 서울의 향락적 도시 문화의 향유층과는 또 일정한 차이가 있었다.

『한경지략』에서 사대부들의 자취는 하나하나 개별적으로 기억되었지만, 여항의 서리배들은 '무리'로 통칭되며 구분되었다. 인왕산 아래 누각동이 "여항의 서리배가 많이 사니, 사대부는 살지 않는다"[39]고 한 언급은 그러한 구별 의식을 잘 보여준다. 또한 옥류동 항목에서는 김창협 관련 내용은 자세히 서술했지만, 바로 그 인근에 있었으며 정조 때 유명했던 여항인 천수경의 송석원시사에 대해서는 전혀 언급이 없다. 비

---

39 『漢京識略』 권2, 各洞 漏閣洞 "今閭巷胥吏輩多居 而士大夫則不居焉"

숫한 시기 유행한 『한양가』에 다채로운 여항인과 여항인의 생활이 묘사된 것에 비하면 『한경지략』 서술은 분명 편중되어 있는 것이었다. 이는 18~19세기 서울이 도시적 분위기 속에서 신분과 당색, 계층 구별이 상당히 완화되었다고 평가되지만, 오히려 외부적으로 규정된 신분보다 취향과 자기 규정의 측면에서는 더욱 섬세하게 구분된 시기였을 가능성을 보여준다.

한편 사대부 가문 중에서도 유본예는 자기 아버지를 중심으로 하는 규장각 검서관의 교유망에 상당히 편중되어 있었고, 노론 낙론계와 가까웠던 데 비해 남인계 인물과는 그다지 교유하지 않았던 것으로 보인다. 이는 당대 서울 학계 내부에서도 일정한 간극이 있었다는 점과 일치한다.[40] 이러한 점은 『한경지략』의 서술에도 반영되어 있다. 아버지, 그와 교유한 박제가, 이덕무의 저작은 여러 차례 인용했으며 실제 인물도 아닌 박지원의 「허생전」도 언급하고 있다. 제영이나 기문을 거의 수록하지 않은 것을 생각해 보면 박제가나 박지원의 글에 상당한 비중을 둔 것임을 알 수 있다.

이와 함께 『한경지략』의 명승이나 각동의 여러 항목은 장동 김문을 비롯한 노론 낙론계의 공간과 관련이 깊다. 이에 비해 유본예 당대를 함께 살아간 채제공이나 정약용, 이가환 등 남인 계열 학자나 관료에 대한 언급은 보이지 않는다. 필운대, 청풍계 등 『한경지략』에 수록된 명승이나 각동의 여러 항목은 이와 일치하는 겸재(謙齋) 정선(鄭敾)의 그

---

40 배우성, 2015, 『독서와 지식의 풍경』, 돌베개, 329~346쪽.

림을 찾을 수가 있다. 이는 겸재 정선이 노론 낙론계와 교유하며 한양의 그림을 여럿 남겼기 때문으로, 『한경지략』과 정선의 그림의 연관성은 이처럼 양자가 노론 낙론계에 교유망이 치우쳐 있었기 때문이라고 할 수 있다. 흥미로운 점은 동시기를 살아간 남인 계열 관료가 언급한 도성 안 랜드마크는 『한경지략』과 달랐다는 점이다.(명승 편목의 해설 참조) 이 점은 같은 시대를 살아간 사람이라도 당색에 따라 교유의 범위가 달랐고 장소에 대한 애착과 평가가 달라졌다는 것을 보여준다. 이런 점에서 『한경지략』이 보여주는 한양은 사대부, 그중에서도 노론 낙론계의 공간이 중심이라는 점을 인지할 필요가 있다.

이처럼 『한경지략』은 18~19세기 당대 저술들의 사상적 맥락과 특징을 공유하면서 동시에 유본예 개인의 입장과 지향이 반영된 저술이다. 그는 유명했던 선대의 기록과 경화인으로서의 자신의 경험을 통해 미시적인 한양의 모습을 짧은 책에 담아냄으로써 후대에 기억될 수 있기를 기대하였다. 매우 미시적이고 구체성이 있음에도 불구하고 그 관심은 지극히 사대부적이며 인문적인 것이었으며, 노론 낙론계에 치우쳐 있었다. 이 책은 돌아가야 할 이상적 과거를 설정하거나 새롭게 발흥하는 여항의 삶에 대한 찬성이나 비판도 드러내지 않았다는 점에서, 해체된 '형식'─『승람』의 형식─의 충격에 비할 때 그 내용은 보수적이다. 당대 현실에 대한 큰 규모의 개혁안에 대한 구상에 바탕을 두기보다는, 자신의 성취 영역을 분명히 가능한 채 시도한 저술인 것이다. 그런 점에서 이 책에서 묘사하고 있는 한양의 현실은 19세기의 한양 전체는 아니었다. 그러나 미시적이고 구체적인 당대의 현실에 한 발짝 더 접근하게 해준다는 점에서 이 책의 사료적 가치는 절대 떨어지지 않을 것이다.

## 해제를 마치며

『한경지략』은 일찍부터 알려져 서울의 옛 모습을 추적할 때면 어디서나 가장 기본적인 자료로 활용해 왔다. 이처럼 잘 알려진 것에 비해 번역본은 1970년대 나온 한 종뿐이고 역주본은 나온 적이 없다. 1970년대 나온 이 번역본은 예스럽고 유려한 한국어를 보여주지만, 한계 역시 분명하였다. 『한경지략』 원문 자체가 필사본이어서 오탈자나 맥락이 이어지지 않는 부분이 꽤 있는데, 당시로서는 『한경지략』의 인용 서목을 폭넓게 검토하며 번역할 수 없었기 때문에 번역에 오류가 있을 수밖에 없었던 것이다.

이번 역주본에서는 다른 필사본과 인용서의 원문을 최대한 비교하여 이러한 오류를 많이 잡을 수 있었다. 또한 그간 축적된 여러 분야의 풍부한 연구 성과는 『한경지략』의 내용을 더욱 풍부하게 해설할 수 있는 바탕이 되었다. 특히 2000년대 이후 축적된 연구성과나 발굴성과, 그리고 이를 바탕으로 한 도시재생사업의 결과 이 책에 수록된 많은 장소들이 새롭게 비정이 되거나 단장된 경우도 많았다. 해설에서는 이러한 새로운 정보도 최대한 반영하기 위해 노력하였다. 그러나 이 책과 거의 동시에 발간된 박현욱의 새 역주본에 대해서는 사전에 작업이 진행되고 있다는 사실을 알지 못하여 이 책을 번역하면서 전혀 참고하지 못하였으며, 개인적인 사정으로 해외에 체류 중이라 출간된 책을 보지 못하였다. 최대한 기존 성과를 포괄하고 싶었으나 새로운 역주 성과를 참조하지 못하고 세상에 내놓게 되어 매우 아쉽다.

이 책의 해설에서는 유본예가 수집, 발췌한 정보가 어떤 것에 기반하고 있는지를 기초로 그의 저술이 갖는 특징을 파악하려고 하였다. 이를 통해 그가 취사선택한 어떤 정보는 사실 확인도 잘 안 되어 상당히 무성의하게 기록된 것임을 밝히기도 하였으며, 어떤 정보는 업데이트도 안 되어 있었고, 그가 선정한 장소들은 편향되었음을 밝혔다. 그러나 이러한 지점을 밝히는 것은 이 책의 가치를 저평가하기 위한 것이 아니며, 이 책을 저평가하는 근거가 되어서도 안 된다고 생각한다. 이는 19세기 조선의 수도 한성의 진정한 모습에 한 발짝 더 다가가기 위한 바닥 다지기 작업으로서, 이러한 작업을 거쳐야 『한경지략』이 19세기 서울의 공간과 풍속을 보여주는 사료로 재탄생할 수 있다고 생각한다.

그럼에도 여전히 번역의 오류와 해설의 부족함이 곳곳에서 드러날 것이라는 생각에 두려움이 앞선다. 어떤 작업을 이처럼 오래 붙잡고 있었던 것도 처음이고, 이만큼 했는데도 부족하다는 생각이 드는 것도 처음이다. 이 작업을 덥썩 하겠다고 했을 때에는 역주 작업이라는 것이 만점이 없다는 것을 전혀 몰랐으니 그 미련함을 이제 와서 되돌릴 수도 없어 전전긍긍할 뿐이다. 다만 본 역주가 바탕이 되어 이전의 오류를 조금이나마 교정하고 이후 연구를 촉진하는 발판이 되기만을 바랄 뿐이다.

미국에서 역사적인 2020년을 보내며

역해자 씀

경도의 사적을 기록하는 것은 한의 『삼보황도』 및 「양경부」에서 시작
되어 송에는 송민구(宋敏求, 1019~1079)의 『장안지』와 맹원로(孟元老)의
『동경몽화록』이 있고, 명대에는 손승택(孫承澤, 1592~1676)의 『춘명몽여
록』과 죽택(竹垞) 주이존(朱彝尊, 1629~1709)의 『일하구문』이 있다. 근래
에는 오장원(吳長元, 1770년 전후)의 『신원지략』이 있으니, 제경(帝京)의
사적이 갖추어지지 않은 것이 없다.

우리 동방에 이르러서는 신라와 고려 이래로 모두 기록이 부족하지
만, 고려 때 성과 궁궐의 제도는 서긍(徐兢, 1091~1153)의 『고려도경』에
서 그나마 찾아볼 수 있고, 우리 조정 궁전의 제도는 동월(董越, 1430~
1502)의 「조선부」에서 대략 볼 수 있다. 그러나 다른 나라 사신 하나가

한때 잠깐 보고 들은 것이 그 땅에서 살아온 원주민보다 낫겠는가? 지금은 작은 현 하나도 반드시 읍지가 있는데 하물며 당당한 왕경이 오래도록 지리지가 없을 수 있겠는가? 그 까닭을 궁구해 보자면 책을 쓴 것이 있는가 없는가에 있을 뿐이니 어찌 다른 것이 있겠는가?

나는 서울에서 나고 자라면서 스무 살 무렵부터 경성의 고사를 쓰는 것에 뜻을 두고 있어서, 책 중에서 이에 속하는 것이 있으면 일일이 뽑아서 기록을 해두었으나 책을 이루지는 못하였다. 또 20년 동안 비적을 교감하는 일에 분주하여 옛 공부를 버려둔 지가 오래되었다. 근래에 상자 속의 옛 원고를 보니 모아놓은 것이 죽순 묶어놓은 듯하여 스스로 분연히 그 옛날 뜻이 성취되지 못하였음을 개탄하였다.

그러므로 신경을 써서 기록하여 『여지승람』을 주로 하되 오부의 경계 이내로 한정하였으며, 또 다른 책들을 곁다리로 찾고 직접 보고 들은 것 외에도 혹 노인들이나 박아한 여러 군자에게 질문하여 마침내 몇 권을 이루고 '한경지략'이라 이름 붙였다. 궁궐 안의 전각 같은 것은 바깥 사람들이 상세히 알기 어려우므로 『여지승람』과 『신원지략』의 예를 한결같이 따라 '아무개 전각은 아무개 전각 동서에 있다'는 식으로만 썼다. 비유하자면 천문도에서 자미원 중 어떤 별이 어떤 별자리 남북에 있다고 한 것과 같으니, 별자리들이 궤도에 이리저리 뒤섞여 빽빽하게 배열되어 있어도 아래에서 올려다보고서는 그 이름을 분별할 수 있는 것과 마찬가지이다.

아아, 우리 조정에서 금성탕지처럼 공고한 땅에 서울을 정한 지 수백 년이 되어, 옛일과 아름다운 제도를 이루 다 기록할 수가 없으나, 다만 문헌이 미비하였을 뿐이다. 『여지승람』에서는 동월의 「조선부」를 가장 먼저 싣고 우리나라 사람들의 제영도 많이 실었으나 사실들은 그다지 상세하지 않았다. 하물며 이 책은 중종조에 완성되어 지금까지 속편이 이루어질 겨를이 없었으니, 이것이 흠이 되는 일이다. 혹 나중에 『승람』의 속편을 만들려고 하는 자가 내 책을 취하여 보충하였으면 하니, 이것이 곧 내 뜻이다.

경인년(1830년, 순조 30) 중춘 하순에 수헌거사가 쓰다.

漢京識略序

京都之記蹟 蓋肇於漢之三輔黃圖及兩京賦 而宋有宋敏求長安志 及孟元老東京[1]夢華錄 明代則有孫承澤春明夢餘錄 朱竹垞日下舊聞 近代則有吳長元宸垣識略 莫不該備於帝京事蹟

至於我東 則自羅麗以下竝闕焉 麗朝城闕之制 僅考於徐兢高麗圖經 我朝宮殿之制 只因董越朝鮮賦而槪見 然則他邦使价一時電邁之見聞 及勝於土着原居人乎 雖今一小縣邑 必有邑誌 而況堂堂王京久無誌記乎 苟究其故 則著與不著書也 豈有他乎

余生長輦轂之下 粤自弱冠 有志於京城故事 凡書籍中屬於斯者 一一箚記 而未成書 又卄載奔走於秘籍校勘之職 舊學之蕪廢 久矣 近日忽於巾篋中見舊草 戢戢如束笋 自思奮然嘅惜其夙志之未就

故鈔之費心 遂以輿地勝覽爲主 而限以五部界內 又旁搜他書 及親所見聞外 或質問於故老與博雅諸君子 遂成幾卷 名曰漢京識略 至若闕內殿宇 則外人

---

1  원문에 京東이라고 되어 있으나, 내용상 東京으로 바로잡는다.

所難詳 故一遵輿地勝覽宸垣識略例 只稱某閣在某殿東西 譬如天文圖 紫微

垣中某星在某宿南北 在下者亦可以仰觀其錯落森列於躔次 而只辨其名也

猗歟 我朝定鼎累百年 鞏固金湯之地 故事美制 不可勝紀 而但限文獻之未備

也 輿地勝覽 首載董賦 又多載東人題咏 而事實則亦未詳悉 況此書成於中宗

朝 而至今未遑續成 寔爲欠典 或使後之續成勝覽者 取吾識略而補焉 則是吾

志也 時庚寅仲春之下澣 樹軒居士題

＊

　원본에는 서문 뒤에 송신용과 가람 이병기가 저자를 추정하여 단 주
석이 있다. 송신용은 수헌거사를 이조묵(李祖默, 1792~1840)이라고 보았는
데, 이병기는 이 주석을 지우고 유득공의 아들로 순조 때 입사하여 검서
관을 거쳐 현감을 지낸 유본예가 저자임을 밝혔다. 그러나 유본예의 호
를 수헌(樹軒)이 아니라 수원(樹園)이라고 잘못 기록하였다.

　서문에서는 중국에서 수도를 다룬 책으로『삼보황도』,「양경부」,『장
안지』,『동경몽화록』,『춘명몽여록』,『일하구문』등을 거론하였으나, 이
는 수도를 다룬 책이 있을 필요성을 제시하는 것에 그칠 뿐 내용이나
형식에서 이들 책에 특별히 영향을 받았다고 보기는 힘들다. 궁궐 전각
서술에서 참고하였다는『신원지략』의 경우에도 세부적인 서술 방식에
는 조금 영향을 주었으나, 전체 틀은『한경지략』과 매우 다르다.『한경
지략』에서 중국 서적의 영향은 매우 제한적인 데 비해,『승람』과『문헌비
고』의 영향은 매우 크다. 서문에서 서술한 것처럼『한경지략』은『승람』

의 체제에 기반을 두었으며,『문헌비고』의 체제나 내용에서도 상당한 영향을 받았다. 특히 궐외각사 같은 경우엔『문헌비고』의 영향이 거의 절대적인데도『문헌비고』의 영향에 대해서는 서문에서 언급하지 않았다.

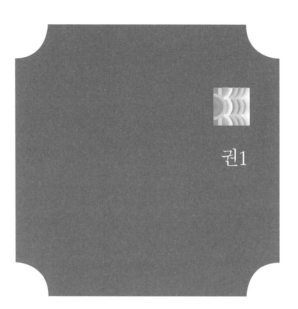

권1

# 01

# 천문(天文)

　북두칠성 중 여섯 번째 것을 개양(開陽)이라 하니 연(燕) 땅을 주관한다. 또 기미(箕尾)가 연의 분야가 되니, 우리나라와 연은 분야가 같다. 『문헌비고』에 다음과 같이 나와 있다. "한양의 북극고도는 37도 39분 15초인데, 숙종 계사년(1713년, 숙종 39)에 청나라 사람인 목극등(穆克登)이 오관사력을 거느리고 와서 실측한 것이다. 『원사』 「수시력」에서는 고려의 극고를 38도 1/4이라 하였는데, 지금 서양 도수인 360으로 대략 잡으면 37도 41분 남짓이 되어 새로 측량한 것과 차이가 많지 않다."

　제소남(齊召南, 1703~1768)의 『수도제강』에는 다음과 같이 나와 있다. "왕경 한양은 동으로는 양양에 이르는데 동12도 6분이고 극은 37도 5분이며, 서쪽으로는 강화도에 이르는데 동9도이고 극37도 4분이다."

北斗七星 第六日開陽 主燕 又箕尾爲燕分野 則我國與燕同分野 而文獻備
考曰 漢陽北極高三十七度三十九分十五秒 肅宗癸巳 淸人穆克登 率五官司
曆 來到實測者也 元史授時曆 定高麗極高三十八度四分度之一 今以西度
三百六十約之 爲三十七度四十一分有奇 與新測所差不多
齊召南水道提綱曰王京漢陽 東至襄陽東十二度六分 極三十七度五分 西至江
華島東九度 極三十七度四分

안설: 제소남은 청나라 사람이다. 저서인『수도제강』에서 천하의 물길을 논하였다.
반계 유형원(柳馨遠, 1622~1673)이 일찍이 우리나라의 분야를 논하기를 "한수 이북
은 연경과 같이 기미가 되고 남쪽은 기두(箕斗)가 된다"고 하였는데, 아는 자들이
홀로 깨우친 견해라고 여겼다.

　案 齊召南淸人也 所著水道提綱 統論天下之水道 而磻溪柳馨遠嘗論本國分野曰 漢水
　以北 當與燕京 同爲箕尾 以南當爲箕斗 知者以爲獨得之見

❂

　목극등은 1713년(숙종 39) 5월 조선에 와서 머물렀는데, 천문과 책력
을 맡은 오관사력을 대동한 것은 전례에 없는 일로 평가되었다. 이때
같이 온 오관사력 하국주(何國柱)는 반원형의 의기인 상한의(象限儀)를 가
져와서 이를 사용하여 한양의 종가(鐘街)에서 북극고도를 측정하였다.(구
만옥, 2012, 299쪽)

　본문에 수록된 반계 유형원의 분야설에 대한 평가는『반계수록』부록
에 있는 홍계희의 전(傳)에 있는 내용이다. 홍계희는 유형원의 학문 중

지리지 부문에서 특히 분야설에 대한 유형원의 주장을 높이 평가하였다. 『반계수록』은 18세기 당색을 막론하고 널리 읽혔는데, 여기에서도 그 흔적을 볼 수 있다. 유형원의 『동국여지지』의 범례에는 『승람』에는 기록되지 않은 우리나라의 분야설을 도별로 반영하여 넣었다는 점과 분야설에 대한 고증, 우리나라를 북부와 남부로 나누어 분야를 다르게 보아야 한다는 주장 등이 담겨 있다. 특히 『승람』을 수정한다는 측면에서는 『동국여지지』와 『한경지략』은 문제의식이 서로 통하고 있으나, 내용과 체제는 많이 달라서 『동국여지지』의 영향력은 제한적으로 봐야할 것이다.

## 02

# 연혁(沿革)

　왕도는 고조선의 강역이며, 백제 때에는 북한성이 되었다가 근초고 왕이 남한으로부터 도읍을 옮겼다. 105년이 지나 개로왕 때에 고구려 장수왕이 공격하여 취하고서 북한산군을 설치하였다가 얼마 후 남평양 으로 이름을 고쳤다. 신라 진흥왕 때에 다시 북한산주가 되었다가 경덕 왕 때에 한양군으로 고쳤다. 고려 초에 고쳐서 양주로 삼았으며 성종이 양주좌신책군을 두어 해주와 함께 좌우 2보로 삼았다. 현종 때 지양주 사로 강등하였다가 문종 때에 남경으로 승격하였다. 숙종 때에 김위제 (金謂磾)가 『도선비기』에 근거하여 남경으로 천도할 것을 청하자 궁궐을 영건하여 때때로 순주하였다. 충렬왕이 한양부로 고쳤다. 우리 태조 3 년(1394년)에 경도로 정하였으니, 동으로는 양주목 경계까지 10리, 남으

로는 과천현 경계까지 10리, 서쪽으로는 고양군 경계까지 10리, 북으로
는 양주목 경계까지 10리다.

王都古朝鮮之域 百濟時爲北漢城 近肖古王自南漢徙都 歷一百五年 至蓋鹵
王時 高句麗長壽王攻取之 置北漢山郡 尋改名南平壤 新羅眞興王時 復爲北
漢山州 景德王時 改漢陽郡 高麗初 改爲楊州 成宗置楊州左神策軍 與海州爲
左右二輔 顯宗時 降知楊州事 文宗時 陞爲南京 肅宗時 金謂磾據道詵秘記
請遷都南京 乃營建宮闕 有時來巡 忠烈王改爲漢陽府 我太祖三年 定爲京都
東至楊州牧界十里 南至果川縣界十里 西至高陽郡界十里 北至楊州牧界十里

안설: 『고려사』에서 1356년(공민왕 5) 승 보허(普虛; 普愚, 1301~1382)가 도참설로 왕
이 한양에 도읍하면 36국이 와서 조회한다고 하니, 왕이 그 설에 혹하여 한양 궁궐
을 크게 건설하였다. 이에 인심이 동요하여 이고 지고 남쪽으로 가는 사람들이 시
장 같았으나, 법사(法司)에서 금할 수가 없다고 하였다. 1360년(공민왕 9) 남경으로
천도하고자 하여 태묘에서 점을 쳤으나 불길하다고 나와 끝내 천도하지 못하였다.
이에 왕이 백악산(장단 백악) 남쪽에 친히 행차하여 땅을 살펴보고 궁궐을 경영하여
신경(新京)이라 하고, 11월에 이곳으로 이어하였다.

또 『조야회통』에는 다음과 같이 나와 있다. "고려 숙종이 천도하려고 할 때 윤관
(尹瓘, ?~1111) 등을 보내어 살펴보게 하였는데, 돌아와서 '삼각산 백악 남쪽의 산
형과 수세가 옛 방술서에 부합하니, 주요 줄기의 대맥에 임좌(壬坐)로 도읍을 건설
하여 남경으로 삼기를 청합니다'라고 아뢰었다. 오얏나무를 심고 이씨 성을 택하
여 남경윤으로 삼았으며, 또 해마다 한 번 순수하여 용봉장(龍鳳帳)을 묻어 압승하
였다. 우리 태조가 처음 계룡에 갔을 때 참판 유관(柳觀, 1346~1433)이 정도론(定都
論)을 올려, '계룡에 도읍을 정했을 때는 백성들이 모두 근심하였으나, 이제 한양으
로 천도하니 백성들이 모두 한양의 형세 및 토지와 거리 및 수로가 송도와 서로 같
다고 기뻐합니다. 민심으로 보자면 한양이 진실로 하늘이 명한 도읍할 장소입니다'

라고 하자, 임금이 이를 따랐다. 정도전(鄭道傳, 1342~1398), 남은(南誾, 1354~1398), 이직(李稷, 1362~1431) 등에게 명하여 집터 등을 살펴보게 하였는데, 전 왕조에서 경영한 궁궐터는 너무 좁다며 다시 그 남쪽을 살펴보아서 해산(亥山)을 주산으로 하고 임좌병향으로 하였다. 청성백 심덕부(沈德符, 1328~1401)에게 명하여 그 공역을 총괄하게 하였다. 이듬해 9월 태묘(太廟) 및 궁궐이 완성되어, 이달에 신궁에 이어하였다."

또 구암(久庵) 한백겸(韓百謙, 1552~1615)의 『동국지리지』에는 다음과 같이 나와 있다. "남경은 지금의 경도이다. 고려 숙종 때 김위제가 도선비기에 근거하여 양주에 목멱양(木覓壤)이 있어, 도성을 세울 만하다고 하며 천도할 것을 청하였다. 일자(日者) 문상(文象)이 그를 따라 맞장구를 치니, 왕이 친히 살펴보고 평장사 최사추(崔思諏, 1036~1115), 지주사 윤관(尹瓘)에게 명하여 그 공역을 감독하게 하여 남경을 삼았다."

요즘 사람들이 경사(京師)를 서울이라고 하는 것은 옛날에 신라를 서야벌이라고 해서 후세 사람들이 그대로 경도를 가리켜 서벌이라고 하다가 나중에 서울로 바뀌게 된 것이다.

案 高麗史 恭愍王五年 僧普虛 以讖說王都漢陽則三十六國來朝 王惑其說 大修漢陽宮闕 於是 人心搖動 負載南行者如市 法司不能禁 九年 欲遷都南京 卜于太廟不吉 不果遷 於是 王親幸相地于白岳山南 營宮闕 謂之新京 十一月 移御于此

又朝野會通日 高麗肅宗遷都時 遣尹瓘等審視回奏 三角山白獄之南 山形水勢 符合古方 請於主幹大脈壬坐建都爲南京 種李樹 擇李姓爲尹 亦歲一巡狩 埋龍鳳帳壓之 我太祖初幸鷄龍 參判柳觀 上定都論 以爲定都鷄龍 民咸憂之 今遷都漢陽 民咸喜之 曰漢陽形勢土地道里水路 與松都相若 以民心觀之 漢陽誠天命之所都也 上從之 命鄭道傳南誾李稷等相宅 以前朝所營宮基址狹隘 更相其南 亥山爲主 坐壬向丙 命靑城伯沈德符 摠其役 翌年九月 太廟及宮成 是月移御新宮

又韓久庵東國地理誌 南京 今京都也 高麗 肅宗時 金謂磾據道詵秘記 楊州有木覓壤 可立都城 請遷都 日者文象從和之 王親相之 命平章事崔思諏知奏事尹瓘 董其役 爲南

京[止此]

今人稱京師曰徐菀者 古號新羅爲徐耶伐 後人仍稱京都曰徐伐 後轉爲徐菀耳

❀

이 부분은『승람』경도(권1)와 한성부(권3) 건치연혁 부분을 일부 수정하여 서술하였다.『승람』의 경도편은 "古朝鮮馬韓之域"이라고 시작하는데, 고전번역원의 번역본에서는 "고조선은 마한의 영역이다"라고 잘못 번역하였다. 이는 주어를 경도로 보아 "(경도는) 고조선 때 마한의 영역이다"라고 해석하는 것이 바람직하다.『한경지략』에서는 이 부분을 옮기면서 "王都古朝鮮之域(왕도는 고조선의 영역이다)"이라고 하였는데,『승람』과 이를 비교하면 한양이 고조선 시기 어디에 소속되었는지에 대한 고증이 바뀐 셈이다. 또한『승람』에서는 한성부의 연혁을 고구려 때 북한산군을 두었다가 백제 온조왕 때 이를 빼앗아 성을 쌓았다고 시작하고 있는데,『한경지략』에서는 이를 생략하였다. 김부식의『삼국사기』이래 대부분의 사서, 특히 유본예의 처가에서 편찬한『해동역사』에서도 한양이 고구려 때 북한산군이었고 백제 온조왕이 이를 빼앗았다는 사실은 별 반론 없이 그대로 수록된 편이다. 다만 정약용의『아방강역고』(권3, 漢城考)에서는 이에 반론을 제기한 바 있다. 유본예가 이 부분을 생략한 것이 부드러운 서술을 위한 요약이었을 뿐인지, 관련된 역사고증에 특별한 견해가 있었기 때문인지는 확인되지 않는다. 안설에서 이 부분에 대해 자기 의견을 밝히진 않았다.

공민왕대 남경 천도를 건의한 것은 태고(太古) 보우(普愚)로서, 보허는 그의 첫 법명이다. 고려에서는 전기 이래 개경 이외에 서경이나 남경 등지로 국왕이 잠시 머무는 순주 논의가 활발하게 일곤 하였다. 그러나 원 간섭기에는 순주나 천도 논의가 공개적으로 이루어지지 못하는데, 이는 강도에서 개경으로 천도하는 것이 고려-몽골의 강화 조건이었던 만큼 이후 원에서 고려의 천도 논의에 민감하게 반응했기 때문이다. 공민왕대 보우가 남경 천도를 건의한 시점은 바로 이러한 원 간섭기의 구질서에서 벗어나 정동행성 이문소를 폐지하고 기철 등의 세력을 복주하였던 1356년(공민왕 5)이다. 이때 보우는 남경으로 천도하면 주변의 36국이 조회한다고 설득하였는데, 이는 남경 천도 논의가 원의 간섭에서 벗어나 고려를 중심으로 하는 옛 질서를 회복하려는 시도와 관련이 깊음을 잘 보여준다. 그러나 이때의 논의는 얼마 되지 않아 중지되었다.(장지연, 2015, 183~201쪽)

조선 태조대의 계룡산 천도 논의 당시 유관이 정도론을 올렸다는 내용은 당대 사실에 부합하지 않는다. 당시 계룡산 천도를 철회한 것은 하륜의 상소에 근거한 것이었다. 그러나 김육(金堉, 1580~1658)이 지은 『해동명신록』에는 유관의 정도론으로 수록되었고, 이를 『연려실기술』에서 다시 인용하고 있어서 이 무렵에는 이렇게 알려졌던 것으로 보인다.

조선 초 천도와 관련해서는 여러 가지 설화가 전해지는데, 실제 역사적 사실과는 다른 내용이 많다. 또 설화 자체도 시대에 따라 유행하던 내용이 조금씩 다르다. 고려 시기에 남경이 이씨의 도읍이 될 것이라는 도참이 있어 이를 여러 방법으로 압승하였다는 내용은 『용비어천가』에도 수록된 유서 깊은 설화이다. 이에 비해 태조의 친구이기도 한 무학대사 자초(自超, 1327~1405)가 이곳을 도읍지로 비로소 결정하였다는 설화는 임진왜란 이후 생성되어 그 이후에 유행한 것이다. 임진왜란 이후 유행한 무학대사 설화가 임진왜란의 원인을 찾고자 하는 대중의 희망을 담고 있다면, 조선 전기 유행한 남경 설화는 조선의 역성혁명을 정당화하는 효과를 가지고 있다. (장지연, 2013, 19~26쪽)

# 형승(形勝)

『고려사』에서는 북쪽으로 화산에 의거하고 남쪽으로 한수에 임하며 토지는 평탄하고 부유하여 번화하다고 하였다. ○『여지승람』에서는 "북쪽으로는 화산이 진산으로, 용이 서리고 호랑이가 웅크린 형세이며 남쪽으로는 한강이 띠처럼 두르고 있다. 왼쪽으로는 관령을 끼고 오른쪽으로는 발해가 두르고 있으니, 그 형세가 동방에서 제일이며 진실로 험하고 공고한 산하다."라고 하였다.

○명 동월의 「조선부」에는 다음과 같이 나와 있다. "임진에서 나루를 건너 파주에 멈추어 멀리 한성을 바라보니 아름다운 기운이 높이 솟아오른다. 이에 벽제를 지나고 홍제에 이르니 이곳이 왕경으로 동쪽 오랑캐 땅에 우뚝 서 있다. 높고 높은 삼각산에 터를 잡았으니[삼각산은 왕

경의 진산으로 산세가 가장 높다. 왕경이 그 산 허리에 있는데, 산마루를 바라보니 높은 봉우리들이 톱니와 같다] 푸르고 푸른 소나무들로 덮였다. 북으로는 천 길이나 되는 형세가 연이어 있으니, 어찌 천 명의 군사를 누르는 데만 그치겠는가? 서쪽으로 바라보면 관문 하나가 있는데, 그 길이 말 한 필만 간신히 다닐 만하다.[홍제원에서부터 동쪽으로 반 리를 못 가서 자연적으로 만들어진 관문이 하나 있는데, 북쪽으로 삼각산에 접하고 남쪽으로는 남산에 접하여 말 한 필만 지나갈 만하니 험준하기가 더할 나위가 없다] 산이 성곽 밖을 에워싸니 힘차게 나는 봉황이 빛을 뿜어내는 듯하고[동쪽으로 여러 산을 바라보니 형세가 모두 팔짱을 끼고 둘러싸고 있는 듯하다] 모래가 소나무 뿌리에 쌓여 하얗기가 막 갠 후의 쌓인 눈 같았다.[삼각산에서부터 남산까지 산 빛깔이 모두 희면서도 흐릿한 붉은빛이어서 멀리서 보면 눈처럼 보였다]"

○명의 예겸(倪謙, 1415~1479)의 「등루부」에서는 "북악의 우뚝 솟음이여, 궁전은 더욱 빛나는구나. 남쪽 봉우리가 앞에 떡하니 서 있으니 성곽이 사방으로 둘러싸누나. 높다란 벽이 구불구불 서쪽으로 달려가고 연이은 높은 산봉우리가 비스듬히 동쪽으로 달려간다. 개천은 굽이굽이 감아 돌고 무지개가 아래로 드리운다. 한강은 탕탕하게 흘러 발해로 유유히 돌아가는구나."라고 하였다.

○『오산설림』에는 다음과 같이 나와 있다. "태조가 나라를 다스리게 된 후에 팔도의 수령들에게 하교하여 무학대사를 찾아오게 하여 스승의 예로 대우하였다. 이어 도읍을 정할 땅을 물으니 무학이 한양을 점찍으며, '인왕산을 진산으로 삼고 백악과 남산을 좌청룡과 우백호로 삼

으십시오'라고 하였다. 그러자 정도전이 힐난하며 '예로부터 제왕은 모두 남쪽을 향하여 다스리는 것이지 동향한다는 말은 들어본 적이 없다'라고 하였는데, 무학이 '내 말을 듣지 않으면 200년이 지나 내 말을 생각하게 될 것이다'라고 하였다."

高麗史云 北據華山 南臨漢水 土地平衍 富庶繁華 ○輿地勝覽曰 北鎭華山 有龍盤虎踞之勢 南以漢江爲襟帶 左控關嶺 右環渤海 其形勝甲於東方 誠山河百二之地也

○明董越朝鮮賦曰 臨津濟渡 坡州爰至[2] 遙瞻漢城 高騰佳氣 乃經碧蹄 乃躡弘濟 是爲王京 屹立東鄙 奠以三角之嵯峨[三角山即王京之鎭 山勢最高 王京在其山腰 山巓睥睨望之 巢巢如鉅齒] 陰以萬松之蒼翠 北聯千仞勢 豈止壓千軍 西望一關 路止可容一騎[自弘濟院 東行不半里 天造一關 北接三角 南接南山 通一騎 險莫加焉] 山圍郭外 矯然翔鳳之覽輝[東望諸山 勢皆環拱] 沙積松根 皜乎積雪之初霽[自三角至南山 山色皆白而微頹 望之如雪]

○明倪謙登樓賦曰 北岳淩聳 宮殿增輝 南峯前峙 城郭四圍 峻壁蜿蜒而西騖 連嶂迤邐而東馳 開川縈繞 銀虹下垂 漢江蕩漾 渤澥攸歸

○五山說林曰 太祖御宇後 下敎八道方伯 物色求無學 而待以師禮 仍問定都之地 無學乃卜漢陽曰 仁王山作鎭 白岳南山爲左右龍虎 鄭道傳難之曰 自古帝王 皆南面而治 未聞東向也 無學曰 不從吾言 至二百年 當思吾言矣

안설: 무학이 말한 200년이 곧 임진년이다. 왜적이 쳐들어 왔을 때 도성이 모두 파

---

2  원문에는 至로 되어 있으나, 『승람』에 따라 止로 번역하였다.

괴되었으니, 그 말이 진실로 여기에서 징험이 된다고 하겠다.

案 無學所云至二百年 卽壬辰也 倭寇時 都城蕩毁 其言果驗於此云耳

❋

이 부분은『승람』한성부(권3)의 형승과 편목명은 일치하지만 그 내용은 딱 일치하지 않는다.『고려사』인용 부분은 한성부편에서,『승람』과 동월의「조선부」는 경도(권1)에서 가져왔다.『승람』을 기초로 하면서도 서술 내용에 따라 취사선택하여 자료를 재배치하였음을 잘 보여준다.

『한경지략』의 서문에서 밝혔듯이『승람』에 있던 제영이나 기문 대부분은 이 책에 수록하지 않았으나, 명에서 사신으로 온 동월의「조선부」와 예겸의「등루부」는 자주 인용했다. 동월은 홍치제가 태자였을 때 시강관을 지낸 사람으로, 1488년(성종 19) 사신으로 왔다. 동월의「조선부」는 1490년(성종 21) 중국에서 처음 간행되고, 2년 만에 조선으로 유입되었으며, 이후 여러 차례 간행되었다. 이 중 중종대에 간행한 조선본은 일본으로 흘러가 일본본의 저본으로 활용되기도 하였다. 중국과 조선에서는 주로 15~16세기에 단행본으로 유통되다가, 16세기 중반부터는 총서에 편입되어 읽혔고 일본에서는 18세기에 교토와 오사카의 서점을 중심으로 유통되는 등, 한중일 삼국에서 모두 많이 읽혔다.(김소희)

예겸은 1450년(세종 32)에 경태제의 등극조서를 가지고와서, 정인지, 신숙주, 성삼문 등과 시를 주고받았다. 이때 창화한 시를 모은 것이『황화집』의 첫머리에 수록되어 있으며,『봉사조선창화시권(奉使朝鮮唱和詩卷)』

이라는 책자 형태로 만들어지기도 하였다. 이 책자는 예겸의 후손이 가보로 전하다가 1958년 이전 국내로 유입되어 보물로 지정되었으며 현재 국립중앙박물관이 소장하고 있다. 2019년 국보로 승격될 예정이었으나 진위 여부 등에 논란이 일어 일단 보류되었다.

무학대사가 한양을 점찍었으며 인왕산을 주산으로 하려 하였다는 설화는 『오산설림』에서 처음으로 확인되는데, 그 내용에서 임진왜란을 예고하고 있어서 전란 무렵 생성된 설화라는 점을 알 수 있다. 이 무렵 산릉을 잡는 등의 여러 논의에서 무학대사가 국초의 풍수 전문가로 언급되는 것을 볼 수 있는데, 이는 역사적 사실과는 거리가 있다. 태조대의 천도 논의 당시 태조의 강권으로 무학대사 자초가 매번 논의 자리에 있었던 것은 사실이지만, 그는 눈에 띄는 의견을 낸 바가 없으며 행장에도 그가 풍수를 잘 안다는 등의 이야기는 수록된 바가 없다. 건국 후 초유의 전란 속에서 사람들의 불안한 심리 때문에 이러한 설화가 만들어지고 확산됐던 것으로 추정된다.(장지연, 2013, 19~26쪽)

광해군대에는 인왕산이 주목되면서 이 일대에 새 궁궐들이 건설되었다. 당시 인왕산에 왕기가 있다는 설이 유행하자 광해군은 이 일대에 인경궁과 경희궁(초창 당시 이름은 경덕궁)을 건설하였고, 이러한 토목공역은 광해군의 대표적인 폐정으로 꼽혔다.

# 성곽(城廓)

## 도성(都城)

도성 둘레는 9,975보, 높이는 40척이고 리로 계산하면 40리이다. [14,575보라고도 한다] 1397년(태조 5)에 민정 20만을 뽑아서 영삼사사 심덕부에게 감독하게 하여 돌로 쌓았다. 1422년(세종 4)에 여러 도의 민정 30만을 뽑아서 개수하고 여덟 문을 세우게 하였으니, 동쪽을 흥인(興仁)이라 하고[편액은 '흥인지문'이라 하였다] 남쪽은 숭례(崇禮)라 한다.『추강냉화』에 다음과 같이 나와 있다. "문액은 태종의 세자인 양녕대군(讓寧大君, 1394~1462)이 썼다. 임진왜란 때 유실되었는데 광해군대에 청파 배다리의 도랑 속에서 밤에 서광이 비치어 파보니 바로 그 편액이었다."] 서쪽은 돈의(敦義)라 하고 북쪽은 숙청(肅淸)이라 하며, 동북은 혜화(惠化)라 한다. [처음 명칭은 홍화(弘化)였는데, 1483년(성종 14)에 창경궁 동문을 홍화라고 이름 붙이자, 1511년(중종 6)에 문 이름이 서로 혼동된다 하여 혜화라고 고쳤다. 민간에서는 동소문이라고 한다] 서북쪽은 창의(彰義)라 하고, 동남쪽은 광희(光熙)라 하고, 서남쪽은 소의(昭義)라 한다.[민간에서는 서소문이라고 한다. 또 동남쪽에는 예전에 소덕문(昭德門)이 있었는데, 지금은 없어졌다. 민간에서는 남소문이라고 한다]

성첩을 각 군영에 나누어 주는 것은 영조대에 시작하였다. 돈의문에서부터 창의문은 훈련도감에게 주고, 숭례문부터 남소동 표석까지는 금위영에게 주고 남소동 표석에서부터 흥인문까지와 응봉에서 숙청문은 모두 어영청에 주었으니, 수성절목책(守城節目冊)이 있다. 동소문과 서소문에는 옛날에 문루가 없었는데, 1744년(영조 20)에 금위영에 명하여 서소문루를 쌓게 하고 '소의'라 편액을 붙였으며, 어영청에는 동소문루를 짓게 하여 '혜화'라 편액을 붙였다.[조명리(趙明履, 1697~1756)가 편액을 썼다]

都城 周九千九百七十五步 高四十尺 計里則四十里[又云一萬四千五百 七十五步] 太祖朝五年 發民丁二十萬 領三司事沈德符監董石築 世宗四年 發諸道民丁 三十萬改修 立八門 東曰興仁[扁曰 興仁之門] 南曰崇禮[秋江冷話曰 門額太宗世 子讓寧大君書 案壬辰亂遺失 至光海朝 靑坡舟橋溝中 夜有瑞光 掘得乃其扁額也] 西曰敦義 北曰肅淸 東北曰惠化[初名弘化 成宗癸卯 昌慶宮東門 名以弘化 中宗 辛未 以門名相混 改以惠化 俗名東小門] 西北曰彰義 東南曰光熙 西南曰昭義[俗 名西小門 又東南舊有昭德門 今廢 俗名南小門]

城堞之有各營分授 始自英宗朝 自敦義門至彰義門 訓練都監授之 自崇禮門

至南小洞標石 禁衛營授之 自南小洞標石至興仁門 鷹峯肅淸門 并御營廳授
之 有守城節目冊子 東西兩小門 舊無譙樓 英宗二十年 命禁衛營 建西小門樓
扁曰昭義 御營廳建東小門樓 扁曰惠化[趙明履書額]

안설: 우리나라는 산이 많고 들이 적으므로 평지성이 없고 도성이라도 모두 산에
의지하여 쌓았다. 명나라 사신 동월의 「조선부」에서 "성곽을 모두 높은 산을 베고
지어서 사이에 산봉우리나 산기슭이 나오는데 성가퀴가 솟구쳐 날아오르는 듯하
다"고 하였다. 또 "홍제원에서부터 동쪽으로 반 리를 못 가서 자연적으로 만들어진
관문이 하나 있는데, 북쪽으로 삼각산에 접하고 남쪽으로는 남산에 접하여 말 한
필만 지나갈 만하니 험준하기가 더할 수가 없다"고 하였는데, 이것이 바로 사현이
다. 서쪽 길로부터 경성으로 들어오는 목구멍인 관문으로 진실로 자연이 만든 금
성탕지의 땅이다. 성 동쪽은 수구가 되어 약간 낮으므로 가산을 보충하여 쌓고 버
드나무를 많이 심어서 식목소라 하였다. 봄이 되면 풍경이 볼만하여 서울 사람들
이 노니는 곳이다. 성 동쪽 땅에는 무인들이 많이 산다.

　도성 둘레가 대체로 40리 정도이니, 봄여름 사이에 서울 사람들이 무리를 이루
어 연못과 성첩을 걸어 다니며 성 내외의 풍경을 감상하는데, 하루 안에 빠듯이 돌
아다닐 만하여 이를 순성 놀음이라 한다. 『경도잡지』에서, "도성을 하루에 두루 돌
아보는데, 성 내외의 꽃과 버드나무를 두루 보는 것이 가장 아름답다. 새벽에 오르
기 시작하면 저녁 종 칠 때쯤 끝날 정도인데, 산길이 험난하여 힘들어 돌아가는 자
도 있다"라고 하였다.

　성문 안에는 월도(月刀)를 꽂는 곳이 있는데, 영조대에 영성군(靈城君) 박문수(朴
文秀, 1691~1756)가 처음 시작한 것이다. 호군부장청이 성문 안에 있으며, 수문장이
입직하며 검찰하고 새벽녘에 문을 열고 저녁에 닫는다.

안설: 또 『고려사』를 살펴보니, "남평양은 북으로는 면악에 이르고, 남으로는 사리
에 이르며, 동으로는 대봉에 이르며 서쪽으로는 기봉에 이른다"고 하였는데, 그렇

다면 경성은 모두 이 터로부터 둘러서 쌓은 듯하다.

　謹案 我國山多野少 故無平地城 雖都城 皆依山而築 皇明使臣董越朝鮮賦曰 凡爲城郭
皆枕高山 間出岡麓 聳飛飛之雉堞 又曰 自弘濟院 東行不半里 天造一關 北接三角 南
接南山 中通一騎 險莫加焉云 則此是沙峴 自西路入京城之咽喉關隘 眞天作金湯之地
也 城東爲水口稍低 故補築假山 多植柳 謂之植木所 至春 風景可觀 爲都人遊賞處 城
東地 武人多居焉

　都城周回 槪爲四十里 春夏之際 都人結伴 沼堞步行 以玩城內外景物 一日之內 僅能
周行 謂之巡城之遊 京都雜志曰 都城一日遍巡 周覽城內外花柳者爲勝 凌晨始登 昏鐘
可畢 山路絕險 有委頓而返者[止此]

　城門內插月刀 則英宗朝 靈城君朴文秀㳎始焉 護軍部將廳在城門內 守門將入直檢察
晨昏開閉

　又按高麗史 南平壤 北至面嶽 南至沙里 東至大峯 西至岐峯云 則京城 蓋自此址而環
築也

＊

　『승람』에서는 한양도성의 둘레를 9,975보로, 높이를 40척 2촌이라 하
여, 『한경지략』과 비슷하기는 하지만 『승람』 쪽이 좀 더 자세하다. 『한
경지략』에서 도성 둘레를 14,575보라고 하는 것에 대해서는 근거를 밝
히지 않았는데, 고종대에 편찬한 것으로 추정되는 『동국여지비고』에서
는 14,935보라고 하고 있어서 『한경지략』의 서술과 유사하다. 한양도성
의 둘레에 대해 9,975보 혹은 14,500여 보로 차이가 많이 나는 것은 영
조척(전자)과 주척(후자)이라는 척도의 차이에서 기인한 것으로 추정된다.
9,975보의 경우 영조척(≒30cm)으로 계산할 때 약 18km가 되며 14,575
보의 경우 주척(≒20cm)으로 계산하면 약 17.5km 정도가 되어 거의 비슷

하다. 『동국여지비고』에서는 14,935보, 혹은 주척으로 89,610척이라고
설명을 하고 있기도 하다. 이 경우에는 17.9km로 더욱 근사하다. 현재
한양도성의 총 둘레는 18.6km 정도이다.

태조대에 심덕부에게 도성 건설을 책임지게 했다는 것은 정확한 정
보가 아니다. 『승람』에는 감독자에 대한 서술이 없었고, 『동국여지비고』
에서는 조준에게 감독하게 하였다고 하여 이 무렵 도성 건설의 책임자
에 대한 지식이 부정확하게 전승되었다는 점을 알 수 있다. 도성 터 결
정 당시 주 책임자는 정도전이었으나, 다른 건축물에 비해 도성에 대해
서는 태조 이성계가 여러 차례 직접 순시하며 각별한 관심을 보이기도
하였다.

청파의 배다리는 남대문 밖인 용산구 청파동 1가에 있던 만초천에 놓
인 다리로서, 도성을 나와 삼남대로로 이어지는 길에 있던 다리다. 현재
는 복개되어 찾을 수 없다. 주교(舟橋) 외에도 청파신교(靑坡新橋), 석교(石
橋), 선교(船橋) 혹은 배다리로 기록되곤 하였다.

숭례문 편액의 글씨를 누가 썼는지에 대해서는 조선 시기에도 논란
이 있었다. 양녕대군 외에도 유진동(柳辰仝, 1497~1561), 신장(申檣, 1382~
1433), 정난종(鄭蘭宗, 1433~1489) 등이 주인공으로 언급되곤 하였다. 2008
년 숭례문 화재 후 복원 당시 현판 역시 다시 제작했는데, 양녕대군의
사당인 지덕사에 원 현판의 탁본이 소장되어 있어서 이를 바탕으로 복
원할 수 있었다. 지덕사 소장 탁본은 1865년(고종 2) 경복궁 복원 당시 영
건도감의 제조로 재직한 양녕대군 후손 이승보(李承輔, 1814~1881)가 확보
했던 것으로 전해진다. 이유원(李裕元, 1814~1888)이 쓴 『임하필기』(1871)에

서는 이승보가 숭례문 현판을 확인하였을 때 후판대서가 유진동의 글씨여서, 화재 후에 유진동이 다시 쓴 것이 아닐까 하고 추정하였다.(『임하필기』 권35, 벽려신지(薜荔新志))

여기에서는 도성 동남쪽의 남소문이 소덕문이라고 하고 있는데, 이는 사실과 다르다. 소덕문은 원래 도성 서남쪽의 소의문을 가리키는 것으로 영조대에 문루를 개축한 후 문의 이름을 소의문으로 고친 것이다. 조선 후기에는 남소문이 무엇을 가리키는지를 놓고 약간의 혼란이 있었다. 광희문과 수구문을 같은 문으로 볼 것인지, 광희문을 남소문으로 볼 것인지, 아니면 별개의 문을 남소문으로 볼 것인지 등이 자료에 따라 다르게 나타난다. 원래 남소문은 태조대에 건설한 것이 아니라 세조대에 건설하였다가 예종대에 폐지한 것이었다. 이후 여러 차례 이 문을 다시 열자는 논의가 있었으나 결국 새로 설치되진 못하였다. 그러면서 남소문을 무엇으로 볼 것인지에 대해 조선 후기에는 혼란이 있었던 것으로 보인다. 이 때문에 여러 고지도나 자료마다 설명이 조금씩 다르게 되어 있다. 『한경지략』의 설명 역시 이러한 혼란에 더하여 소덕문과 남소문을 혼동하고 있는 오류를 보여주고 있다.(이현진)

한편 국립중앙박물관 소장 정선의 「창의문도」(장동팔경 중)에는 문루가 있는 창의문이 표현되어 있으며, 고려대학교 박물관 소장 정선의 「동소문도」에는 문루가 없는 혜화문이 표현되어 있어서 문루 건설의 역사성을 회화 자료를 통해 확인할 수 있다.

영조대에는 성첩을 삼군문에게 맡겨 감독하게 하며 이에 관련한 내용을 담은 책자를 편찬, 반포하였다. 이것이 1751년(영조 27)에 편찬한

〈그림 1〉 정선, 「창의문도」(국립중앙박물관 소장)

네 개의 소문 중 원래의 문루가 현재까지 남아 있는 것은 창의문이 유일하다.

『어제수성윤음』(1책 13장)으로서, 삼군문에 도성의 수성을 명하는 윤음과 절목, 삼군문이 맡은 영역을 표시한 지도 등이 포함되어 있다. 이 지도를 통해 삼군문의 감독 영역을 살펴보면 다음 그림과 같다.

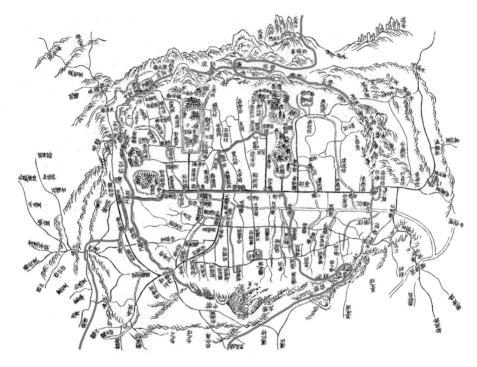

〈그림 2〉 『어제수성윤음』 중 「도성삼군문분계지도」

파란 선은 군문 간에 나눈 구역을 표시한 것으로서, 서북쪽은 훈련도감, 서남쪽은 금위영, 동부는 어영청이
맡았다.

　　『경도잡지』는 유본예의 아버지 유득공이 지은 저술로서, 서울의 여러
풍속에 대해 기술하였다. 유본예는 이 책에 기존의 제영, 기문 등을 대
부분 수록하지 않은 것에 비해, 아버지 및 그의 친구들의 기문이나 시
문들은 많이 인용하였다. 『경도잡지』에서는 성 내외의 꽃과 버드나무가
좋은 풍경으로 꼽혔는데, 1682년 그려진 「동문송별도」(서울대학교 규장각한
국학연구원 소장)를 보면, 동대문 밖에 버드나무가 많이 그려져 있는 것을

볼 수 있어서 당대의 상황을 시각적으로 확인할 수 있다.

한편 유본예는『고려사』의 기록을 인용하며 이것이 한양도성 건설의 지형적 근거가 되었다고 보았다. 안설의『고려사』기록은 남경의 경계를 이룬 자연지형에 대한 서술인데, 이에 대해 이병도는 서쪽의 기봉은 무악으로, 동쪽의 대봉은 타봉(駝峯)에 대응하는 음으로 보면서 낙산으로 비정하였으며, 남쪽의 사리는 한강 연안의 사평리(사리진)를 가리키는 것으로 보았다.(이병도, 1980, 169~170쪽) 고려 남경의 경우 영역 전체를 둘러싸는 성곽이 없었으며 자연지세로 경계를 삼았는데, 이병도의 주장을 따르면 조선 한양도성 영역보다 고려 남경의 영역이 훨씬 컸다.

### 경복궁성(景福宮城)

경성 안에 있다. 둘레는 1,813보, 높이는 21척이다. 4문을 세웠는데 동쪽을 건춘(建春)이라 하고, 남쪽을 광화(光化)라 한다.[옛 이름은 정문(正門)이다] 서쪽은 영추(迎秋)라 하고 북쪽은 신무(神武)라 한다.

景福宮城在京城中 周一千八百十三步 高二十一尺 立四門 東曰建春 南曰光化[舊名正門] 西曰迎秋 北曰神武

안설: 임진왜란 후에도 궁성이 아직도 남아 있었으나 광화문은 폐허가 되었는데, 지금 새 문을 세우고 편액을 '구광화문(舊光化門)'이라 하였다.[조윤량(曺允亮, 1733~1790)이 썼다]

『국당배어』에 다음과 같이 나와 있다. "만력 신묘년(1591) 겨울에 서애(西厓) 유성룡(柳成龍, 1542~1607)이 꿈을 하나 꾸었다. 경복궁 영추문이 불에 타서 공이 그 근처를 배회하고 있었는데 옆에서 어떤 사람이 이 궁은 너무 낮은 곳에 터를 잡았으니, 지금 산 가까운 곳으로 약간 높은 곳에 고쳐 짓는 것이 낫다고 말하였다. 공이 깜짝 놀라 깼으나 감히 다른 사람들에게 이야기하지 못하였다. 다음 해에 왜구가 이르러 궁궐이 불타 버려 여러 사람들은 회복할 가망이 없을 것 같다고 생각하고 있었다. 공이 비로소 친지들에게 그 꿈을 이야기하면서 덧붙여 '꿈속에서 이미고쳐 짓기로 의논을 하였으니, 이것이야말로 회복할 조짐이다'라고 하였다. 계사년(1594)에 적병이 과연 물러나 거가가 서울로 돌아왔다."

案 壬辰兵燹後 宮城則尙存 而光化門墟 今立新門 扁曰舊光化門[曺允亮書]

菊堂徘語曰 萬歷辛卯冬 柳西厓得一夢 景福宮迎秋[3]門灰燼 公徘徊其下 傍有人曰 此宮卜地太下 今若改作 當稍高近山處 公驚覺 不敢語人 明年 倭寇至 宮闕灰燼 衆疑恢復無望 公始於親知中語其夢 且曰夢中已議改作 乃恢復之兆也 癸巳 賊兵果退 車駕還都

　　본문에서는 광화문의 옛 이름을 '정문'이라고 하였으나, 이는 오류이다. '정문'은 경복궁 건설 후 오문에 정도전이 붙인 이름으로, 위치로 따지면 지금의 흥례문에 해당하는 문이다. 광화문은 그 후에 건설된 궁성문으로서, 그 이름은 세종대에 붙여졌다.

　　구광화문 편액을 쓴 조윤량은 원경렴(元景濂)의 사위이자 정조대의 명필인 조윤형(曹允亨, 1725~1799)의 사촌 동생으로 글씨에 능했으며 특히해서에 뛰어났다고 전한다. 조선 후기의 도성도 등에서는 경복궁의 광화문 자리에 '구광화문'이라고 표기한 경우를 확인할 수 있다.

---

3  원문에는 延秋라고 되어 있으나, 내용상 迎秋로 바로잡는다.

84

# 05

# 궁궐(宮闕)

## 경복궁(景福宮)

경복궁은 북부 관광방, 백악 남쪽에 있다. 1394년(태조 3) 궁성을 건설하고 4문을 세웠으니, 동쪽은 건춘(建春), 남쪽은 광화(光化), 서쪽은 영추(迎秋), 북쪽은 신무(神武)이다.

景福宮 在北部觀光坊白岳南 太祖三年 建宮城 立四門 東曰建春 南曰光化 西曰迎秋[4] 北曰神武

---

[4] 원문에는 延秋라고 되어 있으나, 내용상 迎秋로 바로잡는다.

ㅇ근정전(勤政殿)은 조하(朝賀)를 받는 정전이다.[「조선부」에 다음과 같이 나와 있다. "궁실의 제도는 중화와 또한 같으니, 모두 붉게 색칠하고 모두 수키와를 얹었다. 문은 3중이니, 세속의 번잡한 화려함이 점차 줄어들었다. 〈전문은 광화(光化)라 하고, 두 번째 문은 홍례(弘禮)라 하고 세 번째 문은 근정(勤政)이라 하는데, 단지 쇠못과 고리만을 썼다〉 정전이 가운데에 있는데, 푸른 유리색을 내고 있다. 〈근정이라 하는 정전만이 푸른 유리를 사용하고 나머지는 모두 사용하지 못한다〉 건물의 계단은 일곱 등급의 차등이 엄격하다. 〈모두 거칠게 다듬은 돌을 썼다. 형세가 매우 높고 위는 자리로 덮었다〉 벽 사방의 시원하게 뚫린 창문에는 꽃창살을 조각해 놓았다. 〈근정전의 동서벽에는 모두 요격자(腰膈子)를 설치해 놓고 조서를 받을 때 모두 갈고리로 건다〉" 이 부(賦)를 살펴보면, 근정전의 옛 제도를 대략 알 수 있을 것이다]

남쪽은 근정문(勤政門), 또 그 남쪽은 홍례문(弘禮門)이라 하였으며, 동쪽은 일화문(日華門), 서쪽은 월화문(月華門)이라 한다. 홍례문 안에 어구가 있는데, 금천(錦川)이라 하고 동쪽과 서쪽에 수각(水閣)이 있다.

勤政殿 爲受朝賀之正殿[朝鮮賦曰 宮室之制與華亦同 其塗皆丹 其覆皆甋 門三重 則殺杯螺之焜燿 〈前門曰光化 二門曰弘禮 三門曰勤政 止用金釘及環〉 殿居中 乃有琉璃之靑蔥 〈惟正殿曰勤政者 用綠琉璃 餘皆不用〉 堂陛嚴七級之等差 〈級皆䃴[5]磨石甃 勢甚陡上 以席覆之〉 綺疏準八窓之玲瓏 〈殿東西壁 皆設腰膈子 拜詔時 皆以鉤懸之〉 案此賦 勤政殿舊制 略可知矣]

南曰勤政門 又其南曰弘禮門 東曰日華門 西曰月華門 弘禮門內有御溝 名錦

---

川 東西有水閣

○사정전(思政殿)은 근정전 북쪽에 있다.

思政殿 在勤政殿北

○강녕전(康寧殿)은 사정전 북쪽에 있다.

康寧殿 在思政殿北

○연생전(延生殿)과 경성전(慶成殿), 교태전(交泰殿)은 모두 강녕전 서북쪽에 있다.

延生殿 慶成殿 交泰殿 并在康寧殿西北

○비현합(丕顯閤)은 사정전 동쪽에 있다.

丕顯閤[6] 在思政殿東

○인지당(麟趾堂), 자미당(紫微堂), 청연루(淸讌樓)는 모두 교태전 동쪽에 있다.

麟趾堂 紫微堂 淸讌樓 并在交泰殿東

---

6 원문에는 閤으로 되어 있으나, 『승람』에 따라 閤으로 바로잡는다.

○융문루(隆文樓), 융무루(隆武樓)는 근정전의 동서 각루이다. 『경국대전』에서 인쇄한 서책은 모두 별도로 두 누각에 보관하게 하였다.

隆文樓 隆武樓 勤政殿東西閣樓也 國典 凡印書册 別藏于兩樓


○경회루(慶會樓)는 사정전 서쪽에 있으니, 누각을 둘러싸고 연못을 만들고, 연꽃을 심었다. 안에 섬이 두 개 있다.

慶會樓 在思政殿西 環樓爲池 種芙蕖 中有二島


○흠경각(欽敬閣)은 강녕전 서쪽에 있다. 1434년(세종 16)에 천문의기(天文儀器)를 처음으로 만들어두었다.

欽敬閣 在康寧殿西 世宗甲寅 創置天文儀器


○보루각(報漏閣)은 경회루 남쪽에 있다. 1434년(세종 16)에 옛 물시계가 정확하지 못하다고 하여 물시계를 고쳐 만들어두었다. 간의대(簡儀臺)는 경회루 남쪽에 있으니, 1432년(세종 14)에 관천의기(觀天儀器)를 세웠다.[흠경각, 보루각, 간의대는 모두 김돈(金墩, 1385~1440)의 기문이 있다]

報漏閣 在慶會樓南 世宗甲寅 建以舊漏未精 改造漏器以置 簡儀臺 在慶會樓南 世宗壬子 建觀天儀器[欽敬 報漏閣 簡儀臺 幷有金墩記]


○동궁(東宮)은 일화문 안에 있다.

東宮 在日華門內

○문소전(文昭殿)은 경복궁 동쪽 건춘문 안에 있다. 세종대에 처음으로 후침(後寢) 5칸, 전전(前殿) 3칸을 만들었으며, 앞에 세 계단을 두었다. 『여지승람』에는 다음과 같이 나와 있다. "신좌는 전전에서 태조가 가운데에서 남향하고 소(昭) 2위는 동쪽에서 서향하며, 목(穆) 2위는 서쪽에 있으면서 동향한다. 후침은 모두 북쪽에서 남향하고 있다. 삭망제는 후침에서, 사시대향 때에는 신주를 전전으로 내와서 합쳐 예를 행한다."

文昭殿 在景福宮東 建春門內 世宗朝 始建後寢五間 前殿三間 前有三垱
輿地勝覽曰 神座前殿 太祖居中南向 昭二位在東西向 穆二位在西東向 後
寢則并在北南向 朔望祭後寢 四時大饗 出主前殿合禮


○연은전(延恩殿)은 경복궁성 안의 서북쪽 모퉁이에 있다. 성종이 명에 주청하여 덕종(德宗)을 높여 회간왕(懷簡王)으로 삼고, 이미 종묘에 부묘한 후에 이어서 이 전각을 건설하여 어진을 봉안하였다. 그 향사는 문소전에 준하였다.

延恩殿 在景福宮城內西北隅 成宗奏請朝廷 尊德宗爲懷簡王 旣祔宗廟 仍
建此殿 奉安神御 其享祀 視文昭殿


안설: 『국조보감』에 다음과 같이 나와 있다. "1395년(태조 4) 정도전에게 명하여 신궁의 여러 전각의 이름을 짓게 하고 아울러 이름을 지은 뜻을 써서 바치도록 하였다. 신궁은 경복궁이라 하고, 침전은 강녕전이라 하며, 동소침은 연생전, 서소침은 경성전이라 하였다. 연침의 남쪽 전각은 사정전이라 하고, 그 남쪽 정전은 근정전이라 하며, 문은 근정문이라 하였다. 동서의 두 누각은 융문과 융무라고 하였으며,

오문은 정문이라 하였다."

1592년(선조 25) 전쟁으로 훼손되어, 지금은 겨우 옛 궁성 및 근정전 월대와 경회루 석주만이 남아 있다. 궁성의 정문 터에는 지금 새 문을 건설하고, '구광화문'이라고 편액을 달았다.

『조야기문』에 다음과 같이 나와 있다. "1426년(세종 8) 근정전을 수리하는데, 참찬 허조(許稠, 1369~1439)가 '처음 지을 때 태조께서 모든 전각의 단청을 검약하게 하려고 힘쓰셨으니, 원컨대 전하께서 사치스럽지 않게 하십시오. 위에서 좋아하는 것은 아래에서 반드시 더 심하게 하는 자가 있기 마련입니다'라고 계하였다. 임금이 '단청에 금을 사용하는 것은 나도 너무 사치스럽다고 생각하였으니, 바로 동역관에게 쓰지 말라 하라'라고 하였다."

○1456년(세종 2) 처음으로 집현전을 두고 문학 하는 선비 10인을 뽑아서 그 선발에 확충하였는데, 전각이 있었는지 없었는지 지금은 알 수가 없다.

안설: 경회루는 사가정 서거정(徐居正, 1420~1488)의 『필원잡기』에 다음과 같이 나와 있다. "유구국 사신이 다른 사람에게, '내가 조선에 와서 세 가지 장관을 보았다. 경회루 석주에 용 무늬가 칭칭 휘감아 도는 것이 특별하고도 기이하였으니 이것이 하나요, 압반재상(押班宰相)의 흰 수염이 흰 눈 같고 풍채가 당당하여 노성한 덕이 있는 듯한 것이 둘이라 하였으니, 영상 정창손(鄭昌孫, 1402~1487)을 가리킨 것이다. 깊고 큰 잔으로 술을 마시는데 주고받으며 마시는 것이 셀 수가 없는 것이 셋이다'라고 하였으니, 사성 이숙문(李淑文)을 가리킨 것이다."

또 『오산설림』에는 다음과 같이 나와 있다. "구종직(丘從直, 1404~1477)은 초야의 인물로 문과에 올라 교서관에 분속되어 입직하게 되었다. 경회루의 경치가 뛰어나다는 이야기를 듣고 숙직하는 날 편복으로 여러 문을 들어가 경회루 아래에 이르러 못 근처에서 산책하였다. 그때 갑자기 성종이 가마를 타고 후원에서 오니 구종직이 당황하며 가마 길 아래에 엎드렸다. 임금이 놀라 누군지 묻자, 교서정자 구종직이라고 답하였다. 임금이 또 어떻게 여기까지 왔느냐고 묻자, '신이 일찍이 경회루의 아름다운 기둥과 연못은 천상의 신선세계라고 들었던 차에 지금 마침 여러 날 당직을 하게 되었고 교서관이 경회루와 많이 멀지 않으므로, 초야의 신하가 감히 훔쳐보게 되었습니다'라고 대답하였다."

경회루가 훼손되었으나 석주는 아직도 빽빽이 서 있어 옛날 만들었을 때의 장관을 짐작할 수 있게 한다. 궁성 안 소나무 숲에는 백로가 많이 서식하여 멀리서 바라보면 눈처럼 보인다. 지금은 위장이 직숙하는 집만 있을 뿐이다.

아버지는 「경복고궁(景福故宮)」 시에서 다음과 같이 읊었다.

> 매번 이 궁궐을 지나며 탄식하노라 每過此宮歎
> 일찍이 왜적을 다 없애지 못하였음을 曾未滅倭奴
> 용을 새긴 기둥은 수풀 속에 여전히 있으나 螭柱森猶在
> 사자 난간의 조각은 상해서 없어지려고 하는데 獅欄剝欲無
> 지키는 병사는 졸고 버들개지는 떨어진다 衛兵眠落絮
> 시끄러운 손님이 무성한 봄 숲에 앉아 騷客坐春蕪
> 옛날의 어진 재상들을 아득히 생각하노니 緬想古賢輔
> 단문(端門)에서 패옥이 종종거리는구나 端門珮玉趨

또 「춘성유기」에 다음과 같이 나와 있다. "1770년(영조 46) 3월 3일 연암(燕岩) 박지원(朴趾源, 1737~1805), 청장관(靑莊館) 이덕무와 함께 삼청동에 들어가 창문(倉門) 석교를 건너 삼청전 옛터를 방문하였다. 황폐해진 밭에 온갖 풀이 무성하여, 자리를 벌여 앉으니 푸른 물이 옷을 물들였다. 청장관은 풀 이름을 많이 알아서 내가 풀을 따서 물어보면 대답하지 못하는 것이 없었으니 기록한 것만도 수십 종이나 되었다. 청장관의 박식하고 교양 있음이 이와 같았다. 해가 저물어가니 술을 사다 마셨다.

다음 날 남산에 올랐다. 장흥방을 지나 회현방을 가로질러 갔다. 산 근처에는 옛날 재상들의 거처가 많이 있었는데, 무너진 담장 안으로 오래된 소나무와 홰나무가 낙낙하게 남아 있었다. 시험 삼아 그 높은 언덕으로 올라가서 바라보니, 백악은 둥글지만 뾰족하여 엎어놓은 모자 같았고, 도봉산은 뾰족뾰족한 것이 병 속의 화살이나 통 안에 든 붓 같았다. 인왕산은 사람이 팔짱을 풀어 그 어깨를 날개처럼 한 것 같았으며, 삼각산은 놀이판에 남자 여럿이 있는데 키 큰 사람 한 명이 뒤에서 내려다보고 있고 여러 사람의 갓이 그 턱에 나란하게 이른 듯한 모습이었다. 성 안의 집은 푸른 기장밭을 막 갈아놓은 듯이 푸르고 맑았으며, 큰길은 긴 시내가 들을 갈라놓는 것처럼 그 여러 굽이를 드러내니, 사람과 말은 시냇물 속의 물고기나 새우 같았다. 서울의 호수는 8만이라 하는데, 그 속에서 이 시절에 누구는 노래를 부르고, 누구는 곡을 하고, 누구는 밥을 먹고, 누구는 바둑이나 장기를 두고, 누구는 아부도 떨고, 누구는 험담도 할 것이며, 누구는 이러저러한 일을 꾸미고 있을 것이니 높은 곳에서 묶어서 바라보면 한번 웃음이 터져 나올 만하다.

또 그 다음 날 태상시의 동대(東臺)에 오르니 육조의 누각과 어하(御河)의 버드나무와 경행방의 백탑이 동문 밖 아지랑이 속에서 은은하게 드러나는데, 가장 멋진 것은 낙산 일대로 모래가 하얗고 소나무가 푸르르니 풍광이 그림같이 아름다웠다. 다시 작은 산 하나가 있어서 갈까마귀 머리처럼 옅은 검은빛이었는데, 낙산의 동쪽에 나와 있어서 처음에는 구름인가 했는데 물어보니 양주의 산이었다. 이날 밤에 내가 너무 취해서 여오(汝五) 서상수(徐常修, 1735~1793) 집의 살구 꽃 아래에서 잠이 들었다.

또 다음 날 경복궁의 남문으로 들어가니 그 안에 다리가 있었는데, 다리 동쪽에는 석천록(石天祿) 둘이, 다리 서쪽에는 비늘 있는 동물[鱗蟲] 하나가 완연히 잘 조각되어 있었다. 남별궁 뒤뜰에 있는 천배천록(穿背天祿)과 몹시 닮았으니, 분명히 다리 서쪽에 있던 하나를 옮긴 것일 터인데, 증명할 만한 것이 없다. 다리를 건너 북쪽으로 가면 바로 근정전 옛터이다. 계단은 3층으로 동서 모퉁이에 석견 암수 한 쌍이 있고, 암컷은 새끼 하나를 품고 있다. 신승 무학이 이것으로 남쪽 오랑캐를 보고 짖게 하고 개가 늙으면 새끼로 잇게 한다고 했다는데도 임진년의 병화를 면치 못하였으니 그것이 석견 탓이겠는가. 괴이한 설이란 믿을 만하지 못한 듯하다. 좌우의 이석(螭石) 위에 작은 웅덩이가 있는데, 근래『송사』를 읽어보고 그것이 좌우의 사관들을 위한 연지(硯池)라는 것을 알았다.

근정전을 돌아서 북쪽으로 가니 일영대가 있었고, 일영대를 돌아 서쪽으로 가니 바로 경회루 옛터였다. 그 터는 못 속에 있는데 망가진 다리가 있어 지나갈 만은 하였지만, 부들부들 떨며 지나가느라 땀이 나는 줄도 몰랐다. 경회루의 돌기둥은 높이가 3장 정도 되고 모두 48개였는데, 부러진 것이 여덟 개였다. 바깥 기둥은 네모지고 안 기둥은 둥근데, 구름과 용 모양을 새겼으니 유구 사신이 말했다는 세 장관 중의 하나이다. 연못 물은 푸르고도 맑아서 산들바람이 잔물결을 일으키며 연꽃의 봉오리와 뿌리가 가라앉았다 말았다 하고 흩어졌다 모였다 하였다. 작은 붕어들이 물이 얕은 곳에 모여들어서 물을 마시며 노닐다가 사람 발자국 소리를 듣고 들어갔다 다시 나왔다. 연못에는 한 쌍의 섬이 있는데, 소나무가 심겨 있어 무성하였고 그 그림자가 물결을 끊곤 했다. 연못의 동쪽에는 낚시하는 사람이 있었고, 연못의 서쪽에는 궁을 지키는 환관과 그 손님들이 활을 쏘고 있었다.

　동북쪽 모퉁이의 다리로 건너가니 풀이 모두 누런 빛에 돌계단과 옛 주춧돌이 있었다. 주춧돌에 움푹 파인 곳은 아마도 기둥을 받친 곳인 듯한데, 빗물이 그 속에 고여 있었다. 간간이 마른 우물이 있었으며, 북쪽 담 안에 간의대가 있었다. 대 위에는 네모난 옥 하나가 있었고, 대의 서쪽에는 검은 돌[黧石] 여섯 개가 있었는데, 길이는 5~6척쯤, 너비는 3척 정도로서, 여기에 이어서 물길이 파여 있었다. 대 아래의 돌은 벼루나 모자, 부서진 상자 같았는데, 그 제도는 알 수가 없었다. 대가 특히 높아서 북쪽 동네의 꽃과 나무를 조망할 만하였다.

　동쪽 담장을 따라가니 삼청의 석벽이 비스듬히 연이어 나타났다. 담 안의 소나무는 모두 10길 정도였는데, 황새, 참새, 왜가리, 가마우지가 그 위에 둥지를 틀고 있었다. 새하얀 것도 있었고, 옅은 까만색도 있었고 연홍빛도 있었으며, 머리에 끈 같은 것이 드리운 것도 있고, 부리가 숟가락 같은 것도 있었으며, 꼬리가 비단 같은 것도 있었다. 알을 품느라 엎드린 것도 있었고, 가지를 물고 들어가는 것도 있었으며, 서로 싸우거나 사귀는 것도 있어서 구구거리는 소리를 내었다. 소나무 잎은 모두 말랐고 소나무 아래에는 떨어진 깃털이나 빈 알 껍데기가 많았다. 윤생을 따라 놀면서 돌 몇 개를 던졌다가 새하얀 것의 꼬리를 맞추니, 무리가 모두 놀라서 날아 흩어지는 것이 눈과 같았다.

서남쪽으로 가니 채상대(採桑臺) 비석이 있었는데, 1767년(영조 43)에 친잠(親蠶) 한 곳이다. 그 북쪽에 버려진 연못이 있었는데, 내농포에서 벼를 심은 곳이다. 위 장소로 들어가 차가운 샘물을 마셨다. 뜰에는 늘어진 버드나무와 떨어진 버들개 지가 쓸어줘야 할 정도였다. 그『선생안』을 빌려서 보니, 호음(湖陰) 정사룡(鄭士龍, 1491~1570)이 첫머리에 있었다. 편액 위에도 제시가 있었다. 다시 궁 그림을 내어 살 펴보니, 경회루는 모두 35칸이며 궁의 남문은 광화요, 북문은 신무, 서문은 영추, 동문은 건춘이었다."

안설: 문소전은 유성룡의『서애집』에 다음과 같이 나와 있다. "나라에서 종묘 외에 별도로 문소전을 경복궁 건춘문 안에 건설하여 침전으로 삼고 태조 및 사친(四親)의 신주를 모시고서, 살아 계실 때 섬기던 예로 제사를 드리니, 이것은 세종께서 정하 신 것이다. 후에 성종이 덕종을 추숭하여 예종과 형제로 삼았으나 문소전에 나란히 들일 수는 없어서 별도로 연은전을 신무문 안에 세우고서 문소전의 예로 제사를 드 렸다."

또『조야기문』에는 이렇게 나와 있다. "태조가 궁성 안에서 땅을 점쳐 계성전을 세워 선왕을 받들었다. 태조가 승하하게 되자 전의 이름을 인소(仁昭)라고 하고, 태 종의 원묘는 광효전(廣孝殿)이라 하여 각각 따로 두었다가, 세종조에 비로소 한나 라의 원묘 제도를 따라서 문소전을 만들고 두 번 상식하고 한 번은 다례를 하게 하 였으며, 찬에는 채소만 쓰게 하였다. 각 능 및 문묘에는 삭망제도 있어서 제사가 중복되고 너무 많아서 논의하는 사람들이 말이 많았으나, 감히 개혁하지 못하였 다. 임진왜란 이후에 종묘 외 각 능전에서는 대제를 행하고 삭망 때에는 분향만 하 게 하였다. 1772년(영조 48)에 문소전 옛터에 비각을 세웠다."

안설: 흠경각은 1438년(세종 20)에 세웠다.[김돈이 지은 기문이 있다] 후에 불이 나서 1554년(명종 9)에 중건하였다.

『지봉유설』에는 다음과 같이 나와 있다. "흠경각은 강녕전 옆에 있다. 잡상이 몹 시 정교한데, 모두 임금님의 생각에서 나온 것으로, 밭 갈고 누에 치는 모습을 집 을 지어 관찰하고 살펴보게 하였으며 그 속의 의기(欹器: 자격루의 물 받아 내리는 그

롯)는 만든 방법이 가장 기이하다."

안설: 경복궁 안의 각 관청으로는 서쪽에는 승정원이 있었고[조서강(趙瑞康, ?~1444)
유의손(柳義孫, 1398~1450)이 지은 기문이 있다] 홍문관은 승정원의 서쪽에 있었다. 상
서원은 보루각의 남쪽에 있었으며, 춘추관은 상서원 서쪽에, 예문관은 승정원 서
쪽에 있었다. 승문원[이숙함(李叔瑊, 1429~?)이 지은 기문이 있다], 교서관[이승소(李承
召, 1422~1484)가 지은 기문이 있다]은 모두 사용원 남쪽에 있었다. 내의원은 관상감
남쪽에 있었으며, 상의원은 관상감 북쪽에 있었다. 내사복시[이숙함이 지은 기문이
있다], 관상감은 상서원 남쪽에 있었다. 전설사, 전연사, 도총부[서거정이 지은 기문이
있다]는 모두 광화문 안에 있었다. 내반원[김종직(金宗直, 1431~1492)이 지은 기문이 있
다]은 경회루 남문의 서쪽에 있었다. 이상은 모두 임진왜란 때 불에 타서 없어졌다.

謹案 國朝寶鑑 太祖四年 命鄭道傳 名新宮諸殿 幷書所撰之意以進 新宮曰景福宮 寢
殿曰康寧殿 東小寢曰延生殿 西小寢曰慶成殿 燕寢之南殿曰思政殿 南正殿曰勤政殿
門曰勤政門 東西二樓曰隆文隆武 午門曰正門[止此]

宣祖二十五年 毁於兵火 今只有故宮城及勤政殿月臺 慶會樓石柱矣 宮城正門壚 今建
新門 扁曰舊光化門

朝野紀聞曰 世宗八年 修勤政殿 參贊許稠啓曰 初構之時 凡殿宇丹艧 太祖務從儉約 願
殿下勿令侈靡 上有好者 下必有甚焉者 上曰 丹艧用金 余亦以爲太侈 卽令董役官勿用
○世宗二年 始置集賢殿 選文學之士十人 充其選 而殿宇有無 今無考

又案 慶會樓 徐四佳筆苑雜記云 琉球國使者語人曰 我到朝鮮 有三壯觀 慶會樓石柱龍
紋纏繞 殊特奇絶 一也 押班宰相 長髥白雪 風彩凝[7]重 有老成之德 二也 指領相鄭昌孫
也 深杯大酌 酬酢無算 三也 指司成李淑文也

_____

7 원문에는 疑로 되어 있으나, 『필원잡기』와 내용상 凝으로 바로잡는다.

又五山說林曰 丘從直 草野人也 登文科 分校書館入直 聞慶會樓勝絕 直夜便服 入數
門 至樓下 臨池散步 俄而成宗乘便輿 從後苑至 從直惶忙 伏輦路下 上驚問曰誰也 對
曰校書正字丘從直也 上又問曰何以至此 對曰臣嘗聞 慶會樓玉柱瑤池 乃天上仙界也
今幸豹直 芸館與樓不甚遠 故草野之臣 敢爾偸看[止此]

樓燬而石柱今尙森立 可知舊搆之壯麗也 宮城內松林 多棲白鷺 遠望如雪 而今只有衛
將直廬而已

先君詠景福故宮詩曰 每過此宮歎 曾未滅倭奴 螭柱森猶在 獅欄剝欲無 衛兵眠落絮 騷
客坐春蕪 緬想古賢輔 端門珮玉趨

又春城遊記曰 庚寅三月三日 與朴燕岩 李靑莊入三淸洞 渡倉門石橋 訪三淸殿古址 有
廢田 百卉之所苗 班而坐 綠汁染衣 靑莊多識榮名 余掇而問之 無不對者 錄之數十種
有是哉 靑莊之博雅也 日晩沽酒而飮

翌日登南山 由長興之坊 穿會賢之坊 近山多古宰相居 頹垣之內 古松古檜 落落存矣
試沙其崇卓而望 白岳圓而銳如覆帽 道峯簇簇壺中之失筒中之筆也 仁王如人之已解其
拱而其肩猶翼如也 三角如衆夫觀場 一長人自後俯而瞰之 衆夫之笠 參其領也 城中之
屋 如靑黎之田 新耕而鮴鮴 大道如長川之劈野 而露其數曲 人與馬其川中之魚鰕也 都
之戶號八萬 其中此時之方歌方哭方飮食方博奕方譽人毀人方作事謀事 使高處人總而
觀之 可發一笑也

又翌日登太常寺之東臺 六曹樓閣 御河楊柳 慶幸坊白塔 東門外嵐氣 隱隱呈露 最奇者
駱山一帶 沙白松靑 明媚如畫 復有一小山 如鴉頭淡墨色 出于駱山之東 始疑爲雲 問[8]
之楊州之山也 是夕 余甚醉 眠於徐汝[9]五杏花之下

又翌日 入景福宮之南門 內有橋 橋東有石天祿二 橋西有一鱗鬣 蜿然良刻也 南別宮後
庭有穿背天祿 與此酷肖 必移橋西之一 而無掌故可證 渡橋而北 方勤政殿古址 其陛三

---

8  원문에는 間으로 되어 있으나, 『영재집』본 「춘성유기」와 내용상 問으로 바로잡는다.
9  원문에는 如로 되어 있으나, 『영재집』본 「춘성유기」와 내용상 汝로 바로잡는다.

級 陛東西角有石犬雄雌 雌抱一子 神僧無學所以吠南寇 謂犬老以子繼之云 然不免壬辰之火 石犬之罪也歟 齊諧之說 恐不可信 左右螭石上有小窪 近讀宋史 知其爲左右史硯池也

轉勤政殿而北 有日影臺 轉日影臺而西 乃慶會樓古址也 址在潭[10]中 有敗橋可通 兢兢而過 不覺汗焉 樓之柱石也 高可三丈 凡四十八 而[11]折者八 外柱方 內柱圓 刻雲龍狀 琉球使臣所謂三壯觀之一也 潭水綠淨 微風送漪 蓮房茨根 沈浮散合 小鯽魚聚水淺處 呷浪而嬉 聞人蹬 入而復出 潭有雙島 植松竦茂 其影截波 潭之東 有釣者 潭之西守宮宦與其客欵候也

由東北角橋而渡 草皆黃精 石皆古礎 礎有窪 似是受柱處 雨水盈其中 往往智井 北橋之內有簡儀臺 臺上有方玉一 臺西有熨石六 長可五六尺 廣三尺 連鑿水道 臺下之石如硯如帽如缺櫃 其制不可考也 臺殊高朗 可眺北里花木

循東墻而行 三淸石壁迤迤出矣 墻內之松皆十尋 鸛雀鷺鷥 棲宿其上 有純白者 有淡黑者 有軟紅者 頭垂綬者 嘴如匙者 尾如綿者 抱卵而伏者 含枝而入者 相鬪相交 其聲駒駒 松葉悉枯 松下多退羽空卵 從遊尹生發機石 中一純白者尾 擧群驚翔如雪

西南行有採桑臺碑 丁亥親蠶所也 其北有廢池 內農種稻處也 入衛將所 汲冷泉而飮 庭多垂楊 落絮可掃 借看其先生案 鄭湖陰士龍爲首 扁上亦有所題詩 復出宮圖考之 慶會樓凡三十五間 宮之南門曰光化 北門曰神武 西曰迎秋 東曰建[12]春

又案 文昭殿 柳西厓集曰 國家於宗廟之外 別立文昭殿于景福宮建[13]春門內 爲寢殿 以奉太祖及 四親神主 以事生之禮事焉 此世宗之所定也 後成宗追崇德宗與睿宗爲兄弟 不可以并入文昭殿 別立延恩殿於神武門之內 以文昭殿之禮祀焉

又朝野紀聞曰 太祖卜地于宮城之內 建啓聖殿 以奉先王矣 及太祖昇遐 殿號曰仁昭 太

---

10 원문에는 壇으로 되어 있으나, 『영재집』본 「춘성유기」와 내용상 潭으로 바로잡는다.
11 『영재집』본 「춘성유기」에는 而가 없다.
12 원문에는 迎으로 되어 있으나, 내용상 建으로 바로잡는다.
13 원문에는 延으로 되어 있으나, 내용상 建으로 바로잡는다.

宗原廟號曰廣孝殿 各在 世宗朝始爲文昭殿 倣漢原廟之儀 兩時上食 一時茶禮 饌用素

物 至於各陵及文廟 有朔望祭 亦幾於瀆矣 議者多以爲言 而未敢革 自壬辰後 宗廟外

各陵殿行大祭 朔望則焚香而已 英宗壬辰 文昭殿舊基 竪碑建閣

又案 欽敬閣 世宗戊午建[金墩撰記] 後火 至明宗甲寅重建

芝峯類說云 欽敬閣在康寧殿側 雜像甚巧 蓋出於睿思 以耕蠶辛苦之狀 用寓觀省 其中

欹器制作最奇

又案 景福宮內各省 則西有承政院[趙瑞康柳義孫撰記] 弘文館在承政院西 尙瑞院在報

漏閣南 春秋館在尙瑞院西 藝文館在承政院西 承文院[李叔瑊撰記] 校書館[李承召[14]撰

記] 并在司饔院南 內醫院在觀象監南 尙衣院在觀象監北 內司僕寺[李淑瑊撰記] 觀象

監在尙瑞院南 典[15]設司典涓司都摠府[徐居正撰記] 并在光化門內 內班院[金宗直撰記]

在慶會南門西 已上壬辰亂盡燼

---

14 원문에는 永紹로 되어 있으나, 내용상 承召로 바로잡는다.

15 원문에는 興으로 되어 있으나, 내용상 典으로 바로잡는다.

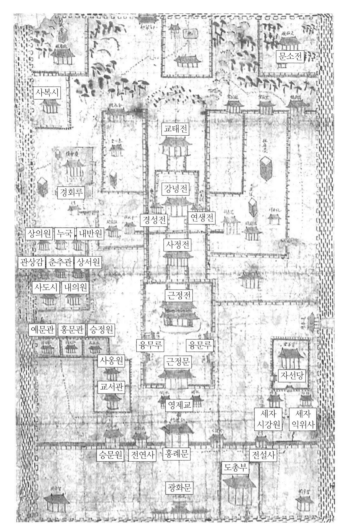

문소전

사복시

교태전

경회루

강녕전

경성전　연생전

상의원　누국　내반원

사정전

관상감　춘추관　상서원

사도시　내의원

근정전

예문관　홍문관　승정원

융무루　　융문루

사옹원

근정문

자선당

교서관

영제교

세자
시강원　익위사

승문원　전연사　홍례문　　전설사

도총부

광화문

〈그림 3〉 「경복궁도」(국립민속박물관 소장)

1767~1772년 사이 제작된 것으로 추정되는 경복궁 배치도. 조선 전기의 경복궁에 대한 추정도는 주로 영조
대 이후 만들어지는데, 이는 이 시기에 본문에서 언급한 친잠례 등을 통해 경복궁에 대한 기억을 적극적으로
환기하여 왕조 창업의 의미를 되새겼던 영향 때문이었다. 본문에서 설명하고 있는 관서의 위치는 『승람』에
바탕을 둔 것으로서, 이 그림 역시 같은 내용에 바탕을 두고 관서들의 상대 위치를 밝히고 있다.

경복궁편은 『승람』 경복궁편(권1, 경도 상 궁궐)의 항목과 순서를 거의 그대로 옮겨왔으나 함원전, 양심당 항목이 없고 문소전과 연은전 항목이 추가되어 있다. 문소전과 연은전은 『승람』에서는 단묘편에 수록되어 있던 것으로, 『승람』이 건물의 성격을 기준으로 분류하였다면, 『한경지략』에서는 건물의 위치를 기준으로 한 것이다. 이는 『한경지략』의 관청 서술과도 비슷한 원칙을 적용한 것으로서 『승람』에서는 관청의 성격을 기준으로 문직과 무직으로 구분했는데, 『한경지략』에서는 위치를 기준으로 궐내와 궐외로 구분하였다. 전각의 각 항목에서는 위치와 전각의 모습을 알 수 있는 정보들만 수록했고 정도전의 기문 등은 모두 생략했다. 근정전 항목에 인용한 「조선부」의 경우 『승람』에서는 항목별로 인용한 것이 아니었는데, 이 부분이 근정전의 외관을 묘사하고 있어서 저자가 이 부분만 떼어 인용한 것으로 보인다. 이러한 지점들은 위치와 외관의 묘사에 집중했던 『한경지략』의 서술상의 특징을 잘 보여준다. 한편 원래 연생전, 경성전은 강녕전의 좌우에, 교태전은 강녕전의 북쪽에 있던 전각이었는데, 본문에서는 연생전, 경성전, 교태전이 모두 강녕전 서북쪽에 있다고 하였다. 이는 『승람』에서 해당 부분을 옮겨오면서 함원전의 설명인 강녕전의 서북쪽에 있다는 설명을 잘못 옮겼기 때문이다.

경복궁은 임진왜란 때 훼손된 후 오랫동안 빈터로 남아 있었기 때문에 이 시기 사람들은 경복궁에 대해 잘 모르거나 잘못 알고 있는 경우가 많았다. 원문에서 경복궁성의 서문과 동문인 영추문과 건춘문의 이름을 자주 틀리고, 집현전 같은 경우에 관서 건물이 따로 있는지 여부도 잘 모르고 있었던 것이 대표적이다. 집현전은 1420년(세종 2)에 실직 관서로 설치하면서 경복궁 안에 건물을 지었는데(『세종실록』 권7, 세종 2년 3월 16일(갑신)) 집현전 폐지 후 홍문관이 설치되면서 홍문관 건물로 사용되었다. 또한 본문에서 인용한 『조야기문』에서는 태조가 아버지인 환조를 위해 세운 계성전이 궁성 안에 있었다고 하였으나, 이 역시 잘못된 지식으로 계성전은 흥천사에 있었다.(『태종실록』 권11, 태종 6년 5월 2일(신묘)) 『한경지략』에서는 태조~태종대까지는 '국초'라고 뭉뚱그려 언급하는 경우가 많은데 이는 그만큼 조선 초에 대한 정보나 지식이 세밀하지 않음을 보여준다.

한편 1394년(태조 3)에 경복궁성을 건설하고 문을 세웠다는 서술 역시 잘못되었는데, 이는 몇 가지 오류가 겹친 것이다. 『승람』에서는 경복궁 항목명에 바로 이어 태조 3년에 세웠다고 서술하였는데, 저자가 이를 옮겨오면서 궁성과 문의 건설과 명명 시점을 잘못 서술한 것이다. 엄밀히 얘기하자면 경복궁은 태조 3년에 건설을 시작하여 이듬해에 완성했으며, 궁성의 경우에는 1397년(태조 7)에 건설했고 궁성문의 이름은 세종대에 붙여졌다.(『세종실록』 권34, 세종 8년 10월 26일(병술))

조선 후기 폐허가 된 경복궁에서 여전히 인상적인 장소로 여겨진 곳은 경회루였다. 경회루 인근에 석주가 남아 있어 이전의 모습을 상상할 수 있게 해주었기 때문이기도 하며, 또한 구종직 설화처럼 매력적인 이야기가 전해오기도 했기 때문이다. 경회루의 구종직 설화는 18세기 매우 유명했다. 여기에는 이 이야기의 후반부가 실려 있지 않은데, 후반부의 이야기는 다음과 같다.

경회루에서 구종직을 만난 임금은 그가 노래를 잘 부르고『춘추』를 잘 외웠다 하여 다음 날 대사간으로 임명하였다. 관료들의 반대가 극심하자 며칠 후 삼사의 관원 등과 구종직을 불러『춘추』외우기 대결을 시켰는데 다른 관료들이 한 구절도 제대로 외우지 못한 데 비해 구종직은 1권을 유창하게 외워 논란이 종식되었다. 설화는 역사적 사실과 거리가 있다. 성종대에 구종직은 이미 원로 대신급의 나이였다. 그는 세조대에 발탁되어 출세하기 시작하였는데, 그다지 경전에 대한 충실한 학식을 갖춘 인물도 아니었다.

그럼에도 이 이야기는 영·정조대에 한두 가지 재주로도 등용되는 사례, 혹은 그러한 인재를 알아보는 군주의 현명함과 덕망을 표상하는 이야기로 소비되었다. 특히 영조와 정조가 이 이야기를 적극 활용하였는데, 영조는 구종직의 자손을 찾아 관직을 주었으며, 정조는 행행길에 그의 무덤을 치제하게 하였다. 그러나 영조대에 특별히 등용된 구종직의 자손 구태후(丘泰垕)는 제대로 직무를 수행하지 못하여 결국 파직되고 충군되었다.『한경지략』에 이 이야기의 전반부만 실린 것은 영조대의 이러한 사건 때문이었을 것이다.

18~19세기 경복궁 터의 상황은 여러 자료를 통해 확인할 수 있다. 1770년(영조 46) 망배례를 행하기 위해 경복궁 터를 찾은 영조는 강녕전 등 주요 전각 터의 현황에 대해 다음과 같이 서술하였다. "강녕전은 국초에 임어하던 전각인데 초석과 계석이 지금도 남아 있다. 그다음은 사정전이니 곧 지금의 자정전과 같은 곳으로 옛날 강연을 베풀던 곳이다.

〈그림 4〉 정선, 「경복궁도」(고려대학교 박물관 소장)

경회루 인근에 석주만 남아 있고 소나무 숲이 우거진 모습이 표현되어 있다. 궁궐의 담장은 있으나 광화문도 기둥만 있을 뿐 문루가 없어서, 문루 건설 이전의 그림으로 추정된다.

전각의 터가 아직 남아 있다. 그다음은 근정전이니 곧 옛날 조하를 받던 전각이다. 그 계단이 옛날처럼 완연하다. 근정문과 홍례문은 옛터가 모두 남아 있고 금천교도 완연하다. 지금 나는 광화문으로 들어가 근정전의 월대에서 배례를 올렸다."(윤정, 2005, 206~207쪽) 1772년에는 문소전 옛터에 다녀온 영조가 근정전과 달리 문소전 터는 분명치 않다는 점을 우려하여 어필로 '문소전구기 임진오월립(文昭殿舊基 壬辰五月立)'이라고 써서 비석을 세우도록 명하였다. 이러한 전반적인 상황은 〈그림 5〉의 (구)경복궁대궐도형에서 잘 볼 수 있다.

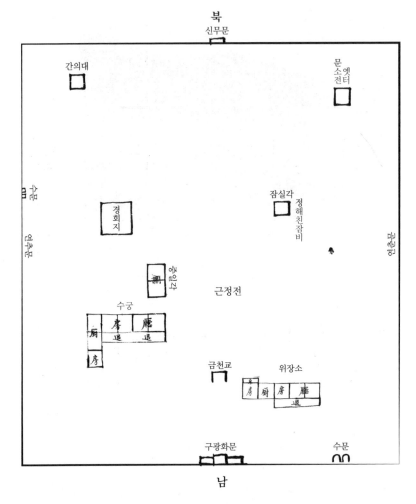

북

신무문

간의대

문소전옛터

잠실각

정해친잠비

경회지

중음각

수궁

금천교

위장소

근정전

구광화문

수문

남

〈그림 5〉 「(구)경복궁대궐도형」(국립고궁박물관 소장)

1770년(영조 46) 이후 고종대 경복궁 중건 이전의 경복궁 상황을 보여주는 도형. 정문인 광화문이 구광화문
이라 표시되어 있으며, 금천교, 근정전 터, 경회루의 연못, 정해친잠비, 문소전 옛터, 간의대 등이 표시되어 있
고 환관이 머문 궁청과 수직 군사가 머무는 위장소 등의 관리 건물들이 표기되어 있다. 「춘성일기」에서 묘사
한 상황과 거의 일치하며, 동문을 연춘문으로 오해한 것도 동일하다. 경복궁 중건 이전 19세기 경복궁의 관리
현황을 잘 보여준다.(한글 전각명: 필자 표시)

## 창덕궁(昌德宮)

창덕궁은 북부 광화방 응봉 아래에 있다. 국초에 창건하였는데, 1592년(선조 25) 전란으로 소실되었다가, 1609년(광해군 1)에 중건하였다. 일곱 개의 문을 세웠으니, 남쪽을 돈화문(敦化門)이라 하는데, 누각이고 겹처마에 큰 북을 두었다. 매일 정오 및 인정(人定)에는 종을 치고, 파루(罷漏)에는 북을 친다. 『열조통기』에서는 창덕궁 문에 편액이 없었는데, 성종대에 서거정에게 명하여 이름을 지어 걸도록 했다고 한다. 또 남쪽 오른쪽 문은 단봉(丹鳳)이라 하고, 동쪽 문은 건양(建陽)이라 하니, 이 문의 동쪽은 창경궁이다. 서쪽 문은 금호문(金虎門)이라고 하는데, 편액은 성임(成任, 1421~1484)이 썼으며, 조신(朝臣)은 많이들 이 문으로 출입하지만 대관(臺官)은 반드시 돈화문 정문으로 출입한다. 금호문에 자물쇠를 채우고 난 후에는 입직주서들이 문이 잠겼는지 반드시 가서 점고해야 한다. 또 서쪽 문은 경추(景秋)라고 하는데, 이 문은 장수들에게 출병하라고 할 때 비로소 열기 때문에 항상 닫혀 있다. 또 서문을 요금(曜金)이라고 하는데, 성종대에 판결사 신자건(愼自健, 1443~1527)에게 문의 편액을 쓰게 하였다. 서북쪽 문은 공북(拱北)이라고 하니, 대보단이 이 문 안에 있다.[이천(利川) 신박(申博)의 집터이다]

昌德宮 在北部廣化坊鷹峯下 國初刱建 宣祖二十五年 燬於兵火 光海君己酉 重建 立七門 南曰敦化門 樓重擔置大鼓 每日午正及人定鍾 罷漏時搖鼓 列朝 通記云 昌德宮門未有扁額 成宗朝 乃命徐居正 命名而揭之 又南右曰丹鳳 東 曰建陽 此門以東 昌慶宮也 西曰金虎門 額成任書 朝臣多由此門出入 而臺官 則必由敦化正門出入 金虎門下鑰後入直注書 必往考門鑰 又西曰景秋 此門

則命將出師時始開 故常閉 又西日曜金 成宗朝 命判決事愼自健書門額 西北

日拱北 大報壇在此門內[申利川博家基也]


○인정전(仁政殿)은 정면이 5칸, 측면이 4칸으로 겹처마이다. 전각의

앞에는 3층의 계단이 있고, 전정의 동서에는 문무반의 품석이 늘어서

있으니, 조회를 받는 정전이다. 1803년(순조 3)에 화재가 나서 1804년(순

조 4) 겨울에 중건하였다. 죽석(竹石) 서영보(徐榮輔, 1759~1816)가 편액을 썼다.

이 전각의 남문은 인정문(仁政門)인데, 이해룡(李海龍, 조선 중기)이 편액을 썼

다. 서남쪽은 숙장문(肅章門), 진선문(進善門)으로, 양 문의 편액은 정난종(鄭

蘭宗, 1433~1489)이 썼다. 신문고는 진선문 안에 있는데,『국조보감』에서는

1402년(태종 2)에 신문고를 설치했다고 한다. 전정의 동편문은 광범(光範)

으로, 승정원과 서로 통한다. 서편문은 숭범문(崇範門)으로, 약원과 서로

통한다.

仁政殿 廣五間 縱四間 重檐 殿前三級階 東西庭列立文武班品石 受朝會之正

殿也 今上朝癸亥火 甲子冬重建 徐竹石榮輔書額 此殿南門曰仁政門 李海龍

書額 西南曰肅章門 進善門 兩門額鄭蘭宗書 申聞鼓在進善門內 寶鑑曰 太宗

二年 設申聞鼓 殿庭東偏門曰光範 與承政院相通 西偏曰崇範門 與藥院相通


○선정전(宣政殿)은 인정전 동쪽 연영문(延英門) 안에 있다. 작은 제도의

편전이다. 녹유리와(綠琉璃瓦)로 덮었다.

宣政殿 在仁政殿東延英門內 小制之便殿也 覆以綠琉璃瓦

○보경당(寶慶堂)은 인정전 서쪽에 있다.

寶慶堂 在仁政殿西

○성정각(誠正閣)은 중희당의 오른쪽에 있다. 1781년(정조 5)에 숙종어제인 성정각경계십잠(誠正閣儆戒十箴)을 조윤형(曺允亨)에게 명하여 쓰게 해서 들였고, 어필인 성정각 편액도 함께 들여 걸었다.

誠正閣 在重熙堂之右 正宗辛丑 肅廟御製誠正閣儆戒十箴 命曺允亨繕寫以進 御筆誠正閣扁額 同爲入揭

○희정당(熙政堂)은 협양문(協陽門) 안에 있다. 모든 경연이나 소대, 인견 때에 항상 성정각이나 중희당 두 곳에 납신다.

熙政堂 在協陽門內 凡經筵召對引見時 恒御誠正重熙兩所

○대조전(大造殿)은 협양문 안에 있다. 중전의 시어소로서, 전각의 용마루가 평평하게 덮여 있다.

大造殿 在協陽門內 爲坤殿時御所 殿樑瓦春平蓋

○징광루(澄光樓)는 대조전 근처에 있다.

澄光樓 在大造殿旁

○경복전(景福殿)은 인정전 서쪽, 태추문(泰秋門) 안에 있다. 예전에는 왕대비전의 시어소였다.

景福殿 在仁政殿西泰秋門內 舊爲王大妃殿時御所

○동궁(東宮)은 건양문(建陽門) 밖에 있다. 옛 구현전(求賢殿)과 광연정(廣延亭)의 터이니, 앞에는 연지가 있다. 1486년(성종 17)에 개건하고 춘궁이라 칭하였다. 이극문(貳極門) 안에 중화문(重華門)이 있는데, 세자가 서연할 때 인접하는 신료들은 모두 이 당에 좌정한다. 옆에 누각이 있는데, 소주합루(小宙合樓)라고 한다. 선대 왕 때에 팔분체로 '정구팔황 호월일가(庭衢八荒胡越一家: 먼 변방도 뜨락처럼 가까이하고 오랑캐도 한 집안처럼 본다)' 여덟 자를 써서 당미(堂楣)에 걸었다.

東宮 在建陽門外 舊求賢殿 廣延亭之基 前有蓮池 成宗十七年改建 稱春宮 貳極門內有重華門 門內有重熙堂 春邸書筵 引接臣僚 皆座此堂 旁有樓 名小宙合樓 先朝時 以八分書庭衢八荒胡越一家八字 揭于堂楣


○수강재(壽康齋)는 중희당(重熙堂) 동쪽에 있다.
壽康齋 在重熙堂之東


○선원전(璿源殿)은 인정전 서쪽에 있다. 동문은 만녕(萬寧)으로 숙종, 영조, 정조의 어진을 봉안하고 있다. 초하루와 보름에는 상이 친히 분향 전배하고, 탄신일에는 다례를 행하니, 명나라 봉선전(奉先殿)의 예와 같다. 태묘(太廟)가 외조(外朝)를 상징하는 것이라면 봉선전은 내조(內朝)를 상징하는 것이다.

璿源殿 在仁政殿西 而東門曰萬寧 奉安肅宗英宗正宗御容 朔望上親行焚香

展拜 誕辰行茶禮 如皇明奉先殿之禮 太廟則以象外朝 奉先殿則以象內朝也[16]

○만수전(萬壽殿)은 예전 흠경각의 옛터에 있었다. 1655년(효종 6)에 대비의 별전을 이곳에 세우고 전호를 만수라 하고 당호는 춘휘(春暉)라 하였다. 1687년(숙종 13)에 만수전이 소실되었다.

萬壽殿 舊在欽敬閣舊基 孝宗六年建大妃別殿于此 殿曰萬壽 堂曰春暉 肅宗十三年丁卯 萬壽殿災

○경봉각(敬奉閣)은 예전에 동룡문(銅龍門) 안에 있었다. 1770년(영조 46)에 세우고 어서로 편액을 내려 국조 이래 반강받은 조칙을 봉안하였다. 1799년(정조 23)에 대보단의 서유(西壝) 바깥 계단 가까이에 옮겨 지었다.

敬奉閣 舊在銅龍門內 英宗庚寅建 御書扁額 以奉國朝以來頒降詔勅 正宗己未移建于皇壇西壝外階側

○제정각(齊政閣)은 희정당 남쪽에 있다. 1687년(숙종 13)에 지었다.

齊[17]政閣 在熙政堂南 肅宗丁卯建

---

16 원문에는 '太廟則以衆外朝 奉先殿則以衆內朝也'라고 되어 있으나,『明史』의 봉선전(禮樂志 6) 관련 기록에 따르면 '太廟則以象外朝 奉先殿則以象內朝也'라고 되어 있으므로 이에 근거하여 바로잡는다.

17 원문에는 齋로 되어 있으나, 내용상 齊로 바로잡는다.

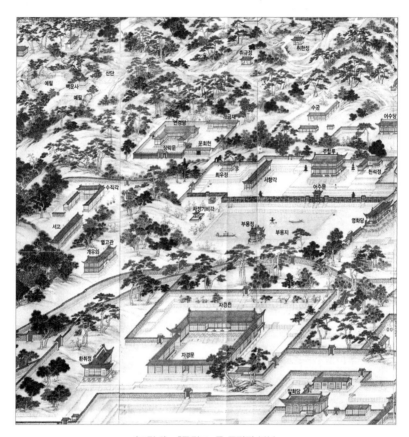

〈그림 6〉 「동궐도」 중 규장각 부분

1830년 무렵 그려진 것으로 추정되는 그림으로, 부감구도로 창덕궁과 창경궁을 그렸다.


○규장각(奎章閣)은 창덕궁 금원의 북쪽에 있다. 위 층은 루(樓)이고 아래 층은 헌(軒)이니, 모두 6칸이다. 어진 및 어제, 어필, 보책, 인장을 봉안하고 있다. 편액에 '규장각'이라고 되어 있는데, 숙종의 어필이다.

奎章閣 在昌德宮禁苑之北 上樓下軒 凡六間 以奉御眞及御製御筆寶册印章
扁曰奎章閣 肅宗御筆也

○서향각(書香閣)은 주합루 서쪽에 있다. 정면 6칸이다. 좌우에 방이
있어 어진 및 어제, 어필을 봉안하였다가 이안하여 포쇄하는 곳이어
서 또 이안각(移安閣)이라고도 한다. 지금은 순조의 어진을 봉안하고 매
번 사맹월(四孟月. 1, 4, 7, 10월)의 초하루와 15일에 각신이 계품하고 받들어
서 포쇄한 후에 봉모당(奉謨堂) 및 개유와(皆有窩)의 서적과 각내의 여러 건
물들을 봉심한다. 서향각의 편액은 조윤형(曺允亨)이 썼다. 그 남쪽에도
편액이 있는데, '향명루(嚮明樓)'라고 하니, 표암(豹庵) 강세황(姜世晃. 1713~1791)의
글씨이다.

書香閣 在宙合樓西 廣六間 左右有房 以奉御眞及御製御筆 移安曝曬之所 故
又名移安閣 今奉當宁御眞 每於四孟朔十五日 閣臣啓稟 行展奉曝曬後 奉審
奉謨堂及皆有窩書籍閣內諸宮室矣 書香閣扁額 曺允亨書 其南榮有扁曰嚮明
樓 姜豹庵世晃筆也

○봉모당(奉謨堂)은 주합루 서남쪽에 있다. 가운데가 1칸이고 옆에 협
실이 있으니, 옛날 열무정(閱武亭)이다. 옛 제도를 그대로 따라 고치지
않고, 열조의 어제, 어필, 어화, 고명, 유고, 밀교 및 선원세보, 보감,
지장, 인보를 봉안하였다. 문의 편액은 '운한문(雲漢門)'이다.

奉謨堂 在宙合樓西南 中爲一間 旁有夾室 卽古閱武亭也 因古制不改 以奉列
朝御製御筆御畵顧命遺誥密敎及璿譜世譜寶鑑狀誌印寶 門扁曰雲漢門

○열고관(閱古觀)은 주합루 남쪽에 있다. 상하 2층이며 모두 2칸이다. 또 북쪽으로 꺾인 곳은 개유와(皆有窩)인데, 3칸이다. 중국본 그림과 서적을 소장하므로 이름을 개유와라 하였다. 또 서북쪽에 집이 있으니 서고(西庫)라고 한다. 3칸으로 우리나라 서적을 소장한 곳이다.

閱古觀 在宙合樓南 上下二層 凡二間 又北折爲皆有窩 凡三間 藏華本圖籍 故名皆有窩 又西北有屋 曰西庫 凡三間 以藏我國書籍之所也


○희우정(喜雨亭)은 주합루의 서북쪽에 있다. 1690년(숙종 16)에 크게 가물어 대신을 보내어 비가 오기를 빌게 하였는데, 이날 비로소 비가 오기 시작하였다. 임금이 몹시 기뻐하여 마침내 금원의 취향정(醉香亭)의 이름을 고쳐 희우라고 하고, 친히 정자의 명(銘)을 써서 기록하였다. 또 천석정(千石亭)이 그 동쪽에 있는데, 작은 누각의 편액을 '제월광풍(霽月光風)'이라 하였다. 또 부용정(芙蓉亭)이 주합루 남쪽 연못가에 있는데, 연못에는 붉은 비단으로 돛을 단 배가 있어서 정조대에 꽃을 감상하고 낚시하는 장소로 삼고서 여러 신하들이 연못가에 나란히 앉아 시를 연속으로 지어 바쳤다.

喜雨亭 在宙合樓西北 肅宗十六年大旱 遣大臣禱雨 是日始雨 上喜甚 遂以禁苑醉香亭 更名曰喜雨 親製亭銘以識之 又千石亭 在其東 小樓扁曰霽月光風 又芙蓉亭在宙合南池邊 池有彩丹錦帆 正宗朝 爲賞花釣魚之所 諸臣列坐池邊 賡詩以進

안설: 경복궁은 백악 아래에 있고, 창덕궁은 응봉 아래에 있다. 그래서 「조선부」에서, "혹 높은 산으로 경계를 지어 따로 이궁을 만들기도 하였다. 대체로 평평하고 넓은 곳을 터로 선택하지 않으니, 기세가 웅장하게 보이도록 하기 위해서다"라고 한 것이 바로 이것이다.

『열조통기』에 다음과 같이 나와 있다. "1426년(세종 8) 연희궁(衍禧宮)에 이어했다가 다음 해 2월 창덕궁으로 돌아왔다. 1606년(선조 39) 경복궁을 수리하려던 때에 전 현령 이국필(李國弼)이 상소하여 경복궁이 불길하다고 극언하며 창덕궁을 먼저 지어야 한다고 하니 그 의견을 따랐다. 팔도의 민결에서 목면 반 필씩을 내도록 했다"고 하였다. 그렇다면 창덕궁의 중건은 선조대에 시작되었으나 광해군대에 완성한 것일 뿐이다.

흠경각은 원래 경복궁의 강녕전 옆에 있었는데, 1614년(광해군 6)에 창덕궁 서린문(瑞麟門) 안에 고쳐 지었다.[지금의 선인문(宣仁門)이다] 민간에서는 창덕궁을 영건할 때에 중국 장인인 시문용(施文用, 1572~1623)이 지었다고 한다.

『규장각지』에는 다음과 같이 나와 있다. "나라에서 관직을 설치할 때 모두 송의 제도를 따랐다. 홍문관은 집현원을 모방하고, 예문관은 학사원을 모방하였으며, 춘추관은 국사원을 모방하였는데, 오로지 용도각(龍圖閣)과 천장각(天章閣)처럼 어제를 모시는 전각만 없었다. 세조대에 지중추부사 양성지(梁誠之, 1415~1482)가 '임금의 어제는 은하수와 같이 하늘에서 밝게 빛나니 만세토록 신하들이 마땅히 존각에 보관하고 관원을 설치하여 담당하게 하여야 합니다. 청컨대 신 등으로 하여금 어제시문을 교감하여 올리게 하여 인지각(麟趾閣) 동별실에 봉안하게 하고 규장각이라 이름하십시오. 또 여러 책을 소장한 내각은 비서각(秘書閣)이라 이름하여 관원을 설치하여 출납을 관장하게 하십시오'라고 상주하니, 세조가 행할 만하다고 매우 칭찬하였으나 겨를이 없어 미처 설행하지 못하였다. 숙종대에 열성어제와 어필을 받들어 종정시(宗正寺)[지금의 종부시]에 별도로 작은 전각을 지어 봉안하게 하고, 어서로 '규장각' 세 자를 내려 걸게 하였으나[이 편액은 지금 주합루로 옮겨 걸었다], 규모나 제도가 갖추어지지 못하였다. 1776년(정조 즉위년)에 이르러 처음으로 영조대왕 어제를 목판으로 만들고, 또 어묵(御墨)을 모사하여 돌에 새기고서는 대신을 불러 하교하셨다. '우리 선대왕의 운장보묵(雲章寶墨)은 모두 소자를 가르쳐주신 것이니 존경하고 삼가는 바가 어찌 보통 간찰에 비할 것이겠는가? 마땅히 전각 하나를 세워서 송나라의 경건하게 받드는 제도를 따라야겠으나, 열조의 어제와 어필이 아직 존각에서 받들지 못한 것을 송나라에서처럼 왕대별로 별도로 전각을 세울 필요는 없으니, 한 전각에 함께 봉안하는 것이 진실로 비용을 아끼는 방법일 것이다.[18] 너희 유사(有司)는 바로 창덕궁의 북원에 터를 잡아 설계하라'고 하고 단청에 진채(眞彩)를 사용하지 말고 도배에도 무늬 있는 종이를 사용하지 말도록 하여 검약하게 하는 데 힘쓰라고 명하였다. 이에 병신년 3월에 시작하고 7월에 이르러 공사를 마쳤다."

개유와와 규장각은 중국본 도서를 소장한 집이니, 정조가 이름을 지은 곳으로 비적(秘籍)이 그 안에 가득 있다. 『고금도서집성(古今圖書集成)』 5천 권이 가장 거질인데, 1777년(정조 1)에 연경에서 사왔다. 우리나라에는 오직 이 본 하나만 있다. 이 책은 강희 연간에 무영전(武英殿) 동활자로 인쇄한 것으로 총 1만 권이며, 모두 32전인데, 다음과 같다. 건상전(乾象典), 세공전(歲功典), 역법전(歷法典), 서징전(庶徵典), 곤여전(坤輿典), 직방전(職方典), 산천전(山川典), 변예전(邊裔典), 황극전(皇極典), 궁위전(宮闈典), 관상전(官常典), 가범전(家範典), 교의전(交誼典), 씨족전(氏族典), 인사전(人事典), 규원전(閨媛典), 예술전(藝術典), 신이전(神異典), 금충전(禽蟲典), 초목전(草木典), 경적전(經籍典), 학행전(學行典), 문학전(文學典), 자학전(字學典), 선거전(選擧典), 전함전(銓衡典), 식화전(食貨典), 예의전(禮儀典), 악률전(樂律典), 융정전(戎政典), 상형전(祥刑典), 고공전(考工典)이다. 전마다 문류(門類)를 나누어서 모두 6,109부가 되며 책으로 계산하면 520함에, 목록이 또 2함이다.

규장각에는 팔경이 있으니, 봉모당의 높은 하늘[봉모운한(奉謨雲漢)], 서향각의 연꽃과 달[서향하월(書香荷月)], 규장각에서의 선비들 시험[규장시사(奎章試士)], 불운정의

---

18 원문과 실록의 해당 구절이 다른데, 실록의 내용대로 하여야 뜻이 통하므로 실록의 기사에 따라 번역하였다.

활쏘기[불운관덕(拂雲觀德)], 개유와의 매화와 눈[개유매설(皆有梅雪)], 농훈각의 단풍과 국화[농훈풍국(弄薰楓菊)], 희우정의 봄빛[희우소광(喜雨韶光)], 관풍각의 가을걷이[관풍추사(觀豐秋事)]이다.

안설: 영숙문은 춘당대 후원의 문으로, 내각에서 주합루와 개유와로 갈 때에는 반드시 이 문을 통과해서 들어가야 한다. 『문헌비고』에 다음과 같이 나와 있다. "1528년(중종 23) 승정원에서 창경궁 후원에 담연문(淡烟門)이 있는데, 대내의 문 이름으로 적합하지 않다고 계문하니, 영숙문으로 개칭하도록 명하였다."

1475년(성종 6) 창덕궁 문에 아직 편액이 없어서 출입하는 자들이 헛갈린다 하여 예문대제학 서거정이 이름을 지어 게시하였다.

또 서거정의 『필원잡기』에 "우리나라는 개국한 후에 5경 3점에 파루하면 궁성문과 외성문을 모두 열었는데, 예종대부터 해가 뜨면 궁문을 열기 시작하였다"라고 하였다.

謹按 景福宮則在白岳下 昌德宮則在鷹峯下 是以朝鮮賦云 或限隔以高山 則別構乎離宮 大抵皆不擇乎平曠以爲基 而惟視氣勢以爲雄也者是也

列朝通記曰 世宗八年 移御衍禧宮 翌年二月還御于昌德宮 宣廟三十九年 將修景福宮時 前縣令李國弼上疏 極言景福宮不吉 宜先造昌德宮 從其議 八道民結令出木半疋云 則昌德宮重建 始於宣廟 而告成於光海朝耳

欽敬閣 本在於景福宮之康寧殿側 而光海甲寅 改衯於昌德宮瑞麟門[今宣仁門也]內 世稱昌德宮營建時 中國匠人施文用爲之

奎章閣志曰 國朝設官 悉遵宋制 弘文館倣集賢院 藝文館倣學士院 春秋館倣國史院 獨未有御製尊閣之所 如龍圖天章之制 世祖朝 知中樞府事梁誠之奏曰 君上御製 興雲漢同 昭同萬世[19] 臣子所當尊閣而藏之 設官而掌之 乞令臣等 勘進御製詩文 奉安于獜趾

---

19 昭同萬世는 실록에 其昭回萬世로 되어 있으므로 실록을 따라 번역하였다. 실록의 해당 기사와 비교하면 원문에는 일부 생략된 부분이 있다.(『정조실록』 권2, 정조 즉위년 9월 25일(계사))

閣東別室 名曰奎章閣 又諸書所藏內閣 名曰祕書閣 置官以掌出納 世祖亟稱其可行 而
設施則未遑也 肅宗朝爲奉 列聖御製御筆 別建小閣于宗正寺[今宗簿寺] 御書奎章閣三
字[此題額 今移揭于宙合樓]揭之 而規制則未備也 逮正宗朝丙申 初載英宗大王御製 鋟
于梓 又模御墨 刻于石 召大臣 敎曰 我先大王雲章寶墨 皆敎子小子之篇 所以尊信敬
謹 豈尋常懷簡之比 宜建一閣 以追宋朝庋奉之制 而列朝御製御筆 每朝異閣[20] 同奉一
閣 實爲省費之道 咨爾有司 其卽昌德之北苑 而營度之 仍命丹雘勿用眞彩 塗飾不用紋
紙 務從儉約 於是經紀丙申三月 至七月 工告完

皆有奝奎章閣 藏華本書之屋 卽正宗朝命名 而祕籍充溢其中 圖書集成五千卷 最爲巨
帙 正宗丁酉 自燕購來 我國只有此一本也 此書 康熙中 以武英殿銅活字印成 總一萬
卷 凡三十二典 曰乾象典歲功典歷法典庶徵典坤輿典職方典山川典邊裔典皇極典宮闈
典官常典家範典交誼典氏族典人事典閨媛典藝術典神異典禽蟲典草木典經籍典學行典
文學典字學典選擧典銓衡典食貨典禮儀典樂律典戎政典祥刑典考工典也 每典分門類
共爲部六千一百有九 計書五百二十函 又目錄二函也

奎章閣有八景 曰奉謨雲漢 書香荷月 奎章試士 拂雲觀德 皆有梅雪 弄薰楓菊 喜雨韶
光 觀豐秋事

又案 永肅門 卽春塘臺後苑門 自內閣詣宙合樓皆有奝 必由此門以入 文獻備考云 中宗
二十三年 政院啓曰 昌慶宮後苑 有淡烟門 不合大內門名 命改以永肅門 成宗六年 以昌
德宮門未有扁額 出入者眩焉 命藝文大提學徐居正 命名而揭之 又徐四佳筆苑雜記曰
本朝開國以後 五更三點罷漏 則宮城門及外城門盡開 自睿宗朝 平明始開宮門

---

20 而列朝御製御筆 每朝異閣 부분은 실록에는 而列祖御製御筆之未及尊閣者 不必如宋朝之
   每朝異閣也로 되어 있는데 실록을 따라야 내용상 자연스러우므로 이에 따라 번역
   하였다.(위의 기사)

『승람』의 창덕궁편에는 인정전, 선정전, 보경당, 동궁만 수록되어 있고 그 내용도 매우 간략하다. 『한경지략』의 창덕궁에 대한 자세한 서술은 『승람』 편찬 당시보다 창덕궁의 위상이 높아져서 거의 법궁으로 활용되고 있었고, 조선 후기 군주의 기억이 많이 축적되었기 때문이다. 특히 18세기 숙종, 영조, 정조와 관련된 내용이 대부분을 차지하는데, 예를 들어 '정구팔황 호월일가'는 정조가 '만천명월주인옹'과 함께 자신의 인장에도 사용하였던 것으로, 탕평에 대한 의지를 상징하는 문구이다. 만수전의 경우엔 효종대에 건설한 것이지만 숙종대에 불탔기 때문에 기억에 남을 수 있었던 것으로 보인다. 효종대의 만수전 수리에 대해서는 『창덕궁만수전수리도감의궤』(고궁 2013)가 전한다.

대보단의 경우 그 터가 신박의 집터였다는 등 관련 내력을 자세히 기술하였다. 신박 같은 경우엔 어떠한 인물인지 그 내력이 분명치 않으며 숙종 때 대보단 건설 당시 기록에서는 그 자리가 옛날 별대영(別隊營)의 터였다고 하였다.(『숙종실록』 권40, 숙종 30년 12월 21일(정해)) 경봉각의 경우에는, 역대로 받은 명의 조칙을 봉안한 전각이었는데, 영조는 명과 청에서 받은 조칙을 섞어 보관해 온 것을 안타까워해서 흠봉각을 경봉각으로 이름을 바꾸고, 명의 조칙들을 모아 『추감황은편(追感皇恩編)』으로 인출하여 이곳에 봉안하게 하였다. 경봉각의 위치는 원래 승문원 인근이었는데, 정조대에 승문원 건물이 무너지자 이 건물 한 채만 남아 있는 것이 보기 좋지 않다고 하며(『정조실록』 권52, 정조 23년 7월 21일(정축)) 대보단 인근으로 옮기게 하였다. 한편 유본예는 선원전의 내력을 명의 봉선전에서 찾았는데, 원래 조선의 진전 제도는 명의 봉선전 제도보다는 고려의 원묘 제도를 인습하였다가 변화한 것이다.

창덕궁편에는 대보단과 함께 유본예와 밀접했던 규장각 관련 기억이 많이 수록되어 있다는 점이 특징적이다. 규장각은 여러 건물과 주변이 자세히 소개되어 있는 데다가, 안설의 2/3 정도가 그 내력에 대한 내용이며, 궐내각사편에도 다시금 소개되어 있다. 열무정의 경우에도 관련 내용이 원유편에 또 수록되어 있다. 규장각은 내각, 직원, 외각의 3개의 조직으로 나눠 볼 수 있는데, 여기에 소개된 규장각·주합루, 봉모당, 열고관, 개유와, 이안각, 서고 등은 내각에 해당한다.(조계영, 2011, 198쪽) 각신이 근무하는 이문원 권역은 궐내각사 중 창덕궁내각사에서 소개하였다.

이 편에서도 민간의 이야기에는 오류가 있다. 본문에서는 흠경각 건설 때 시문용이 관여했다고 하였다. 흠경각 건설은 1613년(광해군 5) 무렵이었으나, 시문용이 경상도에서 상경한 것은 1615년(광해군 7)이었다. 이 시기는 창덕궁도 완공된 상황이었으며 시문용은 창덕궁이 아니라 주로 인경궁의 건설에 관여하였다. 『한경지략』의 다른 부분에서도 이런 식의 오류는 흔히 발견되고 있어서 숙종대 이전 사실이나 민간의 이야기는 유의하여 볼 필요가 있다. 그러나 각 전각의 기능을 구체적으로 서술하고 용마루가 없는 대조전의 모습이라든지 편액의 내력을 기록하는 등 시각적 정보와 구체성을 중시한 것은 19세기 당대 상황을 보여준다는 점에서 상당한 의의가 있다.

## 창경궁(昌慶宮)

창경궁은 창덕궁 동쪽에 있다. 원래 수강궁(壽康宮)이 있던 옛터이다. 1483년(성종 14) 성종이 세조 비 파평 윤씨, 덕종 비 한씨(서원부원군 한확(韓確, 1403~1456)의 딸), 예종 계비 청주 한씨 청주부원군 한백륜(韓伯倫, 1427~1474)의 딸이 각각 정희왕후(貞熹王后, 1418~1483), 인수왕대비(仁粹王大妃, 1437~1504), 안순왕후(安順王后, ?~1498) 등 삼궁(三宮)이 되니 이들을 위하여 이 궁을 건설하였다. 임진왜란 때 훼손되었다가 1616년(광해군 8)에 중건하였다. 동문을 홍화(弘化)라 하니, 정문이다.[문루가 있고 겹처마이다. 성임이 편액을 썼다] 동편 오른쪽 문을 선인(宣仁)이라고 한다.[조신(朝臣)들도 이 문으로 출입한다. ○『문헌비고』에서는 이 문의 옛 이름을 서린문(瑞獜門)이라 하였다가 후에 선인으로 개칭하였다고 한다] 동편 왼쪽 문은 통화(通化)라고 하고, 또 그 왼쪽 문은 월근(月覲)이라 한다.[정조대에 새로이 건설하였다. 매번 이 문을 통해서 경모궁(景慕宮)에 전배하러 가므로 편액을 월근이라 하였다] 동북쪽 문은 집춘(集春)이라 하였다.[이 문은 성균관의 문으로 통한다] 서쪽 문은 창덕궁의 건양문이다. 북편문은 청양(靑陽)이라 하는데, 춘당대가 이 문 안에 있다. 춘당대 후원의 서문은 영숙(永肅)이라 한다.[창덕궁의 요금문과 서로 통한다]

昌慶宮 在昌德宮東 壽康宮之舊基 成化癸卯 成宗 世祖妃坡平尹氏 德宗妃韓氏 西源府院君韓確女 睿宗繼妃淸州韓氏 淸川府院君伯倫女 爲貞熹王后 仁粹王大妃 安順王后三宮而建 壬辰兵燹燬 光海丙辰重建 東門曰弘化 爲正門[門樓重檐 成任書額]東右曰宣仁[朝臣亦由此門出入 ○文獻備考 此門舊名瑞獜門 後改稱宣仁也] 東左曰通化 又東左曰月覲[正宗朝新建 每由此門展拜于景慕宮 故

扁曰月觀] 東北曰集春[此門通成均館之門也] 西曰昌德宮之建陽門也 北偏門曰
靑陽 春塘臺在此門內 春塘臺後苑西門曰永肅[與昌德宮之曜金門相通]


○명정전(明政殿)은 정면이 5칸, 측면이 4칸으로 동쪽을 향하고 있다.
조회를 받는 정전이지만 제도가 인정전보다 작다. 성종대에 매번 정
월 초하루와 동지에 군신들을 거느리고 삼궁에 하례를 드리고 이 전
각에 납시어 조회를 받았다. 동문이 명정문(明政門)이고, 또 그 동쪽이
홍화문이다. 문 안에 어구교가 있는데, 옥천교(玉川橋)라 하였다. 전정의
남편문을 광정(光政)이라 하고, 북편문을 광범(光範)이라 한다. 민간에서
명정전이 원래 고려 시기 행궁이라고들 하는데, 근거는 찾을 수가 없
다.

明政殿 廣五間 縱四間 向東 受朝之正殿 而制小於仁政殿 成宗朝 每當正至
率群臣賀 三宮仍御是殿受朝 東門曰明政門 又東曰弘化門 門內有御溝橋 名
曰玉川橋 殿庭南偏門曰光政 北偏門曰光範 世傳明政殿本是麗朝行宮云 而
未可考耳


○문정전(文政殿)은 명정전 남쪽, 숭화문(崇化門) 안에 있다.
文政殿 在明政殿南崇化門內


○인양전(仁陽殿)은 명정전 서쪽에 있다.
仁陽殿 在明政殿西

○경춘전(景春殿)은 수녕전(壽寧殿) 북쪽에 있다.

景春殿 在壽寧殿北


○자경전(慈慶殿)은 명정전 북쪽에 있다. 정조대에 혜경궁(惠慶宮, 1735~1815)
을 이 전각에서 모시었다.

慈慶殿 在明政殿北 正宗朝 奉惠慶宮于此殿


○통명전(通明殿)은 경춘전 북쪽에 있다. 푸른 기와로 덮었다. 정조대
에 화재로 훼손되어 지금은 없다. 민간에서 이 전각은 고려 시기에
지었다고 한다.

通明殿 在景春殿北 覆以綠瓦 正宗朝火燹 今無 世稱此殿卽高麗時所建

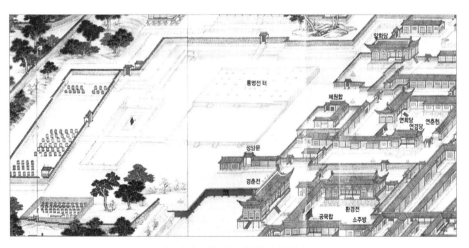

〈그림 7〉 「동궐도」 중 통명전 부분

○환경전(歡慶殿)은 경춘전 동쪽에 있다.

歡慶殿 在景春殿東


○양화당(養和堂)은 환경전 북쪽에 있다.

養和堂 在歡慶殿北


○여휘당(麗暉堂)은 통명전 서쪽에 있다.

麗暉堂 在通明殿西


○수녕전(壽寧殿)은 인양전 북쪽에 있다.

壽寧殿 在仁陽殿北


○함인정(涵仁亭)은 명정전 북쪽, 빈양문(賓陽門) 안에 있다.

涵仁亭 在明政殿北賓陽門內


○공묵합(恭默閤), 영춘헌(迎春軒), 숭문당(崇文堂), 통화전(通和殿)은 모두 명정전 북쪽에 있다.

恭默閤[21] 迎春軒 崇文堂 通和殿 俱在明政殿北


21  원문에는 閣으로 되어 있으나, 내용상 閤으로 바로잡는다.

○환취정(環翠亭)은 통명전 북쪽에 있다.[문정전 이하 여러 전각은 모두 편전이니, 그 이름 짓기는 분명 대제학 서거정이 했을 것이다]

環翠亭 在通明殿北[文政殿以下諸殿閣 俱是便殿 而其命名 則必是大提學徐四佳 爲之]


○춘당대(春塘臺)는 청양문(靑陽門) 안에 있으니 곧 궁 안 후원으로, 선비들이 시험 보고 열무하는 장소이다. 영화당(暎花堂)이라는 당이 있고, 앞에는 큰 연지가 있으며, 당 뒤에도 또 연지가 있으니, 이것이 곧 주합루 앞 연못이다. 과거를 설치하여 선비들을 시험하거나 활쏘기를 시험하고 열무할 때에는 모두 영화당에 납신다. 옆에는 관풍각(觀豐閣)이 있고 앞에는 논이 있는데 매해 농사를 지어 가을이 되면 벼를 거두어서 근신들에게 나누어 주니, 춘당도(春塘稻: 춘당쌀)라고 한다. 춘당대는 지대가 제법 높은데 그 맞은편 언덕을 장원봉(狀元峯)이라 한다. 과거 시험을 볼 때 뽑힌 사람들이 이곳에 앉기 때문에 이러한 이름이 붙었다. 또 대 옆에는 여러 종류의 단풍나무가 심겨 있어 가을이 되면 흐드러지게 붉어지므로 단풍정(丹楓亭)이라고 한다.

春塘臺 在靑陽門內 卽宮內後苑 而試士閱武之所也 有堂曰暎花堂 前有大蓮池 堂後又有蓮池 此卽宙合樓前池也 凡設科試多士 及試射放閱武 臨御暎花堂 旁有觀豐閣 前有水田 每年稼穡 至秋穫稻 分賜近臣 名曰春塘稻 春堂臺 地頗爽塏 其對岸 謂之狀元峯 科試時 擧人聚坐此地 故名焉 又臺傍多種楓樹 至秋爛紅 故謂之丹楓亭

안설: 한나라 때 전각의 계단 아래에 단풍나무를 많이 심어서 풍신(楓宸)이나 풍계(楓陛)라고 칭하였는데, 춘당대의 단풍정도 이 고사에 따른 것이다. 매번 이 당에 임어할 때 배설방에서 큰 막을 펼치는데[속칭 차일이라 한다] 당의 처마 앞에 큰 대나무 막대기를 묶어서 16개의 기둥을 만들어 버티게 한다. 대 옆의 열 길이나 되는 높은 나무도 모두 그 아래로 들어간다. 또 당의 계단에 연이어 붉은 판자를 설치하여[보판이라고 칭한다] 용수석을 깔아놓으면 그 위에는 2, 300명이 앉을 만하고, 판바닥은 높아서 사람이 다닐 만하니 9층의 나무 계단을 설치하여 오르내린다.

案漢時殿陛下多種楓樹 故稱楓宸楓陛 則春塘臺之丹楓亭 亦是故事也 每臨此堂時 自排設房 設大布幕[俗名遮日] 於堂簷前 束大竹竿爲十六柱而撑之 臺旁十尋高樹 皆入其下 又於堂陛聯設朱板軒[稱步板] 覆以龍鬚席 上可坐數三百人 板底高 可容人行 設九級木陛 以陛降焉

○어수당(魚水堂)은 춘당대 불로문(不老門) 안에 있다. 이 문은 화강암으로 만들었고, 편액을 전서로 썼다. 효종대에 처음 세우고 우암(尤庵) 송시열(宋時烈, 1607~1689)을 이 당에서 인견하였다. 물고기와 물처럼 군신이 서로 잘 만났다는 뜻을 비유한 것이다.

魚水堂 在春塘臺不老門內 此門則斲石爲之 篆書額 孝宗朝刱建 每引見宋尤庵于此堂 以魚水寓君臣相得之意

○연경당(演慶堂)은 어수당의 서북쪽에 있다. 1827년(순조 27) 효명세자가 진장각(珍藏閣) 옛터에 창건하였다. 이때 마침 순조의 상존호(上尊號)의 기쁜 의례가 이 당에서 이루어졌으므로 연경이라고 이름 지었다.

演慶堂 在魚水堂之西北 當宁朝二十七年丁亥 小朝剙建于珍藏閣舊基 時値
大朝上尊號慶禮成於此堂 故命名曰演慶

안설: 창경궁과 창덕궁은 비록 각각 별개의 궁이지만 궁성은 동일한 성으로, 양궁
의 가운데 건양문이 있어서 서로 통한다. 춘당대는 예전에 서총대(瑞蔥臺)라고 하
였다.

『국조인물고』의 차식(車軾, 1517~1575) 묘갈명(墓碣銘)[유몽인(柳夢寅, 1559~1623)이
지었다]에 다음과 같이 나와 있다. "차원부(車原頫)는 간관으로 고려 말에 간쟁을 하
다가 평산의 수운동에 물러나 은거하고 있었다. 이때 요동을 범하자는 논의가 일
어나니, 우리 태조 이성계가 이를 걱정하여 정종과 함께 간편한 복장으로 차원부
에게 찾아가 그 전말을 이야기하였다. 차원부가 의리를 들어 그 불가함을 이야기
하니, 태조가 이를 옳게 여기고 떠났다. 개국하게 되자 공훈을 책립해 주려고 하였
는데, '집안 대대로 고려 왕조를 섬긴 것이 이미 오백 년으로, 어찌 저 왼쪽 겨드랑
이에 금비늘이 달린 임금이 아직도 있거늘 감히 두 마음을 품어 우리 선조의 충렬
을 더럽힐 수 있겠는가?'라고 하며 사양하였다. 태조가 한양에 도읍을 정했을 때
옛 친구로 불렀다. 그가 이르자 궁중에 머무르게 하였는데, 마침 비가 내리자 임금
이 차원부의 손을 잡고 동쪽 후원을 거닐면서 파 씨 몇 되를 소매에서 꺼내 풀숲
에 뿌리면서, '예전에 내가 서촌으로 자네를 찾아갔을 때, 날은 저물고 배가 무척
고파서 그대 마당의 파를 배불리 먹었다. 지금 이것을 손수 심어 내 친구가 머물러
먹게 하려고 하니, 이는 옛날의 뜻을 마음에 둔 것이다'라고 하였으니, 지금의 서총
대가 바로 그곳이다."

『소문쇄록』을 찾아보니 다음과 같이 나와 있다. "성종대에 후원에 파 하나가 자
랐는데, 줄기 하나에 아홉 줄기여서 서총이라 부르고, 섬돌을 괴어 그것을 길렀다.
연산군이 거기에 대를 쌓고서 서총대라 하였다."

지금도 매년 능행한 후에 어가를 따른 군교들의 활쏘기를 시험하여 상을 나누
어 주는 것을 반드시 춘당대에서 행하므로, 이 시사를 서총대라 한다.

안설: 춘당대의 논은 한나라 때 농전(弄田)의 제도이다. 농전은 미앙궁(未央宮) 안에 있었으니 천자가 가지고 노는 밭이다. 아, 우리 열성조는 농업을 중시하고 근본에 힘쓰셔서 매해 초에 권농윤음을 팔도에 반포하고, 또 이 밭을 금중에 두셔서 농사 짓기의 어려움을 잘 알게 하셨으니, 한갓 가지고 노는 곳이 아니었다. 선조(先朝)에 매번 춘당쌀을 내각의 여러 신하에게 나누어 내리시었다. 아버님이 일찍이 시를 지으시기를, "가을에 온 한 톨 한 톨의 춘당쌀이여, 장안의 부유한 집들이 부럽지 않구나"라고 하시었으니, 대개 은혜를 입고 감격하신 것이었다.

謹案 昌慶宮與昌德宮 雖爲各宮 而宮城則同一城也 兩宮中間 有建陽門 以相通焉 春塘臺舊稱瑞蔥臺 國朝人物考 車軾墓碣銘[柳夢寅撰[22]] 曰車原頻諫官 議於麗末 退隱於平山水雲洞 時犯遼議起 我康獻大王憂之 與恭靖大王 便衣訪原頻 語其顚委 原頻擧義理 而言其不可 康獻大王義之 諾而去 曁開國 將策勳功 辭曰家世仕麗朝 已五百年 況彼左協金鱗尙在 何敢二心 豈我先人忠烈耶 曁康獻大王定都漢陽 以故舊召之 至則舍諸禁中 會天雨 上携原頻手 步出東苑 袖撥蔥種數升 散之草間曰 昔子訪于西村 日晏飢甚 飯子葱蔥[23] 今手種此 欲留我 故人以食之 所以志舊意也 今之瑞蔥臺 卽其地也 謏聞瑣錄曰 成宗時後苑生蔥 一幹九枝 謂之瑞蔥 砌石培之 燕山因以築臺 名曰瑞蔥臺 [止此]

今則每年 陵幸後 隨駕軍校 試射頒賞 必行於春塘臺 故此試射 仍稱曰瑞蔥臺

又案 春塘之水田 卽漢朝弄[24]田之制 弄田在未央宮中 爲天子宴遊戲之田也 猗我列聖朝 重農務本 每於歲首 頒勸農綸音于八道 又置此田于禁中 克知稼穡之艱難 非徒爲宴遊戲弄之具而已 先朝時 每頒賜春塘稻于內閣諸臣 故先君嘗有詩曰 秋來粒粒春塘稻 不羨長安衆富兒 蓋因蒙賜而志感也

---

22 원문에는 選으로 되어 있으나, 내용상 撰으로 바로잡는다.

23 『국조인물고』 원문에는 飯子葱蔥이 아니라, 飯子場蔥으로 되어 있다.

24 원문에는 美로 되어 있으나, 내용상 弄으로 바로잡는다.

〈그림 8〉 「동궐도」 중 창경궁 부분

『승람』의 창경궁편 역시 창덕궁편처럼 내용이 소략하고 명정전, 문정전, 인양전, 경춘전, 통명전, 양화당, 여휘당, 환경전, 수령전, 환취전 등만 수록되어 있었다. 『한경지략』에서는 춘당대 부분이 확충되어 있는데, 이 일대가 규장각 주합루와 가깝고 특히 정조 때 아버지 유득공이 규장각의 관원으로 춘당대 인근에서 재배한 쌀을 받곤 했던 기억 때문이었을 것이다.

다른 궁궐에 비해 창경궁편은 궁성문을 자세히 기록했는데, 이는 정조 때 건설한 월근문과 경모궁의 기억 때문으로 보인다. 창경궁은 동향을 하고 있는데 궁성문이 동향을 한 홍화문을 기준으로 상대 방위로 설명하고 있어서 약간 혼란스러운 측면이 있다. 동문이 바라보는 방향을 기준으로 좌, 우를 설명하고 있는 것이므로, 동편 오른쪽 문인 선인문은 방위상 정문인 홍화문의 남편에 있는 문을 가리키고, 동편 왼쪽 문인 통화문과 월근문은 홍화문의 북편에 있는 문을 의미한다.

창경궁의 전각 내력에서는 『한경지략』 저술 당시 사안인데도 다른 기록과 충돌하는 부분이 있다. 『궁궐지』에 따르면 인양전은 1830년(순조 30)에 불에 탔으며, 그 자리에는 함인정(涵仁亭)이 건설되었다고 하며 「동궐도」에도 함인정만 표기되어 있는데, 이 책에서는 인양전과 함인정 두 전각을 별개의 전각으로 기록하고 있다. 통명전에 대해서는 송신용이 두주로 1790년(정조 14) 정월 1일에 화재로 백여 칸이 탔다고 기록했다.

본문에서는 서거정이 이름을 지은 전각을 추정하고 있는데, 실록에 따르면 서거정이 지은 전각의 이름은 명정전·문정전·수령전·환경전·경춘전·인양전·통명전과 양화당·여휘당 및 사성각이다.(『성종실록』 권163, 성종 15년 2월 11일(무진)) 이는 『국조보감』에도 수록되어 있는데, 유본예가 서거정이 지은 전각명을 정확히 특정하지 못한 것으로 볼 때 관련 기록을 충분히 섭렵하지는 못했던 것으로 보인다.

### 경희궁(慶熙宮)

경희궁은 서부 여경방에 있다. 처음에는 경덕궁(慶德宮)이라고 하였고, 1616년(광해군 8)에 창건하였다. 1760년(영조 36)에 장릉(章陵: 원종)의 시호와 음이 같다고 하여 경희로 고쳤다. 5문을 세웠는데, 동쪽은 흥화(興化)[이것이 정문이다. 이신(李紳)이 썼다]와 흥원(興元)이다. 남쪽은 개양(開陽)이며, 북쪽은 무덕(武德), 서쪽은 숭의(崇義)이다.

慶熙宮 在西部餘慶坊 初號慶德宮 光海丙辰翔建 英宗庚辰 以與章陵諡號同音 改慶熙 立五門 東曰興化[此爲正門 李紳 書] 興元 南曰開陽 北曰武德 西曰崇義

○숭정전(崇政殿)은 정면 5칸, 측면 4칸으로 남향하고 있다. 조하를 받는 정전이다.

崇政殿 廣五間 縱四間 爲向南 受朝之正殿

○흥정당(興政堂)은 광달문(廣達門) 안에 있다. 신료들을 소견할 때 항상 이곳에 임금이 임어한다.

興政堂 在廣達門內 召見臣僚 恒御焉

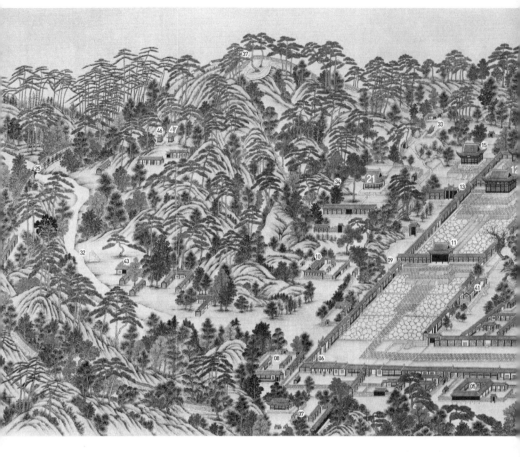

| | | | | |
|---|---|---|---|---|
| 46. 봉안각(奉安閣) | 41. 궁방(弓房) | 36. 반달연못 | 31. 상의원(尙衣院) | 26. 경현당(景賢堂) | 21. 위선당(爲 |
| 47. 경봉각(敬奉閣) | 42. 벽파담(碧波潭) | 37. 송단(松壇) | 32. 일영대(日影臺) | 27. 장락전(長樂殿) | 22. 융무당(隆 |
| 48. 어조당(魚藻堂) | 43. 금루(禁漏) | 38. 덕유당(德遊堂) | 33. 도수연(陶遂椽) | 28. 용비루(龍飛樓) | 23. 광명문(光 |
| | 44. 집희당(緝熙堂) | 39. 관사대(觀射臺) | 34. 영렬천(靈洌泉) | 29. 봉상루(鳳翔樓) | 24. 영취정(暎 |
| | 45. 심서헌(審書軒) | 40. 마구(馬廐) | 35. 춘화각(정)(春和閣) | 30. 흥원문(興元門) | 25. 숭의문(崇 |

〈그림 9〉 경희궁의 전각(「서궐도안」), 『경희궁은 살아있다』(서울역사박물관, 2015 전시도록)

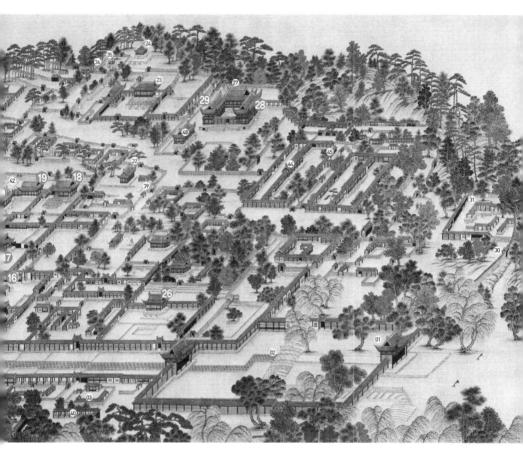

| | | | |
|---|---|---|---|
| . 존현각(尊賢閣) | 11. 숭정문(崇政門) | 06. 약방(藥房) | 01. 흥화문(興化門) |
| . 흥정당(興政堂) | 12. 숭정전(崇政殿) | 07. 도총부(都摠府) | 02. 금천교(禁川橋) |
| 3. 융복전(隆福殿) | 13. 향실(香室) | 08. 옥당(玉堂) | 03. 빈청(賓廳) |
| . 회상전(會祥殿) | 14. 자정전(資政殿) | 09. 예문관(藝文館) | 04. 개양문(開陽門) |
| . 집경당(集慶堂) | 15. 태녕전(泰寧殿) | 10. 내각(內閣) | 05. 정원(政院) |

서궐 경희궁을 그린 그림으로 원 그림은 채색이 없이 먹선 스케치만 되어 있으나, 서울역사박물관에서 전시하면서 「동궐
도」풍으로 채색한 그림을 제작하였다. 「서궐도안」은 1829년 경희궁 화재 이전 순조대에 제작된 것으로 추정된다. 파란색
으로 표시한 건물은 이 책 129~133쪽에 소개되어 있다.

○회상전(會祥殿)은 흥정당의 동쪽에 있다.

會祥殿 在興政堂之東


○집경당(集慶堂)은 흥정당의 서쪽에 있다.

集慶堂 在興政堂之西


○융복전(隆福殿)은 흥정당 북쪽에 있고, 덕유당(德遊堂)은 그 서쪽에 있다.

隆福殿 在興政堂北 德遊堂 在其西


○집상전(集祥殿)은 1667년(현종 8) 창건하였는데, 자의인선대비(慈懿仁宣大妃, 1618~1674, 인조 계비) 때에 만수전(萬壽殿)의 동쪽에 거처하며, 집상이라 이름하였다. 봉양의 정성을 다하기 위한 곳이니 한나라의 장락궁(長樂宮)과 장신궁(長信宮)의 제도 같은 것이었다.

集祥殿 顯宗八年剏建 於慈懿仁宣大妃時 御萬壽殿之東 名曰集祥 以備致養之誠 猶漢長樂長信之制焉


○위선당(爲善堂)은 영선문(寧善門) 안에 있다.

爲善堂 在寧善門內


○경현당(景賢堂)은 경현문 안에 있다.

景賢堂 在景賢門內

○용비루(龍飛樓), 봉상각(鳳翔閣)은 후원의 동북쪽에 있으며 12개의 별당은 그 서쪽에 있다.

龍飛樓 鳳翔閣 在後苑東北 十二別堂在其西

○규정각(揆政閣)은 흥정문 동쪽에 있다. 1732년(영조 8)에 창건하여 혼천의를 봉안하였다.[어제 기문이 있다]

揆政閣[25] 在興政門東 英宗壬子刱建 以安渾天儀[有御製記]

○경봉각(敬奉閣)은 1770년(영조 46)에 창건하였다. 어서로 된 편액이 있고, 국조 이래 반강받은 조칙을 봉안하였다.

敬奉閣 英宗庚寅刱建 御書扁額 奉置國朝以來頒降詔勅

안설: 경희궁은 규모나 제도가 창덕궁보다 조금 작지만, 지대가 높고 상쾌하여 더 낫다고들 한다. 영조가 즉위한 후 항상 이 궁에 거처하였다. 흥정당 동쪽에 늙은 대추나무가 지금도 있는데 '말 매어놓는 대추나무[繫馬棗]'라고 한다. 이 땅은 원래 원종(元宗: 인조의 생부 정원군)의 사저여서 옛날에 그 집 말을 매어놓았던 대추나무였던 것이다. 1782년(정조 6)에 이 대추나무에 갑자기 열매가 열리니, 사람들이 길상의 징조라고 여겼다.

또 『문헌비고』에 다음과 같이 나와 있다. "인경궁(仁慶宮)은 서부 인왕산 아래에 있는데, 원래 원종의 사저였다. 1616년(광해군 8)에 술자가 새문동(塞門洞)에 왕기가 있다고 하여 이 궁을 창건하여 압승하였는데, 인조반정을 한 원년에 바로 철거하였다."

---

25 원문에는 𡋧으로 되어 있으나, 『궁궐지』를 바탕으로 閣으로 바로잡는다.

1829년(순조 29) 홍정당에 화재가 나서 1831년(순조 31) 봄에 고쳐 지었다. 이때 회상전 제액은 풍고(楓皐) 김조순(金祖淳, 1765~1832)이 썼고, 융복전 제액은 조만영 (趙萬永, 1776~1846)이 썼다.

謹案 慶熙宮規制 稍小於昌德宮 而地高爽塏 則有勝云 英宗大王登極後 恒御此宮焉 興政堂之東 今有老棗樹 名繫馬棗 此地本是元宗私第 故舊時繫馬棗之樹也 正宗朝壬 寅 此棗忽有實 人以爲吉祥之兆

又文獻備考曰 仁慶宮在西部仁王山下 本元宗私第也 光海丙辰 以術者云 塞門洞有王 氣 刱是宮 以壓之 仁祖反正元年 卽爲撤罷

當宁二十九年己丑 興政堂火 辛卯春 改建時 會祥殿題額 金楓皐院閣書 隆福殿題額 趙判書萬永書

❄

경희궁과 인경궁은 모두 광해군대에 풍수가의 주장에 따라 창건한 궁궐이다. 인경궁은 서부 인달방에 있고, 경덕궁(경희궁)은 서부 여경방 에 있는데, 각각 그 방명을 따서 이름을 지었다. 인경궁은 술사 성지(性 智)와 시문룡(施文龍)이 인왕산 아래 왕기가 있다 하여 건설하기 시작하 였으며, 경덕궁은 술사 김일룡(金馹龍)이 새문동에 왕기가 있다 하여 짓 기 시작하였다. 비슷한 시기 시작한 공역이어서 그런지 『문헌비고』 등의 후대 기록 중에는 인경궁과 경덕궁이 혼동되는 경우가 자주 있다.

광해군 당대에 공력을 기울인 궁궐은 인경궁이었다. 광해군은 인경 궁을 창건한 후 경복궁을 창건하여 두 궁궐을 연결하려는 계획을 갖고 있었다. 이에 비해 경덕궁은 공사 계획 당시부터 일시적인 피우처라 하 며 규모를 작게 잡은 상황이었다. 경덕궁은 1620년(광해군 12) 무렵 거의 완성된 상태였으며, 인경궁은 대내 전각은 거의 완성되었으나 인조반정 무렵까지도 여전히 공역을 진행하고 있었다. 인경궁은 5,500칸 정도였으나 경덕궁은 1,500칸 정도로 규모도 매우 작았으며 다른 궁궐과는 달리 정문도 단층으로 지었다.(장지연, 1997)

인조반정 후 영건도감은 혁파되었으며, 궁궐 창건에 관여한 술사들은 처형되었다. 그만큼 궁궐 영건이 광해군의 대표적인 폐정으로 꼽혔기 때문이다. 처음 건설할 때의 두 궁궐의 위상 차이는 1624년(인조 2) 이괄의 난으로 창덕궁과 창경궁이 훼손되면서 뒤집히게 된다. 인조는 주로 경덕궁에 임어하다가 1647년(인조 25) 인경궁의 여러 전각을 헐어 옮겨 짓는 방식으로 창덕궁과 창경궁을 복원하였다. 이 과정을 거치면서 인경궁은 거의 흔적도 없이 사라지게 되었으나, 경덕궁은 동궐 창덕궁·창경궁에 대비하여 서궐이라는 명칭을 얻으며 조선 후기의 양대 궁궐 중 하나로서 활용되었다.

경덕궁의 이름을 경희궁으로 고치고 창덕궁과 그 위상을 나란히 할 정도로 의미를 부여한 것은 영조였다. 영조는 1752년(영조 28)에 '장묘고궁(章廟故宮)'(국립고궁박물관 소장) 어필 현판을 썼으며, 1760년에 원종의 시호와 발음이 겹친다는 이유로 경덕궁의 이름을 고쳤다. 또한 그는 「어제창덕궁경희궁(御製昌德宮慶熙宮)」이라는 글을 남기기도 하였는데, 이는 당시 실질적으로 법궁으로 사용되고 있던 창덕궁에 비견하는 궁으로 경희궁의 위상을 높인 것이었다. 이처럼 영조는 인조의 기억을 적극적으로 환기하며 경희궁의 위상을 높였다. 본문에서도 언급된 영조가 쓴 규정각의 어제 기문(규정각기)과 경봉각 현판은 현재 국립고궁박물관에 소장되어 있다.

한편 영조가 경희궁에서 지내면서 정조도 경희궁에서 세손 시절을 보냈다. 경현당, 존현각 등은 세손의 공간으로서 정조는 어린 시절을 보낸 경희궁에 대한 애착을 담아 「경희궁지」를 저술하기도 하였으며 세손 시절 작성한 『존현각일기』는 이후 『일성록』으로 이어졌다.

경희궁은 야주개[夜晝峴] 대궐로 불리기도 하는데, 이는 경희궁 인근의 얕은 고개 이름에서 비롯되었다. 야주개라는 명칭은 흥화문 현판 글씨가 명필이어서 밤에도 붉게 빛나 그 광채가 이 고개까지 미친다는 데서 비롯했다고 전해지기도 한다. 그 현판을 쓴 이신에 대해서는 알려진 것이 별로 없는데, 북한산 구천계곡의 '구천은폭(九天銀瀑)' 각자가 그의 글씨로 전해진다.

본문에 기록된 집상전은 창덕궁편에 기술되어야 한다. 집상전은 현종 때 경덕궁의 집희전을 헐어 창덕궁에 개건한 것으로, 이때 수리와 관련하여 『집상전수개도감의궤』가 전한다. 이는 파리국립도서관에 소장되어 있다가 국내로 들어와 현재 국립중앙박물관에 소장되어 있는데, 어람용 의궤로서 유일본이다. 한편 1829년 화재로 인한 경희궁 수리와 관련해서는 『서궐영건도감의궤』가 전한다.

# 06

# 단유(壇壝)

## 사직단(社稷壇)

사직단은 경성 안 서부 인달방에 있다. 사단(社壇)은 동쪽에, 직단(稷壇)은 서쪽에 있다. 양 단은 각각 사방 2장 5척, 높이 3척이며 사방으로 계단을 내었고 각 계단은 3층이다. 단은 방위의 색에 맞추어 꾸몄으며 그 위를 황토로 덮었다. 사단에는 석주(石柱)가 있는데, 길이는 2척 5촌, 사방 1척으로 위는 뾰족하고 그 아래 절반은 흙으로 돋우어 있으며 단의 남쪽 계단 위에 있다. 네 문이 있으며, 유(壝)는 하나로 사방 25보이다. (그 밖을) 담장이 둘러싸고 있다. 국사(國社)와 국직(國稷)의 신좌는 모두 남쪽에서 북향하는데, 후토(后土)의 신좌는 국사에 배향하고, 후직(后稷)의 신좌는 국직에 배향하며 각각 정위의 왼쪽 북쪽 가까이에 동향하여 놓는다. 봄가을로 중월 상무일(上戊日) 및 납일에 제사를 지낸다. 또 맹춘 상신일(上辛日)에는 기곡대제(祈穀大祭)를 지낸다.[사전(祀典)의 대사에 실려 있다]

社稷壇 在京城內 西部仁達坊 社在東 稷在西 兩壇 各方二丈五尺 高三尺 四
出陛 各三級 壇飾隨方色 燾以黃土 社有石柱 長二尺五寸 方一尺 剡其上 培
其下半 當壇南陛之上 四門 同一壇 方二十五步 繞以周垣 國社國稷 神座并
在南北 后土神配國社 后稷神配國稷 各在正位之左 近北東向 春秋仲月上戊
及臘日行祀 又孟春上辛日 行祈穀大祭[祀典載大祀]

『승람』은 단묘(壇廟)로 편목을 설정하여 각종 단과 종묘, 영녕전, 문소전, 연은전, 효사묘, 문묘, 둑신묘를 함께 수록하였으나, 『한경지략』에서는 이를 단유와 묘전궁, 사묘 등으로 나누어서, 각종 단은 단유에, 종묘와 영녕전은 묘전궁에, 문묘와 둑신묘는 사묘에, 문소전과 연은전은 궁궐의 경복궁편에 수록하였다. 국가와 왕실의 제사처가 조선 전기에 비해 후기에 더 분화되고 수효가 늘어났기 때문으로 보인다. 편차를 바꾼 것 이외에 내용은 『승람』에서 거의 달라진 것이 없다.

단유는 단(壇)과 유(壝)를 합쳐 일컫는 것으로서, 유는 바닥이 있는 낮은 담장으로 단의 주위를 둘러싸는 일차 경계이다. 유의 바깥을 두르고 있는 것이 주원, 즉 담장이다. 조선의 단유는 대·중·소사로 등급을 나누어 구성되었는데, 사직단을 제외한 나머지 단유는 모두 성 밖에 위치하였다. 이를 표로 정리하면 다음과 같다. 현재 단의 위치가 확실히 확인된 것은 사직단과 선잠단이며, 이 중 조선 시기 단의 모습을 유지하고 있는 것은 사직단뿐이다. 선농단은 대체적인 위치는 파악되었으나 정확한 위치나 유구는 확인되지 않았다.

〈표 2〉 등급별 단유의 종류와 위치

| 위치 \ 등급 | 대사 | 중사 | 소사 |
|---|---|---|---|
| 서부 인달방 | 사직단 | | |
| 동교 | | 선농단, 선잠단, 우사단 | 마조 · 선목 · 마사 · 마보단 |
| 남교 | | 풍운뢰우산천성황단, 악해독단 | 노인성단, 영성단, 사한단 |
| 북교 | | | 여제단, 마제단(동북교) |
| 소재지 없음 | | | 명산대천단 |

조선에서는 하늘에 대한 제사처인 원구단이 제후의 분수에 맞지 않는 것이라 하여 조선 초 몇 차례 논란과 복설 끝에 철폐하였다. 대신 기우제를 위한 장소인 우사단과 노인성, 영성 등 별에 대한 제단을 별도로 둠으로써 하늘에 대한 기원을 실천할 수 있게 하였다.

사직단은 여러 제사처 중 가장 등급이 높은 대사로 편재되었으나, 천자의 사직단에 비해 제후의 것은 반으로 줄인다는 경전의 원칙 때문에 너비를 2장 5척으로 제한할 수밖에 없었다. 크기가 반감되자 대사의 격에 맞도록 제수를 진설하고 헌관과 악공을 배치하기가 힘들었다. 이러한 고민 끝에 사직단은 주척이 아니라 영조척 기준의 2장 5척으로 건설 되었다. 중사와 소사는 대사인 사직단을 기준으로 단의 너비는 2척씩 줄였으며, 높이는 중사는 3촌, 소사는 중사에서 2촌을 줄인 크기로 건 설하였다. 다만 중사인 우사단은 이 원칙에 준하지 않았다.(장지연, 2011)

〈표 3〉 단유 형태 비교

| 변사 | 대사 | 중사 | 소사 |
|---|---|---|---|
| 단의 종류 | 사직단 | 풍운뢰우산천성황단, 선농단, 선잠단, 악해독 | 영성단, 노인성단, 마조 · 선목 · 마보 · 마제단, 사한 단, 명산대천단, 여제단, 영 제단, 포제단 |
| 단 너비 | 2장 5척 | 2장 3척 | 2장 1척 |
| 단 높이 | 3척 | 2척 7촌 | 2척 5촌 |
| 유 | 일유, 25보 | 양유, 25보 | 일유, 25보 |
| 도설 | | | |

* 『국조오례서례』 단묘도설

대사인 사직단과 소사의 단은 유가 하나였으나, 중사의 단은 유가 둘이었으며 각각 너비가 25보씩이었다. 사직단의 경우, 유의 너비는 주척을 기준으로 건설하였다. 전례서에는 정연한 원칙에 따라 단을 구성한 것처럼 나오지만, 사직단을 제외한 나머지 단은 이 원칙에 따라 건설한 것이 드물다.

### 풍운뢰우산천성황단(風雲雷雨山川城隍壇)

풍운뢰우산천성황단은 남교에 있다. 사방 2장 3척, 높이 2척 7촌이며 사방으로 계단을 내었다. 유가 두 개이며 25보이다. 풍운뢰우의 신좌는 가운데에 두고, 산천의 신좌는 왼쪽에, 성황은 오른쪽에 두는데, 모두 남쪽에 두고 북향하게 한다. 봄가을로 중월 상순에 제사를 지낸다.

風雲雷雨山川城隍壇 在南郊 方二丈三尺 高二尺七寸 四出陛 兩壝二十五步
風雷雲雨神座居中 山川居左 城隍居右 并在南北向 春秋仲月上旬行祀

풍운뢰우산천성황단은 서로 다른 종류의 신격을 섞어서 제사드린다 하여 조선 초 여러 차례 논란의 대상이 되었다. 원래 풍사, 운사, 뇌사, 우사는 각각 방위별로 국성 밖에 설치하고 다른 날에 제사드리는 것이 중국이나 고려에서 해오던 방법이었다. 그런데 조선을 건국하며 이처럼 방위별로 풍운뢰우에 대한 제사도 유지하고, 동시에 산천단에 풍운뢰우와 성황까지 함께 신좌를 배설하고 제례를 드렸다가 1401년(태종 1)

제사가 겹친다 하여 방위별 제사를 폐지하니 합사한 풍운뢰우산천성황단만 남게 되었다. 이후 산천단에 풍운뢰우를 합사한 것은 명나라 주현의 예제를 담고 있는 『홍무예제』에 따른 것이었기 때문에 이를 제후국인 조선에 사용할 수 없다는 비판이 제기되었다.(『세종실록』권32, 세종 8년 4월 22일(을유)) 한편 박연(朴堧)은 이 단에서 천신, 지기, 인귀 등 성격이 다른 신격에 대해 함께 제사를 드리는 것이 적합하지 않다고 비판하기도 하였다. 그러나 이러한 논란에도 불구하고 '시왕의 제도'를 준수한다는 명분 아래, 단제는 수정하지 않고 신좌의 배설 등 작은 부분만 조정한 채 그대로 유지되었다.

여기에서 제례를 드리는 산천은 구체적인 지역을 의미하는 것이 아니라, 조선 경내의 산천을 추상적으로 통칭한 것이다. 이는 산천단이라고 줄여서 부르기도 하고, 도성 남쪽에 있다 하여 남단이라고도 불렀는데, 정조가 이를 원구단에 비견하며 중시한 바 있다. 이 일대에서는 단오 때 씨름판이 벌어지곤 하였다.

### 악해독단(嶽海瀆壇)

악해독단은 남교에 있다. 유는 하나이며 단은 없고, 묘(廟) 3칸이 있다.

악(嶽) 남악은 지리산(智異山)[남원에 있다]이다. 중악은 삼각산(三角山)[경성 북쪽에 있다]이다. 서악은 송악(松嶽)[개성에 있다]이다. 북악은 비백산(鼻白山)[정평에 있다]이다.

해(海) 동해(東海)신사[양양에 있다], 남해(南海)신사[나주에 있다], 서해(西海)신사[풍천에 있다]이다.

독(瀆) 남독은 웅진(熊津)[공주에 있다]과 가야진(伽倻津)[양산에 있다]이다. 중독은 한강(漢江)[경성 남쪽에 있다]이다. 서독은 덕진(德津)[장단에 있다]과 평양강(平壤江)[평양에 있다], 압록강(鴨綠江)[의주에 있다]이다. 북독은 두만강(豆滿江)[경원에 있다]이다. 봄가을로 중월 상순에 제사를 지낸다.

嶽海瀆壇 在南郊 一壇無壇 有廟三間 嶽南智異山[在南原] 中三角山[在京城北] 西松嶽[在開城] 北鼻白山[在定平] 東海[在襄陽] 南海[在羅州] 西海[在豐川] 瀆 南熊津[在公州] 伽倻津[在梁山] 中漢江[在京城南] 西德津[在長湍] 平壤江[在平壤] 鴨綠江[在義州] 北豆滿江[在慶源] 春秋仲月上旬行祀

『예기(禮記)』「왕제(王制)」편에서 천자는 천하의 명산대천을 제사하는데, 크기와 중요도에 따라 5악과 4독으로 구분해 3공과 제후에 비견하며, 제후는 경내의 산천에 제사한다고 하고 있다. 이 때문에 원래 악·진·해·독은 제후가 치제할 수 있는 대상이 아니었으나 조선에서는 산천 제사의 유교화를 위해 이를 사전에 편재하였다. 이 과정에서 약간의 변화가 생겼는데, 천자가 5악, 4진, 4해, 4독 체제를 갖는 데 비해, 조선은 진이 없이 4악, 3해, 7독을 두었다. 다만 7독을 4개의 방위에 분속시킴으로써 4독의 체제를 벗어나지는 않았다. 악·해·독은 홍수와 가뭄을 주재하기 때문에 기본 제사 외에도 상황에 따라 기우와 보사가 행해졌다. 『승람』에 수록된 팔도총도에는 제사를 드린 악·해·독이 표시되어 있어서, 동해, 남해, 서해의 경우에도 바다가 아니라 신사가 있던 육지에 표기되었다.

한편 1456년(세조 2) 양성지(梁誠之)는 조선의 악·해·독과 명산대천에 대한 제사가 모두 삼국 및 고려를 모방하였기 때문에 다시 논의를 해야 한다면서 5악, 5진, 4독을 설치하고 3해의 신사 위치도 바꾸자고 주장하였다.(『세조실록』 권3, 세조 2년 3월 28일(정유)) 그의 의견은 당대에는 받아들여지지 않았으나 대한제국 시기에 편찬한 『대한예전』에는 그가 제시했던 지역 중 상당수가 사전에 편입되었다.

〈표 4〉 악·해·독의 체계

| 방위<br>구분 | 동 | 서 | 남 | 북 | 중 |
|---|---|---|---|---|---|
| 악 | – | 송악 | 지리산 | 비백산 | 삼각산 |
| 해 | 동해 | 서해 | 남해 | – | – |
| 독 | – | 덕진, 평양강, 압록강 | 웅진, 가야진 | 두만강 | 한강 |

### 선농단(先農壇)

선농단은 동교에 있다. 1476년(성종 7) 친경대(親耕臺)를 선농단의 남쪽 10보 떨어진 곳에 쌓고, 정월에 친히 선농에 제사를 드리고 적전을 가는 의례[耕籍田之禮]를 행하였다. 매년 경칩 후 해일(亥日)에 제사를 지낸다.

先農壇 在東郊 成宗七年 築親耕臺於壇南十步 正月 親祀先農 行耕籍田之禮
每年驚蟄後亥日行祀

선농단은 농경을 시작한 선농, 즉 신농씨를 제사 지내는 단으로서 고려 시기에 도입되었으며, 선농단 인근에는 적전을 두어 국왕의 친경의례가 펼쳐지곤 하였다. 조선 건국 후에는 1475년(성종 6)에 처음으로 친경이 설행되었는데, 성종 7년에 행했다는 본문의 기록은 오류로서 이는 『승람』의 오류를 그대로 답습했기 때문이다. 친경대 역시 본문의 오류로서 관경대(觀耕臺)가 맞는데, 이는 『승람』의 오류는 아니고 잘못 옮긴 부분이다. 현재 선농단은 서울 동대문구 무학로44길 38에 있는데, 정확한 예전 위치가 아니고 원형도 잃은 상태이다.(박희성, 2012) 이에 새롭게 단을 정비하고 부지를 활용하여 2015년에 선농단역사문화관을 건립하였다.

## 선잠단(先蠶壇)

선잠단은 동교에 있다. 계춘 사일(巳日)에 서릉씨(西陵氏)에게 제사를 지낸다.

先蠶壇 在東郊 季春巳日 行祀享西陵氏

안설: 잠단은 또 경복궁 안에도 있다. 1767년(영조 43) 단을 설치하고 친잠하고서 비석을 세워 어서로 '정해친잠(丁亥親蠶)'이라고 썼다. 1770년(영조 46)에 비각을 세웠다.

案蠶壇又在景福宮內 英宗丁亥設壇 親蠶豎碑 御書曰 丁亥親蠶 庚寅建閣

선잠단은 잠업을 시작한 서릉씨에 대해 제례를 지내는 단으로, 이 역시 고려 시기부터 설치하였다. 선잠단은 중사단이지만, 설치 초기부터 지형이 비탈지고 중사단의 원칙대로 축조되지 않았다는 점 등이 문제시 되었다. 또한 관리하기도 쉽지 않아서 선농단 옆으로 옮기자는 논의가 있곤 하였다. 그러나 결국 초기 건설된 위치에서 이전하지 않았으며, 형식도 바꾸지 않은 것으로 보인다.(장지연, 2012) 2017년에 선잠단지를 발굴하였는데, 원래 단의 서쪽 절반 정도와 북쪽 일부는 도로 및 주택 건설로 유실되었으나, 동쪽의 절반 정도가 발굴되어 주목을 끌었다. 2018년 인근에 성북선잠박물관을 건설하였다.

1767년(영조 43) 친잠례를 거행할 때 경복궁 안에 선잠단의 형태를 따서 단을 조성하여, 왕후가 친잠례 거행 전에 선잠에게 제향을 드렸다. 안설에서 말한 잠단은 이 단을 말하고, 정해친잠비 탁본, 『친잠의궤』 등이 전해지고 있다. 사직단, 선농단과 선잠단에 대해서는 『조선고적도보』, 『경성부사』 등에 사진 자료가 전해지고 있다.


## 우사단(雩祀壇)

우사단은 남교에 있다. 사방이 4장으로 구망(句芒), 축융(祝融), 후토(后土), 욕수(蓐收), 현명(玄冥), 후직(后稷)의 신좌는 모두 북쪽에 두고 남향하게 하되 서쪽을 상위로 삼는다. 맹하[상순]에 제사를 지낸다.[이상은 중사에 실려 있다]

雩祀壇 在南郊 方四丈 句芒祝融后土蓐收玄冥后稷 神座俱在北南向西上 孟夏[上旬]日行祀[已上載中祀]

우사단은 기우제와 관련한 제단으로, 고려 시기에는 원단에서 우사를 행했다. 그러나 조선 건국 후 제후국은 원단 설치가 불가하다는 인식이 정착함에 따라 원단을 폐지하면서, 1414년(태종 14)에 원구단과 별도로 기우제인 우사를 지내기 위한 단만 별도로 동대문 밖에 조성하였다. 『승람』에는 우사단이 동교에 있다고 되어 있는데, 『한경지략』에서는 남교에 있다고 하고 있어 어느 쪽이 맞는지는 알 수 없다. 『경성부사』에도 위치가 표시되어 있지 않다. 기본 체제는 중사의 단 체제를 따랐다고 하지만, 너비가 4장으로 사직단보다도 훨씬 규모가 컸다. 우사단은 원구단을 대신하여 가뭄이나 홍수와 관련해서 국가에서는 풍운뢰우를 비롯한 다양한 신격에게 제례를 드리기 위해 특별히 조성되었으나 조선 후기 기우제를 지내는 순서를 보면, 그 순위가 높은 편은 아니었다.

### 영성[용좌각위천전]단(靈星[龍左角爲天田]壇)

영성[용좌각을 천전으로 삼는다]은 남교에 있다. 사방이 2장 1척, 높이는 2척 5촌이며 사방으로 계단을 낸다. 유는 하나이며 25보이다. 신좌는 북쪽에 두고 남향한다. 입추 후 진일(辰日)에 제사를 지낸다.

靈星[龍左角爲天田]壇 在南郊 方二丈一尺 高二尺五寸 四出陛 一壝[26]二十五步 神座在北南向 立秋後辰日行祀

---

26 원문에는 壇으로 되어 있으나, 『국조오례서례』에 따라 壝로 바로잡는다.

천전은 별자리 이름으로 곡식을 주관한다고 인식되었다. 현재 서울 용산구 한남동에 표석이 있다.

### 노인성단(老人星壇)

노인성단은 남교에 있다. 추분일에 제사를 지낸다.

老人星壇 在南郊 秋分日行祀

＊

노인성은 남극노인성을 의미하는 것으로 28수 가운데 우두머리로 꼽히는 별이다.

### 마조선목마사마보단(馬祖先牧馬社馬步壇)

마조·선목·마사·마보단은 모두 동교에 있다. 마조는 중춘에, 선목은 중하에, 마사는 중추에, 마보는 중동에 하는데 모두 중기(中氣) 후 강일(剛日)에 제사를 지낸다.

馬祖先牧馬社馬步壇 俱在東郊 馬祖仲春 先牧仲夏 馬社仲秋 馬步仲冬 并以
中氣後剛日行祀

＊

마조는 말과 관련된 별인 천사성(天駟星, 혹은 房星)을 의미하고, 선목은 처음 말을 길들인 신을, 마사는 처음 말을 사용해 수레를 끈 신을, 마보는 말에 재해를 끼친다는 신을 의미한다. 동교 살곶이 목장 안에 있었다. 『경성부사』에는 살곶이다리 서쪽 구릉이 있었다고 하며 사진이 수록되어 있다.(권1, 제2편 이조시대의 경성(1))

태종대에 조사한 기록에 따르면 각 단은 너비가 9보, 높이가 3척이었다고 하는데(『태종실록』 권27, 태종 14년 6월 13일(갑인)), 이는 『국조오례의』의 규정과는 다르다.


## 마제단(禡祭壇)

마제단은 동북교에 있다. 강무(講武) 하루 전날 제사를 지낸다.

禡祭壇 在東北郊 講武前一日行祀

✿

마제단은 군의 출정 때 전쟁을 승리로 이끌어줄 것을 기원하는 제단으로 군신으로 여겨진 치우(蚩尤)에게 제사를 지냈다. 성종대에 마제단은 군대가 출정할 때 행군하는 장소에 설치하는 것이니 동북교에 설치하는 것이 불가하다는 논의가 있었으나,(『성종실록』 권50, 성종 5년 3월 28일(계축)) 『승람』이나 『국조오례의』에 동북교라고 되어 있어서 그대로 유지된 것으로 보인다.

## 사한단(司寒壇)

사한단은 남교에 있다. 현명씨(玄冥氏)를 제사한다. 춘분 및 계동에 제사를 지낸다.

司寒壇 在南郊 祀玄冥氏 春分及季冬行祀

❖

사한단은 남교에 있었던 동빙고 북쪽에 있었는데, 현재 옥수동 산1번지 지역으로 추정된다. 『경성부사』에 사진이 전한다.(권1. 제2편 이조시대의 경성(1)) 현명씨는 수우신(水雨神)으로서 이곳에서는 얼음이 잘 얼게 해달라는 동빙제와 적절한 추위와 눈을 기원하는 기한제나 기설제 등을 지냈다.

## 명산대천단(名山大川壇)

명산대천단은 ㅁㅁㅁ에 있다. 단은 없고 묘 3칸이 있다.

명산은 동쪽은 치악산(雉岳山)[원주에 있다] 남쪽은 계룡산(鷄籠山)[공주에 있다]과 죽령산(竹嶺山)[단양에 있다], 만불산(萬佛山)[울산에 있다], 주흘산(主屹山)[문경에 있다], 금성산(錦城山)[나주에 있다]이다. 중앙은 목멱산(木覓山)[경성에 있다]이다. 서쪽은 오관산(五冠山)[장단에 있다], 우이산(牛耳山)[해주에 있다]이다. 북쪽은 감악산(紺岳山)[적성에 있다], 의관산(義館山)[회양에 있다]이다.

대천은 남쪽은 양진명소(陽津溟所)[충주에 있다]이다. 중앙은 양진(楊

津)[양주에 있다]이다. 서쪽은 장산곶(長山串)[장연에 있다], 아사진송곶(阿斯津松串)[장련에 있다], 청천강(淸川江)[안주에 있다], 구진익수(九津溺水)[평양에 있다]이다. 북쪽은 덕진명소(德津溟所)[회양에 있다], 비류수(沸流水)[영흥에 있다]이다. 가뭄이 들거나 빌 것이 있을 때 북교에 나아가 악·해·독 및 여러 산천의 신위를 각 방위에 놓고 모두 안쪽으로 향하게 한다.

名山大川壇 在□□□ 無壇 有廟三間

名山 東雉岳山[在原州] 南鷄籠山[在公州] 竹嶺山[在丹陽] 萬佛山[在蔚山] 主屹山[在聞慶] 錦城山[在羅州] 中木覓山[在京城] 西五冠山[在長湍] 牛耳山[在海州] 北紺岳山[在積城] 義館山[在淮陽]

大川 南陽津溟所[在忠州] 中楊津[在楊州] 西長山串[在長淵] 阿斯津松串[在長連] 淸川江[在安州] 九津溺水[在平壤] 北德津溟所[在淮陽] 沸流水[在永興] 若時旱望祈 則就北郊 設嶽海瀆及諸山川神位 各於其方 俱內向

고려 시기에는 산천에 대한 제사가 대·중·소사에 등재되지 않고 등급의 구분 없이 잡사(雜祀)로 등재되어 있었고 산천신에 대해 봉작을 내리곤 하였다. 명의 홍무제는 산천신에 대한 봉작을 금지하는 교서를 고려에 내렸으나, 그다음 해에 공민왕은 사전에 올려진 국내 명산대천에 덕호(德號)를 더하였고, 이러한 관습은 조선 개국 후에도 이어졌다. 이는 산천을 의인화하여 제사를 드리던 관습이 남아 있었던 것인데, 태종대

에 이르러 산천에 내려진 작호(爵號)와 각 신사에 있는 주신(主神)과 처첩(妻妾) 등의 신상을 일체 제거하며, 전국의 산천을 악·해·독의 중사와 명산대천의 소사로 편재하는 개혁이 이루어졌다.(『태종실록』 권25, 태종 13년 6월 8일(을묘)) 또한 일반인이 개별적으로 영험한 산천에 가서 제사를 지내는 관행을 음사로 규정, 금지하기도 하였으나 왕실의 기은 행위도 끊이지 않는 등 관습적인 신앙 행위를 단절시키는 데에는 한계가 있었다.

〈표 5〉 명산대천의 종류와 위치

| 방위＼구분 | 명산 | 대천 |
|---|---|---|
| 동 | 치악산(원주) | – |
| 서 | 오관산(장단), 우이산(해주) | 장산곶(장연), 아사진송곶(장련), 청천강(안주), 구진익수(평양) |
| 남 | 계룡산(공주), 죽령산(단양), 만불산(울산), 주흘산(문경), 금성산(나주) | 양진명소(충주) |
| 북 | 감악산(적성), 의관산(회양) | 덕진명소(회양), 비류수(영흥) |
| 중 | 목멱산(경성) | 양진(양주) |

한강단(漢江壇)

한강단은 한강의 북쪽에 있다. 매 봄가을 중월마다 제사를 지낸다.

漢江壇 在漢江北 每春秋仲月行祀

여단(厲壇)

여단은 북교에 있다. 신좌에서 성황은 단 위 북쪽에 두고 남향하며, 무사귀신(無祀鬼神)은 단 아래에 두는데, 좌우에서 서로 향하도록 한다. 청명일과 7월 15일, 10월 초1일에 제사를 행한다.[이상은 소사에 실려 있다]

厲壇 在北郊 神座城隍在壇上北南向 無祀鬼神在壇下 左右相向 清明日 七月 十五日 十月初一日行祭[以上載小祀]

❀

여단은 1401년(태종 1) 권근의 청에 따라 처음으로 설치한 것으로, 억울하게 죽은 여귀에게 제사를 지낸 단이다.(『태종실록』권1, 태종 1년 1월 14일(갑술)) 이는 사직단처럼 한성뿐만 아니라 지방 주현에도 조성되었다. 『경성부사』에는 여단 터에 대한 사진이 전해지며 창의문 북방 세검정 상류에 위치했다고 한다.(권1, 제2편 이조시대의 경성(1))

무사귀신 중 칼에 맞아 죽은 사람, 물에 빠져 죽은 사람, 불에 타서 죽은 사람, 도둑에게 죽은 사람, 재물 때문에 남에게 핍박받아 죽은 사람, 처첩을 강탈당하고 죽은 사람, 형을 받아 죽은 사람, 원통하게 죽은 사람, 천재지변으로 죽은 사람, 돌림병으로 죽은 사람의 위패는 왼쪽에 둔다. 한편 맹수에게 물려 죽은 사람, 추위에 얼어 죽은 사람, 굶주려 죽은 사람, 전쟁으로 죽은 사람, 위급한 일 때문에 목매어 죽은 사람, 바위나 담에 깔려 죽은 사람, 해산하다 죽은 사람, 벼락 맞아 죽은 사람, 높은 곳에서 떨어져 죽은 사람, 죽어서 자식이 없는 사람은 오른쪽에 위패를 둔다.

　민충단은 1593년(선조 26) 처음 설치하였는데, 한성뿐만 아니라, 평양, 벽제, 상주, 충주 등 명군이 전사한 격전지에 단을 설치하고 제사를 드렸다. 병자호란 무렵에는 이미 폐지되었는데, 현종대부터 숙종대까지 전염병이 돌거나 가뭄이 돌면 가끔씩 치제하였다. 이는 여제와 함께 실시되곤 하여서, 명에 대한 의리보다는 전쟁에서 죽은 귀신에 대한 제례의 차원에서 실행된 것이라 하겠다. 그러나 영조대에는 명에 대한 의리를 되새기는 차원에서 민충단의 위패를 선무사로 옮겨 정비하였다.

# 07

# 묘전궁(廟殿宮)

## 종묘(宗廟)

종묘는 경성 안 동부 연화방에 있다. 태실이 가운데에서 남향한다. 모두 7칸이며 앞에 계단이 세 개 있다. 동서에 각각 협실 2칸이 있으며, 협실의 남쪽에는 각각 행랑과 뜰이 있다. 동서에 또 묘 3칸이 있는데, 서쪽에는 칠사(七祀) 신주가 보관되어 있고, 동쪽에는 배향공신 신주가 보관되어 있다. 칠사 신좌는 묘정에 있을 때 동·서향을 한다.

영녕전은 종묘 서쪽에 있다. 태실은 북쪽에 있으면서 남향을 하며, 모두 4칸인데, 앞에 계단이 세 개 있다. 조천(祧遷)한 신주를 봉안한다. 종묘는 사맹삭의 상순 및 납일에 제사를 행하고, 영녕전은 봄가을의 맹월 상순에 제사를 행한다.[이상은 대사에 실려 있다]

宗廟 在京城內東部蓮花坊 太室[27]居中南向 凡七間 前有三階 東西各有夾室二間 夾室之南 各有廊庭 東西又有廟三間 西藏七祀神主 東藏配享功臣神主 七祀神座在廟庭 東西向

永寧殿 在宗廟西 太室坐北南向 凡四間 前有三階 奉安遷主 宗廟四孟朔上旬及臘日行祀 永寧殿春秋孟月上旬行祀[已上載大祀]

안설: 『조야기문』에 다음과 같이 나와 있다. "1421년(세종 3)에 예조에서 종묘의 서쪽에 별묘를 지을 것을 계문하고 이름을 영녕전이라 짓고 목조(穆祖)를 봉안하여, 송 소희(昭熙, 광종의 연호)의 조서에서처럼 하자고 계문하자 그대로 따랐다."

謹案 朝野紀聞 世宗三年辛丑 禮曹啓建別廟於宗廟之西 號永寧殿 以奉穆祖 如宋昭熙之詔 奉敎敬依

❋

종묘와 영녕전은 『승람』의 단묘 편목에 수록되었는데, 이에 대한 서술은 19세기 순조대의 상황이 아니라 15세기 『국조오례의서례』와 동일하다. 순조대에 종묘는 이전의 몇 차례 증축을 통해 정전 대실이 15칸 규모에 이르렀으며, 영녕전은 태실의 규모는 그대로였으나 좌우 익실이 각 6실까지 늘어나 있는 상황이었다. 특히 정전의 증축은 가까운 영조대에 있었던 일이므로 저자가 관심을 둘 법했는데도, 이에 대한 언급이

---

27 원문에는 太皇으로 되어 있으나 내용상 太室로 바로잡는다.

전혀 없음이 흥미롭다. 『한경지략』에서 단유나 종묘, 영녕전 항목은 대체로 『승람』이나 『국조오례의』 등의 서술을 그대로 옮겼을 뿐 당대 상황에 대해서는 묘사하지 않았다. 이로 볼 때 저자가 국초에 조성한 제례처의 현 상황에 대해서는 큰 관심이 없었음을 알 수 있다.

## 영희전(永禧殿)

영희전은 남부 훈도방에 있다. 본래 세조조에 의숙공주(懿淑公主, ?∼1477)의 저택이었는데, 1506년(중종 1)에 단경왕후(端敬王后, 1487∼1557)[중종왕후 신씨(愼氏)]가 손위했을 때의 궁이었다가 1610년(광해군 2)에 공빈묘(恭嬪廟)가 되었고 또 남별전(南別殿)이라고 이름 지었으며, 또 봉자전(奉慈殿)이라고 칭하기도 하였다. 1619년(광해군 11)에 태조와 세조의 어진을 남별전에 봉안하였다. 1637년(인조 15)에 중수하고 세조와 원종의 어진을 봉안하였다. 1677년(숙종 3)에 본전을 늘려 지었으며, 1688년(숙종 14)에 숙종 어진을 아울러 봉안하였다. 정조대에 또 영조 어진을 봉안하였다. 한식, 단오, 동지와 납일에 제사를 행한다.

永禧殿 在南部薰陶坊 本世祖朝 懿淑公主第 中宗丙寅 爲端敬王后[中宗王后 愼氏]遜位時宮 光海庚戌 爲恭嬪廟 亦名南別殿 又稱奉慈殿 己未奉安太祖世祖御容于南別殿 仁祖丁丑重修 奉安世祖元宗影幀 肅宗丁巳 增建本殿 戊辰 并奉肅宗御容 正宗朝 又奉英宗御容 寒食端午冬至臘日行祀

❀

영희전 이하 묘전궁 편목에 수록된 제사처는 조선 후기 건설된 진전이나 왕실의 사당에 해당하는 것으로『승람』편찬 당시에는 존재하지 않던 것이다. 묘전궁 편목에 수록한 항목은 설정 범위에서『문헌비고』와 유사성을 보이고 있어서 그 영향으로 볼 수 있지만, 정확히 일치하지는 않는다. 영희전 이외 항목은『문헌비고』와 내용도 약간씩 차이가 있다.『국조속오례의서례』나『춘관통고』와도 유사성을 찾기가 힘들어 유본예가 어떠한 자료를 바탕으로 저술하였는지 의문이 있다.

조선 후기에 진전과 왕실 사당은 도성 안에서 공간적으로 차지하는 비중도 커지고 제례도 활발하게 행해졌다. 헌종대에 편찬한『도성지』의 경우에는 가장 첫머리에 종묘를 비롯한 이들 제사처를 수록하고 있어서, 이들이 도성이라 할 때 제일 먼저 연상되는 시설물이었음을 알 수 있다.

조선 전기에 설치한 진전은 임진왜란으로 파괴되고, 전란 후에는 이전 진전을 그대로 복구하기보다는 새롭게 건설하는 편이었다. 공빈 사당에서 출발한 남별전이 대표적인 사례다. 숙종대에 이름을 영희전으로 고쳤으며(『숙종실록』권22, 숙종 16년 10월 27일(갑신)) 본전을 3실로 중건하고, 영조대에는 5실로 중건하여 태조, 세조, 원종, 숙종, 영조의 어진을 봉향하였다. 이후 철종대에 또 중건하여 순조 어진을 봉안하였다. 19세기 말에 이 인근에 일본인 거주지 등이 확대되고 명동성당이 영희전을 내려다보는 위치에 건립되자 영희전이 시각적으로 침범당하게 되었다. 마침 장헌세자를 장종으로 추숭하면서 사당인 경모궁이 비게 되자 1899년 영희전을 경모궁 터로 이전하기로 결정하여 1900년에 이전을 완료하였다. 이와 함께 의소묘와 문희묘를 영희전 옛 자리로 이건하였다. 이후 1908년(융희 2) 7월 23일 향사 이정(享祀釐正)에 관한 칙령을 통해 어진은 모두 창덕궁 선원전으로 옮기고, 터는 국유지로 귀속하였다. 1899년의 영희전 이건과 관련하여 『영희전영건도감의궤』가 전해지고 있으며, 2012년, 2014년 등 몇 차례에 걸친 경모궁 터 발굴을 통해 1899~1908년 사이의 영희전 터와 권역은 대략적으로 파악되었다.

### 선원전(璿源殿)

선원전은 창덕궁 안 인정전 서쪽에 있다. 동문을 만녕(萬寧)이라 하는데, 내각으로 통한다. 숙종, 영조, 정조의 어진을 봉안하고 있다. 삭망에는 임금이 친히 분향 전배하고, 탄신일에는 다례를 행하니, 명의 봉선전의 예처럼 태묘는 외조를 상징하며, 봉선전은 내조를 상징한다.

璿源殿 在昌德宮內仁政殿西 而東門曰萬寧 通于內閣 奉安肅宗英宗正宗御容 朔望上親行焚香展拜 誕辰 行茶禮 如皇朝奉先殿之禮 太廟則以象外朝 奉先殿則以象內朝也[28]

선원전 항목은 궁궐의 창덕궁편에도 그대로 중복 수록되어 있다. 「영묘어제 선원전중수기 병명(英廟御製 璿源殿重修記 幷銘)」에 따르면, 이는 원

---

28 원문에는 '太廟則以衆外朝 奉先殿則以衆內朝也'라고 되어 있으나, 『明史』의 봉선전(禮志 6) 관련 기록에 따르면 '太廟則以象外朝 奉先殿則以象內朝也'라고 되어 있으므로 이에 근거하여 바로잡는다.

래 효종대에 창건한 창덕궁 춘휘전 건물이었는데 숙종대에 어진을 봉안하며 선원전으로 이름을 고쳤다고 한다.

### 저경궁(儲慶宮)

저경궁은 남부 회현방 송현에 있다. 본래 인조 잠저였다. 옛 명칭은 송현궁(松峴宮)이다. 1756년(영조 32) 지금 이름으로 고쳤다. 경혜유덕인빈(敬惠裕德仁嬪) 김씨(金氏, 1555~1613)를 배향하였다.[원종(元宗, 1580~1619)을 낳았다]

儲慶宮 在南部會賢坊松峴 本仁祖潛邸也 舊名松峴宮 英宗三十二年 改今名 享敬惠裕德仁嬪金氏[誕生元宗]

저경궁은 인조의 할머니인 인빈 김씨를 배향한 사당으로, 서울시 중구 남대문로3가에 있었다. 1908년 향사 이정 때 인빈 김씨의 신위는 육상궁으로 이안하였고, 1927년까지 건물은 남아 있었으나 이 자리에 경성치과의학전문학교를 건축하면서 철거되었다. 저경궁 터 하마비는 보존되어 현재 한국은행 후문 쪽에 저경궁 터 표지석과 함께 있다.

### 육상궁(毓祥宮)

육상궁은 북부 순화방에 있다. 1755년(영조 31)에 묘를 세우고, 화경휘덕안순수복숙빈(和敬徽德安純綏福淑嬪) 최씨(崔氏, 1670~1718)를 배향

하였다.[영조를 낳았다]

毓祥宮 在北部順化坊 英宗乙亥建廟 享和敬徽德安純綏福淑嬪崔氏[誕生
英宗]

❊

육상궁은 영조의 어머니인 숙빈 최씨를 배향한 사당이다. 1908년 향
사 이정 때 저경궁, 대빈궁, 연호궁, 선희궁, 경우궁을 모두 폐하고 각
궁의 신위를 육상궁으로 합하여, 이때에는 육궁으로 불리다가 1929년
영친왕의 생모인 순빈 엄씨의 사묘인 덕안궁을 추가로 합사하면서 칠
궁이라 부르게 되었다. 현재 경복궁 서북편, 청와대 옆에 위치한다.

### 경모궁(景慕宮)

경모궁은 동부 숭교방에 있다. 1776년(정조 1)에 묘를 세우고, 어필로
쓴 편액을 달았다. 장헌세자(莊獻世子, 1735~1762)[영조 세자]를 배향하
였다. 사중삭(四仲朔)에 제사를 행한다. 궁 안에는 망묘루(望廟樓)가 있
는데, 정조 어진을 봉안하였다.

景慕宮 在東部崇敎坊 正宗丙申建廟 御筆扁額 享莊獻世子[英宗世子] 四仲朔
行祀 宮內有望廟樓 奉安正宗御眞

❊

사도세자의 사당은 1764년(영조 40)에 처음 도성 북부 순화방에 '사도

묘(思悼廟)'라는 이름으로 건설하였는데, 지나치게 사치스럽게 지었다고
하여 동부 숭교방으로 옮겨 다시 짓고 이를 '수은묘(垂恩墓)'라 하였다.
1776년 정조가 즉위하면서 묘호를 바꾸고 정당을 보수하였으며, 어재
실, 전사청, 향대청 등을 고쳐 지었다. 이때 개건과 관련해서는 『경모궁
개건도감의궤』가 전해지고 있다. 망묘루 현판은 규장각 각신인 정지검
이 썼는데, 현재 국립고궁박물관에 소장되어 있다. 경모궁은 서울 종로
구 대학로에 위치한 서울대학교 병원 경내에 있었다.

## 영경전(永慶殿)

영경전은 예전에 창의문 남쪽에 있었다. 1601년(선조 34)에 묘를 짓고
순회세자(順懷世子, 1551~1563)[명종 세자]를 배향하였다. 1647년(인조
25)에 아울러 소현세자(昭顯世子, 1612~1645)[인조 세자]를 배향하였다.
두 세자의 신주를 조천한 후에는 빈 전각만 있다.

> 永慶殿 舊在彰義門南 宣祖辛丑建廟 享順懷世子[明宗世子] 仁祖丁亥 并享昭
> 顯世子[仁祖世子] 兩世子祧主後 只有空殿

## 의소묘(懿昭廟)

의소묘는 북부 순화방에 있다. 본래 영조의 옛집이었는데, 1754년(영
조 30)에 세웠다. 의소세손(懿昭世孫)[장헌세자의 아들]을 배향하였다.

> 懿昭廟 在北部順化坊 本英宗舊邸 甲戌建 享懿昭世孫[莊獻世子子]

## 장보각(藏譜閣)

장보각은 창의궁 안에 있다. 『영묘보감』에 "일찍이 어진을 그려서 잠저인 창의궁의 장보각에 봉안하라고 명하였다"고 나와 있다.

藏譜閣 在彰義宮內 英廟宝鑑曰 甞命寫眞奉安于潛邸彰義宮之藏譜閣

의소묘와 장보각은 영조 잠저인 창의궁 안에 있었다. 창의궁은 서울 종로구 통의동 35번지 인근에 있었는데, 이 일대는 현재 천연기념물(제4호)로 지정되었던 통의동 백송이 있던 곳이기도 하다. 이곳에서는 영조의 세자였던 효장세자가 태어나기도 하여 사망 후 효장묘(孝章廟)를 조성하였다가 의소세손 사후 의소묘도 이곳에 조성하였다. 영조가 요절한 아들과 손자의 사당을 자신의 잠저에 조성하게 한 셈이다. 본문에서는 의소묘를 세운 것이 영조 30년이라고 하고 있으나, 실록에 따르면 1752년(영조 28)이다.(『영조실록』 권77, 영조 28년 8월 2일(경인)) 의소세손은 1750년(영조 26)에 태어난 사도세자의 맏아들로서 세 살의 나이로 요절하였으나, 『한중록』에 따르면 영조의 사랑을 많이 받았다고 전한다. 장보각에는 영조 어진 2점과 어필, 유서(諭書) 등이 봉안되어 있었으며, 어필 현판도 내렸다. 의소묘와 장보각은 창의궁의 부속 건물이라고도 할 수 있는데, 유본예는 두 전각이 사당의 성격을 띠고 있어서 별도 항목에서 서술하였다.

## 문희묘(文禧廟)

문희묘는 북부 안국방에 있다. 1788년(정조 12)에 묘를 짓고 문효세자(文孝世子)[정조 세자]를 배향하였다.

文禧廟 在北部安國坊 正宗戊申建廟 享文孝世子[正宗世子]

❁

문효세자는 정조와 의빈 성씨 사이에서 태어난 아들로, 1782년(정조 6)에 태어나 1786년(정조 10)에 죽었다. 원래는 그해에 경모궁 남쪽에 사당을 지을 예정이었는데, 9월에 의빈 성씨가 죽게 되자 의빈묘 인근에 문희묘를 건립하게 하였다. 이때 영건에 관련된 기록으로『문희묘영건청등록』이 전해지는데, 그 도설을 보면 왼쪽 상단에 의빈묘가, 오른쪽에 문희묘가 있고 두 전각을 연결하는 가운데에 어재실이 있는 구조였다.

## 연호궁(延祜宮)

연호궁은 북부 순화방에 있다. 1778년(정조 2)에 묘를 짓고 온희정빈(溫禧靖嬪) 이씨(李氏)[진종(眞宗, 1719~1728)을 낳았다]를 배향하였다. 궁 안에 냉천정(冷泉亭)이 있는데, 영조 어진을 봉안하였다.

延祜[29]宮 在北部順化坊 正宗戊戌建廟 享溫禧靖嬪李氏[誕生眞宗] 宮內有冷泉亭 奉安英宗御眞

---

29 원문에는 祐로 되어 있으나, 내용상 祜로 바로잡는다.

연호궁은 영조의 맏아들인 효장세자(진종으로 추존)의 어머니인 정빈 이씨를 위한 사당이다. 사도세자 사후 영조는 정조를 효장세자의 후사로 계통을 바꾸었다. 정조 즉위 후 효장세자를 진종으로 추존하고 그 어머니인 정빈 이씨를 위해 사당인 연호궁을 세웠다. 현재 연호궁은 육상궁 경내에 있는데, 냉천정에는 냉천과 각자가 남아 있고 국립고궁박물관에 냉천정 현판이 소장되어 있다.

### 대빈궁(大嬪宮)

대빈궁은 중부 경행방에 있다. 1722년(경종 2)에 세우고 옥산대빈(玉山大嬪) 장씨(張氏, ?~1701)를 배향하였다.[경종을 낳았다]

大嬪宮 在中部慶幸坊 景宗壬寅建 享玉山大嬪張氏[誕生景宗]

### 선희궁(宣禧宮)

선희궁은 북부 순화방에 있다. ㅁㅁ에 세우고, 영빈(暎嬪) 이씨(李氏, ?~1764)를 배향하였다.[장헌세자를 낳았다]

宣禧宮 在北部順化坊 ㅁㅁ建 享暎嬪李氏[誕生莊獻世子]

선희궁은 영빈 이씨가 사망한 해인 1764년(영조 40)에 건설하였다. 처음에는 의열묘(義烈廟)라 하였다가 1788년(정조 12)에 선희궁이라 개칭하였다. 현재 서울농학교 안에 건물 일부가 남아 있다.

## 경우궁(景祐宮)

경우궁은 북부 양덕방에 있다. 금상 갑신년(1824, 순조 24)에 짓고 수빈(綏嬪) 박씨(朴氏, 1770~1822)를 배향하였다.[순조를 낳았다] ○저경궁 이하의 여러 궁은 모두 춘분, 하지, 추분, 동지일에 제사를 행한다.

景祐宮 在北部陽德坊 今上甲申建 享綏嬪朴氏[誕生純祖]○儲慶宮以下諸宮 幷以春分夏至秋分冬至日行祀

❀

1820년(순조 20)에 수빈 박씨가 죽자 이듬해 그 신위를 창경궁 안 전각에 봉안하고 현사궁(顯思宮)이라 불렀다. 그러나 국왕의 사친을 위한 묘우를 궁 안에 둘 수 없다 하여 1824년 용호영 터에 경우궁을 영건한 것이었다. 경우궁은 1884년 갑신정변 때 김옥균 등에 의해 고종이 강제로 이어했던 곳이기도 하다. 이곳은 정변 후인 1885년(고종 22) 인왕동으로 옮겨 지었다가 1908년 정리되었다. 국립문화재연구소에는 「경우궁도형」이 소장되어 있는데, 경우궁 건설 과정을 담은 『현사궁별묘영건도감의 궤』에 별묘 전도를 그리기 위한 재료 등이 기록되어 있고 「동궐도」와 비슷한 기법으로 제작되었기 때문에 1824년 그린 것으로 보고 있다.(『국립 문화재연구소 소장 조선왕실 건축도면』, 166~168쪽)

경우궁을 포함한 도성 안의 사당은 고종대에 일부 정리하였으며 1908년 향사 이정 때 최종적으로 정리하였다. 저경궁, 대빈궁, 연호궁, 선희궁, 경우궁에 봉안한 신위는 육상궁에 각별히 신위의 방을 만들어서 합사하고, 연호궁 이외 나머지는 모두 국유로 이속하였다. 한편 의빈궁, 경수궁, 영소묘, 문희묘에 봉안된 신위는 매안하였으며, 의빈궁 이외에는 모두 국유로 이속하였다. 현재 칠궁은 크게 세 구역으로 나누어볼 수 있는데, 서쪽 영역에 저경궁, 대빈궁, 경우궁, 덕안궁이 모여 있고, 동편에 육상궁(연호궁 합사) 영역이 별도의 담장으로 구획되어 있다. 그리고 그 가운데 남쪽에 삼락정, 냉천정 등의 공간이 있다. 칠궁 중 원 격식을 유지하고 있는 것은 육상궁이며, 나머지 궁은 대부분의 부속채가 사라졌다. 이는 1960·70년대 도시계획에 따라 도로공사를 하면서 일부가 철거, 이전되었기 때문이다.

안설: 어의궁(於義宮)은 중부 경행방에 있다.[민간에서 상어의궁(上於義宮)이라고 한다] 인조의 잠저였다. 잠룡지(潛龍池)라는 연못이 있다.

용흥궁(龍興宮)은 동부 숭교방에 있다.[민간에서 하어의궁(下於義宮)이라고 한다] 곧 조양루(朝陽樓)이니, 효종대왕의 잠저였다. 어의궁에서 가례를 행하는 것은 인조 장렬왕후(莊烈王后, 1624~1688)로부터 시작되었다.

수진궁(壽進宮)은 중부 수진방에 있으니, 본래 제안대군(齊安大君, 1466~1525)[예종의 아들]의 궁이었다고 전한다. 지금은 봉작을 받지 못하거나 시집가지 못한 대군, 왕자, 공주, 옹주를 이 궁에서 제사한다.

명례궁(明禮宮)은 서부 황화방에 있으니, 경운궁(慶運宮)이라 칭한다.(월산대군(月山大君, 1454~1488)의 집) 1593년(선조 26) 의주에서 돌아온 후에 선조대왕이 이곳에서 오래 임어하였다. 광해군 때에는 인목대비(仁穆大妃, 1584~1632)가 이곳에 물러나 거처하여 서궁이라고도 불렸다. 1623년(인조 1)에 이 궁에서 즉위하였으므로, 그 당의 편액을 즉조(卽阼)라 하였다. (□종의 어필로 '삼조개어(三朝皆御)' 네 글자가 있다)

창의궁(彰義宮)은 북부 순화방에 있다. 본래 영조대왕의 잠저였다.

용동궁(龍洞宮)은 서부 황화방에 있다. 순회세자의 옛 궁이라고 전하는데, 확실치는 않다.

이현궁(梨峴宮)은 동부 연화방에 있으니, 광해군의 옛 궁이다. 정조대에 이곳에 장용영(狀勇營)을 설치하였다.

안설:『여지승람』을 살펴보니, 효사묘(孝思廟)가 북부 진장방에 있다가 후에 폐지되었다고 하였는데, 군더더기 문장인 듯하다. 봉상시(奉常寺)가 되었다.

경수궁(慶壽宮)은 동부 연화방에 있다.

謹案 於義宮在中部慶幸坊[俗稱上於義宮] 仁祖潛邸也 有池名潛龍池

龍興宮 在東部崇敎坊[俗稱下於義宮] 卽朝陽樓 孝宗大王潛邸也 行嘉禮于於義宮 自仁祖莊烈王后始

壽進宮 在中部壽進坊 世傳本齊安大君[睿宗子]宮也 今祀未封爵未出閣大君王子公翁主於此宮

明禮宮 在西部皇華坊 稱慶運宮月山大君第 癸巳回鑾後 宣祖大王長御此宮 光海時 仁穆大妃退處于此 亦稱西宮 仁祖癸亥 卽位于此宮 故堂扁曰卽阼 (有□宗御筆三朝皆御四字)

彰義宮 在北部順化坊 本英宗大王潛邸也

龍洞宮 在西部皇華坊 世傳順懷世子舊宮云 而未詳

梨峴宮 在東部蓮化坊 本光海君舊宮也 正宗朝 設狀勇營於此地

又案輿地勝覽孝思廟 在北部鎭長坊 後廢 恐是衍文 爲奉常寺

慶壽宮 在東部蓮花坊

묘전궁에 수록된 장소는 국가의 가장 권위 있는 사당(종묘)과 진전(영희전, 선원전), 그리고 종묘에 들어가지 못하는 왕실 가족을 위한 사당 및 각종 별궁으로 나누어볼 수 있다. 이 중에서 종묘와 진전은 본문으로, 별궁은 저자가 안설로 다룸으로써, 죽은 자를 기리는 공간과 별궁의 위계를 나누었다. 종묘를 제외한 나머지 장소는 『승람』 편찬 당시에는 존재하지 않던 것이며 이러한 체계로 구성된 기존 도서를 확인하기 어렵다는 점에서, 이 편의 구성은 유본예 자신이 창안한 것이라고 할 수 있다.

조선 후기에 수진궁, 어의궁, 용동궁, 명례궁은 흔히 4궁으로 꼽히던 별궁이었다. 별궁은 도성 안에 위치한 왕실 관련 장소로서도 의미가 있었지만, 궁방전을 보유하여 이를 운용하던 주체라는 점에서 왕실 재정 측면에서도 의미가 컸다. 수진궁, 어의궁, 용동궁, 명례궁은 『속대전』의 규정상으로만 해도 각각 1천 결의 궁방전을 보유한 곳이었는데, 이는 대군이나 공주의 토지보다 훨씬 많은 양이었다.

본문에서 볼 수 있듯이 별궁은 국왕의 잠저에서 비롯된 경우가 많았다. 그러나 명례궁의 경우는 저자가 그 내력을 오인한 것으로 보이는데, 이는 저자만의 인식이 아니라 조선 후기에 일반적으로 퍼져 있던 인식으로 보인다. 본문에서는 명례궁이 경운궁, 즉 월산대군 사저와 동일하다고 보았으나 두 궁은 출발이 다르다. 정동에 있던 월산대군 사저는 임진왜란 때 선조가 의주 몽진에서 돌아온 후 행궁으로 사용하면서 정릉동 행궁이라고 불렸고, 이후 광해군대에 경운궁이라고 명명되었다. 이곳이 광해군대에 인목대비가 유폐되었던 서궁이기도 하다. 그에 비해 원래 명례궁은 남산 밑의 명례방에 있던 인목왕후의 친정에서 유래한 것으로 보이는데, 경운궁에 명례궁의 재산을 관리하는 서제소가 마련되면서 경운궁과 명례궁이 혼용 지칭되고, 명례방의 친정집 자체는 인목왕후 사후 유명무실해지면서 경운궁과 명례궁이 동일시된 것으로 추정된다.(신명호, 2013)

중부 경행방의 어의궁, 즉 상어의궁은 서울 종로구 사직동 일대에 있었으며, 용흥궁(하어의궁)은 종로구 효제동 22번지 일대에 있었다. 이 중 하어의궁은 동서로 약 119m, 남북으로 111.8m 정도의 대지에 마련된 것으로 추정된다. 이곳이 봉림대군(효종)의 저택으로 사용된 기간은 그리 길지 않다. 집이 영건된 지 5년 만에 병자호란이 발발하면서 봉림대군은 심양에 8년 동안 머물렀으며, 귀국 후에는 1645년 소현세자가 갑작스럽게 죽으면서 세자로 책봉되었기 때문이다. 그러나 이 궁은 1638년 인조와 장렬왕후의 가례를 시작으로 1844년(헌종 10)까지 총 16차례 왕실의 가례소로 사용되었다. 이곳은 조선 후기 대부분의 왕실 가례가 치러졌다는 점에서 상당히 의미 있는 별궁이다.(송인호·조은주, 2011) 다른 별궁이 옛 모습을 찾기 힘든 것에 비해 용흥궁의 경우에는 「인평대군방전도」를 통해 옛 모습을 추정해 볼 수 있고, 대표적인 건물인 조양루로 추정되는 1910년대 사진이 전해지고 있다.(『동소문별곡』 서울역사박물관)

창의궁은 영조의 잠저로 원래는 효종의 넷째 공주인 숙휘공주(淑徽公主, 1642~1696)와 인평위(寅平尉) 정제현(鄭齊賢, 1642~1662)의 집이었다고 한다. 영조가 연잉군이던 시절 1712년(숙종 38)부터 왕세제가 된 1721년(경종 1)까지 이 집에서 살면서 효장세자(孝章世子, 1719~1728)와 화순옹주(和順翁主, 1720~1758) 등을 두었다. 창의궁 안에는 앞의 본문에 별도 항목으로

설정된 의소묘와 영조 어진을 모신 장보각이 있었으며, 1830년(순조 30)
죽은 순조의 아들 효명세자를 위한 사당인 문호묘(文祜廟)도 1831년 이
안에 건립하였다. 『한경지략』 저술 시점과 거의 일치하는 당대의 기록인
데, 본문에는 반영되어 있지 않다. 고려대학교 박물관에 1900년경 작성
한 것으로 추정되는 「창의궁 배치도」가 소장되어 있어, 이전의 창의궁
모습을 추정해 볼 수 있다. 창의궁 안 곳곳에 걸었던 현판 등은 국립고
궁박물관에 소장되어 있다.

용동궁은 서소문동과 정동에 걸쳐 있다가 종로구 수송동으로 옮겼
다. 용동궁은 순회세자 사후 세자빈인 공회빈(恭懷嬪)의 속궁이 되었다
가, 혜경궁 홍氏와 신정왕후 조씨 등의 속궁이 되었다. 고종대에 민겸
호의 소유가 되면서 박동궁(礴洞宮)이라고 불렸고 이후 묄렌도르프를 거
쳐 엄비의 소유로 넘어간 후 이 터에 숙명여학교를 설립하였다. 1970년
대 숙명여학교가 이전한 후 용동궁은 사라지게 되었다.

수성궁은 종로구 수송동에 있었는데, 송신용은 이에 대해 다음과 같
이 두주를 달았다. '수성궁은 안평대군 옛 집터로 서부 인달방 사직단
북쪽에 있다.(지금 배화여고보 학교 터로부터 누하동(樓下洞) 김윤정(金潤晶) 집 근방
까지 전부) 1937년(昭和十二年) 4월 6일, 책상(册商) 송신용(宋申用) 조사 기입'
그러나 이는 위치 설명이 맞지 않는 잘못된 주석으로 수성궁을 수성동
으로 오인한 데서 기인한 것으로 보인다.(박현욱, 122쪽)

효사묘에 대하여 『승람』의 서술을 군더더기로 본 것은 저자가 『승람』
의 기록을 잘못 옮겨오면서 오류가 발생한 것이다. 효사묘에 대한 서술
은 『승람』의 경도 상(권1) 단묘와 경도 하(권2) 문직공서 중 종부시 항목

에 나온다. 전자에는 북부 진장방에 있다는 서술만 있고, 후자에는 「신증」으로 "북부 진장방에 있는데 금상 때 효사묘를 폐하여 본시(종부시)의 청사로 하였다"는 서술이 있다. 발췌하는 과정에서 잘못한 것으로 보인다. 효사묘는 연산군이 폐비 윤씨를 위해 세운 사당이었는데, 중종반정 이후 폐지하여 종부시의 청사가 되었다.

경수궁에 대해서는 저자가 별다른 설명을 하지 않았는데, 이는 정조의 두 번째 간택 후궁인 화빈(和嬪) 윤씨(尹氏, 1765~1824)의 궁호이다.

# 08

# 사묘(祠廟)

## 백악신사(白嶽神祠)

백악신사는 백악 정상에 있다. 봄가을마다 초제(醮祭)를 행한다. 중악 삼각산도 이곳에 나아가 제사를 지내는데, 삼각산 신위는 북쪽에 두고 남향하게 하고, 백악 신위는 동쪽에 두고 서향하게 한다.

白嶽神祠 在白嶽頂 每春秋行醮祭 中嶽三角山就祭于此 三角神位在北南向
白嶽神位在東西向

안설: 『향실사전』에 다음과 같이 나와 있다. "백악산은 북한산 보현봉 아랫자락으로 도성의 주맥이다. 보토(補土)할 때에 고유제 축문에는 '삼각의 신(三角之神)'이라고 쓴다."

謹案香室祀典 白嶽山卽北漢山普賢峯下麓 都城主脈 補土時告由祭祝文 則以三角之神
書之

✿

향실은 교서관 소속으로 향과 축문을 관리한 관청으로서, 창덕궁의
인정전 서쪽 행랑에 있었다. 아래 동관왕묘 항목에서 저자가 향실에서
문적을 본 적이 있다고 한 것으로 보아『향실사전』은 이 향실에 보관한
제례 관련 도서였던 것으로 추정된다.

## 목멱신사(木覓神祠)

목멱신사는 목멱산 정상에 있다. 봄가을마다 초제를 행한다.[남산 정
상에는 국사당이 있으니, 바로 목멱신사이다. 신사 안에는 화상(畵像)이 있는
데, 민간에서는 신승 무학의 초상화라 한다. 봄가을 목멱신사에서 (제사 지낼
때마다) 신사 안의 화상을 지각(池閣)으로 옮긴다고 한다]

木覓神祠 在木覓山頂 每春秋行醮祭[南山頂有國祀堂 卽木覓神祠 祠中有畵像
俗稱神僧無學像 每於春秋 木覓神祠時 祠中畵像 則移于池閣云]

✿

목멱산의 국사당은 1925년 남산 기슭에 신도의 신사인 조선신궁을
지으면서 인왕산으로 해체, 이전하였다. 현재 서대문구 무악동 선바위

인근에 있다. 다른 지역이 아닌 인왕산으로 옮긴 것은 이 일대에 무학대사와 관련한 설화가 풍부했기 때문으로, 조선 건국 후 무학대사가 한양을 천도지로 정하면서 인왕산을 주산으로 삼으려고 했다든가, 선바위를 도성 안으로 포함시키려 했다는 등의 설화가 이에 해당한다. 현재 인왕산 국사당은 국가민속문화재 제28호로 지정되어 있으며, 안에 소장되어 있는 태조, 강씨부인, 나옹, 무학대사 등의 무신도는 19세기 전반 준화원급의 화가가 그린 것으로 평가되며 국가민속문화재 제17호로 지정되어 있다.


### 문묘(文廟)

문묘는 동부 숭교방에 있다. '대성전(大成殿)'이라고 편액이 달려 있다.[한호(韓濩, 1543~1605)가 썼다] 남향이고 모두 5칸인데, 앞에 계단이 두 개 있다. 뜰 동쪽과 서쪽에는 각각 무(廡)가 있다. 1398년(태조 7)에 건설하였으며, 1400년(정종 2)에 화재가 나서 1407년(태종 7)에 중건하였다.[변계량(卞季良, 1369~1430)이 지은 비가 있다] 1592년(선조 25) 왜란으로 불에 타서, 1602년(선조 35)에 중건하였다.[이정귀(李廷龜, 1564~1635)가 지은 비가 있다] 석전제는 매해 봄가을 중월 상정일(上丁日)에 행한다. 임진란 이후부터 삭망제는 폐하고 분향만 한다.

文廟 在東部崇敎坊 扁額大成殿[韓濩書] 南向 凡五間 前有二階 庭東西各有廡 太祖戊寅建 定宗庚辰火 太宗丁亥重建[有卞季良撰碑] 宣祖壬辰倭亂燬 壬寅重建[有李廷龜撰碑] 釋奠祭 每年春秋仲月上丁日行 朔望祭 自壬辰亂後廢 只行焚香

| | | | | |
|---|---|---|---|---|
| 1 대성전 | 6 수복청 | 11 서무 | 15 육일각 | 19 정록청 | 23 서리청 |
| 2 명륜당 | 7 제기고 | 12 동재 | 16 향관청 | 20 식당 | 24 직방 |
| 3 비천당 | 8 삼문 | 13 서재 | 17 서월랑 | 21 하연대 | 25 서벽고 |
| 4 전사청 | 9 묘정비각 | 14 존경각 | 18 동월랑 | 22 탕평비각 | 26 고문 |
| 5 포주 | 10 동무 | | | | |

〈그림 10〉 성균관과 문묘 배치도(『성균관과 문묘의 세계유산적 가치』, 서울특별시)

신좌는 다음과 같다. 대성지성문선왕(大成至聖文宣王)이 가운데 있으면서 남향하고[1484년(성종 15) 비로소 위판에 독궤(櫝櫃)를 설치하였다] 배향은 연국복성공(兗國復聖公) 안자(顏子)와 기국술성공(沂國述聖公) 자사(子思)가 정위의 동남쪽에서 서향을 하고, 성국종성공(郕國宗聖公) 증자(曾子)와 추국아성공(鄒國亞聖公) 맹자(孟子)가 정위의 서남쪽에서 동향을 하는데, 모두 북쪽을 상위로 친다.

神座 大成至聖文宣王居中南向[成宗十五年 始設櫝櫃於位版] 配享兗國復聖公 顏子 沂國述聖公子思 在正位東南西向 郕國宗聖公曾子 鄒國亞聖公孟子 在正位西南東向 俱北上

전내종향(殿內從享)은 다음과 같다. 비공(費公) 민손(閔損), 설공(薛公) 염옹(冉雍), 여공(黎公) 단목사(端木賜), 위공(衛公) 중유(仲由), 위공(魏公) 복상(卜商)은 동벽에 있으면서 모두 서향한다. 운공(鄆公) 염경(冉耕), 제공(齊公) 재여(宰予), 서공(徐公) 염구(冉求), 오공(吳公) 언언(言偃), 영천후(潁川侯) 전손사(顓孫師)는 서벽에 있으면서 모두 동향한다. 모두 북쪽을 상위로 한다.

殿內從享費公閔損 薛公冉雍 黎公端木賜 衛公仲由 魏公卜商 在東壁幷西向 鄆公冉[30]耕 齊公宰子 徐公冉求 吳公言偃 潁川侯顓孫師 在西壁竝東向 俱北上

동무종향(東廡從享)은 다음과 같다. 금향후(金鄉候) 첨대멸명(澹臺滅

---

30 원문에는 再로 되어 있으나, 내용상 冉으로 바로잡는다.

明), 임성후(任城候) 원헌(原憲), 여양후(汝陽候) 남궁괄(南宮适), 내무후(萊蕪候) 증점(曾點), 수창후(須昌候) 상구(商瞿), 평흥후(平興候) 칠조개(漆雕開), 회양후(睢陽候) 사마경(司馬耕), 평음후(平陰候) 유약(有若), 동아후(東阿候) 무마시(巫馬施), 양곡후(陽穀候) 안신(顔辛), 상채후(上蔡候) 조휼(曹邺), 지강후(枝江候) 공손룡(公孫龍), 풍익후(馮翊候) 진상(秦商), 뇌택후(雷澤候) 안고(顔高), 상규후(上邽候) 양사적(壤駟赤), 성기후(成紀候) 석작촉(石作蜀), 거평후(鉅平候) 공하수(公夏首), 요동후(膠東候) 후처(后處), 제양후(濟陽候) 해용잠(奚容箴), 부평후(富平候) 안조(顔祖), 도양후(涂陽候) 구정강(句井彊), 견성후(甄城候) 진조(秦祖), 즉묵후(即墨候) 공손구자(公祖句玆), 무성후(武城候) 현성(縣城), 견원후(汧源候) 연급(燕伋), 완구후(宛句候) 안지복(顔之僕), 건성후(建成候) 낙해(樂欬), 당읍후(堂邑候) 안하(顔何), 임려후(林廬候) 적묵(狄墨), 운성후(鄆城候) 공충(孔忠), 서성후(徐城候) 공서잠(公西箴), 임복후(臨濮候) 시지상(施之常), 화정후(華亭候) 진비(秦非), 문등후(文登候) 신장(申棖), 제음후(濟陰候) 안회(顔噲), 사수후(泗水候) 공리(孔鯉), 난릉백(蘭陵伯) 순황(荀況), 회양백(睢陽伯) 곡량적(穀梁赤), 내무백(萊蕪伯) 고당생(高堂生), 낙수백(樂壽伯) 모장(毛萇), 팽성백(彭城伯) 유향(劉向), 중모백(中侔伯) 정중(鄭衆), 구씨백(緱氏伯) 두자춘(杜子春), 양향후(良鄉候) 노식(盧植), 영양백(滎陽伯) 복건(服虔), 사공(司空) 왕숙(王肅), 사도(司徒) 두예(杜預), 창려후(昌黎候) 한유(韓愈), 예국공(豫國公) 정호(程顥), 신안백(新安伯) 소옹(邵雍), 온국공(溫國公) 사마광(司馬光), 화양백(華陽伯) 장식(張栻). 모두 동쪽에 있으면서 서향한다.

東廡從享 金鄉候澹臺滅明 任城候原憲 汝陽候南宮适 萊蕪候曾點 須昌候商

瞿 平興候漆雕開 睢陽候司馬耕 平陰候有若 東阿候巫馬施 陽穀候顔辛 上
蔡候曹䘏 枝江候公孫龍 馮翊候秦商 雷澤候顔高 上邽候壤駟赤 成紀候石作
蜀 鉅平候公夏首 膠東候后處 濟陽候奚容箴 富平候顔祖 塗陽候句井彊 甄
城候秦祖 即墨候公祖句兹 武城候縣成 沔源候燕伋 宛句[31]候顔之僕 建成[32]
候樂欬 堂邑候顔何 林慮候狄墨 鄆城候孔忠 徐城候公西箴 臨濮候施之常[33]
華亭候秦非[34] 文登候申棖 濟陰候顔噲 泗水候孔鯉 蘭陵伯荀況 睢陽伯穀梁
赤 萊蕪伯高堂生 樂[35]壽伯毛萇 彭城伯劉向 中牟伯鄭衆 緱氏伯杜子春 良鄉
候盧植 滎陽伯服虔 司空王肅 司徒杜預 昌黎候韓愈 豫國公程顥 新安伯邵雍
溫國公司馬光 華陽伯張栻 在東西向

서무종향(西廡從享)은 다음과 같다. 단보후(單父候) 복불제(宓不齊),
고밀후(高密候) 공야장(公冶長), 북해후(北海候) 공석애(公晳哀), 곡부후
(曲阜候) 안무요(顏無繇), 공성후(共城候) 고시(高柴), 수장후(壽長候) 공백
료(公伯寮), 익도후(益都候) 번수(樊須), 거야후(鉅野候) 공서적(公西赤), 천
승후(千乘候) 양전(梁鱣), 임기후(臨沂候) 염유(冉孺), 목양후(沐陽候) 백건
(伯虔), 제성후(諸城候) 염계(冉季), 복양후(濮陽候) 칠조치(漆雕哆), 고완
후(高宛候) 칠조도부(漆雕徒父), 추평후(鄒平候) 상택(商澤), 당양후(當陽

---

31 원문에는 向으로 되어 있으나, 내용상 句로 바로잡는다.
32 원문에는 城達로 되어 있으나, 내용상 建成으로 바로잡는다.
33 원문에는 掌으로 되어 있으나, 내용상 常으로 바로잡는다.
34 원문에는 川으로 되어 있으나, 내용상 非로 바로잡는다.
35 원문에는 藥으로 되어 있으나, 내용상 樂으로 바로잡는다.

候) 임불제(任不齊), 모평후(牟平候) 공양유(公良孺), 신식후(新息候) 진염(秦冉), 양문후(梁汶候) 공견정(公肩定), 요성후(聊城候) 교단(鄡單), 기향후(祈鄉候) 한보흑(罕父黑), 치천후(淄川候) 신당(申黨), 염차후(厭次候) 영기(榮旂), 남화후(南華候) 좌인영(左人郢), 구산후(昫山候) 정국(鄭國), 낙평후(樂平候) 원항(原亢), 조성후(胙城候) 염결(廉潔), 박평후(博平候) 숙중회(叔中會), 고당후(高堂候) 규손(邽巽), 임구후(臨朐候) 공서여여(公西興如), 내황후(內黃候) 거백옥(蘧伯玉), 장산후(長山候) 임방(林放), 남돈후(南頓候) 진항(陳亢), 양평후(陽平候) 금장(琴張), 박창후(博昌候) 보숙승(步叔乘), 중도백(中都伯) 좌구명(左邱明), 임치백(臨淄伯) 공양고(公羊高), 승씨백(乘氏伯) 복승(伏勝), 고성백(考城伯) 대성(戴聖), 강도백(江都伯) 동중서(董仲舒), 곡부백(曲阜伯) 공안국(孔安國), 기양백(岐陽伯) 가규(賈逵), 부풍백(扶風伯) 마융(馬融), 고밀백(高密伯) 정강성(鄭康成), 임성백(任城伯) 하휴(何休), 언사백(偃師伯) 왕필(王弼), 신야백(新野伯) 범영(范甯), 도국공(道國公) 주돈이(周敦頤), 낙국공(洛國公) 정이(程頤), 미백(郿伯) 장재(張載), 휘국공(徽國公) 주희(朱熹), 개봉백(開封伯) 여조겸(呂祖謙), 위국공(魏國公) 허형(許衡). 모두 서쪽에 있으면서 동향하게 한다. 모두 북쪽이 상위이다.

西廡從享 單父候宓不齊 高密候公冶長 北海候公晳哀 曲阜候顏無繇 共城候高柴 壽長候公伯寮 益都候樊須 鉅野候公西赤 千乘候梁鱣 臨沂候冉孺 沐陽候伯虔 諸城候冉季 濮陽候漆雕哆 高宛[36]候漆雕徒父 鄒平候商澤 當陽候

36 원문에는 苑으로 되어 있으나, 내용상 宛으로 바로잡는다.

任不齊 牟平候公良孺 新息候秦冉 梁汶候公肩定 聊城候鄡單 祈鄕候罕父[37] 黑 淄[38]川候申黨 厭次候榮旂 南華候左人郢 昫山候鄭國 樂平候原亢[39] 胙城候廉潔 博平候叔中會 高堂候邦巽 臨朐候公西興如 內黃候蘧伯玉 長山候林放 南頓候 陳亢[40] 陽平候琴張 博昌候步叔乘 中都伯左邱明 臨淄伯公羊高 乘氏伯伏勝 考城伯戴聖 江都伯董仲舒 曲阜伯孔安國 岐陽伯賈逵 扶風伯馬融 高密伯鄭康成 任城伯何休 偃師伯王弼 新野伯范甯 道國公周敦頤 洛國公程顥 郿伯張載 徽國公朱熹 開封伯呂祖謙 魏國公許衡 在西東向 俱北上

우리나라의 종향은 다음과 같다. 홍유후(弘儒候) 설총(薛聰), 문창공(文昌公) 최치원(崔致遠), 문성공(文成公) 안유(安裕), 문충공(文忠公) 정몽주(鄭夢周), 문경공(文敬公) 김굉필(金宏弼), 문헌공(文獻公) 정여창(鄭汝昌), 문성공(文成公) 이이(李珥), 문간공(文簡公) 성혼(成渾), 문원공(文元公) 김장생(金長生), 문정공(文正公) 송시열(宋時烈), 문정공(文正公) 송준길(宋浚吉), 문순공(文純公) 박세채(朴世采), 문정공(文正公) 조광조(趙光祖), 문원공(文元公) 이언적(李彦迪), 문순공(文純公) 이황(李滉), 문정공(文正公) 김인후(金麟厚).

本國 弘儒候薛聰 文昌公崔致遠 文成公安裕 文忠公鄭夢周 文敬公金宏弼 文

---

37 원문에는 文으로 되어 있으나, 내용상 父로 바로잡는다.

38 원문에는 溜로 되어 있으나, 내용상 淄로 바로잡는다.

39 원문에는 元으로 되어 있으나, 내용상 亢으로 바로잡는다.

40 원문에는 南中候陳元으로 되어 있으나, 내용상 南頓候 陳亢으로 바로잡는다.

獻公鄭汝昌 文成公李珥 文簡公成渾 文元公金長生[41] 文正公宋時烈 文正公宋浚吉 文純公朴世采 文正公趙光祖 文元公李彦廸 文純公李滉 文正公金麟厚

○계성사(啓聖祠)는 문묘의 서북쪽에 있다. 편액은 영조 어필이다. 1701년(숙종 27)에 황명구제(皇明舊制)에 의거하여 계성묘(啓聖廟)를 세웠다. 제국공(齊國公) 숙량흘(叔梁紇)이 가운데 있으며, 안무요(顏無繇), 증점(曾點), 공리(孔鯉), 맹손씨(孟孫氏)가 좌우에 배향되어 있다. 상정(上丁)일에 태뢰(太牢)로 선사 공자에게 제사를 드리는데, 이날 자시(子時) 밤에 먼저 계성사에 제사를 드린다. 제물은 소뢰를 쓰고, 향관은 『도서편(圖書編)』에 실린 것에 따라 성균관의 3품관으로 정하여 보낸다. 위판에는 제국공(齊國公) 공씨(孔氏), 곡부후(曲阜候) 안씨(顏氏), 내무후(萊蕪候) 증씨(曾氏), 사수후(泗水候) 공씨(孔氏), 추국공(鄒國公) 맹씨(孟氏)라고 썼다.

啓聖祠 在文廟西北 扁額英廟御筆 肅宗辛巳 依皇明舊制 建啓聖廟 齊國公叔梁紇居中 顏無繇 曾點 孔鯉 孟孫氏 左右配享 上丁以太牢祭先師孔子 是日子夜 先祭啓聖祠 用小牢 享官則從圖書編所載 以國子三品官定送 位版書以齊國公孔氏 曲阜候顏氏 萊蕪候曾氏 泗水候孔氏 鄒國公孟氏

○숭절사(崇節祠)[사현사(四賢祠)라고도 칭하였다]는 문묘의 동쪽에 있다. 1725년(영조 1)에 세웠다. 진(晉) 태학생 동양(董養), 당 태학생 하번(何番), 송 태학생 진동(陳東), 구양철(歐陽澈)을 배향하였다. 영조가 어필

---

41 원문에는 成으로 되어 있으나, 내용상 生으로 바로잡는다.

로 편액을 내렸고, 또 어서로 '유방아동(流芳我東)' 네 자를 써서 사우에
걸어두었다.

崇節祠[亦稱四賢祠] 在文廟東 英宗元年乙巳建 享晉太學生董養 唐太學生何番
宋太學生陳東 歐陽澈 英廟御筆賜額 又御書流芳我東四字 揭于祠


○전사청(典祀廳)은 문묘 옆에 있다. 1472년(성종 3) 대사성 이극기(李
克基, ?~1489)가 청하여 지었으니, 향사할 때 고기를 태우는 장소이다.

典祀廳 在文廟傍 成宗三年 大司成李克基請建 以爲享祀燔炮之所


안설: 국초에 묘학을 건설할 때 태종조에는 기국술성공 자사와 성국종성공 증
자 두 공을 배위에 올렸으며, 자장을 십철(十哲)에 올리고, 사신 변계량에게 명하
여 비문을 지어 비석을 세우게 하였다. 1474년(성종 5) 반궁을 중수하여 돌을 쌓
아 둘렀으며, 또 1475년(성종 6)에 반수를 파서 고제(古制)를 회복하였으니, 태학
생 권자후(權自厚)의 청을 따른 것이다. 1506년(중종 1) 서총대를 허물고 반궁을 수
리하였다. 1592년(선조 25) 전란 때에 신주를 임시로 전사청에 봉안하였다가 환도
한 후에 이르러 다시 지을 것을 제일 먼저 주장하여 1601년(선조 34)에 대성전을 짓
고, 1606년(선조 39)에 명륜당을 완성하였다. 옛날에 있던 비석은 전란으로 훼손되
어, 1626년(인조 4)에 공장들을 모아 계획을 세워 진행하였다. 이에 이홍주(李弘冑,
1562~1638)에게 변계량의 비문을 돌에 고쳐 쓰게 하였으며, 선원(仙源) 김상용(金尙
容, 1561~1637)에게 그 제목을 전서로 쓰게 하였고, 월사 이정귀에게 그 대략적 내
용을 기록하여 비석에 음기로 새겨 세우게 하였다. 또 1602년(선조 35) 중국에 조공
하러 간 사신이 사 가지고 온 중국 조정의 국자감 『태학지(太學志)』에 종사제도(從祀
制度)가 매우 상세히 갖추어져 있었다고 한다.

謹案 國初建廟學 太宗朝躋郕沂二公於配位 陞子張於十哲 命詞臣卞季良 撰碑豎之 成

宗五年 重修泮宮 築石環之 又於六年 鑿泮[42]水以復古制 從太學生權自厚之請也 中宗
元年 命撤瑞慈臺 修泮宮 宣祖壬辰兵火時 廟貌權安於典祀廳 及還都後 首議重營 大
成殿建於辛丑 明倫堂成於丙午 舊有碑 燬於兵燹 仁祖丙寅 命鳩工經紀 乃命李弘冑改
書卞季良碑文于石 金仙源尙容篆其額 李月沙廷龜記其槪于碑陰以立 又於宣廟三十五
年 朝京使臣購來 中朝國子監太學志 從祀制度 甚爲詳備云

※

　　문묘의 종사 인물은 『승람』에서 옮겨온 것으로 보인다. 최치원을 문
창후가 아니라 문창공으로, 안향이 아니라 안유라고 한 것, 또한 오징이
들어가 있지 않은 것 등이 『승람』에서 확인할 수 있는 특징이기 때문이
다. 다만 원래 동무종향인 허형이 서무종향에 기술되었다는 점만 차이
가 있다. 숙종대에는 문묘 종사 인물의 승출과 신위를 수정한 중대한 변
화가 있었으나 이 책에는 그러한 변화를 거의 반영하지 않았다. 1682년
(숙종 8)에는 수장후(壽長侯) 공백요(公伯寮)·난릉백(蘭陵伯) 순황(筍況)·기양
백(歧陽伯) 가규(賈逵)·부풍백(扶風伯) 마융(馬融)·사공(司空) 왕숙(王肅)·사
도(司徒) 두예(杜預)·임성백(任城伯) 하휴(何休)·언사백(偃師伯) 왕필(王弼)·
임천백(臨川伯) 오징(吳澄)을 출향(黜享)하고, 문등후(文登侯) 신정(申棖)·치
천후(淄川侯) 신당(申黨)은 겹친다 하여 신당을 뺐으며, 건녕백(建寧伯) 호
안국(胡安國)·화양백(華陽伯) 장식(張栻)·포성백(蒲城伯) 진덕수(眞德秀)·숭
안백(崇安伯) 채침(蔡沈)은 위차(位次)가 잘못되었으므로 위치를 바꾸어 정

---

42 원문에는 洋으로 되어 있으나, 내용상 泮으로 바로잡는다.

하였고, 장락백(將樂伯) 양시(楊時) · 문질공(文質公) 나종언(羅從彦) · 문정공(文靖公) 이동(李侗) · 문숙공(文肅公) 황간(黃幹)을 종사하였다.(『숙종실록』 권13, 숙종 8년 5월 21일(무진)) 그러나 『한경지략』에는 임천백 오징을 제외하고는 이때 출향했다는 인물이 그대로 들어가 있고, 새롭게 종사하기로 한 양시 등은 들어가 있지 않다. 또한 1690년(숙종 16)에는 종사하는 인물의 명칭을 고친 바 있다. 도양후(塗陽侯) 구정강(句井彊)은 부양후(滏陽侯)로, 임려후(林慮侯) 적묵(狄墨)은 적흑(狄黑)으로, 기경후(祈卿侯) 한보(罕父)는 기향후(祈鄕侯)로, 조성후(昨城侯) 염결(廉潔)은 염혈(廉絜)로, 강도백(江都伯) 동중서(董仲舒)는 강도상(江都相)으로, 고밀백(高密伯) 정강성(鄭康成)은 정현(鄭玄)으로 고쳤다.(『숙종실록』 권22, 숙종 16년 5월 28일(무오)) 그러나 기향후 외의 사항들은 이 책에 반영되지 않았다. 숙종대에 문묘 종사 대상의 승출 당시 상당한 논란이 있었으며, 승출이 결정되었을 때에도 불만을 가진 사람들이 꽤 많았다. 또한 허형 같은 경우엔 정조대에도 출향하자는 논의가 간간이 있었다.

이런 점을 보면 저자가 수많은 종향 인물을 생략하지 않고 다 기록하였다는 데에서 문묘에 꽤 관심을 가지고 있었지만, 그 지식의 업데이트나 정확한 기술에 신경 쓴 것은 아니라는 점을 알 수 있다.

계성사는 16세기 명나라에서 설치하고 조선에서도 이를 인지하여 선조대~광해군대에 처음 논의하고 현종대에는 건설하기로 결정까지 하였으나 재변 등을 이유로 건설하지 못하였다. 그러다 숙종 27년에야 건설한 것이다.

숭절사에 배향한 인물들은 모두 태학생으로 있을 때 나라에 변란

이 나자 정의를 주장하며 어려움을 극복하게 한 충의가 있는 선비들이었다. 숙종대에 사우 건립을 논의해서 1725년(영조 1)에 완성하였으며, 1764년(영조 40)에 '사현사(四賢祠)'라고 어필로 사액하였다.

## 남관왕묘(南關王廟)

남관왕묘는 숭례문 밖에 있다. 1598년(선조 31)에 명나라 장수 진인(陳寅)이 사(祠)를 세웠다.

南關王廟 在崇禮門外 宣祖戊戌天將陳寅建祠

〈그림 11〉 남관왕묘 정전(『사진으로 보는 서울』, 서울역사편찬원)

## 동관왕묘(東關王廟)

동관왕묘는 흥인문 밖에 있다. 중국에서 무신(撫臣) 만세덕(萬世德)에게 명하여 묘(廟)를 세웠다.

東關王廟 在興仁門外 中朝命撫臣萬世德立廟

안설: 임진년 왜를 정벌할 때 한수정후 관우가 여러 차례 그 영험함을 드러내어 신병으로 전쟁을 도우니, 명나라의 장사들이 돈을 내어 숭례문 밖 산기슭에 사당을 지었다. 묘우는 녹색 유리 기와로 덮었다.

유성룡의『서애집』에 다음과 같이 나와 있다. "명나라 장수 유격(遊擊) 진인(陳寅)이 총탄을 맞아 한성으로 실려 돌아와 병을 치료하였는데, 머물던 곳인 숭례문 밖에 묘당 하나를 창건하고 가운데에 신상을 두고 관왕을 봉안하였다. 경리 양호 이하 여러 장수가 모두 은을 내어 그 비용을 보조하였으며, 우리나라도 재력을 내어 도왔다. 묘가 이루어지자 상이 묘정에 친림하여 재배하셨다. 그 소상은 얼굴이 대추같이 붉었으며, 봉황 같은 눈매에 수염을 배를 넘어 드리우고 있었다. 좌우에 소상 2인이 대검을 가지고 시립하고 있었는데, 관평(關平)과 주창(周倉)이라 하였다.[내가 향실에서 문적을 볼 수 있었는데, 동관왕묘와 남관왕묘 안에는 동쪽 배위는 왕보(王甫)와 조루(趙累)이고 서쪽 배위는 평신후(平信侯) 주창(周倉)과 관평(關平)이었다. 2월에 관묘제를 행할 때 같이 제사한다] 이때부터 여러 장수가 드나들며 참배할 때마다, '동국을 위하여 신의 도움으로 적을 물리칠 수 있기를 구합니다'라고 기원하였다. 5월 13일에 묘 안에서 대제를 지냈는데, 이날이 관공의 생일이라 만약 우레가 치고 바람이 부는 이적이 있으면 신이 이른 것이라고 한다고 하였다. 이날 날씨가 맑고 깨끗하였는데 오후에 먹구름이 사방에서 일어나서 큰바람이 동북쪽에서부터 불어왔고 우레와 비가 함께 일어났다가 얼마 있다가 그쳤다. 여러 사람이 모두 기뻐하며, 관왕의 신령이 내려왔다고 이야기하였다."

안설: 신흠(申欽, 1566~1628)의『상촌집』의「남관왕묘에서 손님을 송별하며 느낌이 있어 지은 시(南關王廟送客有感詩)」의 서에 다음과 같이 나와 있다. "무술 봄에 남관왕묘가 완성되니, 명나라의 장관 유인실(劉寅實)이 그 일을 감독하고, 선조대왕이 친림해 줄 것을 굳이 청하였다. 선조가 유신들에게 명하여 관왕 제사의 기원과 관계된 사전(祀典)의 여부를 찾아보라고 하였다. 당시 내가 응교로 옥당에서 직숙을 하며『대명회전』을 찾아보니, 관묘는 산천 각 신의 열에 속해서, 봄가을로 향을 내린다 하여 이것을 갖추어 아뢰었다. 다음 날 선조의 어가가 묘에 가서 제전(祭奠)을

행하고 마치니, 명나라의 장관이 사(祠) 아래 모두 모여 잡희를 갖추어 뽐내니 서울 사람들이 실컷 관람하였다."

안설: 1602년(선조 35) 동관왕묘가 완성되었다. 이보다 앞서 명에서 4천금을 내어 무신 만세덕에게 맡기면서 조(詔)하기를, "관공의 신령이 중국에서 원래 드러났는데, 왜를 평정한 후에도 드러난 효험이 있다. 본국에서도 제사를 드리도록 하라."고 하였다. 임금이 유사에 명하여 또 흥인문 밖에 짓게 하여, 2년이 지난 봄에 완성하였다. 그 소상에는 얼굴을 그리고 채색하였으며, 전우와 문무(門廡), 종고 등 모든 것을 중국의 제도에 맞추었다. 중국에 현판을 청하고 성지를 받들어 '칙건현령 소덕왕관공지묘(勅建顯靈昭德王關公之廟)'라고 이름 지었다.

1746년(영조 22)에 상이 직접 '현령소덕왕묘(顯靈昭德王廟)' 여섯 자를 써서 동관왕묘와 남관왕묘에 현판을 달았다. 남관왕묘는 소상의 자리 앞에 걸었고, 또 작은 주상 1좌를 안치하였으니 원래 중국에서 가지고 온 상이며, 동관왕묘는 도금한 주상이다. 『열조통기』에 다음과 같이 나와 있다. "동관왕묘의 상을 주조할 때에 만세덕 및 여러 장수가 나가서 기도하며 큰 화로 10개의 동 3,800근을 다 가져다 하여도 상이 완성되지 않았다. 중국의 감관 한빈(韓斌)과 우리나라의 동장(銅匠)들이 울면서 어찌할 바를 몰라 하다가, 깨진 동 300여 근까지 모아서 녹이자 반이 채 되지 않았는데, 이미 정수리까지 닿았다."

남관왕묘의 소상은 얼굴색이 대추 같아서 민간에서는 생상(生像)이라고 하고, 동관왕묘는 도금한 상이어서 사상(死像)이라고 한다. 대개 주조한 상은 도금을 하기 마련인데, 이것을 가지고 이름을 붙인 것인 데다 소상에 어찌 생사의 구별이 있겠는가? 민간의 황당무계한 설은 믿을 만하지 못하다. 양 묘문(廟門)의 밖에는 또 빚어서 만든 적토마와 시렁에 꽂아놓은 80근 청룡도가 있다. 국제(國制)에 매해 봄 경칩일과 가을 상강일에 제사를 행하는데, 제관은 반드시 장신(將臣)으로 정한다. 역대 임금님들이 임할 때에는 갑옷과 투구를 갖추고 재배례를 행하였다. 또 서울의 사녀들은 기도하면 영험하다 하여 향화의 공양이 사시에 끊이질 않는다. 묘정에는 어제비와 황명도량성비(皇明陶良性碑)가 줄지어 서 있다. 대개 중국에서는 곳곳에서 신령을 편안케 하여 향불을 올리는 것이 간간이 있다. 우리나라에서는 경도의 양 묘 외에 명나라 장수 진린(陳璘)이 강진 고금도에 사당을 세워 탄보묘(誕報廟)라 하였고, 설호신(薛虎臣)이 안동부에 사당을 세웠으며, 모국곡(茅國哭)이 성주목에, 유제독(劉提督)이 남원부 성 밖에 사당을 세웠다. 유성룡의 『서애집』에는 다음과 같이 나와 있다. "안동은 돌을 깎아 상을 만들었는데, 매우 영험하여 기이하다고 한다." 종묘, 사직, 문묘 및 각 사묘에는 모두 수복이 있어 조건(皁巾)과 홍직령의(紅直領衣)를 입고 제향할 때 홀기를 읽는데, 그중 남관왕묘의 수복은 좋은 자리라고 일컫는다.

謹案 壬辰征倭時 漢壽亭候 屢顯其靈 以神兵助戰 天朝將士 出金創廟於崇禮門外山麓 廟宇覆以綠琉璃瓦

柳西厓集曰 天將遊擊陳寅中丸 載還漢都調病 乃於寅所崇禮門外 創建一廟堂 中設神像 以安關王 楊經以下諸將 各出銀助其費 我國亦出財力 以助之 廟成 上親臨廟庭 再拜 其塑像面赤如棗 鳳目髥垂過腹 左右塑二人 持大劍侍立 謂之關平周倉[余於香室 得見文蹟 則東南關王廟內 東配位 王甫趙累 西配位 平信候周倉與關平也 二月關廟行祭行時同行] 自是 諸將每出入參拜 祝曰爲東國 求神助却賊 五月十三日 大祭廟中 云是關公生日 若有雷風之異 則神至云 是日天氣淸朗 午後黑雲四起 大風自東北來 雷雨幷作 有頃止 衆人皆喜曰 王神下臨矣

又案申象[43]村集 南關王廟途客有感詩 序曰戊戌春 南關王廟成 天朝將官劉寅實 董其事 固請宣祖大王親臨 宣祖命儒臣 考出關王祀原係祀典與否 時余爲應敎 直玉堂 考大明會典 則關廟在山川各神之列 春秋降香 以此具奏 翌日 宣祖駕如廟 行祭奠訖 天朝將官齊會祠下 備呈雜戲 都人飫觀

又謹案 宣祖三十五年 東廟成 先是 皇朝以四千金 付撫臣萬世德 詔曰關公之靈 素著於中國 平倭之後 亦有顯效 本國當尸祝之 上命有司 又建於興仁門外 越二年春訖役 其塑像圖繪之容 殿宇門廡鍾鼓 凡百悉中朝制度 請額於中朝 奉聖旨 名以勅建顯靈昭

---

43 원문에는 桑으로 되어 있으나, 내용상 象으로 바로잡는다.

德王關公之廟

英宗二十二年 上親書顯靈昭德王廟六字 揭額于東南廟 而南廟塑座前 又安小鑄像一座 本自中國奉來之像 而東廟則鍍金鑄像也 列朝通紀曰 東廟鑄像時 萬世德及諸將出往祭禱 輸盡十權爐 銅三千八百斤 像不成 中朝監官韓斌 與我國銅匠 號泣罔措 括得破銅三百餘斤 鎔下汻未半 而已平頂矣

南廟塑像 面色如棗 故俗人謂之生像 東廟則鍍金像 故謂之死像 蓋鑄像宜於鍍金 以此爲之 且塑像豈有生死之別乎 俗人無稽之說 不足信也 兩廟門外 又塑立赤兔馬 架挿八十斤靑龍刀 國制 每年春驚蟄日秋霜降日行祀 祭官必以將臣爲之 列朝歷臨 以甲胄行再拜禮 又都人士女 祈禱著靈 故香火之供 四時不絕 廟庭列立御製碑及皇明陶良性碑 蓋中國則處處安靈香火 比比有之 我東則京都兩廟外 天將陳璘建廟於康津古今島 名曰誕報廟 薛虎臣建廟於安東府 茅國哭建廟於星州牧 劉提督建廟於南原府城外矣 柳西厓集曰 安東則甎石爲像 而甚着靈異云 宗廟社稷文廟及各祠廟 俱有守僕 着皁巾紅直領衣 祭享時讀笏記 其中南廟守僕 稱爲好竇

❁

관왕묘는 임진왜란 때 조선에 온 명군이 주도하여 설립하였다. 제일 처음 설립한 것이 남관왕묘였고, 3년 후인 1601년(선조 34)에 동관왕묘도 완공하였다. 관우에 대한 신앙이 없었던 조선에서는 원래 관왕묘 설치에 미온적이었으나 당시 분위기상 부득이하게 건설하게 되었다. 이후 1598년을 전후하여 안동, 성주, 남원 등 여러 지방에도 건립하였다. 1612년(광해군 4)에는 두 관왕묘의 제례를 둑소의 예에 따라 하게 함으로써 소사에 준하여 제례를 정비한 후 현종대까지는 관왕묘에 대해 주로 일상적인 관리만이 이루어졌다. 그러나 숙종은 관왕묘 참배를 관행화하였고, 이후 국왕의 능행 같이 도성 밖으로 행차할 때에는 관왕묘에 들르는 것이 관행화되었다. 영조대에는 『속오례의』에 소사로 관왕묘 제례를 등재하였으며, 정조대에는 중사로 승격하였다. 이처럼 18세기 여러 국왕이 관왕묘의 위상을 높인 것은 것은 명에 의해 시작된 관왕묘를 통해 명에 대한 의리를 고취하고 국왕이 그 주도자임을 자임하며 국왕권을 강화하는 과정에서 비롯한 것이었다.(장지연, 2009)

안설에서도 언급했듯이 조선 후기 관왕묘는 왕실의 관심은 물론이고 민간 부녀자가 많이 찾는 민간신앙의 주요 장소이기도 하였다. 또한 동관왕묘와 남관왕묘 모두 교통 결절점에 위치해서 많은 이들이 거쳐가기도 했다. 교통 결절점이며 사람들이 관심을 가지는 장소라는 점은 정선의 「동문조도(東門祖道)」(〈그림 44〉참조)에서도 잘 볼 수 있다. '조도'는 멀리 떠나는 사람을 송별하는 것을 의미하는 것인데, 이 그림은 동대문을 정면 아래에, 가운데에 동관왕묘를 배치하고 있어서 이 일대가 한양에서 동쪽으로 이어지는 교통의 결절점이었다는 점을 잘 보여준다.

1908년 향사 이정 때 동관왕묘와 남관왕묘 및 지방의 관왕묘 등은 해당 지방 관청에 내리고 '인민의 신앙함'을 따라 별도로 관리 방법을 결정하기로 하였다. 이후 남관왕묘와 동관왕묘는 운명이 엇갈리게 되는데, 남관왕묘의 경우에는 민간의 치성단체들이 1913년 토지와 건물을 불하받고 남묘유지사(南廟維持社)를 조직하여, 1923년에는 재단법인으로 인가까지 받는 등 조직적인 모습을 갖추었다. 그러나 한국전쟁 때 화재를 입고 1978년 도시계획에 따라 사당동으로 이전해 가면서 결과적으로 옛 모습과 장소성을 잃게 되었다. 이에 비해 동관왕묘는 1920

년대에야 이곳에 본부를 둔 관성교가 결성되었다. 이처럼 민간 신앙단체가 꾸려지는 시점이 차이가 난 것은 저자의 안설에서도 언급한 것처럼 남관왕묘는 생상이라는 인식이 이때까지도 그대로 이어져 신앙 장소로서 좀 더 매력을 지니고 있었기 때문으로 보인다. 동관왕묘에 구성된 관성교는 곧 교단 세력도 약해져서 관리 주체가 불분명해지게 되었다. 그러나 1930년대 일본의 문화재 관련 조사 및 지정 사업에서 동관왕묘만 1936년에 보물로 지정되면서 다시금 상황이 변하게 되었다. 남관왕묘가 동관왕묘보다 먼저 건립되었음에도 불구하고 동관왕묘만 보물로 지정이 된 것은 남관왕묘가 고종대에 화재로 인해 일부 소실되고 중건된 것이었기 때문이다. 이에 비해 동관왕묘는 선조 때 초창 당시의 모습을 유지하고 있다는 점이 보물 지정의 근거가 되었다.(장지연, 2009) 동관왕묘는 현재 보물 제142호로 지정되어 있다.

선조 때 지방에 설치한 관왕묘도 일부 남아 있다. 남원 관왕묘는 원 자리에서 1741년(영조 17) 현재 자리로 옮겼으며 전라북도 유형문화재 제22호로 지정되어 있다. 고금도에는 건물 대신 관왕묘비(완도 고금도 관왕묘비)가 남아 있는데 1713년(숙종 39)에 건립한 것으로, 전라남도 유형문화재 제336호로 지정되어 있다. 안동 관왕묘도 원 자리에서 옮겨졌는데, 현재 건물은 1904년 해체, 복원한 것이며 안설에서도 언급한 화강암으로 조성한 석상이 아직도 남아 있다. 경상북도 민속문화재 제30호로 지정되어 있다.

## 선무사(宣武祠)

선무사는 도성 남문 안 태평관 서쪽에 있다. 1598년(선조 31) 왜를 정벌한 공으로 사당을 세우고, 명의 병부상서 형개(邢玠)를 제사하였다. 어서(御書)로 '재조번방(再造藩邦)' 네 자를 써서 사당에 판을 걸었다. 또 1604년(선조 37) 사행 때 양호(楊鎬)의 화상을 구해 와서 함께 제사하였다. 선무사는 민간에서 생사당(生祠堂)이라고도 한다. 1760년(영조 36) 1칸 집을 선무사 뜰 동쪽에 짓게 하고, '황명정동진망관군' 신위를 배향하였다. 둑제를 별도로 행한다.

宣武祠 在都城南門內 太平館西 宣廟戊戌 以征倭功建祠 祀皇明兵部尙書邢玠 御書再造藩邦四字 揭板于祠堂 又於甲辰使行 求得楊鎬畫像 幷祀之 宣武祠 世稱生祠堂 英宗三十六年 命建一間屋於宣武祠庭東 享皇[44]明征東陳[45]亡官軍[46] 纛別行

임진왜란 이후 여러 곳에 명군의 참전을 기념하는 단묘나 사우를 여러 군데 설립하였다. 그러나 인조대에 정묘·병자호란이 일어나고 뒤어어 명·청이 교체되면서 이들의 제사는 제대로 유지하기 힘들었다. 선

---

44 원문에는 大로 되어 있으나, 실록에 따라 皇으로 바로잡는다.
45 원문에는 戰으로 되어 있으나, 실록에 따라 陳으로 바로잡는다.
46 원문에는 將官으로 되어 있으나, 실록에 따라 官軍으로 바로잡는다.

무사를 비롯한 명군의 사당을 다시 새롭게 인식하기 시작한 것은 18세기 이후의 일이다. 조선이 중화문명의 적통을 계승하였다는 이데올로기 속에서 1704년 대보단을 건립하고, 선무사 등은 명군을 위한 기념물로 '존주대의(尊周大義)'의 명분 아래 새롭게 주목받게 되었다. 명군 후손 중 일부는 선무사와 무열사(평양)의 제사를 담당하였다.(우경섭, 2017)

1760년(영조 36) 선무사에 1칸 집을 새로 짓게 된 것은 영조가 임진왜란 때 전사한 관군을 위한 신위판을 우연히 발견한 데서 비롯하였다. 이때 영조는 관왕묘에 재배하고 태상시에서 신실을 봉심하다가 '황명정동진망관군'의 신위판을 발견하고 이를 선무사로 옮겨 선무사 제례 때 함께 제사를 거행하게 하였다.(『영조실록』 권95, 영조 36년 5월 29일(임신))

## 둑신묘(纛神廟)

둑신묘는 옛날에는 도성 안 서북쪽에 있었는데, 후에 도성 안 예조 인근으로 옮겼다. 사둑(四纛)이 있어 매해 경칩과 상강일에 제사를 행한다.

纛神廟 舊在都城內西北 後移于都城內禮曹傍 有四纛 每年驚蟄霜降日行祭

둑신묘는 『승람』에도 있는 항목이지만 본문의 서술은 『승람』이 아니라 『문헌비고』에서 가져온 것이다. 『승람』에는 둑신묘는 예조의 서쪽에 있으며 신좌가 북에서 남으로 향한다는 서술밖에 없다. 그러나 『문헌비고』에는 본문과 거의 동일하게 서술되어 있으나 다만 "예전에는 도성

안 동남쪽에 있었는데, 지금은 도성 안 서북쪽의 예조 인근으로 옮겼다"고 하고 있어서 방위 서술에 약간 차이가 있다.

## 덕흥대원군사(德興大院君[중종대왕 아홉 번째 아들. 선조를 낳았다.(中宗大王九子誕生宣祖)]祠)

덕흥대원군 사당은 사직동에 있다. 적장손이 세습하니 봉군하고 제사를 받들게 하였다. 사당 앞에 능소화가 있다.

德興大院君[中宗大王九子 誕生宣祖]祠 在社稷洞 以嫡長孫世襲封君奉祀 祠堂前有凌霄花

원문에는 이 항목에 '덕흥대원군사는 속칭 도정궁이라고 한다'는 송신영의 두주가 달려 있다.

덕흥대원군사는 선조의 잠저로서, 선조 즉위 후 잠저 후원에 가묘를 설치하고 대대로 적장손에게는 정3품 돈녕부도정 벼슬을 내리며, 선조의 아버지인 덕흥대원군의 제사를 받들게 한 곳이다. 사직단 바로 인근에 있었으며, 도정궁이라고도 불렸고, 고종대까지 중건과 보수를 거듭해 왔으나 1913년에 화재로 대부분의 건물이 소실되었다. 현재 원 터는 도시 개발로 그 흔적을 거의 찾을 수 없고, 1910년대 건축한 경원당만 1979년 건국대학교로 이전되었다.

## 양녕대군([태종대왕의 큰아들])사(讓寧大君[太宗大王長子]祠)

양녕대군 사당은 숭례문 밖, 남관왕묘가 서로 바라다보이는 곳에 있다. 옛날에 그 사손인 이지광(李趾光)이 가난하여 의지할 곳이 없었는데, 어떤 관상 보는 이가 "그대 가묘 앞에 있는 늙은 홰나무를 베어버리면 그대가 얼마 되지 않아 현달할 것입니다"라고 하여, 마침내 그 말대로 하였다. 후에 마침 영조가 남관왕묘에 행하였을 때 멀리 인가 속에 우뚝이 서 있는 사우를 보고 무엇인지 물어보았는데, 비로소 그것이 양녕사임을 알고서는 바로 사손을 불러다 보고서는, 초사직(初仕職)을 제수하고 건물을 중수하게 하였다. 대개 그 사당의 건물이 늙은 홰나무에 가려지지 않았기 때문에 임금의 눈에 들 수 있었던 것이니, 지금까지 사람들이 그 일을 부러워하며 거론한다. 이지광은 후에 수령이 되었는데 잘 다스린다는 명성이 있었고, 지난 임금대에 관직이 충주목사에 이르렀다.

讓寧大君[太宗大王長子]祠 在崇禮門外 南關王廟相望之地 昔其嗣孫李趾光 貧寒無依 有一觀相者曰 君家廟前老檜樹斫去 則君當匪久顯達矣 遂如其言 後値英宗臨幸南廟 遙瞻人家中兀然有祠宇詢問 始知爲讓寧祠 卽地召見嗣孫 再[47]拜初仕職 仍命重修祠屋 蓋其祠屋 不爲老檜所遍 故入於睿矚也 至今人艶稱其事 李趾光 後爲守令 以善治名 先朝時官至忠州牧使

---

47 원문에는 再로 되어 있으나, 내용상 除가 더 적합할 것으로 보인다. 여기에서 번역은 除로 하였다.

양녕대군은 숙종대부터 그가 세종에게 양위한 공이 주나라의 태백에 못지않다며 그 덕이 칭송되곤 하였다. 1707년(숙종 33)에 '지덕사(至德祠)'라 이름을 내리고 사우를 건설하게 하였으나, 대가 끊겨 후손을 세우는 등의 문제로 사우 건설이 늦어져 경종대 이후에야 건설되었다. 위에서 소개한 설화는 1757년(영조 33)의 일로 추정된다. 영조가 남관왕묘를 다녀오는 길이던 것은 위 설화와 같지만, 직접 후손을 만난 것이 아니라 이야기를 전해 듣고 치제하도록 명하였으며, 이때 그 후손을 등용하도록 하였다.(『영조실록』 권89, 영조 33년 2월 2일(갑자)) 이후에도 영조는 지덕사에 지속적으로 관심을 표명하였다.

『한경지략』에는 이지광의 사례 외에 경회루의 구종직이라든가, 창덕궁의 문지기 등 국왕의 특별한 관심으로 출세한 인물의 이야기가 실려 있다. 이는 당대에 매우 유명했던 설화로서, 『포도청등록』을 보면 이런 유의 이야기를 언급하며 궁궐 무단 침입을 시도하는 사람의 예가 나오기도 한다. 이러한 이야기는 서얼 출신의 한계인이었던 유본예의 자의식과도 관련이 깊은 한편, 당대인에게 유행했던, 호소력 강한 서사였다는 점을 반영한다.

사묘 수록 항목 중 백악신사, 목멱신사, 한강단은 『승람』의 한성부편(권3)의 사묘 편목에 수록된 것이고, 문묘와 둑신묘는 경도상(권1)의 단묘 편목에 수록된 것이다. 이 외에 남·동관왕묘, 선무사, 덕흥대원군사, 양녕대군사 등은 『승람』 저술 당시에는 존재하지 않던 사당이다. 『승람』

을 기준으로 볼 때 많은 변화가 있는 편인데, 이 편의 전반적인 항목 설정과 내용은 『승람』보다는 『문헌비고』를 참고하여 저술한 것이다. 덕흥대원군사와 양녕대군사를 제외한 나머지 항목은 『동국문헌비고』(권28, 예고 6, 제묘)와 흡사하다.

# 09

# 원유(苑囿)

## 경복궁 후원(景福宮後苑)

『여지승람』에 다음과 같이 나와 있다. "경복궁 후원에는 서현정(序賢亭), 취로정(翠露亭), 관저전(關雎殿), 충순당(忠順堂)이 있다."

景福宮後苑 輿地勝覽云 後苑有序賢亭 翠露亭 關雎殿 忠順堂

## 창덕궁 후원(昌德宮後苑)

창덕궁 후원은 창경궁 후원과 서로 통한다. 열무정(閱武亭)이 있고, 그 옆에 우물 네 개가 있는데, 마니(摩尼), 파려(玻瓈), 유리(琉璃), 옥정(玉井)이라고 한다. 세조대에 판 것이다.

昌德宮後苑 與昌慶宮後苑相通 有閱武亭 傍有井四 曰摩尼 曰玻瓈 曰琉璃

曰玉井 世祖時所鑿

안설: 최항(崔恒, 1409~1474)의 서문에 다음과 같이 나와 있다. "우리 전하(세조)가 즉위하신 지 6년이 되는 겨울 11월에 창덕궁에 이어하셨다. 임금께서 샘물을 사랑하셔서 하루는 영순군(永順君) 이부(李溥, 1444~1470)에게 명하여 물길을 댈 만한 곳을 찾아보게 하였는데, 광연정(廣延亭) 남쪽에서 찾아서 그곳을 파니, 물이 맑아서 먹을 만하였다. 임금이 열무정 옆에도 좋은 샘이 있을 것이라 생각하시어 이부와 오산군(烏山君) 이주(李澍, 1437~1490) 등에게 찾아보게 하였는데, 과연 두 곳을 찾았으니 모두 돌 틈에서 샘이 나왔고 맛이 매우 좋았다. 임금께서 이부 등으로 하여금 다 파게 하여 우물을 만들게 하니 사람들이 몸을 숙여 떠먹을 수 있을 정도였다. 공역을 마치고, 임금께서 가장 위에 있는 우물을 마니, 그다음을 파려, 그다음을 옥정이라 하고 우물 위에 돌을 세워 이름을 새겼다. 임금께서 마니정가 한 곡을 지으시어 여러 신하들에게 보이고 창화하여 짓도록 하였다.

안설: 열무정은 지금 봉모당이 되었는데, 봉모당 북쪽 주합루 앞 연못 옆에 지금 석정(石井) 한 군데가 있어서 몸을 숙여 떠먹을 만하고, 맛도 매우 맑고 시원하다. 붉은 울타리를 만들어 보호하고 있는데, 이것이 바로 세조가 판 네 개의 우물 중 하나이다. 우물 남쪽에는 또 비각이 있다.

案 崔恒序曰 我殿下御極之六年冬十一月 移御昌德宮 上雅愛泉水 一日命永順君溥 相可浚處 得于廣延亭之南 掘之 洌可食也 上度閱武亭旁當有美泉 召溥暨烏山君澍等相之 果得二所 皆石罅出 味甚美 上令溥等亟鑿之 惄之 人可俯而挹 功訖 上名最上井曰摩尼 次曰玻瓅[48] 次曰玉井 各立石于井眉名之 上製摩尼井歌一篇 以示諸臣 令和進[止此] 謹案 閱武亭 今爲奉謨堂 而奉謨堂北 宙合樓前池邊 今有石井一座 可俯而挹 味甚淸洌 設朱扉護之 此卽世祖所鑿四井中一也 井南又有碑閣

48 원문에는 璃로 되어 있으나, 『승람』에 따라 瓅로 바로잡는다.

## 옥류천(玉溜泉)

옥류천은 창경궁의 춘당대 북원에 있는데, 농산정(籠山亭)이 있다.

玉溜泉 在昌慶宮之春塘臺北苑 有籠山亭


## 함춘원(含春苑)

함춘원은 경희궁의 개양문 밖 남쪽 언덕에 있는데, 담장으로 둘러놓았고 나무들이 **빽빽**하게 우거져 있다. 또 창경궁 홍화문 밖 동쪽 언덕에는 후원이 있는데, 이것도 함춘원이라 부른다.

含春苑 在慶熙宮之開陽門外南岸 繞以周垣 樹木蔚密 又昌慶宮弘化門外東岸有苑 亦名含春苑


안설: 『동각잡기』에 다음과 같이 나와 있다. "성종이 일찍이 후원을 노닐다가 시 한 구를 지어 정자 기둥에 '초록 비단 잘라서 삼월 봄의 버드나무 이루고, 붉은 비단 마름질하여 이월 꽃을 이루었구나(綠羅剪作三春柳 紅錦裁成二月花)'라고 붙여놓았다. 사흘이 지나 다시 나와서 한가로이 거니는데, 어떤 사람이 아래 구절을 만들어, '공후들이 이 경치를 다투게 된다면, 환한 빛은 야인의 집까지 이르지 못하리(若使公候爭此色 韶光不到野人家)'라 한 것을 보았다. 임금이 크게 놀라 누가 지었느냐고 캐물으니, 바로 후원 문직군인 신귀원(辛貴元)의 작품이라 하였다. 상이 불러서 그 내력을 물으니, 영월 교생이었는데 과거에 낙제한 사람이라 하였다. 곧 명하여 급제를 내려 현달하게 되었다."

謹案 東閣雜記曰 成宗大王嘗遊後苑 題一句于亭柱曰 綠羅剪作三春柳 紅錦裁成二月花 越三日 更出閑步 見有人足成下句曰 若使公候爭此色 韶光不到野人家 上大驚 窮問誰作 則乃後苑門直軍辛貴元之作也 上召問其由 則乃寧越校生落講者也 卽命賜第 榮顯於世

＊

『승람』의 원유 편목에는 경복궁 후원과 창덕궁 후원만이 있으며, 창덕궁 후원 항목에 여기에서 언급한 네 개의 우물에 대한 이야기가 실려 있다. 안설의 최항 서문도『승람』에 수록된 것과 동일하다. 저자는 여기에 창경궁의 옥류천과 경희궁의 함춘원 두 가지를 추가한 것이다. 경희궁의 개양문은 남문으로, 경희궁 남쪽의 함춘원은 상림원(上林苑)이라고 고지도 등에 표기되기도 하였다. 이는 경희궁과 덕수궁 사이에 해당한다. 창경궁 동쪽의 함춘원은 현재 서울대학교병원 자리에 해당한다.

창덕궁에 있었던, 세조가 판 네 우물은 숙종대에 다시 발견하여 1690년(숙종 16)에 옛 술성각 자리에 이를 기리는 사정기(四井記)를 새긴 비각을 세웠는데, 현재 창덕궁 후원의 부용지 서쪽에 세워져 있다. 2008~2009년 사이에 국립문화재연구소에서 부용지 주변 관람로 정비 공사에 앞선 발굴조사에서 사정기비각 북쪽 5m 정도 지점에서 우물 2기를 발견하였다. 우물 중 하나는 세조대의 것으로, 하나는 숙종대에 보수한 우물 중 하나로 추정된다.(『창덕궁 우물지·빈청지 발굴조사 보고서』, 2011)

문직군 신귀원의 설화는 배경이 성종대로, 저자가 함춘원의 안설로 붙인 것은 아니고 어느 궁궐의 후원인지 몰라서 마지막에 붙여놓은 것으로 보인다. 이 설화는『오산설림』(조선고서간행회판)에도 실려 있는데, 임금이 성종이 아니라 세조이며 대구를 쓴 인물도 이름이나 영월 교생이란 설명 없이 그냥 문지기였다고만 하고 있고 대구의 시도 약간 다르다. 현재 민족문화추진회에서 번역 저본으로 삼은 조선고서간행회판

『대동야승』에 포함된 『동각잡기』에는 이 설화 내용이 수록되어 있지 않기 때문에, 유본예가 본 『동각잡기』처럼 조금씩 내용이 다른 필사본들이 존재했을 것으로 보인다.

본문에서는 문지기의 신분이 영월 교생 출신으로 특정되고 있는데, 이는 숙종대의 단종 추숭 이후 영월 지역에 대한 의미가 부여된 것과 무관하지 않을 것으로 보인다. 이로 볼 때 여기에 수록된 문직군 설화는 『오산설림』보다 좀 더 후대에 채록되었을 가능성이 크다. 설화 속의 시는 『가곡원류』에 실려 있기도 하다. 이 역시 구종직의 설화처럼 18~19세기에 상당히 유행한 설화였다.

# 10

# 궁실(宮室)

### 종각(鍾閣)

종각은 중부 운종가에 있다. 1396년(태조 4)에 각을 지었고, 세종대에 층루로 고쳐 지었다. 동서로 5칸이요, 남북으로 4칸이니, 사람과 말이 그 아래로 지나다닐 수 있다. 종과 북을 걸어서 새벽과 저녁을 알린다.[권근(權近, 1352~1409)의 종명(鍾銘)이 있다] 명나라 사신 동월의 부에 다음과 같이 나와 있다. "종과 북이 누각에 있어, 성안 사통팔달한 거리에 있으니, 높고 크다고 하는 것이 이것이다."

또 종각이 경복궁 광화문 밖에 있다. 1457년(세조 3)에 큰 종을 주조하여 처음에는 사정전에 두려고 하였으나 나중에 여기에 각을 짓고 걸었다.[신숙주(申叔舟, 1417~1475)의 종명이 있다] 임진왜란 때 각은 훼손되었으나 종은 남았다. 1728년(영조 4)에 다시 명을 내려 각을 짓도록 하였다. 흥인문 안에도 작은 종각이 있다.

鐘閣 在中部雲從街 太祖四年建閣 世宗朝改構層樓 東西五間 南北四間 人馬通行其下 懸鍾鼓以警晨昏[有權近鍾銘] 天使董越賦曰 鍾鼓有樓 在城內四達之街 高大云者 是也

又鍾閣在景福宮光化門外 世祖丁丑 鑄大鍾 初欲置思政殿 後構閣于此 以懸之[有申叔舟鍾銘] 壬辰倭亂 閣燬鍾存 英宗戊申 更命建閣 而興仁門內 又有小鍾閣

안설: 『문헌비고』에 "돈의문 안 정릉사 안에 큰 종 2개가 있었는데, 절이 없어진 후 원각사로 옮겼다가 원각사도 없어진 후 김안로(金安老, 1481~1537)가 동쪽과 남쪽의 성문으로 옮겨서 새벽과 저녁에 울리고자 하였으나, 미처 걸지 못하고 실각하였다. 임진왜란으로 종루가 타버리자 종도 녹아버렸는데, 환도한 후에 각을 고쳐 짓고 남대문에 걸었다." 하니, 그렇다면 지금 운종가에 걸려 있는 인정종(人定鍾) 및 동쪽 성문 안의 작은 종은 모두 정릉 흥천사의 종이다. 그러므로 아정 이덕무의 「성시전도시」에서, "흥천사의 큰 종이 운종가에 있으니, 웅장한 전각이 한가운데 있으며 그 날개를 펼치는구나"라고 한 것이다.[혹자는 '지금 동학(東學)이 고려조의 사찰이어서, 흥인문 안에 있는 종은 그 절의 종이다'라고 전하는데, 맞는지 여부는 모르겠다]

『국조보감』에는 다음과 같이 나와 있다. "1469년(예종 1) 7월에 임금이 종각이 성 밖에 있어서는 안 된다고 생각하시어, 우의정 윤자운(尹子雲, 1416~1478)에게 성안으로 옮기라고 하였다."[살펴보건대 지금 숭례문 안 창동에는 종이 땅속에 파묻혀서 그 용뉴만 보이는 것이 있는데, 이 종이 성 밖에서 성안으로 옮겨온 것이 아닌가 하나, 자세한 내력은 알 수 없다]

『지봉유설』에서는 "민간에서는 종루기둥이 감탕나무로 만들었다고 하는데, 감탕나무 중에서도 큰 것이다"라고 하였고, 또 "승지 강서(姜緖, 1538~1589)가 정언이었을 당시, 문묘석전제(文廟釋奠祭)에서 음복을 하고 돌아가는데, 그 알도(喝導)도 크게 취해서 종루에 부딪히고서는 아뢰기를, '향정자(香亭子)가 왔습니다'라고 하니, 공이 눈을 뜨고 지긋이 바라보고서는 '이건 향정이 아니라 옥교(屋轎)다'라고 하였다. 듣는 자들이 배를 끌어안고 웃었다."고 하였다.

1748년(영조 24) 임금이 호조의 신하에게 이르기를, "흥인문 안과 광화문 밖에는 모두 종이 하나씩 있는데, 종의 표면에 세조와 중전의 휘호가 새겨져 있고, 또 어제도 있으니 각각 1칸짜리 집을 지어서 보관하게 하라"고 하였다.

案 文獻備考曰 敦義門內貞陵寺中 有大鍾兩箇 寺廢 移于圓覺寺 寺廢 金安老移置東南城門 欲以鳴晨昏 未及懸 而安老敗 壬辰之亂 鍾樓火 鍾亦消融 還都後 改建閣 命懸南大門云 則今雲從街所懸人定鍾 及東城門內小鍾 俱是貞陵興天寺鍾也 是故李雅亭德懋懋城市全圖詩曰 興天大鍾雲從街 傑閣當中翼斯政[或傳 今之東學卽麗朝刹利 故興仁門內所在鍾 卽其寺鍾云 未知是否]

國朝寶鑑曰 睿宗元年七月 上以鍾閣 不宜在城外 命右議政尹子雲 移置于城內[按 今崇禮門內倉洞 有鍾埋在地中 只見其追鈕 此鍾似是自城外移于城內者 而未詳其來歷]

芝峯類說 世稱鍾樓棟以枏木爲之 蓋枏亦有大者 又曰 姜承旨緖爲正言時 文廟釋奠祭 飮福歸 其喝導亦大醉 撞見鍾樓 報曰 香亭子來矣 公開眼熟視曰 此非香亭 乃有屋轎也 聞者捧腹

英宗二十四年 上謂地部之臣曰 興仁門內光化門外 皆有一鍾 而鍾面刻 光廟與內殿徽號 且有御製 各其設一間屋 而貯之

❋

운종가의 종각은 임진왜란 때 훼손되었다가 광해군대에 중건하였으며, 이후에도 화재로 중건한 적이 여러 차례 있다. 윗글에는 그러한 연혁은 생략되어 있는데, 기본 연혁은 『문헌비고』를 따르고 있다. 1748년(영조 24)에 발견한 종 중에서 동대문 종에는 부처를 송축하는 말과 단종의 선위를 찬양하는 말이 적혀 있었다고 한다.(『영조실록』 권67, 영조 24년 5월 8일(신묘))

### 태평관(太平館)

태평관은 숭례문 안에 있다. 중국 사신을 접대하는 곳이다. 태평관 뒤에는 누각이 있다. 동월의 「조선부」에서는 다음과 같이 읊었다. "태평관의 가운데는 전(殿)이요, 앞에는 문이 있으며, 뒤에는 누가 있다. 동서에는 낭무(廊廡)가 있으니, 천사(天使)를 접대하는 곳이다." 지금은 없어졌다.

太平館 在崇禮門內 接待中朝使臣之所也 館後有樓 董天使朝鮮賦云 太平有館 中爲殿 前爲門 後有樓 東西有廊廡 所以待天使者 今廢

안설: 『문헌비고』에 다음과 같이 나와 있다. "1450년(세종 31) 명 사신 예겸의 「등루부」, 1457년(세조 3)에 명 사신 고윤(高潤)의 「등루부」, 1476년(성종 7)에 명 사신 기순(祁順)의 「등루부」가 있는데, 지금은 다만 칙사 때 나례를 대비하는 장소가 되었다." 『여지승람』에는 1476년(성종 7)에 명 사신 진감(陳鑑), 장녕(張寧), 장성(張珹), 진가유(陳嘉猷)의 여러 시가 있다. 어서각(御書閣)이 태평관 서쪽에 있는데, '재조번방(再造藩邦)' 네 글자가 있다.

案 文獻備考曰 世宗庚午 有天使倪謙登樓賦 世祖丁丑 有天使高潤登樓賦 成宗丙申 有天使祁順登樓賦 今則只作勅使時儺禮備待之所 輿地勝覽 成宗丙申 有天使陳鑑張

寧張珹陳<sup>49</sup> 嘉猷諸詩御書閣 在太平館西 再造藩邦四字也

　태평관은 17세기 전반까지 명사 접대뿐만 아니라 왕실 가례, 세자의 습의, 과거 시험장 등으로 다양하게 활용되었다. 동평관이나 북평관에는 왕이 친림하지 않았으나, 태평관은 왕이 친림할 수 있는 장소로서 어실이 있었으며, 근정전에서처럼 조서를 받기도 하였다. 임진왜란 때 훼손되었으나 이후 수리하여 인조대 초반까지도 사용하였다가 이후 사용하지 않게 되면서 행례 준비 장소 정도로만 사용되었다. 이는 본문에서 칙사 때 나례를 준비하는 장소로 사용한다고 한 것과 일치한다. 병자호란 후인 1638년(인조 16) 가례를 앞두고, 태평관이 방치되어 상태가 좋지 않으니 수리하자는 논의가 있었으나, 폐단이 있다는 인조의 명으로 수리하지 않았으며, 이후 청 사신은 주로 남별궁에서 접대하였다.

동평관(東平館)

동평관은 남부 훈도방에 있었다. 일본 사신을 접대하던 장소인데, 지금은 없어졌다.

東平館 在南部薰陶坊 接待日本使之所 今廢

---

49 원문에는 陳이 없으나, 실록을 참고하여 이를 첨가하였다.

### 북평관(北平館)

북평관은 동부 흥성방에 있었다. 야인을 접대하던 장소인데, 지금은 없어졌다.

北平館 在東部興盛坊 接待野人之所 今廢

태종은 인척인 민무구, 민무질 형제를 사사하고 그 저택의 재목을 하사하여 동평관과 서평관을 지었고, 세종은 동부학당을 북평관으로 만들었으며, 서평관은 곧 동평관 2소로 바뀌었다. 임진왜란을 거치며 훼손되었는데, 이후 복구하지 않았다. 왜의 사신 행렬이 많았던 세종대에는 공간이 협소하여 동평관 1소와 2소에 더하여 묵사까지 세 곳을 객사로 사용하였다가, 묵사는 폐지하고 건물 2개 동을 신설하기도 하였다. 이 장소들은 조선을 매개로 주변의 왜인과 야인을 책봉–조공의 질서에 넣는다는 의미가 있었으나, 전란을 거치면서 국제질서의 변동으로 더 이상 건물의 유지가 불필요하게 되었다. 특히 동평관의 경우 임진왜란 때 왜인에게 한양으로 오는 길을 안내한 결과를 가져왔다는 문제의식이 대두되었고, 명이 의심의 시선으로 볼 수 있다는 우려로 복구되지 않았다.

### 모화관(慕華館)

모화관은 돈의문 밖 서북쪽에 있다. 원래 모화루(慕華樓)였는데, 1430년(세종 12)에 고쳐서 관으로 만들었다. 명 사신 예겸 및 김식(金湜,

1482~1520)의 시가 있다. 모화관 앞에는 예전에 홍살문이 있었는데, 1536년(중종 31)에 고쳐서 쌍주문을 세우고, 녹색 유리 기와로 덮었으며, 편액을 '연조문(延詔門)'이라고 하였다. 1539년(중종 34)에 명 사신 설연총(薛延寵)이 조(詔)와 칙(勅)은 이름이 다르다 하여 편액을 '영은문(迎恩門)'이라 고쳤다. 명 사신 주지번(朱之蕃)이 그 현판을 썼다. 모화관 맞은편 언덕은 풀밭이 깨끗하고 넓어서 연향대(宴享臺)라 이름 짓고 칙사를 마중하거나 배웅할 때에 어막을 이곳에 쳤다. 연자루(燕子樓)는 모화관 옆에 있다.

慕華館 在敦義門外西北 本慕華樓 世宗十二年 改爲館 有天使倪謙及金湜詩 館前舊有紅箭門 中宗丙申 改立雙柱門 蓋綠琉璃瓦 扁曰延詔門 己亥 華使薛延寵以爲詔勅殊名 改扁曰迎恩門 天使朱之蕃書其門額 慕華館對岸莎場淨闊 名宴享臺 迎送勅使時 設御幕於此地 燕子樓 在慕華館傍

❀

명·청 교체 이후 사용하지 않은 태평관과는 달리, 모화관은 1894년까지 계속 청 사신을 영접하는 공간으로 사용하다가, 고종대에 영은문 자리에 독립문을 건설하였다. 그러나 『한경지략』에는 명 사신이 방문하던 시기의 기억만이 담겨 있다는 점이 흥미롭다. 명 사신이 남긴 시문이 『승람』 등을 통해 많이 회자되었던 점을 감안하더라도 명과 관련한 내용에 비할 때 이 책에는 청 사신이나 청과 교류한 것과 관련된 사적은 거의 수록되어 있지 않다. 명에 대한 지속적인 기억, 그에 대비되는 청에 대한 의도적 무시나 비중 저하를 읽을 수 있는 부분이다.


### 남별궁(南別宮)

남별궁은 남부 회현방에 있다. 지금 칙사를 접대하는 장소이다. 명설루(明雪樓)라는 누가 있다. 칙사 덕패(德沛)가 쓴 누각의 현판이 있다. 후원에 또 작은 정자와 돌로 만든 거북이 하나 있는데, 서울 사람들이 거북이 영험하다고 하여 가서 기도하기도 한다.

南別宮 在南部會賢坊 今之接待勅使之所 有樓曰 明雪樓 勅使德沛書樓額 後園又有小亭石龜一座 都人或謂龜靈 而往禱焉


안설: 남별궁은 『문헌비고』에 "세상에 전하길 이곳이 태종 때 부마였던 조대림(趙大臨, 1387~1430)의 집이었다고 한다"라고 하고 있다. 그러나 조대림이 비록 매우 광폭하긴 했어도 살아서는 종실의 일원이었고 죽어서는 추가로 시호를 받았으니, 살던 집이 적몰되어 관공서가 될 이치는 없을 것이다. 황당무계한 설이니 믿을 만하지 못한 것 같다.

안설: 『징비록』에 "1593년(선조 26) 4월 20일 경성이 수복되어, 명나라 군대가 도성으로 들어왔다. 제독 이여송(李如松)이 소공주택을 관사로 삼았는데, 바로 지금의 남별궁이다."라고 하였다.

안설: 『동사』에 다음과 같이 나와 있다. "선조대에는 의정부가 남별궁에서 참알례(參謁禮)를 행하였는데, 전란 이후 오래도록 폐하였다가 이때에 이르러 영의정이 행하게 하였으니, 사람들이 성대한 일이라고 하였다."

1778년(정조 2)에 예빈시를 옮겨서 남별궁 안에 두었다. 또한 명설루에는 칙사들이 지은 시가 많다. 남별궁의 동구에도 홍살문이 있는데, 그 제도는 아름드리 나무로 두 기둥을 세우고 위에는 가로지르는 나무를 두고 살 모양으로 장식하여, 모두 주칠을 한다. 그러므로 이름을 홍살문이라고 한다. 대개 중국에서는 사묘의 문 밖에 별도로 석문을 세우고, 그 이름을 방주(坊柱)라 하며, 이무기를 새기고 위에는 돌 현판 사묘의 이름을 새겨 장식한다. 또 행로를 살피도록 이 석문에 사방의 거리 수를 새겨 세우는데, 별도로 홍살문의 제도는 없다고 한다.

案 南別宮 文獻備考曰 世傳太宗朝駙馬趙大臨之第 而大臨雖甚狂暴[50] 生係禁腑 死㞢
易名 則必無居第沒入爲公廨之理 無稽之說 恐不可準信

又案 懲毖錄云 癸巳四月二十日 京城復 天兵入城 李提督如松 館於小公主宅 卽今之
南別宮也

又案 東史 宣廟朝 政府行參謁禮于南別宮 自亂後久廢 至是 領相行之 人謂盛事[止此]
正宗戊戌 移置禮賓寺于南別宮內 而明雪樓 多有勅使題詩 南別宮之洞口 亦有紅箭門
而其制立連抱巨木兩柱 上設橫格 裝箭扇 而并朱漆 故名紅箭門 蓋中國 則祠廟門外
別立石門 其名曰坊柱 刻螭龍 上裝石額 刻祠廟名 又行路斥堠 建此石門 書刻四距里
數 而別無紅箭門之制云耳

남별궁은 중구 소공동 87번지 일대 현 조선호텔 자리, 즉 대한제국 시기 환구단을 건립했던 장소에 있었다. 태종의 둘째 딸인 경정공주가 조대림과 혼인할 때 내린 집으로 소공주댁으로 불렸다고 한다. 저자의 안설에서는 조대림이 반역으로 몰린 것이 아닌데 집이 적몰될 리 없다 면서 소공주댁이었다는 내력을 불신하였으나, 실제로는 조대림 후손대 에 재산 다툼이 벌어지자 몰수된 것으로 추정된다.(『세조실록』 권39, 세조 12

---

50 원문에는 慕로 되어 있으나, 내용상 暴으로 바로잡는다.

년 6월 20일(기미)) 여타 공주궁이 많았을 것인데 유독 이 궁만이 소공주댁으로 불릴 정도로 위상이 있었던 것은 그만큼 격식과 규모를 갖추어 지었기 때문이다. 경정공주는 태종의 둘째 딸이었으나 태종이 즉위 후 처음으로 혼인시킨 자녀였고 조대림은 개국공신 조준의 아들로 상징적인 의미가 있었다.

이후 선조대에 이 집을 고쳐 인빈 김씨 소생인 의안군에게 하사하였다가 임진왜란 후 특별한 공간으로 사용하기 시작하였다. 임진왜란 때 궁궐과 주요 관서들이 소실되자 선조는 정릉동 행궁(현 덕수궁)에 머물렀는데, 정무를 보거나 국가의례를 행하기에는 행궁의 공간이 부족할 수밖에 없었다. 이에 정릉동 행궁 인근에 주요 시설들이 임시적으로 들어오게 되며, 주요 의례를 펼칠 수 있는 장소가 모색되는데, 그때 주목한 곳이 바로 정릉동 행궁 인근인 남별궁이었다. 한편 전란으로 도성 내 괜찮은 건물이 소실된 상태였기 때문에 본문에서 언급한 이여송을 비롯한 명의 장수들은 남별궁에 주로 머물게 되었다. 이와 함께 태평관이 전란으로 훼손되었기 때문에 사신도 이곳에서 접대하고 머물게 하였다. 장서각에 소장되어 있는 「소공동홍고양가도형」과 「사대부가배치도형」 등은 환구단 설치 이전의 남별궁을 보여주는 도면으로 추정되고 있다.(정정남, 2009b)

## 제천정(濟川亭)

제천정은 한강의 북쪽 언덕에 있었다. 경치가 아름답기로 소문이 나서, 매번 중국 사신이 노니는 장소였는데, 지금은 없어졌다. 또 옛날에

명 사신 예겸, 고윤, 진감, 장녕, 김식, 장성, 기순, 진가유, 동월, 왕창
의 여러 시가 있는데, 시에서 모두 누각이라 칭하였으니, 누각이 있었
음을 알 수 있다.

濟川亭 在漢江北岸 以名勝稱 每爲華使遊賞之所 今廢 而舊有天使倪謙高潤
陳鑑張寧金湜張珹祁順陳嘉猷董越王敞諸詩 詩皆稱樓 則可知有樓矣


안설: 『국조보감』에서 효종 13년 4월에 임금이 서교에서 농작물이 잘 자라는지를
살펴보려고 제천정에 임어하여 수전을 관람하였다고 하였다.

謹案 國朝寶鑑 孝宗十三年四月 上觀稼于西郊 御濟川亭 觀水戰

효종은 재위 기간이 10년이었으므로 위 서술은 오류이다. 임진왜란
이전에는 농작물 작황을 살핀 후 제천정에서 수전을 본 경우가 종종 있
어서 정확히 어느 왕대를 지칭하는지는 알 수 없다.


## 반송정(盤松亭)

반송정은 모화관 북쪽에 있다. 세상에 전하기를, "어떤 소나무가 용
트림하듯 구부러져 있어서 그늘이 수십 보에 달했는데, 고려 왕이 일찍
이 남경에 행차할 때 이곳에서 비를 피해서 이러한 명칭을 얻게 되었다.
우리 왕조 초에도 이 소나무는 여전히 있었다."고 한다.

盤松亭 在慕華館北 世傳有松蟠屈輪囷 可蔭數十步 高麗王嘗幸南京 避雨於
此 因名焉 本朝初 此松猶在云

## 낙천정(樂天亭)

낙천정은 살곶이[箭串]에 있다. 태종이 선위한 후에 이궁을 동교의 대산에 건설하며 정자를 짓고서 이름을 낙천이라 하였다. 변계량의 기문이 있다.

樂天亭 在箭串 太宗傳禪後 建離宮于東郊臺山 作亭 名曰樂天 有卞季良記文

❀

서울시 광진구 자양동에 터가 있고, 1991년에 복원한 정자가 있다. 태종은 선위 후 낙천정뿐만 아니라 창경궁 자리에 수강궁, 무악 아래 연희궁, 풍양이궁, 포천이궁 등 여러 이궁을 건설하였다.

## 화양정(華陽亭)

화양정은 낙천정의 북쪽 언덕에 있다. 태조가 도읍을 정하던 초기에 목장이었다. 1432년(세종 14)에 정자를 짓고 화양이라 이름 지었으니, 말을 돌려보내는 아름다움을 취하여 이름으로 지은 것이다. 유사눌(柳思訥, 1375~1440)의 기문이 따로이 전한다.

華陽亭 在樂天亭北岡 太祖定都之初 爲牧場焉 世宗壬子建亭 曰華陽 取歸馬之美名 有柳思訥記文別行

❀

서울시 광진구 화양동에 터가 있다. 「목장지도」(국립중앙도서관 소장, 허목 저, 1663년)를 보면 화양정이 표기되어 있다. '화양'은 화산의 남쪽을 이르는 말로 『상서』의 「주서」에서 "말을 화산의 남쪽으로 돌려보내다(歸馬于華山之陽)"에서 유래한 것이다. 이는 주 무왕이 천하의 패권을 쥐게 된 후 평화를 염원하며 전쟁에 동원했던 말을 화산의 남쪽에 모두 놓아주었다는 뜻이다. 화양정은 국가에서 설치한 목장이 전쟁이 아니라 평화를 위한 것임을 드러내는 상징적인 이름이었다.

## 칠덕정(七德亭)

칠덕정은 한강 아래 백사장에 있다. 세조가 여러 차례 행차하여 사열한 장소여서 이렇게 이름을 지었다. 중종 때에 칠덕정에 행차하여 열무하고 시신에게 명하여 '안불망위(安不忘危)'의 시를 짓게 하였다.

七德亭 在漢江下白沙汀 世祖屢幸閱所 因名焉 中宗朝 幸七德亭 閱武 命侍臣 製安不忘危之詩

'안불망위'는 편안할 때 위태로움을 잊지 않는다는 뜻으로 평상시의 열무를 강조하는 의미를 지닌다. 1534년(중종 29) 습진 후 시를 지었으며 김안로가 1등을 차지했다.(『중종실록』 권78, 중종 29년 9월 25일(무자))

### 망원정(望遠亭)

망원정은 양화도 동쪽 언덕에 있다. 원래 효령대군(孝寧大君, 1396~1486)의 희우정(喜雨亭)이었는데, 1484년(성종 15)에 월산대군(月山大君) 정(婷, 1454~1488)이 고쳐 짓고 망원정이라 이름 지었다. 매년 농사를 살피거나 수전을 관람할 때 항상 이 정자에 임어하였다. 1425년(세종 7) 임금이 서교에 행차하여 농사를 살필 때, 보리와 밀이 무성한 것을 보고 매우 기뻐하였는데, 효령대군의 새 정자에 올랐을 때 마침 비가 거세게 오니, 상이 몹시 기뻐하고 희우정이라는 이름을 내렸다. 명 사신 예겸과 동월의 시가 두 편 있고, 또 변계량의 「희우정기」와 신숙주가 쓴 편액이 있다.

望遠亭 在楊花渡東岸 本孝寧大君喜雨亭 成宗甲辰 月山大君婷改建 名望遠亭 每歲省農及觀水戰時 常御此亭焉 世宗七年 上幸西郊觀稼 見兩麥茂盛 欣然有喜 登孝寧大君新亭 時雨霈然 上喜甚 賜名曰喜雨亭 有天使倪謙董越兩詩 又有卞季良喜雨亭記 申叔舟所書額

서울 마포구 합정동에 터가 있다. 1925년 을축년 대홍수로 유실되었다가, 1987년에 정자 터를 발굴하고 1989년에 정자를 새로 지었다.

병선을 건조하고 이를 살펴보거나 수전을 실시하던 장소는 망원정 외에 용산강 쪽도 있었으나, 15세기 후반부터 용산강 쪽은 수심이 얕아 망원정 쪽에서 주로 수전이 행해졌다. 망원정은 배후에 있는 절두산 등의 경치가 좋아 중국의 사신이 자주 노닐던 곳이었으므로 예겸이나 동월의 시가 전해진다.

## 영복정(榮福亭)

영복정은 서강 북쪽 언덕에 있다. 양녕대군의 별장이었는데, 세조가 자주 행차하여 직접 '영복(榮福)' 두 자를 써서 정자의 편액으로 삼게 하며, '한평생을 영화롭게 살고 백 년 동안 복을 누리라(榮一世福百年)'는 여섯 자로 뜻을 풀어 내려주었다.

榮福亭 在西江北岸 讓寧大君別墅[51]也 世祖常臨幸 手寫榮福二字爲亭扁 以榮一世福百年六字釋其意 賜之

## 풍월정(風月亭)

풍월정은 안국방에 있다. 월산대군이 이 정자를 집의 서쪽 동산에 지었다. 성종이 친림하여 '풍월(風月)' 두 자를 내려 편액으로 삼게 하고, 시를 지어 문신에게 창화하게 하였다. 『여지승람』에 또 강희맹(姜希孟, 1424~1483), 이승소, 서거정, 성임의 '풍월정' 제영이 있다.

風月亭 在安國坊 月山大君構此亭于宅之西園 成宗親臨 賜風月二字爲扁 製詩 命文臣和之 輿地勝覽 又有姜希孟李承召徐居正成任風月亭題詠

---

51 원문에는 野로 되어 있으나, 내용상 墅로 바로잡는다.

풍월정은 원래 세종의 아들인 영응대군의 집터였는데, 월산대군의 풍월정이 되었다가 후에 선조의 딸 정명공주와 혼인한 홍주원의 집이 되었고 고종 때에는 안동별궁이 세워졌다.(『조선의 문화공간』1, 189쪽) 월산대군은 이곳에 풍월정을 짓고 각종 도서를 모아 섭렵하였다고 한다. 1477년(성종 8)에 성종이 어제 풍월정시를 내리고, 승지들이 화운하여 시를 올리게 하였는데, 풍월정시는 『승람』의 한성부편(권3) 제영조에 수록되어 있다. 『승람』에 수록된 대부분의 누정이 한강을 따라 있었으나 풍월정은 도성 안에 위치하며 당대 대단한 위용을 자랑하였다. 그러나 18세기에 이르면 이 저택을 유지하지 못할 정도로 가문이 영락한 상황이었다. 1784년(정조 8)에 정조가 문효세자를 책봉하고 진종(효장세자)의 영릉을 배알하고 오는 길에 월산대군의 사당을 지나며 봉사손을 불러 본 일이 있었다. 그런데 자손들이 낙향하며 저택을 지키지 못하고 풍월정 편액만 남아 있다는 사실을 듣고 호조에 명하여 집을 사서 돌려주라고 명한 바 있다.(『정조실록』권18, 정조 8년 8월 21일(갑진))

### 황화정(皇華亭)

황화정은 두모포 북쪽 언덕에 있었다. 연산군 때 이 정자를 지어서 노니는 곳으로 삼았는데, 반정 후에 제안대군 연에게 내려주었다. 지금은 없어졌다.

皇華亭 在豆毛浦北岸 燕山搆此亭 爲遊幸之所 反正後 賜齊安大君琄 今廢

## 독서당(讀書堂)

독서당은 한강 북쪽 언덕에 있었다. 옛날에 용산의 폐사였는데, 성종대에 고쳐서 당을 만들고, 홍문관에서 책을 읽는 곳으로 삼았다. 1515년(중종 10) 두모포 남쪽 언덕으로 옮겨 짓고 문사 중에 학업을 익힐 만한 사람들을 뽑았으니, 이에 문풍이 다시 진작되었다. 『문헌비고』에 "독서당은 임진왜란으로 없어졌다가, 1607년(선조 40)에 다시 설치하였는데, 1709년(숙종 35) 이후로는 다시 설치하지 못하였다"고 하였다.

讀書堂 在漢江北岸 舊龍山廢寺也 成宗朝 改搆爲堂 以作弘文館讀書之所 中宗十年移搆于豆毛浦南岸 選文士隷業 於是文風復振 文獻備考曰 讀書堂 因壬辰兵亂而廢 宣祖四十年復設 而肅宗己丑以後 不復設

안설: 『여지승람』에 다음과 같이 나와 있다. "1476년(성종 7)에 용산에 독서당을 짓게 하고, 호당(湖堂)이라 이름을 지었다. 세종대부터 집현전을 두어 아침저녁으로 다스리는 도리를 갈고닦게 하였는데, 또 전업으로 하지 않으면 안 된다고 여겨, 특별히 산사[곧 장의사]에 긴 휴가를 내려주어 편한 대로 독서하게 하니 인재가 흥성하였다. 1456년(세조 2)에 혁파하였다가, 성종이 즉위함에 이르러 먼저 예문관을 열어 집현의 제도를 회복하였다. 이에 이르러 조종고사에 따라 채수(蔡壽, 1449~1515), 허침(許琛, 1444~1505), 권건(權健, 1458~1501), 조위(曺偉, 1454~1503), 유호인(俞好仁, 1445~1494), 양희지(楊熙止, 1439~1504) 여섯 명에게 사가(賜暇)를 명하였으며, 또 김감(金勘, 1466~1509) 등 9인에게 장의사에 가서 독서하게 하고, 옹인(饔人)에게 음식을 대게 하고, 주인(酒人)에게 술을 대게 하였다. 또 중사를 보내어 여러 차례 물품을 내리셨다. 얼마 후 땅을 골라 당을 열게 하시었는데, 용산에 폐사가 있어서 이를 고치고 독서당이라는 이름을 내렸으니 이것이 호당이며, 이 선발에 들어간 것은 모두 명망이 높고 재주가 뛰어난 사람이었다.

성종대에 독서당에 수정배에 궁온을 내리시니, 관관(館官)에서 도금하여 술잔을 만들고서는, 받침에 '맑으면 흐리지 않고, 비면 받아들일 수 있다. 이 물건을 덕으로 여겨 저버리지 말 것을 생각하라.(淸不涅 虛能受 德其物 思勿負)'라고 새겼다."

김안로의 『용천담적기』에는 다음과 같이 나와 있다. "세종이 문치에 힘을 쓴 것이 여러 왕보다 뛰어나다. 1420년(세종 2)에 집현전을 두어 문사를 선발하여 확충하고, 문한만을 담당하게 하여 아침저녁으로 논의하고 생각하게 하니, 인재를 얻는 것이 여기에서 흥성해졌다. 집현전의 남쪽에 큰 버드나무가 있었는데 기사년과 경오년 사이에 흰 참새가 와서 둥지를 틀고 새끼를 낳았다. 수년 동안에 중요한 자리에 포열한 사람들은 모두 집현전에서 나왔다. 이를테면 정인지(鄭麟趾, 1396~1478), 이사철(李思哲, 1405~1456), 정창손(鄭昌孫, 1402~1487), 이계전(李季甸, 1404~1459), 안지(安止, 1377~1464), 김조(金銚, ?~1455), 김돈, 김구(金鉤, ?~1462), 김말(金末, 1383~1464), 신숙주, 권람(權擥, 1416~1465), 최항, 이석형(李石亨, 1415~1477), 윤자운, 어효첨(魚孝瞻, 1405~1475), 노숙동(盧叔同, 1403~1463), 양성지, 성임, 이극감(李克堪, 1423~1465), 김예몽(金禮蒙, 1406~1469), 노사신(盧思愼, 1427~1498), 한계희(韓繼禧, 1423~1482), 홍응(洪應, 1428~1492), 이승소, 이파(李坡, 1434~1486), 이예(李芮, 1419~1480), 강희안(姜希顏, 1418~1464), 강희맹, 서거정이 있고 나머지도 일일이 기록할 수가 없다."

謹案 輿地勝覽 成宗七年 命搆讀書堂于龍山 名曰湖堂 自世宗時置集賢殿 朝夕講磨治道 又以非專業莫克 特賜長暇於山寺[卽藏義寺[52]] 任便讀書 人材菀興 世祖丙子罷之 及上卽位 首開藝文館 復集賢之制 至是 歲月祖宗故事 命蔡壽許琛權健曺偉俞好仁楊熙止六人 賜暇 又命金勘等八人 就藏義寺讀書 饗人致餼 酒人致醴 又遣中使賜賞便蕃 仍擇地開堂 龍山有廢寺 改搆 賜名讀書堂 此謂之湖堂 而中是選 皆淸望峻選也

成宗朝 以水精杯賜宮醞于讀書堂 館官鍍金爲杯 臺銘曰 淸不涅 虛能受 德其物 思勿負

---

52 원문에는 土로 되어 있으나, 내용상 寺로 바로잡는다.

龍泉談寂記曰 世宗礪精文治 高出百王 庚子 置集賢殿 選文士充之 專任文翰 朝夕論
思 得人於斯爲盛 殿南有大柳樹 己巳庚午間 有白鵲來巢子 皆數年間 布列顯要 皆出
於集賢 如鄭麟趾李思哲鄭昌孫李季甸安止金銚金墩金鉤金末申叔舟權擥崔恒李石亨
尹子雲魚孝瞻盧叔同梁誠之成任李克堪金禮蒙盧思愼韓繼禧洪應李承召李坡李芮姜希
顏姜希孟徐居正 餘不可殫記云云

✿

『승람』에서 설명하는 독서당은 용산 쪽에 있던 남호 독서당을 말하는
것이며, 일반적으로 알려진 독서당은 동호 옥수동 쪽의 독서당이다. 연
산군 때 남호 독서당을 폐지한 후, 중종 때 동호 독서당을 건립하였다.
동호에 있던 독서당에서 열린 계회를 그린 「독서당계회도」(서울대학교 박
물관 소장, 보물 867호)가 유명한데, 1570년(선조 3) 이이, 유성룡, 정철 등이
참여한 계회를 그린 것이다.

본문에서는 『문헌비고』를 인용하여 독서당을 1709년에 폐지하였다고
하였으나, 실록에서 1709년 이후로 영조대에 이르기까지 독서당을 선
발하였던 것이 확인된다. 『증보문헌비고』(권38, 여지고 26 궁실 2)의 독서당
항목에서는 정조 때 혁파하였다고 하고 있는데, 실록을 볼 때 『증보문
헌비고』의 서술이 맞는 것 같다.

### 유하정(流霞亭)

유하정은 두모포에 있다. 원래 수진궁에 속한 관청이었는데, 1781년
(정조 5)에 규장각에 하사하여 여러 각신들이 노니는 명승으로 삼았다.

流霞亭 在豆毛浦 本壽進宮屬廨 正宗朝辛丑 賜奎章閣 以作諸閣臣選勝遊賞 之所

## 세검정(洗劍亭)

세검정은 창의문 밖 탕춘대(蕩春臺)에 있다. 1623년(인조 1) 인조반정 때 군사가 창의문을 통해서 들어왔으므로 세검정이라고 이름 붙였다.

洗劍亭 在彰義門外蕩春臺 癸亥反正時 軍由彰義門以入 故名洗劍亭

서울 종로구 신영동에 있다. 총융청을 이곳으로 옮기면서 군사들이 쉴 곳으로 만든 정자로, 1747년(영조 23)에 지었다. 원래의 정자는 1941년 화재로 타버렸고, 1977년 복원한 새 정자가 있다. 조선 후기에 명승으로 소문이 났으며, 정선이 그린 여러 종류의 「세검정도」가 전한다.

## 압구정(狎鷗亭)

압구정은 한강의 남쪽에 있으니, 상당부원군(上黨府院君) 한명회(韓明澮, 1415~1487)의 정자이다. 『추강냉화』에 다음과 같이 나와 있다. "상당부원군이 정자를 짓고 압구라고 이름을 붙이니, 자신의 공을 한충헌(韓忠獻)에 빗대어 벼슬을 사양하고 물러난다는 명예를 얻으려고 장차 강호에서 늙어가겠다고 한 것이다. 조정의 문사들이 다투어 서로 화운하니, 수백 편이 쌓였다."

狎鷗亭 在漢江南 卽韓上黨明澮亭子也 秋江冷話日 上黨搆亭 名日狎鷗 欲以
策功 擬韓忠獻 而得恬退之名 將辭老江湖 上作詩別之 朝廷文士爭相和韻 屢
數百篇

❀

　한충헌은 송나라의 정승 한기(韓琦)를 가리키는 것으로, 왕을 들어 세
우고도 권세를 등지고 산천에 묻혀 산 행적으로 유명한 인물이다. 압구
정의 예전 모습은 정선의 『경교명승첩』(간송미술관 소장) 중 압구정 그림을
통해 볼 수 있다.

## 정업원(淨業院)

정업원은 흥인문 밖 동망봉 아래 연미정동에 있으니, 곧 정순왕후(定
順王后)[단종왕비 송씨(宋氏, 1440~1521)]가 손위한 후에 머물던 옛터이다.
1771년(영조 47) 친히 '정업원구기(淨業院舊基)' 다섯 자를 써서 비석을
세우고, 또 '동망봉(東望峯)' 세 자를 써서 정업원의 맞은편 봉우리 돌 위
에 새기게 하였으니, 바로 왕후가 올라가서 영월을 바라보던 장소이다.

　淨業院 在興仁門外東望峯下燕尾汀洞 卽定順王后[端宗王妃宋氏] 遜位後所住
　舊基 英宗辛卯 親書淨業院舊基五字豎碑 又書東望峯三字 命鐫於院之對峯
　石上 卽后登臨望寧越之所也

안설: 지금의 정업원은 건물이 없고, 돌로 만든 바둑판 하나만 있다. 또 동대문 밖 관왕묘 앞에는 여자들이 채소를 파는 시장이 있는데, 민간에서 정순왕후가 정업원에 있을 때 채소 공급이 부족하니, 동교의 여인네들이 원 앞에 시장을 열어 채소를 공급한 것으로, 이후로 여자들의 채소 시장이 되었는데, 지금까지도 철거되지 않았다고 전한다. 『국조보감』에 1489년(성종 20) 인수대비(仁粹大妃, 1437~1504)가 불상을 조성하여 정업원에 보냈는데, 유생 이벽(李鼊) 등이 가져다 불살라 버렸다고 한다.

案 今之淨業院無屋宇 而有一石棋局 又今東門外關廟前 有女人賣菜市場 世傳定順王后在淨業院時 菜蔬乏供 東郊女人輩 爲設市場于院前 收供菜蔬 自此以後 女人菜場 至今不撤矣 國朝寶鑑曰 成宗二十年 仁粹大妃造佛像 送于淨業院 儒生李鼊等取以焚之

❉

　　정업원의 위치에 대해서는 논란이 있었다. 광해군대 이전까지 실록에 등장하는 정업원은 창덕궁 인근 지역을 가리키는데, 영조대 정업원구기 비석은 흥인문 밖에 세웠기 때문이다. 원래 정업원은 동망봉 아래가 아니라 창덕궁과 멀지 않은 곳에 있었으나, 몇 차례 폐지와 복설 과정을 거쳐 인수궁 혹은 인수원 소속으로 존재하다가 현종대에 인수원과 자수원을 철폐하면서 사라지게 되었다. 이후 영조는 단종비 정순왕후를 선양하기 위해 정업원의 터를 찾았는데, 당시 흥인문 밖의 봉우리를 동망봉이라 하고 이곳을 정업원 옛터로 비정한 것은 정순왕후의 봉사손인 정운희의 이야기에 따른 것이었다. 이에 대해 그간에는 정운희의 보고가 잘못되었다고 보았으나, 근래 장서각에 들어온 해주 정씨 가문의 고문서 등을 통해 그의 보고가 근거가 있었다는 사실이 밝혀졌다. 이에 따르면 정업원구기 비석이 세워진 인창방의 가사와 전답은 정업원의 스승으로부터 정순왕후가 물려받은 것으로서, 연산군대에 도성 안 정업원을 철폐하였을 때 정업원 비구니들이 이곳으로 옮겨가 거주한 바가 있다. 정순왕후가 주지로 있을 때의 정업원은 바로 이 인창방에 있었던 때이므로, 이에 근거하여 정업원구기 비석을 설립한 것이다. 이 비석은 현재 종로구 숭인동 청룡사 안에 전해지고 있는데, 청룡사의 설립 연원은 불분명하나 정업원구기 비석을 세울 당시에는 존재하지 않았다.(탁효정) '동망봉' 글자를 새긴 봉우리는 현재 파악되지 않는다.

## 자수원(慈壽院)

자수원은 예전에 북부에 있었으니, 비구니 절이다. 또 인수원(仁壽院)이 있었는데, 지금은 모두 없어졌다.

慈壽院 舊在北部 卽尼院也 又有仁壽院 今并無

안설: 『국조보감』에 다음과 같이 나와 있다. "1661년(현종 2) 부제학 유계(俞棨, 1607~1664)가 차자를 올려서 도성 안의 비구니 절 두 개를 모두 철거하기를 청하니, 임금이 성안의 자수원과 인수원 두 비구니 절을 철거하라고 명하였다. 영의정 정태화(鄭太和, 1602~1673)가 '예전부터 후궁 중에 늙고 자손이 없는 자는 비구니 절에 많이들 거처하였습니다. 윗대의 후궁도 나가서 거처하는 사람이 있으니, 이는 난처합니다'라고 하였다. 임금이 "지금은 없다"라고 하고는 예관에게 명하여 자수원에 가서 열성의 위판을 받들어 내오게 하고, 봉은사(奉恩寺)의 예에 의거하여 깨끗한 곳에 매안하게 하였다."

두 비구니 절의 사적은 대개 이와 같다. 지금 장동 장흥고 근처에 돌다리가 있는데, 자수궁교라고 하니, 예전 이 궁의 다리이다. 인수원 옛터는 상고할 수가 없다.

謹案 國朝寶鑑 顯宗二年 副提學兪棨上箚 請諸都城內尼院二 并撤毀 上命罷城內慈壽
仁壽兩尼院 領議政鄭太和曰 自前後宮之老而無後者 多住尼院 先朝後宮亦有出居者
此難處也 上曰 今則無有也 仍命禮官 詣慈壽院 奉出列聖位版 依奉恩寺例 卽令埋安
于淨地[止此] 兩尼院事蹟 蓋如此 而今壯衞長興庫近地 有石橋 曰慈壽宮橋 卽舊日此
宮橋也 仁壽院舊基未考

✿

자수궁은 태조의 아들인 무안대군 방번의 집을 하사하여 만든 곳으로, 선왕 사후 자손이 없는 후궁이 머무는 곳이 되었다. 자수궁교는 서울 종로구 옥인동 21번지 부근에 있던 다리로, 자수교, 자수궁다리, 수궁교, 자시궁교 등으로 불렸다. 인수원은 인수궁이라고도 불렸는데, 명종대에 정업원 자리에 고쳐 지은 것이어서 창덕궁 인근에 있었다. 그러나 조선 후기에는 정업원이 동대문 밖에 있다고 인식하였고 인수궁과 정업원을 별개로 알고 있었기 때문에 안설에서 그 터를 알지 못한다고 한 것이다. 현종대에는 자수궁과 인수궁 두 절을 폐지하고, 젊은 자는 환속하게 하고 늙은 자는 도성 밖으로 내쫓았으며 그 재목으로 학궁과 무관(武館)을 짓게 하였다.

안설: 우리나라의 정문(旌門) 제도는 외대문에 붙여 세우고, 주칠하고 글자를 새겨서 백분으로 채워 '충신 모대부 모공지문(忠臣某大夫某公之門)'이라거나 '효자 모대부 모공지문(孝子某大夫某公之門)'이라고 쓰는데, 이것은 당나라의 제도이다. 일찍이 목재 전겸익(錢謙益, 명말 청초 1582~1664)의 글을 찾아보니, "국가의 정문 제도는 당에서 처음 살펴볼 수 있는데, 오두(烏頭)로 장식한 양 기둥에 서로 거리가 1장이며,

흰색으로 벽을 칠하고, 그 양 모서리는 붉은색으로 칠하여, 보는 자들로 하여금 마음을 돌이켜 행실을 굳건히 하도록 하였다"고 한다. 우리나라의 정문도 대체로 중국의 제도를 모방하였음을 알 만하다.

경성 안 궁실의 제도는 사대부 집의 안채와 바깥채처럼 5칸의 솟을 대청에 6칸 나무 헌함으로 솟을 기둥의 외대문을 세우고 문 옆에 장랑을 줄지어 건설하여 노복들이 칸마다 거처하는데, 이를 대갓집이라고 한다. 성안의 이름난 집으로는 본래 팔대가를 칭하는데, 값이 누천 금에 이른다. 여항의 소민들은 감히 솟을대문은 세우지 못하고 작은 판자문을 설치한다. 또 궁의 대문은 세시에 쇠갑옷을 입은 두 장군상을 크게 그려 붙이는데, 한 명은 도끼를 들고 있고 한 명은 절(節)을 들고 있으니, 문배라고 부른다. 또 강사포와 오모를 쓴 작은 상을 중각문(重閣門)에 붙이거나 혹은 귀신 얼굴을 그려 문 시렁 위에 붙이기도 한다.

안설: 송민구(1019~1079: 북송의 학자)의 『춘명퇴조록(春明退朝錄)』에 "집에서 가지고 있는 『장도(章圖)』에는 '천문을 지키는 사람들은 쇠갑옷을 입었는데, 갈장군(葛將軍)은 정(旌)을 들고, 주장군(周將軍)은 절(節)을 든다'"고 하니, 지금 문배가 분명 갈장군과 주장군일 것이다.

사대부가의 대문 안에는 반드시 수레나 말을 타는 승석(乘石)이 있는데, 이것은 곧 『주례』의 '왕이 승석을 씻기를 행한다(王行洗乘石)'는 것이며, 또 『시경』에서 이른 '이 편편한 돌이여(有扁斯石)'라는 것이다. 『양승암집』에서 승석은 상마대라고 한다. 지금의 승석은 대문 안에 두는데, 주인이 만약 재상직에 임명되면 의정부의 녹사가 반드시 먼저 승석을 대문 밖으로 옮겨두니, 이렇게 해서 다른 손님들이 감히 상공의 집 안에서 말에서 내리지 못하게 하려고 한 것이다. 승석은 우리나라 이름으로 노둣돌[露石]이라고 한다.

또 『경도잡지』에 다음과 같이 나와 있다. "사대부의 집들은 문을 높고 크게 한다. 재상과 시종이 가마나 말을 타고 문을 출입할 때에 여러 노비가 일제히 '우~'라고 외치는데, '우'라는 것은 위이며, 아뢰는 이유는 모자가 문미에 부딪힐까 하여 고하는 것이다. 당 앞에는 전나무로 시렁을 걸어 매고 그 나머지는 호롱박, 일산,

나는 학 모양을 만드는데, 이것을 노송취병(老松翠屏)이라고 부른다. 당 안에는 기름 먹인 누런 종이를 까는데, 기름이 굳은 것처럼 매끄럽다. 그 위에 다시 골풀로 만든 수복자(壽福字) 자리를 깔고 화문이 있는 은낭(퇴침의 일종)을 둔다. 창은 여닫을 수 있는 만자 접창을 단다. 창호지에는 기름을 먹여 정결하기가 은물색 같으며, 밖을 내다볼 수 있게 유리를 끼워 넣는다. 또 여항에서 새로 설치한 흰색 판문에는 '경신년 경신월 경신일 경신시 강태공이 만들었다.(庚申年庚申月庚申日庚申時姜太公造)'라고 쓰는데, 대개 금이 목을 이기는 뜻에서 비롯된 것이다.

又案 我東旌門之制 附立於外大門 朱漆刻書塡粉 曰忠臣某大夫某公之門 孝子某大夫某公之門 此卽唐制也 嘗考錢牧齋文 曰國家旌門之制 昉於有唐 烏頭二柱 雙開一丈 圬以白 而赤其兩角 使觀者回心而悛行焉云 則我東旌門 蓋倣中國之制 此可知矣

京城內宮室之制 士夫家內外舍 五樑閣 六間木軒 而立高柱 外大門 門旁列建長廊 婢僕間間居之 此謂之大家舍矣 城中甲第 素稱八大家 而價至屢千金 閭巷小民 則不敢建高柱大門 而設小版門 又宮大門 歲時貼大畵金甲二將軍像 一持斧 一持節 謂之門排 又絳袍烏帽小像 則貼于重閣門 又或貼畵鬼頭于門楣上

案宋敏求春明退朝錄 家奉章圖 天門守衛 金甲人 葛將軍掌旌 周將軍節云 則今門排必是葛周二將軍也

士夫家大門內 必是上車馬之乘石 此卽周禮王行洗乘石也 又詩經所云有扁斯石也 楊升庵集 乘石謂之上馬臺[止此] 今之乘石 置於大門內 而主人若拜相職 則政府錄事 必先移置乘石于大門外者 以其他客無敢下馬於相公門內也 乘石 東俗名露石

又京都雜志曰 士夫第宅 高大其門 卿宰侍從 乘軒坐馬 出入門時 衆隸齊聲 白右 右者上也 白者慮其帽 礙於門楣而告也 堂前結樅棚引 其餘爲葫蘆傘蓋翔鶴之狀 號老松翠屏 堂內鋪油黃紙 滑如凝脂 再鋪龍鬚草壽福字席 置花紋隱囊 牖 設卍[53]字複囱遊移開

---

53 원문에는 七로 되어 있으나, 『경도잡지』(서울대 규장각한국학연구원 소장본, 가람 고
   951.053 y98)에 따라 卍으로 바로잡는다.

闔 糊紙着油蠟[54] 淨如泥銀色 嵌琉璃瞰外 又閭巷新設白板門 書庚申年庚申月庚申日庚申時 姜太公造 蓋取金克木之義也

✲

『승람』에는 궁실과 누정이 구분되어 있으나, 『한경지략』에서는 합쳐서 궁실로 서술하였다. 이 부분은 유형원의 『동국여지지』와도 통한다. 『동국여지지』의 범례에서는 누정 편목은 궁실로 들어가는 것이 맞는다고 하며 『대명일통지』에서도 이렇게 하였다고 하였다.

이 부분의 안설은 궁실편 전체에 해당하는 것으로, 각 궁실에서는 다루기 힘든 정문 제도나 한양 안 저택의 소소한 건축 형식, 인테리어 등을 설명하고 있다. 여기에서 저자는 중국 저자의 고증을 몇 가지 인용한다. 예를 들어 정문 제도와 관련해서 인용한 목재 전겸익이나 문배 도상과 관련해 인용한 북송대 학자인 송민구가 대표적이다. 두 사람의 글을 인용한 부분은 당대 조선 사회에서 너무나도 일반적이지만 그 근거는 정확히 알지 못한 채 인습해 오던 제도 혹은 풍속에 대한 것이다. 조선의 정문은 명이나 청에서 실시하던 것과도 너무나 달랐고, 문배의 경우엔 도상의 의미가 당대에는 이미 불분명했다. 이러한 부분을 고증하려고 했다는 점은 저자가 당대 풍속의 근거에 관심을 가졌음을 보여준다.

『경도잡지』를 인용하여 언급한 노송취병은 서술만 봐서는 그 형태가

---

54 『경도잡지』본에는 蠟이 없다.

정확히 그려지지 않고 글에 따라 번역도 조금씩 다르지만, 이는 흔히 송첨, 송붕, 붕가 등으로 불리던 처마장식을 가리킨다.(진경환, 2015)

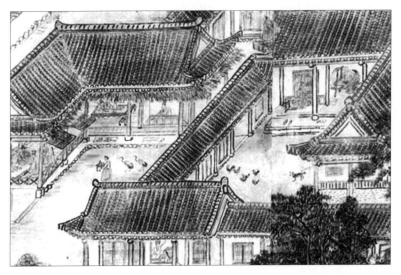

〈그림 12〉 김홍도, 「삼공불환도」(호암미술관 소장) 중 사랑채의 송첨 부분

# 11

# 궐내각사(闕內各司)

## 창덕궁내각사(昌德宮內各司)

○승정원(承政院)은 인정전 동쪽 연영문 안에 있다. 왕명의 출납을 관장한다. 이·호·예·병·형·공 6방 승지를 두었다. 승정원에는 누가 있는데, '육선루(六仙樓)'라는 편액이 있다.[또 '상서성(尙書省)', '은대(銀臺)'라는 두 편액이 있는데, 모두 이현석(李玄錫, 1647~1703)이 썼다]

정청에는 계자판(啓字版)을 봉안하고 있는데, 매일 새벽 여러 승지가 사진(仕進)해서 계판(啓板) 앞에 줄지어 앉아 해당 방의 문서와 사무를 맡아 처리하고 신시 후에 퇴근하는데, 승지 2원은 직숙한다.

주서 2원 및 사변주서 1원을 가주서라 하고 그 방이 원의 북쪽에 있

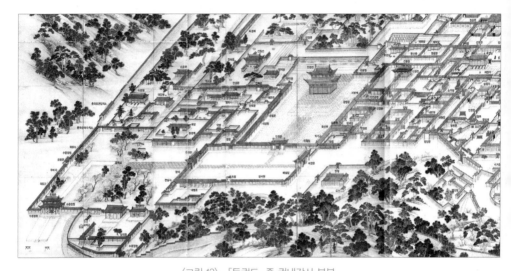

〈그림 13〉 「동궐도」 중 궐내각사 부분

창덕궁의 궐내각사는 인정전의 서쪽, 남쪽, 동쪽에 집중되어 있었다.

어서 당후(堂后)라고 한다.[편액은 서문중(徐文重, 1634~1709)이 썼다] 동루에는 '사선각(四仙閣)'이라는 편액이 있다.[이현석이 썼다] 당후의 동방은한림 겸 춘추가 거처하는 곳인데, '우사당(右史堂)'이라는 편액이 있다.[조명정(趙明鼎, 1709~1779)이 썼다] 또 '기거주실(起居注室)'이라는 편액이 있다.[정하언(鄭夏彦, 1702~1769)이 썼다] 주서직소방(注書直所房)의 북쪽에는 또 1칸짜리 작은 방이 있는데[속칭 곽방(槨房)이라고 한다] 곧 기주관이 사초를 보관하는 장소이다. 그러므로 다른 사람들은 감히 들어갈 수가 없다. 대루원(待漏院)은 금호문 밖에 있는데, 승지가 새벽에 와서 문 열 때를 기다리는 곳이다.

承政院 在仁政殿東延英門內 掌出納王命 置吏戶禮兵刑工六房承旨 院有樓

扁曰六仙樓[又有尙書省銀臺二扁額 并李玄錫書]

正廳 奉啓字版 每曉諸承旨仕進 列坐啓板前 句檢該房文書與事務 至申時後
公退 而承旨二員則直宿

有注書二員及事變注書一員 謂之假注書 其廳室在院北 故謂之堂后[扁額徐文
重書] 東樓扁曰四仙閣[李玄錫書] 堂后之東房 卽翰林兼春秋所居 扁曰右史堂
[趙明鼎書] 又扁曰起居注室[鄭夏彦書] 注書直所房北 又有一間小房[俗稱槲房]
卽記注官藏史草之所 故他人不敢入焉 待漏院在金虎門外 承旨曉來候門鑰之
所也

안설: 『문헌비고』에 다음과 같이 나와 있다. "1392년(태조 1)에 고려 시기 제도에 따
라 중추원에 도승지, 좌·우승지, 좌·우부승지 각 1원과 당후관 1원을 두었다.
1401년(태종 1) 도승지를 고쳐 지신사로 삼고, 승지를 대언으로 삼았다. 세조대에
관제를 개정하여 중추원을 나누어서[곧 지금의 중추부이다] 지신사 이하 관은 승정
원을 두어서 왕명의 출납을 관장하게 하였다. 도승지는 이방, 좌승지는 호방[이상
을 동벽(東壁)이라 칭한다], 우승지는 예방, 우부승지는 병방[이하는 서벽(西壁)이라 칭한
다], 우부승지는 형방, 동부승지는 공방이라 하여 각 1원이고, 주서는 2원으로 한
다.[참하로 새로 급제한 사람] 문제가 있으면 가관(假官)을 차정한다. 선조대에 사변가
주서 1원을 증치하여 비변사 및 국옥문서(鞫獄文書)를 오로지 관장하게 하였다. 예
전에는 승지 1인이 입직하였는데, 세조대부터 2인이 입직하게 하였으며, 1484년(성
종 15) 친히 왕우칭(王禹偁, 954~1001: 송의 명신)의 「대루원기(待漏院記)」를 써서 승정
원에 하사하였다. 숙종 때에 은배(銀杯) 한 세트를 하사하고 어제어필로 16자의 명
(銘)을 술잔의 가운데에 새겼다. 영조대에 친히 은배를 살펴보시고 마침내 어지(御
識)를 술잔의 대에 새기고 도금하게 하셨다."

『청창연담』에 다음과 같이 나와 있다. "백사(白沙) 이항복(李恒福, 1556~1618)이
여름에 은대에 입직하고 있다가 다음과 같은 절구 하나를 지었는데, 시의 기상이

매우 좋다.

　　깊은 방 찌는 더위에 기분이 답답한데 深室蒸炎氣鬱紆

　　꿈에 갈매기 백로 되어 맑은 호수에 목욕하니 夢爲鷗鷺浴淸湖

　　설사 겉몸이야 다른 것으로 변하더라도 縱然外體從他幻

　　이슬비에 한갓진 맘이 드니 바로 나라오 煙雨閑情却是吾"

인종대에 대소 공사는 관원들이 반드시 친히 계문하게 하였던 이 규례가 마침내 폐지되어, 승지에게 말로 전하면, 주서가 문자로 바꾸어서 계문하였다. 그 후에는 초기를 사용하였으니, 소차(疏箚)와 같은 것을 할 때와 같았다. 지금 『승정원일기』 에서 '모 승지가 모 사(司)의 모 관(官)의 말로 계문한다'고 운운하는 것은 모두 옛 규례가 남아서이다.

지봉 이수광은 '수령이나 변장이 배사(拜辭)하는 날에는 승정원에서 선유하는 것 이 관례였는데, 임진왜란 이후로는 이 규례가 폐지되었다. 내가 승지였을 때 승정 원에서 옛일을 회복하자는 논의가 있어서 글로 갖추어서 선유하였는데, 지금까지 도 이를 준수해 행하고 있다'고 하였다.

지금 관례에서는 수령이 사조(辭朝)할 때에 승정원의 계판 앞에 나아가 엎드려 먼저 수령 7사[농상흥(農桑盛), 호구증(戶口增), 학교흥(學校興), 군정수(軍政修), 부역균(賦役 均), 사송간(詞訟簡), 간활식(奸猾息)]를 외운 후에 승지가 선유한다.

안설: 승정원에 일기가 있는 것이 세조대부터 시작되었다. 세조대 이전에는 한림의 「시정기」만 있을 뿐이었다. 세종이 일찍이 사관이 일을 기록하는 것이 소략하다고 여겨 집현전의 학사에게 모두 사관의 직을 겸하게 하여 일을 기록하는 것을 넓혔 고 처음으로 주서가 기주(記註)하는 법을 세우며, '승지도 기록을 해야 한다'라고 교 하였다. 승지가 춘추관을 겸직하는 것은 여기에서 비롯된 것이다.

삭서(朔書)는 승정원에서 문신 중 통훈대부(정3품 품계) 이하로 마흔 살 이하 사 람을 초계하여 매달 초하루에 해서 및 전서로 시험을 보는 것으로서, 해서는 100자 를 채우고 해서와 초서를 덧붙여야 하며, 전서는 40자를 채워야 하는데 대전과 소 전은 상방대전 외에는 금한다. 2품 이상의 관원이 등수를 매기고 입계한다. 서른

살 이상 사람은 제3위 상까지만 주고 지필묵을 차등 있게 지급하였다. 승정원이 조례가 가장 많은데, 모두 50여 명으로 전명사령이라 한다.

謹案 文獻備考曰 太祖元年 因麗制 中樞院置都承旨左右承旨左右副承旨 各一員 堂後官一員 太宗元年 改都承旨爲知申事 承旨爲代言 世祖朝改定官制 分中樞院[卽今之中樞府] 知申事以下官 置承政院 掌出納王命 都承旨吏房 左承旨戶房[以上稱東壁] 右承旨禮房 左副承旨兵房[以下稱西壁] 右副承旨刑房 同副承旨工房 各一員 注書二員[參下新科人] 有故則差假官 宣廟朝 增置事變假注書一員 專管備邊司及鞫獄文書 舊制則承旨一人入直 自光廟朝定二人入直 成宗十五年 親寫王禹偁待漏院記 以賜承政院 肅宗朝 賜銀杯一具 以御製御筆刻銘十六字于杯心 英宗朝 取覽銀杯 遂刻御識于杯臺而鍍金 晴窓軟談曰李白沙恒福 夏入直銀臺 作一絶句曰 深室蒸[^55]炎氣鬱紆 夢爲鷗鷺浴淸湖 縱然外體從他幻 烟雨閒情却是吾 氣像甚好

仁宗朝大小公事 凡官必親啓 此規遂廢 以言傳于承旨 則注書翻以文字 啓之 其後乃用草記 如疏箚之爲 今政院日記書曰 某承旨以某司某官言 啓曰云云 蓋存舊規也

李芝峯晬光曰 守令邊將拜辭日 政院宣諭例也 壬辰亂後 此規廢 晬光爲承旨時 院中議復古事 搆成文字 而宣諭 至今遵行[止此]

今例守令辭朝時 進伏於政院啓板前 先誦守令七事[農桑盛 戶口增 學校興 軍政修 賦役均 詞訟簡 姦猾[^56]息] 後承旨宣諭

又案政院之有日記 始自世祖朝 而世祖朝以前 則只有翰林時政記而已 世宗嘗以史官之記事疏略 命集賢學士皆兼史職 以廣記事 始立注書記注之法 教曰承旨亦須記之 承旨之兼春秋 寔昉於此

朔書 文臣本院抄啓 通訓以下年四十以下人 每朔試以楷書及篆書 楷則滿百字 附眞草而篆則滿四十字 大小篆上方大篆外禁斷 令二品以上官 科次入啓 三十以上限第三賞

---

[^55]: 원문에는 羈로 되어 있으나, 『백사집』에 따라 蒸으로 바로잡는다.

[^56]: 원문에는 骨로 되어 있으나, 내용상 猾로 바로잡는다.

給紙筆墨有差 院中皁隷最盛 凡爲五十餘名 謂之傳命使令

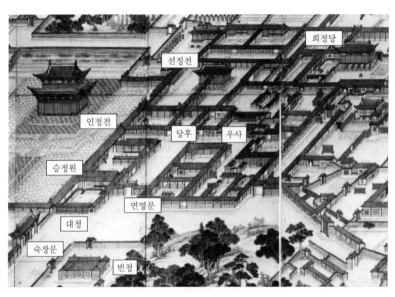

❋

원래는 승정원의 사변주서가 가주서인데, 본문의 문장 구조는 주서
와 사변주서를 모두 가주서라고 칭한다는 것처럼 되어 있어 오해의 소
지가 있다. 정식으로는 사변가주서라 칭하며, 선조대에 비변사 관계 업
무와 국옥문서를 담당하게 하기 위해 추가로 설치한 자리였다. 궁궐문
을 열고 닫을 때 일반 문은 선전관과 도총부 낭관이 그 자물쇠 개폐를

〈그림 14〉 「동궐도」에 표시한 승정원 주변 각사 배치(홍순민, 2016, 24쪽)

정전 동편 선정전 남편에 승정원과 빈청 등이 있었다.

담당하였다. 그러나 경복궁 영추문과 창덕궁 금호문 감독은 주서가 맡았다. 이는 이 두 문이 조관이 가장 많이 드나드는 문이었기 때문이다. 승정원은 유품관인 관원뿐만 아니라 조례도 많은 편인데, 실무 폭이 넓고 양이 많았기 때문으로, 유본예가 궐내각사 중 가장 첫머리에 승정원을 놓은 것은 그러한 중요도를 반영한 것으로 볼 수 있다.

승정원은 공간적으로도 대전 및 다른 각사와 밀접하게 연결되었다. 〈그림 14〉를 보면 북쪽으로는 편전인 선정전, 남쪽으로는 대청과 빈청 가까이에 있어 동선상 서로 쉽게 연결되었다. 또 동편 협양문으로 들어가면 제2 편전 역할을 했던 희정당으로 연결되었다.

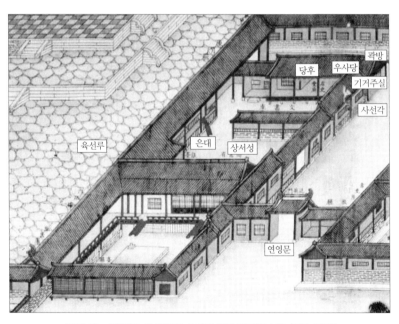

〈그림 15〉 「동궐도」에 표시한 승정원 전각 배치(홍순민, 2016, 30쪽)

승정원의 육선루는 승정원의 정청, 즉 공식적인 중심 공간으로 인식되었다. 규율도 엄격하여 도승지가 육선루에 있을 때는 하위 승지들이 관과 대를 착용하지 않은 채 육선루에 오를 수 없었다. 당후는 주서의 업무 공간으로 승지가 지은 글을 정서하는 등의 업무를 본 곳인데, 승정원 주서의 별칭으로도 쓰였다. 당후의 동편으로 이어진 우사당은 공간상으로는 승정원에 속하지만 사관이 주로 거주하고 업무를 보았던 곳이어서 엄밀히 말하자면 예문관 소속 장소이다. 그 공간의 동쪽 행각에 붙은 이름인 사선각에서 사선은 주서 셋과 한림 1원을 합쳐 이르는 말이었다. 기거주는 주서를 가리키는 말로 쓰여왔는데, 한림과 주서가 함께 임금의 언행을 기록했기 때문에 양자는 떼려야 뗄 수 없는 관계였다. 곽방에는 하번 한림이 쓰는 놋 벼루인 유연(鍮硯)을 대령하는 유연지기가 배치되어 있기도 하였다. 1888년(고종 25) 3월 8일 우사당에서 일어난 불로 이 일대가 큰 피해를 입었고 이때『승정원일기』도 상당 부분 소실되었다.(홍순민, 2016, 29~36쪽)

○내각(內閣)은 규장각이라고도 하고, 이문원이라고도 한다. 금호문 안 홍문관의 오른쪽에 있으니, 옛 도총부이다. 열조의 어제, 어필, 선원세보, 고명(顧命)과 현재 임금의 어진, 어제, 어필을 관장한다. 1779년(정조 3)에 내각을 설치하고 각신 6원 및 네 명의 검서를 두었으니, 이 원이 여러 날 숙직하는 곳이다. 정조 어필로 '이문지원(摛文之院)'이라는 편액이 있고, 또 전헌(前軒)이 있는데, '규장각학사지서(奎章閣學士之署)'라는 편액이 있다. 앞 기둥에 임금이 내린 특종과 특경을 두었는데, 종은

명나라 영락제 때 내려준 것이어서 영락종이라 한다. 또 임금께서 내리신 투호, 금슬(琴瑟), 은잔[銀㼐], 큰 벼루가 각 1개씩 있다. 옥등(玉燈)이 6매가 있는데, 마루 기둥에 나누어 달아놓았다. 뜰에는 동으로 만든 측우기가 있다. 건물이 웅장하기가 여러 관서 중 으뜸이다. 대유재(大酉齋)는 이문원의 북쪽에 있다.[편액은 각신 정지검(鄭志儉, 1737~1784)이 썼다] 누각이 있는데, 동이루(東二樓)라고 한다.[편액은 각신 정민시(鄭民始, 1745~1800)가 썼다] 소유재(小酉齋)[편액은 각신 이만수(李晚秀, 1752~1820)가 썼다]는 이문원의 왼쪽에 있으니, 검서관이 수직하는 곳이다.

內閣 名奎閣章 又名摛文院 在金虎門內 弘文館之右 舊都摠府也 掌列朝御製御筆璿譜世譜顧命當宁御眞御製御筆 正宗己亥 設閣 置閣臣六員及四檢書 此院爲豹直之所 正廟御筆扁額曰摛文之院 又有前軒 扁曰奎章閣學士之署 前楹置內賜特鍾磬 而鍾是明永樂時欽賜 故稱永樂鍾 又有御賜投壺琴瑟銀㼐 大硯各一 玉燈六枚 分掛廳梁 庭置銅測雨器 院宇之宏敞 甲於諸省 大酉齋在院北[扁額 閣臣鄭志儉書] 有樓 名東二樓[扁額 閣臣鄭民始書] 小酉齋[扁額 閣臣李晚秀書] 在摛文院之左 檢書官守直之所也

안설: 『규장각지』에 다음과 같이 나와 있다. "1779년(정조 3)에 규장각을 세워 송나라의 용도각(龍圖閣), 천장각(天章閣)의 제도를 모방하여 제학 2원, 직제학 2원, 직각과 대교 각 1원을 두었고, 또 검서관 4원을 두어 『일성록』의 초안을 잡는 일과 함께 『내각일력』을 찬수하고 교서, 사서, 차비관 등의 일을 주관하였다. 또 승문원의 문신 중에 참상, 참외 중 나이 37세 이하인[나이가 40인 사람은 면제한다] 사람을 뽑아서 초계문신이라 하고 내각에 소속시켜 매달 친림하여 강경과 제술을 행하고 그해에 계산하여 우열을 매겨 상벌을 주었다." 지금은 초계문신은 없다. 내각에는 각

신 1원 및 검서관 1원이 함께 입직하는데, 각신은 입직할 때에 홍문관의 고사에 의거해서 편한 옷을 입고 관을 쓰고 의자에 앉는 것을 허락하였다. 각신의 소패는 상아로 만들고 붉은 끈이 달려 있고 어서를 찍었다. 그러므로 소명이 있으면 감히 어길 수가 없었다. 직제학, 직각, 대교의 길을 안내하는 조례는 송나라 때 학사와 우리나라의 독서당의 예를 참고하여 흑첨건(黑尖巾)을 쓰고 주의(朱衣)를 입었으며, 금패(金牌)를 졌다. 각신이 이문원의 문을 들어설 때에는 주의(朱衣)를 입은 관리 한 사람이 앞에서 인도하는데, 이것도 송의 한림학사와 주의원리(朱衣院吏)가 짝이 되어 인도하는 예를 모방한 것이다. 무릇 경외에 동가할 때에는 각신 및 검서관에게 사복시 말을 주어 위병이 호위하는 수레의 주변에서 호종하게 한다.

안설: 내각을 설치한 초기에 내규장각의 동쪽 기슭 아래를 수리하였는데, 옛날 시사할 때 문을 걸어 잠그던 곳을 내각학사가 모이는 장소로 삼았다. 얼마 후 금원에 가깝다고 여겨서 영숙문 밖 국별장청(局別將廳)으로 이설하였는데, 지세가 기울어져 불편하다는 말이 많았다. 1781년(정조 5) 제학 유언호(俞彦鎬, 1730~1796)가 다음과 같은 차자를 올렸다. "내각을 설치한 것은 위로는 성모(聖謨)를 본받고 멀리는 용도각과 보문각을 모방한 것이며, 아래로는 인재를 기르고 가까이로는 독서당을 참고한 것이었는데, 영숙문 밖으로 원을 옮기면서는 그 직임은 너무 가까우나 땅은 주선하고 기거하기에 너무 멀어서 항상 안정되지 못하는 것이 있습니다. 이는 옮기지 않을 수 없는 것이니 진실로 옮길 만한 곳을 찾으십시오. 금중의 여러 관서 중에서 오직 도총부만이 옛것과 새것 두 장소가 있는데, 일찍이 이것도 그때그때 여러 번 옮긴 것입니다. 다만 도총부는 어첩이 봉안된 장소로 선대왕께서 일찍이 머무셨던 곳이라 신이 이 때문에 주저하고 있었습니다. 도총부의 전고를 찾아보니, 대체로 만수전 옛터에서 동소로 이전하였다가, 또 옛 부로 이전하여 경희궁과 창덕궁의 양 부가 무상하게 옮겨지는 데 이르렀으니, 어첩의 이봉은 오늘만의 일이 아닙니다. 또한 선조의 경진년(1760년, 영조 36)에 도총부에 어제를 게판한 것을 삼가 살펴보건대, 임진년(1712, 숙종 38)부터 갑오년(1714, 숙종 40)까지 제배하고 입직한 월일을 빠짐없이 써놓았습니다.[영조가 즉위하기 전 총관의 직을 거쳤다] 그

리고 숙종 때의 일기를 살펴보니 임진년부터 갑오년까지 시어한 장소는 모두 경희궁이었으니, 영조께서 일찍이 머무신 곳은 경희궁의 도총부이지, 창덕궁의 도총부가 아닙니다. 도총부를 옛 장소로 되돌리고 본원을 이곳으로 옮긴다면 양쪽이 다 사의에 맞을 수 있을 듯합니다."

임금께서 "청한 대로 실시하라. 이제 규장각과 도총부가 마땅한 장소에 있게 되는 것은 경이 옛일을 상고한 힘에 내가 의지한 바가 크다."라고 비답하시었다. 이어 이문원에 명하여 도총부로 옮기고, 도총부는 명정전 남쪽의 옛 부로 되돌려 놓았다. 1781년(정조 5) 3월 5일에 비로소 신 이문원으로 옮겼다.

대유재는 선대왕(정조) 때 새로이 건설한 것이다. 처음에는 이름이 없었는데, 임금이 선신에게 그 이름을 지으라고 명하셨다. 재(齋) 앞에 늙은 전나무 한 그루가 있었는데, 구불구불 서려 있어서 그늘을 만들어 그 아래 수백 명은 앉을 만했다. 이 전나무는 원래 촌은(村隱) 유희경(劉希慶, 1545~1636)의 정원에 있던 것이다. 옛날에 궁궐 담장 서편의 지대가 협착하니, 서쪽 담장을 늘려 축조하여 늙은 전나무가 마침내 금원에 들어오게 되었다.

소유재는 곧 선대 1795년(정조 19) 정월에 임금이 이문원에 임어하시고선 검서관의 숙직소가 협착하다 하여 본각에서 재력을 마련해서 옛 청의 옆에 고쳐 짓게 하신 것이다. 검서관 박제가가 그 공역을 감독하여, 그해 9월에 완성했다. 정면이 5칸, 측면이 2칸으로 판(板)으로 벽을 만들고 흙을 쓰지 않았다. 동쪽으로 금천에 임하여 누각을 만들고 개울을 끌어들여 연못을 만들었다. 북악을 등지고 남산을 서쪽에 두었으며, 물가에 아름다운 난간이 있어 매우 풍경이 좋았다. 상이 임어하여 밤을 보내신 후 어재실로 삼으셨고 소유재라 이름 지었는데, 검서관에게 수직하게 하였으므로 마침내 검서관이 숙직하는 곳이 되었다.

1826년(순조 26) 3월 효명세자가 대보단의 봉실(奉室) 춘향을 위해 소유재에서 재숙하고 예제로 '재숙 때 향을 태우며 춘추를 읽는다(齋宿燒香讀春秋)'는 5언 8운 율시를 지으셨다. 친히 써서 소유재 벽에 걸었는데, 지금 모각하여 걸어두었다.

내각 안에 측우기가 놓여 있는 석대에 각명(刻銘)이 있다.[비를 측정하는 기구가 생긴 것은 1442년(세종 24) 이었다. 동으로 틀을 만들었는데, 높이가 1척 5촌이고, 둘레 지름이 7촌이다. 서운관 및 여러 도와 군현에 두고, 비가 올 때마다 그 깊이를 재서 아뢰도록 하였다. 1770년(영조 46) 그 옛 제도를 얻어서 주조하여 창덕궁과 경희궁 두 궁 및 팔도와 양도(兩都: 강화와 개성)에 두었다. 그 그릇은 비록 작으나 세종과 영조가 홍수와 가뭄을 근심하던 정치가 담긴 것이니 중요하지 않겠는가. 상(정조)이 즉위한 지 6년째 되던 여름에 경기가 크게 가물어 기우제를 두루 지냈으나, 영묘한 감응이 아직 퍼지지 못하였다. 이에 우리 성상께서 몸소 자신을 책하고 구언하시며, 친히 우단(雩壇)에 제사하였다. 산개를 물리치고 곤룡포와 면복으로 납시어 한데서 밤을 지내고 이미 제사를 치르고서도 앉아 기도하며 아침을 기다리다가 동이 튼 후 대가를 잠시 멈추고 사형수 이하로 정상이 가벼운 자를 풀어주었다. 이날 서울의 사녀들이 우러러보고 감격하여 눈물을 흘리기에 이르러 "임금께서 백성들을 위하여 걱정하시는 것이 이와 같은데, 어찌 비가 내리지 않겠는가? 비록 비가 내리지 않더라도 백성들이 기뻐할 것이니 비 오는 것과 같다."라고 하였다. 해가 아직 지기 전에 과연 큰비가 내려 밤까지 1촌 2푼에 다다랐으니, 이는 진실로 우리 임금의 지성스러움에 감응이 온 것이었을 텐데도 도리어 충분히 적셔질 정도로 내리지 않을까 걱정하셨다. 내각에 명하여 주조한 측우기를 이문원의 뜰에 두고 살펴보게 하였는데, 비가 충분히 적셔질 정도로 내리자, 신 심염조(沈念祖, 1734~1783), 신 정지검에게 글을 쓰게 하셨으니, 모두 기쁨을 기록하기 위해서였다. 신들은 근신으로서, 아직 비가 내리지 않았을 때 반드시 먼저 우리 임금께서 백성을 위하여 근심하는 뜻을 알고서는 그 근심을 감히 같이하지 않을 수가 없으며, 이미 비가 내린 후에는 반드시 먼저 우리 성상이 백성을 위하여 기뻐하는 것을 알아서 그 기쁨을 같이하지 않을 수 없는 것이니, 이 기구는 임금과 백성의 근심과 기쁨이 배어 있는 것이다. 신들이 감히 공경하게 지켜 삼가 살피지 않을 수 있겠는가? 드디어 손을 모아 절하고 머리를 조아리며 명(銘)을 짓기를, "이 측우기의 푼촌을 살펴보아 저 전국 사정을 헤아려볼 수 있구나. 적으면 가물까 염려하고 많으면 홍수에 상할세라. 이로부터 계속 영원토록 오직 적당하기만을 바라노라."라고 하였다. 직제학 신 심염조가 하교를 받들어 짓고, 직제학 신 정지검이 하교를 받들어 쓰다]

종경가(鍾磬架)에도 각명(刻銘)이 있다.[각의 앞 기둥 왼쪽에 특경을 거는 대가 있어 걸어두었다. 종은 명의 영락제가 내린 것이며, 경은 1781년(정조 5)에 만든 것인데, 각의 오른편에 옮겨두었다. 특별히 내기(內器)를 내리셨으니 두 악기가 한곳에 걸리게 된 것은 대개 내각의 학사로 하여금 성조(聖朝)의 큰 뜻을 드날리고, 황명의 융성한 모범을 개연히 염두에 두어, 주선하는 사이에 몸소 맑고 밝게 하고 나태해지는 것을 막게 하여 덕의 빛남을 보려는 것이니, 감히 공경하지 않을 수 있겠는가? 1788년(정조 12)에 고경(古磬)이 성균관의 담에서 나오니, 임금이 그 일을 기이하게 여기시어 담당 관청에 기록하라 하시었고, 신 이병모(李秉模, 1742~1806)가 규장각의 관직을 맡고 있어 그에게 규장각의 특종과 특경에 명문을 쓰게 하시었다. 명(銘)은 다음과 같다. "(특경은) 구부려져 꺾여 있으니, 종종걸음으로 갈 때는 채제(옛 악장의 이름)를 연주하고, 걸어갈 때는 사하(옛 악장의 이름)를 연주한다. (특종은) 갱갱 종소리 굳세기 기용을 엄숙히 하고, 모두 대아(시경 편명)를 연주하는구나. 물고기 못에 뛰놀고, 새들은 하늘에서 높이 나는도다. 어찌 인재를 등용하지 않겠는가, 군자는 만년을 가도다." 직제학 신 이병모가 하교를 받들어 짓다]

유하정(流霞亭)은 두모포에 있다. 1781년(정조 5) 내각(內閣)에 하사하시어 3월과 9월에 국초에 신료들이 명승지를 골라 갔던 고사와 독서당의 고풍에 의거하여 유하정에 나가 노닐었다. 각료 중에 실직이 없는 자도 가서 머물며 독서할 수 있었다.

본각(本閣)에 길들인 학 한 쌍이 있었는데, 황해도 연안 땅에 관문을 보내어 들여온 것으로, 이문원 주방에 학의 사료가 있었다. 이문원 뜰에는 홰나무 한 쌍이 있었는데, 옛날 총관 이철보(李喆輔, 1691~1775)가 심은 것이다. 20년 전에 동편 한 그루가 말라 죽었는데, 내각제학 극옹 이만수가 그 자손이었기 때문에 어린 홰나무 한 그루를 보충하여 심었다.

謹案 閣志 正宗朝己亥 建奎章閣 倣宋龍圖閣之制 置提學二員 直提學二員 直閣待敎各一員 又置檢書官四員 主掌日省錄出草 并修內閣日歷 校書寫書差備官等事 又抄擇槐院文臣參上參外年三十七以下人[年四十八減下] 名曰抄啓文臣 屬于內閣 每月行親臨講製 比歲計畫 以優劣施賞罰 今則無抄啓文臣 閣中有臣一員及檢書官一員竝直 而閣臣則入直時 依玉堂故事 許以燕服 着冠坐椅 閣臣召牌 象牙製 紅綏 着御署 故凡有召命 不敢違召 直提學直閣待敎之前導早隸 參互於宋朝學士 及本朝湖堂例 戴黑尖巾 衣朱衣 荷金牌 以導閣臣入院門時 朱衣吏一人前導 此亦倣宋翰林學士朱衣院吏雙引之

例也 凡於京外動駕時 衛內閣臣及檢書官 給司僕寺馬扈從

又案設閣之初 有內奎章閣東岸下修葺 故試士時鎖院 以爲內閣學士會坐之所 旋以密

邇禁苑 移設於永肅門外局別將廳 然地勢傾仄 多言不便 辛丑 提學兪彦鎬 上箚以爲內

閣之設 上而虔奉聖謨 則遠倣乎龍圖寶文 下而儲養人才 則近參乎賢殿湖堂 至若移院

於永肅門外 其職太親 地太邃 周旋起居 常有不自安者也 此所以不得不移也 苟求其可

移處 禁中諸省 惟都摠府有新舊兩所 曾亦以時屢遷矣 第摠府卽御牒之所奉安 先朝所

嘗御 臣以是趑趄 取考府中故實 則蓋自萬壽殿舊基 移于東所 又移于舊府 以至慶熙昌

德宮之兩府 遷徙無常 則御牒之移奉 非今斯今也 且伏見先朝庚辰摠府 御製揭板 則歷

書自壬辰至甲午 除拜入直月日[英宗大王御極前 曾經摠管之職] 而考諸肅廟朝日記 自壬

辰至甲午 時御之所 皆在慶熙宮 則先朝所嘗御 則慶熙之摠府 非昌德之摠府 還之舊所

以本院移于此處 則可謂兩得其宜 上賜答曰 所請依施 今後閣與府 處所當處 予賴卿稽

古之力大矣 仍命摛文院 移接於都摠府 摠府還接於明政殿南之舊府 辛丑三月十五日

始移于新院矣

大酉齋 先朝時新建 初未有名 上命先臣名其齋 齋前有老樅一株 盤挐偃蓋 其下可坐百

人 此樅本是劉村隱希慶園中物也 舊時宮墻西邊地狹 故展築西墻 老樅遂入於禁苑矣

小酉齋 則先朝乙卯正月 上御摛文院 以檢書直所之狹窄 命本閣區劃財力 改建于舊廳

傍 檢書官朴齊家 董其役 是年九月告成 廣五間 縱二間 以板爲墻壁 不用土 東臨禁川

起<sup>57</sup> 引川爲池 背北岳 西南山 臨水雕欄 甚有風景 上臨御經宿後 因爲御齋室 名曰小

酉齋 命檢書官守直 故遂爲檢書官直所

今上二十六年丙戌三月 小朝邸下以奉室春享 齋宿于小酉齋 睿製齋宿燒香讀春秋 五

言八韻律 親書揭齋壁 今摸刻奉揭

閣中 測雨器所安 石臺有刻銘[測雨之有器 實昉於世宗二十四年 範銅爲之 高一尺五寸 圓

經七寸 置書雲規及諸道郡縣 每雨 尺其深以聞 先大王四十六年 得其舊制 鑄置昌德慶熙二

---

57 원문에는 起川으로 되어 있으나, 내용상 川起로 바로잡는다.

宮 及八道兩都 其爲器雖小 兩聖朝憂勤水旱之政在焉 顧不重歟 上之六年夏 畿甸大旱 圭璧
徧氣 靈應未普 於是我聖上責躬求言 親禱雩壇 屏繖蓋於御袞冕竟夕露處 旣將事 坐而待朝
曙後住輿 釋死囚以下情輕者 是日 都人士女瞻望感激 至有泣下曰 聖上爲民憂勤如此 豈不
雨 雖不雨 民悅之 猶雨也 日未晡 果大雨 及夜準一寸二分 此實我聖上至誠之所感 而猶憂
其未洽 命內閣鑄置測器於摛文院之庭 以候之 雨旣洽 命臣念祖臣志儉書 蓋志喜也 臣等近
臣也 其未雨也 必先知我聖上爲民之憂 而不敢不同其憂 旣雨也 必先知我聖上爲民之喜 而
不敢不同其喜 是器也 君民之憂喜係焉 臣等敢不敬守而謹候哉 遂拜手稽首 爲之銘曰 相此
分寸 度彼方輿 少固慮旱 多亦傷澇 繼玆萬年 惟適是禱 直提學臣沈念祖奉敎撰 直提學臣鄭
志儉奉敎書]

鍾磬架亦有刻銘[閣之前楹左 特磬架而追之 鍾是永樂欽賜 磬則當宁辛丑所成也 閣之移置
右按也 特宣內器而侈之 二樂器居一焉 蓋將使閣學士 祗揚聖朝弘軌 懷念皇明隆典 躬淸明
禁惰[58]僻於折旋周旋之間 于以觀德之華也 敢不敬歟 歲著雍古營出浐宮畔 上奇其事 命所
司識之 因以臣秉模 忝閣職 俾銘于閣之鍾磬 銘曰 句而折 趙朶齊而步肆夏 鏗而武 肅氣容
而偕大雅 魚在在淵 有飛戾天 退不作人 君子萬年 直提學臣李秉模奉敎撰]

流霞亭在豆毛浦 正宗辛丑 賜內閣 以三月九月 依國初臣僚選勝故事及湖堂古風 出遊
流霞亭 閣僚之無實識者 亦許往留讀書

本閣有馴鶴一雙 發關于海西延安地 以納故 院廚有鶴料 摛文院庭 有雙檜樹 舊時摠管
李喆輔所植 二十年前 東邊一株枯朽矣 內閣提學戾翁李晩秀 爲其孫故 補植稚檜一株

이 항목에서는 규장각의 직원에 해당하는 이문원, 대유재, 소유재와

---

58 원문에는 情으로 되어 있으나, 朴允默의『存齋集』(권1, 詩惰 內閣 鍾磬幷小序)에 따라
惰로 바로잡는다.

전각에 설치한 측우기, 특종, 특경 등과 관련한 내용과 글 등을 소개하고 있다. 이곳에서 키우던 학과 나무에 대한 이야기 같은 매우 구체적인 견문이 담겨 있어서 규장각에 대한 저자의 애정과 정보를 잘 볼 수 있다.

이문원 권역의 모습은 규장각 소장 『내각선사일록(內閣繕寫日錄)』에 자세하게 소개되어 있다. 이는 1795년부터 1798년까지 권계만이라는 인물이 규장각에서 『오경백편』의 초본을 경상감영에 내려보낸 후 목판으로 인출하여 하사받기까지의 과정을 상세하게 기록한 일기로서, 이 사람이 본 이문원의 모습이 매우 자세히 묘사되어 있다. 이에 따르면 이문원 권역으로 들어서면 대문 안쪽에 '내각' 편액이 걸려 있었고, 중문에

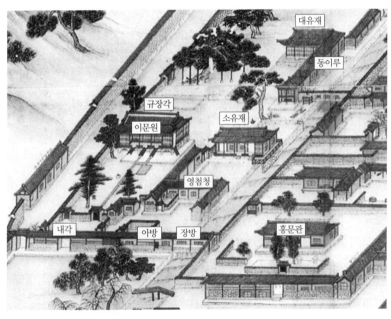

〈그림 16〉「동궐도」이문원 권역(조계영, 2011, 207쪽)

는 푸른 휘장이 드리워 있었다. 중문 위에는 '내각비부 비각속무득출입(內閣秘府非閣屬毋得出入: 내각은 비밀스러운 관서이니 소속 인원이 아니면 출입하지 말라)'이라는 현판이 걸려 있었다. 아방과 장방처럼 서리가 근무하는 서리청의 이름은 사호헌(司戶軒)으로 대문 옆으로 이어진 행랑에 있었다. 대유재에 연결된 동이루는 위는 누이고 아래는 서고인데 서책이 가득했다. 이문원은 영첨청과 떨어져 나란히 동서로 나뉘어 늘어서 있는데, 푸른 글씨의 '규장각학사지서' 편액을 걸었으며, 바깥 기둥에는 흰 글자로 쓴 '수교 수대관문형 비선생무득승당(受敎 雖大官文衡非先生毋得升堂: 수교-대관이나 문형이라도 규장각의 선배가 아니면 당에 오르지 못한다)' 현판과 금 글씨로 쓴 '수교 객래불기(受敎 客來不起: 수교-손님이 와도 일어나지 말라)' 현판을 걸었다. 두 기둥에는 종과 경을 매달았고, 내당에 옥등 6매와 정조 어필인 '이문지원' 편액을 걸었는데 푸른 비단으로 덮여 있었다고 한다.(조계영, 2011, 198~199쪽) 이러한 묘사는 『한경지략』 본문과도 일치한다.

규장각에 걸렸던 현판이나 주련은 여러 기관에 전해지는데, 이 중 본문에서도 언급한 '규장각학사지서' 현판은 서울대학교 규장각한국학연구원에 소장되어 있다. 규장각한국학연구원에는 이를 포함하여 총 9종의 현판이 소장되어 있는데, 이는 선원록을 봉안한 지방 사고의 선원보각과 이문원에 걸었던 현판이다. 이 외에 국립고궁박물관에도 규장각 관련 동일한 내용이 담긴 수교 현판이 소장되어 있는데, 규장각한국학연구원 소장 현판은 1781년 제작으로, 국립고궁박물관 소장 현판은 1850~1874년 사이 제작된 것으로 보고 있다. 소유재는 1783년 여름에 검서관이 수직하는 곳인 검서청이 되었는데, 이에 대한 이덕무의 「검서

청기』(『아정유고』 권3)가 전하고 국립고궁박물관에 그 현판이 전한다.(조계

영, 2011, 191~205쪽)

본문에서는 측우기, 특종, 특경 등에 대해서는 관련 시문을 소개하였

는데, 비슷한 시문을 당시 규장각에 근무한 여러 저자에게서도 발견할

수 있다. 예를 들어 박윤묵(1771~1849)은 규장각 서리로 정조대부터 규

장각에서 교정 일을 보았는데, 그의 문집인 『존재집』 권6의 내각 20영은

내각에 은사한 특종, 특경 등의 소재를 다루고 있으며, 권1에 수록된

시의 병서는 본문에서 언급한 종경가 병서의 일부 구절과 똑같다. 이는

심염조가 쓴 '측우기 서'를 이덕무가 공유했던 데서도 볼 수 있어서, 규

장각과 관련하여 작성한 기문들을 당대 혹은 후대 규장각 관직자들이

공유하였음을 알 수 있다.

유하정은 창덕궁 안에 있는 것이 아니며 궁실편에 누정의 하나로 수

록되어 있다. 그러나 내각 관련 내용이라 이곳에 다시 수록한 것으로

보인다.


○사옹원(司饔院)은 승정원 동쪽, 단양문 안에 있다. 임금의 수라와

궐내에 이바지하는 등의 일을 관장한다. 사옹원 분원이 광주(廣州) 땅에

있는데, 서울의 낭관이 나가서 자기를 구워온다. 또 어소(魚所)가 경강

행주 및 안산 땅에 있는데, 낭관이 가서 웅어, 밴댕이 등을 잡아서 윗전

공급에 충당한다.

司饔院 在承政院東端陽門內 掌御膳及闕內供饋等事 分院在廣州地 京郎官出

往 燔造瓷器 又魚所在京江杏洲及安山地 郎官往捕葦魚蘇魚之屬 以充供上

안설: 『주례(周禮)』의 선부(膳夫), 내옹(內饔), 헌인(獻人)의 직은 모두 「천관」에 속해 있다. 그러므로 사옹원도 지금 이조에 속해 있는 것이다. 영조가 즉위하기 전에 사옹원제조를 했으므로 지금까지도 사옹원 안에서 어첩을 받들어 봉안한다. 등극하신 후에 여러 차례 이 사옹원에 임어하시었다. '옛날을 추모하며 만 가지 회포를 써서 붙인다(追憶昔年懷萬書付)'라는 어필 계판이 사옹원 벽에 있다.

案 周禮膳夫內饔獻人之職 俱係於天官 故司饔院今屬於吏曹矣 英宗未御極之前 爲司饔提調 故 御牒至今尊奉于院中 登極後 歷臨此院 御筆揭板于院壁曰追憶昔年懷萬書付

○상의원(尚依院)은 단봉문 안에 있다. 임금의 의대(衣襨) 공급 및 내부(內府)의 재화, 금보 등의 물건을 관장한다. 1392년(태조 1) 고려 시기 제도에 따라서 공조서(供造署)를 설치하였다가 상의원으로 고쳤다.[김만기(金萬基, 1633~1687)가 기문을 썼다] 불면각(黻冕閣)은 상의원 동쪽에 있다.[경은부원군(慶恩府院君) 김주신(金柱臣, 1661~1721)이 각을 세웠다] 법복(法服)을 봉안한다. 1729년(영조 5) 어서로 쓴 '불면각(黻冕閣)'이라는 편액이 있고, 또 어제인 「창덕궁과 경희궁의 봉안각기(昌德慶熙之奉安閣記)」가 있다. 지금은 불면각에 계판을 봉안하고 있다.[경희궁 안 상의원에는 치미각(致美閣)이 있다]

尙依院 在丹鳳門內 掌供御衣襨及內府財貨金寶等物 太祖元年壬申 因麗制置供造署 後改尙衣院[金萬基撰記] 黻冕閣 在院東[慶恩府院君建閣] 奉安法服 英宗己酉 御書扁額曰黻冕閣 又有御製昌德慶熙之奉安閣記 今奉揭板于黻冕閣[慶熙宮內尙衣院則有致美閣]

안설: 1394년(태조 3) 명에서 면복구장(冕服九章)과 옥패(玉佩)를, 왕비의 주취칠적관

(珠翠七翟冠)과 하피(霞帔), 금추(金墜)를 칙사하였다. 1402년(태종 2)에 구장면복을 칙사하였으니, 옥규(玉圭), 현면(玄冕), 증의(繒衣)[오장(五章)을 그리니, 용, 산, 화(火), 화충(華蟲), 종이(宗彝)이다], 훈증상(纁繒裳), 대대(大帶), 백증중단의(白繒中單衣), 쌍패(雙佩), 홍수(紅綬), 백라방심곡령(白羅方心曲領), 훈선폐슬(纁繕蔽膝), 비말(緋襪), 비석(緋舃)이다. 1596년(선조 29) 왜란으로 파천하였던 때에 은사받은 고명(誥命) 및 면복을 잃어버려 사신을 보내어 면복과 고명을 칙사해 줄 것을 주청하니, "위를 섬기고 아래를 다스림에 모름지기 용의를 갖추어야 하니, 한(漢)의 위의를 회복하라"고 하였다.[59] 또 1625년(인조 3)에 고명과 면복을 칙사하였다.

　　謹案 太祖朝甲戌 皇明勅賜冕服九章玉佩 王妃珠[60]翠七翟冠霞帔金墜 太宗壬午勅賜九章冕服 曰玉圭 曰玄冕 曰繒衣[繪五章 龍山火華蟲宗彝] 曰纁繒裳 曰大帶 曰白繒中單衣 曰雙佩 曰紅綬 曰白羅方心曲領 曰纁繕蔽膝 曰緋襪 曰緋舃 宣祖丙申 倭亂播越之際 淪失恩賜誥命及冕服 遣使奏請 勅賜冕服及誥命 曰事上泣下 須此修容 復漢威儀 又仁祖朝乙丑 勅賜誥命冕服矣

✾

　본문에서는 태조대에 면복을 사여받았다고 하나, 이때는 명 홍무제 재위 기간으로 조선과 명의 관계가 원만하지 못하였기 때문에 명에서 면복을 사여하지 않아서 태조는 고려 공민왕이 받았던 면복을 그대로

---

59 본문이 너무 축약되어 있어 내용 이해가 원활하지 않다. 실록에 따르면 선조가 면복과 고명을 내려달라고 한 청에 대해 '위를 섬기고 아래를 다스림에 있어서 반드시 이런 용의를 갖추어야 하니 한의 위의를 회복하려는 뜻을 허락한다'는 의미이다.(『광해군일기』 권1, 광해 즉위년 2월 21일(무인) 소경대왕행장)

60 원문에는 朱로 되어 있으나, 내용상 珠로 바로잡는다.

착용하였다. 이는 『문헌비고』에 수록된 잘못된 정보로(『증보문헌비고』 권79, 예고26 장복 1 君服)『한경지략』, 『연려실기술』 등 후대 기록에 영향을 미쳤다. 조선 건국 후 처음으로 면복을 사여받은 것은 명의 건문제가 재위하였던 1402년(태종 2)이었으며, 건문제를 몰아내고 영락제가 즉위하자 1403년(태종 3)에 이를 반납하고 새로 사여받았다.

면복은 면류관과 장복을 합쳐 이르는 말로, 조선은 명의 친왕급에 해당하는 구류면과 9종의 무늬가 표현되는 구장복을 하사받았다. 명 황제는 12류면, 12장복을 착용하였다. 구류면은 9줄의 면류가 있는 관이며, 구장복은 상의에 5종, 치마에 4종의 무늬를 표현하였다.

옥규 이하 비석까지는 면복을 갖추는 데 필요한 요소들을 열거한 것이다. 증의라고 한 것은 두루마기형 옷을 의미하는 것으로 여기에 5종의 무늬를 그렸고, 훈증상이라고 한 것은 훈색 비단으로 만든 치마 형태의 옷으로서 앞자락 좌우 가장자리에 4종의 무늬를 수놓았다. 이를 합쳐 구장복이라고 한다. 중단은 훈상 안에 입는 받침옷인데, 여기에서는 흰색만을 언급하였으나 19세기에는 중단 색상이 분화되어 길례에는 흰색 중단을, 가례에는 청색 중단을 사용하였다. 말과 석은 붉은 비단으로 만들어서 적말, 적석이라고도 하는데 여기에서는 붉은 비단이라는 뜻으로 비말, 비석이라고 하였다.


○상방(尙方: 상의원)에서는 지금까지 전해지는 명의 옷 제도로 임금의 의복을 공급한다. 면복, 평천관, 강사포, 원유관, 익선관, 초피, 이엄은 모두 상의원에서 만들어서 들이지만, 곤룡포는 대내에서 만든다. 상

의원에는 침선비가 20명 있는데, 삼남 및 관동의 읍기(邑妓) 중에 뽑아 올려서 의장을 바느질한다. 상방의 은기는 옛 규례에는 연(燕) 땅에서 무역해 온 옥전사(중국 하북성 옥전현에서 나는 돌 분말)로 닦아서 깨끗하게 하는데, 급할 때는 시민에게 징색하니 몇 말 값이 거의 700~800금에 이르기도 하였다. 1727년(영조 3) 영원히 파하도록 명하여 시민의 폐단을 혁파하였다.

尙方 至今傳皇朝衣制 以供御服 而冕服平天冠絳紗袍遠遊冠翼善冠貂皮耳掩 竝自本院製入 而袞龍袍則自內製用 本院有針線婢二十名 以三南及關東邑妓 選上 以縫衣章 尙方銀器 舊例以燕貿玉田沙磨淨 急時 徵于市民 數斗之價 幾至七八百金 英宗丁未 命永罷之 以革市民之弊

○빈청(賓廳)은 연영문 밖에 있다. 대신과 비변사의 여러 재상들이 입시하거나 청대할 때 와서 모이는 장소이므로 빈청이라고 한다. 당의 이름은 비궁당(匪躬堂)이라 하는데, 서거정의 기문이 있다.

賓廳 在延英門外 大臣備局諸宰 入侍請對之時 來會之所 故謂之賓廳也 堂名 匪躬堂 有徐四佳居正記文

❋

빈청은 그 자체로는 독립된 관서나 관서 하위 기구는 아니고, 정무가 행해진 장소이다. 그러나 조선 후기 정치적 비중이 커진 비변사 소속의 고위 대신들이 모여 논의하는 장소가 되면서 궁궐 안의 정무 공간 중

위상이 상당히 높아졌다.

○대청(臺廳)은 승정원 서쪽에 있다. 사헌부와 사간원의 대간이 진계할 일이 있을 때 와서 머무는 장소이다. 이 청은 예전에는 온돌이 있었는데, 숙종대에 대관이 간쟁하는 것을 너무 숭상하여 몹시 추운 날에도 대청에 모여 앉아 논계하는 것을 그치지 않았다. 임금이 아주 싫어하여 마침내 온돌을 철거하라고 명하고 이 이후로는 마루만 설치하여 온돌이 없어졌다고 한다.

臺廳 在承政院西 兩司諸臺 凡有陳啓 來此住接之所也 此廳古有溫堗 肅宗朝 臺官多尙諫諍之風 雖祁寒來坐臺廳 論啓不已 上頗若厭之 遂命撤去溫堗 自此後只設板軒 而無溫堗云

대청도 빈청이나 정청과 마찬가지로 공식 관서라기보다는 장소에 해당한다. 『육전조례』(권2. 吏典 司憲府 詣臺)에 따르면 대청은 매일 새벽에 대사헌을 비롯한 관원이 모여 차를 마시며 이야기를 나누면서 일과를 시작하고 계를 전달하고 임금의 답변을 받는 장소이다. 본문에서는 승정원 서쪽이라고 했는데, 〈그림 17〉을 보면 창덕궁 승정원 남쪽, 숙장문을 지난 곳에 있었다.

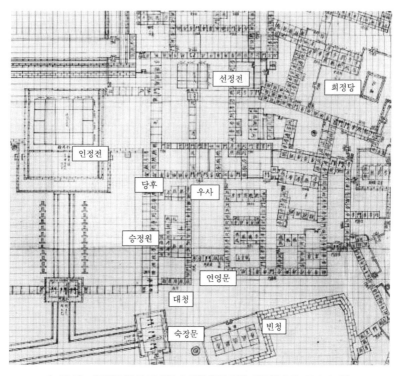

〈그림 17〉 「동궐도형」에 표시한 승정원 주변 각사 배치(홍순민, 2016, 25쪽)

19세기 말 제작된 것으로 추정되는 창덕궁과 창경궁의 도면이다.

ㅇ정청(政廳)은 연영문 근처 동쪽에 있다. 전관(銓官: 인사 담당 관리)이 인사 사무를 개시하는 장소이다. 빈청 옆에는 지금 우물이 있는데, 병조의 정청이 예전에 이 우물의 서쪽에 있었다가 지금은 없어졌다. 병조에서 인사행정을 할 때에는 매번 빈청의 서헌을 빌려서 행한다.

政廳 在延英門傍東 銓官開政所也 賓廳傍 今有井 而兵曹政廳 舊在此井西 今毀 每兵批有政則借行於賓廳之西軒

ㅇ향실(香室)은 인정전 서쪽에 있다. 여러 제향의 축문을 쓰고 봉향(封香)하는 일을 관장한다. 그 관원은 충의(忠義)라고 하는데 공신의 자손을 임명하며, 향관은 참하 문관으로 임명하는데, 이틀에 한 번 직숙한다.

香室 在仁政殿西 掌書各祭享祝文及封香 其官名忠義 以功臣子孫爲之 而香官則以參下文官爲之 更日直宿

안설: 남계(南溪) 박세채(朴世采, 1631~1695)가 일찍이 향실충의를 거쳤으며, 정승 상진(尙震, 1493~1564)이 향관으로 재상에 제배되었으므로 향실 선생 중에 지금까지도 일컬어진다.

案 朴南溪世采 曾經香室忠義 尙政丞震 以香官拜相 故香室先生中今稱道

향실은 중국에는 없는 제도로, 세종 때 이후로 친제가 아니더라도 임금이 향과 축문을 전하는 관례를 수립하면서 성종 때 향실을 별도로 만들었다.(홍순민, 2012, 192쪽) 현재 인정전 서쪽 행랑에 향실 현판이 걸려 있다. 유본예는 사묘편에서 이곳에 소장된 문적을 본 적이 있다고 하였는데, 향실이 교서관 소속 관청이어서 이곳과 연이 있었던 것으로 보인다. 특히 향실을 거쳐간 인물 중 유명하거나 고위직을 겸한 인물을 찾은 것은 이러한 관심에서 비롯한 것으로 보인다.

ㅇ홍문관(弘文館)은 내의원 서쪽, 내각의 동쪽에 있다. 내부(內府)의

경적 및 문한을 다스리고 고문에 대비하는 일을 관장한다. 옥당(玉堂)이라고도 하니, 사헌부, 사간원과 함께 삼사라고 칭한다. 1478년(성종 9) 영사, 대제학 이하 관원 20원을 설치하고 이틀에 한 번 숙직하여 경사(經史)를 시강하게 하였다. 봉교 이하 8원은 오로지 기주(記注)와 사명(詞命)의 일만 관장한다. 옥당에는 영조 어필인 '학사관(學士館)'이라는 제액이 있고, 또 팔분서로 쓴 '옥당(玉堂)'이라는 제액이 있으니, 이것은 김진규(金鎭圭, 1658~1716)의 글씨이다. 기둥에 옥등 4쌍이 걸려 있고, 또 어사 은배(銀杯)가 있다.

弘文館 在內醫院西內閣東 掌內府經籍及治文翰備顧問 名曰玉堂 與憲府諫院 稱三司 成宗九年 設置領事大提學以下官二十員 更日直宿 侍講經史 奉教以下八員 專掌記注詞命之事 玉堂有英宗大王御筆題額曰學士館 又八分書玉堂 則金鎭圭筆也 樑懸玉燈四雙 又有御賜銀杯

안설: 『여지승람』에 "홍문관은 창덕궁 도총부의 남쪽에 있으니, 예전의 사인사(舍人司)다"라고 나와 있는데, 의정부가 인정전 서쪽에 있다고 하였으니, 사인사도 분명 가까운 곳에 있었을 것이므로 지금 옥당 자리가 틀림이 없을 것이다. 인정전 서쪽

〈그림 18〉 옥당 현판(국립고궁박물관 소장)

김진규 글씨의 '옥당' 현판이 국립고궁박물관에 소장되어 있다.

의 의정부는 언제 폐지되었는지 알 수 없으나, 사인사가 빈 관청이 되었으므로 옥당을 두었을 것이다. 옥당은 지금 내의원과 구역 하나를 사이에 두고 이웃하고 있다. 정조대에 일찍이 하교하시기를 "홍문관을 내국 가까이에 설치한 법의 의도는 기거(起居)의 의절에 참여하여 알게 하기 위한 것이었다"라고 하셨다.

안설: 지금 내의원 북쪽, 선원전 남쪽에는 층루 4칸이 있는데, 나이 많은 이서들에게 물어보니 이것이 예전 홍문관의 누각인 등영루(登瀛樓)로서 학사들이 노닐던 장소였는데, 지금 홍문관으로 이설한 후로는 이 누각이 비게 되었다고 하였다.

세조대에 양성지가 "고려 숙종 때 비로소 경적을 소장하기 시작하였는데, 그 도장 글 중 하나는 '고려국14년엽 신사세 어장서 대송건중정국원년 대요건통9년(高麗國十四年葉 辛巳歲 御藏書 大宋建中靖國元年 大遼乾統九年)'이라고 되어 있고, 하나는 '고려국 어장서(高麗國御藏書)'라고 되어 있습니다. 숙종대부터 지금까지 363년인데도 찍은 글이 마치 어제 한 것 같습니다. 지금 내장서 만 권은 그때부터 소장되어 전해온 것이 많습니다. 청컨대 지금부터 장서 뒷면의 도장은 '조선국 제6대 계미년 어장서 대명천순칠년(朝鮮國第六代癸未年御藏書 大明天順七年)'이라고 해서로 쓰고, 앞면에는 '조선국 어장서(朝鮮國御藏書)'라고 하고 전서로 쓰게 하시어 두루 여러 책에 찍어 만세토록 보이도록 하십시오. 또 여러 대에서 내각에 소장하게 했으니 홍문관이라 하여 대제학 등의 관원을 두고, 예문관을 겸하여 차정하시어 출납을 관장하게 하십시오."라고 건의하니 세조가 이를 따랐다. 비서(秘書)들은 옛 동궁의 동편 작은 방[살펴보건대 지금 춘방 장서각이 이것이다]에 소장하게 하고, 홍문관이라 이름 지었으며, 예문관의 봉교 이하로 박사를 겸하게 하였고, 저작은 정자가 관장하게 하였다. 1504년(연산군 10)에 홍문관의 이름을 진독청(進讀廳)으로 바꾸고 관원을 혁파하여 예문관 관원으로 겸하게 하였다. 중종이 원래대로 복구하였다. 눌재 양성지는 우리 동방의 박아하고 유식한 유신으로 앞장서서 홍문관을 두기를 청하였으니, 정조대에 규장각을 창설한 것은 바로 눌재의 의논이었다. 선대에 특별히 그 문집을 간행하라고 명하였고, 또 그 후손인 양주익(梁周翊, 1722~1802)을 찾아서 관직이 참의에 이르게 하여 그 오랜 공로에 보답하였다.

안설: 『문헌비고』에 다음과 같이 나와 있다. "장유(張維, 1587~1638)가 '대제학에게 는 주문연(主文硯)이 있어서 교체되면 서로 전수하니, 선가(禪家)에서 의발을 전수 하는 것과 비슷하다'고 하였다. 어숙권(魚叔權)이 기록한 바에 따르면, 홍문관에 예 전에 큰 돌로 만든 벼루가 있어서 장서각에 소장하고 있다가 대제학이 옥당에 들 어와 여러 학사의 시험작에 과차(科次)를 매길 때마다 꺼내서 썼다고 하였다. 그러 다 남곤(南袞, 1471~1527)이 문장을 주관함에 이르러 별도로 큰 벼루를 만들어서 집 에 두고 있다가 문형이 교체될 때 이행(李荇, 1478~1534)에게 전해주었다고 하였는 데, 이것이 지금까지 관례가 되었다고 하였다." 우리나라의 당하관들은 명을 내려 부를 때 모두 분패(粉牌)를 쓰는데, 사간원과 사헌부만이 홍패(紅牌)를 쓴다. 영조 대에 옥당도 양사에 의거하여 홍패를 사용하도록 명하였다. 홍문관의 전도조례(前 導皂隷)를 인배(引倍)라고 하며, 청포반비의(青布半臂衣)를 입고 흑포소건(黑布小巾)을 쓰며, 두건 뒤에 한 쌍의 흰 눈을 붙이고 경연청납패(經筵廳鑞牌)를 지고 다닌다.

案 輿地勝覽 弘文館在昌德宮都摠府之南 卽古舍人司 而議政府在仁政殿西云 則舍人 司必居相近 爲今玉堂之地 不誣矣 在殿西之議政府 未知何時廢 而舍人司爲空廓 故應 置玉堂耳 玉堂今與內醫院隔隣 而正宗朝嘗下敎曰 玉署之隣接內局設置法意 欲使參門 起居之節也

又案 今內醫院之北 璿源殿南 有層樓四間 聞於年老吏胥 則此卽昔日弘文館之樓 號曰 登瀛 學士遊賞之所 而自移設於今弘文館後 此樓遂空廢云

世祖朝 梁誠之建言 前朝肅宗始藏經籍 其圖書之文 一曰高麗國十四年[61]葉 辛巳歲御 藏書 大宋建中靖國元年 大遼乾統九年 一曰高麗國御藏書 自肅宗至今三百六十三年 印文如昨 今內藏書萬卷 多其時所藏而傳之者 乞今藏書後面圖書 稱朝鮮國第六代癸 未年御藏書 大明天順七年 以眞字書之 前面書 稱朝鮮國御藏書 以篆書之 遍著諸書 昭示萬世 又諸世所藏內閣 名曰弘文館 置大提學等官 以藝文館兼差 俾掌出納 世祖從 之 命藏秘書于舊東宮之東偏小室[案 今春坊藏書閣是也] 號弘文館 以藝文奉敎以下兼

---

61 『세조실록』(권30, 세조 9년 5월 30일(무오))의 해당 기사에는 年이 없다.

博士 著作正字以掌之矣 燕山甲子 改號本館爲進讀廳 仍革官員 以藝文館官員兼之 中
宗復初舊 梁訥齋誠之 我東博雅有識之儒臣也 首請置弘文館 正宗朝創設奎章閣 寔從
訥齋之議也 先朝時 特命刊行其文集 又求其後孫梁周翊 官至參議 以酬其舊功

又案 文獻備考 張維曰 大提學有主文硯 遞相傳授 以擬禪家衣鉢 魚叔權所記 玉堂舊
有大石硯 藏于藏書閣 每大提學入玉堂 科次諸學士課作 則出而用之 及南袞主文 別作
大硯 而置諸家及遞文衡 傳于李荇 至今爲例 國朝堂下官 命招皆用粉牌 而惟臺閣用紅
牌 英宗朝 命玉堂 亦依兩司 用紅牌 弘文館前導皂隸曰引倍 着靑布半臂衣 戴黑布小
巾 貼雙白眼於巾後 荷經筵廳鐵牌以行

　　장유는 자기 대에까지 이른 주문연의 고사에 대해 다음과 같이 기록
하였다.

　　남곤이 이행에게 전해주었던 주문연은 몇몇 문형을 거치는 중에도 계
속 이행의 집에 머물러 있다가 정사룡이 대제학이 되었을 때 그 부인이
남편의 뜻이라고 하며 보내주었다고 한다. 그 뒤로 이이첨에게까지 전해
내려왔는데, 이이첨이 패몰하면서 벼루도 사라졌다. 이후 신흠이 문형을
맡으면서 안동의 마간석을 가져다 예전 모양과 같은 벼루를 다시 만들
어 김류를 거쳐 자신에게까지 이르렀는데, 1633년 장유가 문형을 그만두
면서 이 벼루를 최명길에게 전해주었다고 한다. 이 벼루를 전할 때에는
전하는 자가 시를 지어 벼루와 함께 보내고 받는 자가 화답하는 시를 보
내는 것이 관례였다고 한다.(『계곡만필』 권2, 만필 主文硯故事)

　　『증보문헌비고』에는 임진왜란 때와 고종대 당대 사정이 추가로 실려
있다. 주문연은 이덕형에까지 이르렀다가 임진왜란 때 유실되었다. 그

러다 명군이 이것을 항아리 고임돌로 쓰는 것을 우리나라 사람이 우연히 발견하고 돌려받아 홍문관에 두었다고 한다. 신흠이 다시 만든 벼루는 전심연(傳心硯)이라고도 했다고 한다.(권229, 직관고 16 총론관제)

○예문관(藝文館)은 인정전 서쪽에 있는데, 향실과 서로 연결되어 있다. 사명(辭命)을 짓는 일을 관장한다. 그 관원 중에 검열 2원이 있는데, 상번·하번 한림이라고 칭하며, 하번이 수사(修史)의 직임을 맡아서 예문관에 입직한다. 1738년(영조 14) 예문관에 친림하시어 특별히 '대공사필(大公史筆)' 네 자를 써서 시렁에 걸었다. 또 1767년(영조 32) 친히 '창수고풍(刱守古風)' 네 자를 써서 예문관 안에 걸었다. 이때 일찍이 한림을 거친 신하 네다섯에게 명하여 선배와 후배의 고사를 찬수하게 하였다.

藝文館 在仁政殿西 與香室相連 掌製撰辭命 其官中檢閱二員 稱上下番翰林 而下番爲修史之任 直于此館 英宗十四年 親臨藝文館 特書大公史筆四字 揭于楣 又三十二年 親書刱守古風四字 揭于館中 是時 命曾經內翰四五臣 修明先後進故事

**안설:** 예문관은 『여지승람』의 최항의 「사연서(賜宴序)」에 다음과 같이 나와 있다. "1511년(중종 6) 의정부 및 이조에 명하여 문학사 15인을 뽑아서 예문관을 겸임하게 하고, 자기 관사의 업무가 한가하면 예문관에 와서 서로 학문을 갈고닦게 하였다. 경연에서 보관하고 있는 책을 자유롭게 살펴보아 널리 다스리는 바탕으로 삼게 하고, 매달 문장을 주관하는 대신과 예문관 대제학이 모여서 읽은 책을 강하게 하였다. 또 글제를 내어 제술하라고 하여 등급을 매겨서 위에 아뢰었는데, 이렇게 매달 두 차례씩 하게 하고, 그해 설달에 가서는 1년 성적의 우열을 통틀어 상고해

서 그중 가장 좋고 나쁜 자를 승진 혹은 출삭하게 하였다." 정조대에 내각에 초계문신을 두어 매달 친림하여 시험을 본 것은 대체로 이 제도를 취한 것이다.

『지봉유설』에 "한림원에서 앵무배(鸚鵡杯)를 행하는 것은 대체로 옛일인데 무슨 의미인지는 알지 못한다. 앵무배는 곧 앵무소라이다."라고 하였다.

검열에게는 유연직동자(鍮硯直童子) 4명이 있는데, 십여 세 정도에 용모가 괜찮은 아이를 뽑아서 도포를 입히고 놋쇠로 만든 벼루 하나를 들고 따라다니게 한다.

案 藝文 輿地勝覽 崔恒賜宴序云 中宗六年 命政府及銓曹 抄選文學士十五人 令帶藝館 本司務開 輒就本館 相與講磨追琢 經筵所藏篇簡 亦許隨意考閱 以資博治 每月主文大臣本館大提學 會坐講所讀書 又命題製述第之以聞 如是者月二次 比歲季通考優劣而陞黜其尤者云

正宗朝 置內閣抄啓文臣 每月親臨課試 蓋取此規也 芝峯類說云 翰林院行鸚鵡杯 蓋故事也 然不知何義 鸚鵡杯卽鸚鵡螺也[62][此此] 檢閱有鍮硯直童子四名 選年十餘歲貌美者 着道袍 持鍮硯一方 而隨行

본문에서 『지봉유설』을 인용하여 언급한 앵무배는 자개로 만든 앵무새 부리 모양의 술잔을 말한다. 앵무배, 혹은 앵무잔으로 술을 마시는 것은 고려가요 「한림별곡」에도 등장할 만큼 유서가 깊은 것이었다. 경기체가의 대표작으로 꼽히는 「한림별곡」의 제4장에는 유명한 술을 앵무잔과 호박배에 가득 부어 권해 올리는 광경이 어떠하겠냐는 부분이 나온다. 조선 전기에는 연회에서 「한림별곡」을 부르며 노는 일이 자주 있

---

62 『지봉유설』(권19, 服用部 器用)에는 '按鸚鵡海中螺也'라고 되어 있다.

었으며, 성종대에는 임금이 술과 앵무잔을 승정원과 홍문관에 하사하면서 「한림별곡」을 언급하며 한림들에게 술잔을 돌려 많이 마시고 헤어지라고 한 적이 있다.(『성종실록』 권111, 성종 10년 11월 14일(을미)) 조선 전기에는 이처럼 「한림별곡」의 가창과 그 상징을 이용한 앵무배 음주의 전통이 꽤 유행하였다. 그러나 17세기 이수광의 시대에는 앵무배와 「한림별곡」 가창 같은 연회의 상징과 전통이 단절되었기 때문에 그 유래를 이해하지 못했던 것으로 보인다.

○춘추관(春秋館)은 시정기를 관장한다. 1392년(태조 1) 고려 제도에 따라 예문춘추관을 두었다가 나중에 춘추관을 나누어 두었다. 『여지승람』에는 춘추관이 상서원 서쪽에 있다고 나와 있다. 지금은 건물은 없이 관직 이름만 있어서 다른 관원들이 겸직한다. 또 경연청(經筵廳)이 있어서 논사(論思)의 직임을 맡는데, 건물이 없어서 이것도 다른 관원들이 겸직한다.

월사 이정귀의 「실록인청(實錄印廳) 서문」[63]에 다음과 같이 나와 있다. "국초에 제일 먼저 춘추관을 설립하여 시정의 기록을 관장하게 하였으며, 여러 왕대의 실록을 모두 이곳에 소장하였다. 또 거듭 세 벌을 인쇄하여 전주, 성주, 충주의 3주에 나누어 두고 때때로 살펴보고 포쇄하고 지키는 제도가 있었다. 불행히도 임진왜란 때 충주와 성주 2국(局)

---

63 문집에 실린 「실록인청 서문」의 정식 제목은 「實錄印出廳題名錄序」이다.(『월사집』 권 39, 서 상) 본문은 해당 서문을 원문 그대로 옮긴 것이 아니라, 요약 발췌한 것이다.

및 내관(內館)에 소장된 것이 모두 병화에 없어졌으나, 다행히도 전주에 있던 국사 한 본만이 재변을 면하였다. 긴급히 황해도에 명하여 행재소로 옮겨 봉안하게 하였다. 어가가 환도한 후에 사국을 열어 편수하여 1606년(선조 39) 4월에 새로 간행한 정본 3건과 초본 1건을 춘추관 및 영변의 묘향산, 강릉의 오대산, 안동의 태백산에 나누어 보관하고 옛 본은 강화에 보관하였다."

春秋館 掌時政記 太祖元年 因麗制 置藝文春秋館 後分置春秋館 輿地勝覽云 館在尙瑞院西[止此] 今無館宇 只有官銜 以他官兼之 又有經筵廳 掌論思之 任 無館宇 亦以他官兼之

李月沙實錄印廳序日 國初首建春秋館 以掌時政記注 而累朝信史 俱藏于此 又重印三本 分置全星忠三州 審曝以時 守直有制 不幸壬辰之變 忠星二局及 內館所藏 皆付於賊燹 猶幸興王舊府國史一本 得免其災 亟命海西 輸奉安於 行在 鑾駕還都後 開局編修 丙午四月 新印正本三件 草本一件 分藏於本館及 寧邊之妙香山 江陵之五臺山 安東之太白山 舊本則藏於江華

안설: 국사를 외사고(外史庫)에 봉안하는데, 강화 정족산성, 강릉 오대산, 봉화 태백산, 무주 적상산성, 영변 묘향산 등 모두 다섯 곳에 두었으며, 경사관(京史官)이 식년마다 나가서 포쇄한다.

案 藏史之外史庫 在於江華鼎足山城 江陵五臺山 奉化太白山 茂朱赤裳山城 寧邊妙香山 凡爲五處 而京史官每式年出去曝曬

○내의원(內醫院)은 약방(藥房)이라고도 하고 내국(內局)이라고도 칭한다. 예문관 서쪽에 있다. 어약(御藥) 조제를 관장한다. 내의원의 도제

조 및 제조는 5일마다 의관을 거느리고 계사하여 문안하며 청진한다. 1763년(영조 39) 내국에 명하여 신농씨 위판을 대청에 감실을 설치하고 제사 지내게 하여 공경하게 하였다. 또 어서로 '입심억석(入審憶昔)' 네 자 편액을 걸고, 또 정청에 건 판에는 '화제어약 보호성궁(和劑御藥保護 聖躬)' 여덟 자를 썼는데, 원해진(元海振)이 쓴 것이다.

內醫院 稱藥房 又稱內局 在藝文館西 掌和御藥 本院都提調及提調 每五日率 醫官 啓辭問安 請診候 英宗三十九年 命內局 所祭神農氏位板 設欌于大廳 以致敬焉 又御書入審憶昔四字揭扁 而正廳所揭板曰和劑御藥保護聖躬八字 則元海振書也

안설: 약원은 1651년(효종 2) 침의를 증치하였으며, 1673년(현종 14) 방외인 중 술업 (術業)에 정밀한 자를 증치하여 약원에 소속시키고 의약동참(議藥同參)이라 하였다. 또 자비대령 의녀 10명, 내의녀 12명을 혜민서 의녀 중에서 뽑아서 들였다. 소속 하인 중에는 종약서원과 도약사령 각 2명이 있다. 내국에서 공급하는 약과 차와 탕 은 반드시 한강의 중심을 흐르는 강심수를 길어다가 은으로 된 약탕관에 끓인다.

謹案 藥院 孝宗二年 增置針医 顯宗十四年 增置方外人術業精明者 屬于本院 謂之議 藥同參 又有差備待令医女十名 內医女十二名 以惠民署医女選入 而下屬中 有種藥書 員擣藥使令各二名 內局御供藥與茶湯 必以漢江江心水汲用 煎以銀罐

❋

현재 고궁박물관에는 '조화어약 보호성궁(調和御藥保護聖躬)' 여덟 자 현 판이 전해지고 있어서 본문의 '화제어약'은 '조화어약'의 오기로 추정된다. 『궁궐지』에서는 '조화어약 보호성궁'의 여덟 자 현판을 영조의 어필로 오인하기도 하였으나, 『한경지략』에서 원해진의 글씨라고 했으며 현존 현판에도 어필이라는 표시가 없어 『궁궐지』가 잘못 기록한 것으로 보인다. 아마도 영조 어필 게판인 입심억석과 혼동한 것으로 보인다.

〈그림 19〉 '보호성궁' 현판(국립고궁박물관 소장)

강심수는 오대산의 우통수가 한강에 이른 것을 말한다. 오대산 우통수는 한강의 발원지 중 하나로 꼽혔는데, 조선 후기 사람들은 이 물이 빛깔, 무게가 다른 물과 다르며 맛이 가장 좋다고 인식하였다. 그리고 이 물이 한강 하류로 갈 때까지 다른 물과 섞이지 않고 강 중심을 흐른다고 인식하여 이를 한중수 혹은 강심수라고 불렀다.

○상서원은 인정문 남쪽에 있다. 새보(璽寶), 부패(符牌), 절월(節鉞)을 관장한다. 지방으로 나가는 관원은 마패를 반급받아 역마를 쓸 수 있다. 그 패는 동으로 만들며, 원형에 한 면에는 말 한 마리에서 2, 3, 4, 5마리까지, 그리고 뒷면에는 상서원인(尙瑞院印)과 명나라의 연호를 새겼다. 마패는 77개인데, 지금도 궤 안에 봉하여 두고 있다. 또 명나라

에서 내려준 부험(符驗) 6부가 있는데, 무늬 있는 비단 두루마리에 말을 수놓은 것으로 패는 거둬들여 대보단의 경봉각에 두고 있다.

尙瑞院 在仁政門南 掌璽寶符牌節鉞 奉使人頒給馬牌 以發驛馬 其牌以銅鑄 圓形一面畵一馬 至二三四五馬 後面鐫尙瑞院印 皇明年號 馬牌七十七箇 則 至今封置于櫃中 又有明朝欽賜符驗六部 織錦橫軸繡馬 藏牌置于皇壇敬奉閣

❃

새보는 '조선국왕지인(朝鮮國王之印)', '시명지보(施命之寶)', '이덕보(以德 寶)', '유서지보(諭書之寶)', '과거지보(科擧之寶)', '선사지보(宣賜之寶)' 등 임금 의 직인을 말하는 것이며, 부패는 순장(巡將)이 순라를 돌 때 차는 순패 와 지방에 가는 관원이 역마를 징발할 수 있는 마패를 말한다. 절월은 지방관이 부임할 때 임금이 내려주는 깃발의 일종인 절과 군령을 어긴 자의 생살권을 상징하는 도끼 모양 의물인 월을 가리킨다.(홍순민, 2012, 191쪽) 여러 의물 중에서도 마패를 자세하게 설명한 것은 저자의 지방관 경험과 관련된 게 아닌가 싶다.

부험은 공무로 여행하는 관원에게 지급하던 문서로, 이를 지참한 관원에게 역마를 제공하라는 황제의 명령이 새겨져 있다. 이 부험은 조선의 사절 중 정사가 하나씩 지참하도록 하였기 때문에 조선과 명의 외교를 상징하는 의 물이기도 하였다. 명·청 교체 이후 대명 외교가 종식되자 1390년에 제작한 부험 4개와 1599년에 제작한 부험 2개를 상서원에 보관하였는데, 1811년 (순조 11) 경봉각으로 옮겼다. 현재 국립중앙박물관에는 1390년에 제작한

'홍무 23년'명 부험 한 부가 소장되어 있는데 이것도 1909년 일본인 골동상으로부터 구입했다고 되어 있어서 대한제국기 말에 골동상의 손으로 넘어갔다가 다시 회수한 것으로 추정된다.

○전설사(典設司)는 진선문 옆에 있다. 국초에 고려 시기 제도에 따라 설치하였다. 장막을 공급하고 제향 때 배설하는 것을 관장한다. 어장막(御帳幕: 임금의 장막)은 별도로 배설방이 있어서 거행한다. 배설방은 진선문 밖에 있는데, 어장막만을 관장한다. 그러므로 액정서에 속한 사약이 진배하고 별도의 다른 관원은 없다.

典設司 在進善門傍 國初因麗制置 掌供帳幕而專主祭享時排設 御帳幕則別有排設房擧行 排設房在進善門外 專主御帷帳 故掖屬司鑰進排 而別無他官

○내병조는 진선문 안에 있다. 병조는 궐 밖에 있기 때문에 별도로 내병조를 설치하였다. 당상과 낭관 각 1원이 수직하며 각 문의 자물쇠 및 소란을 막고 곤장을 쳐서 다스리는 등의 일을 관장한다.

內兵曹 在進善門內 兵曹在於闕外 故別置內兵曹 堂郎各一員守直 以掌各門鎖鑰及禁喧棍治等事

안설: 내병조입직례(內兵曹入直例)를 보면, 참판과 참의가 입직을 맡는데, 판서가 입직할 때면, 소속 각 청의 장관이 모두 수관(首官)으로 들어오고, 하관은 감히 직숙하지 못한다. 내병조에는 근장군사 20명이 있는데, 건장한 사람을 뽑아서 채찍을 들고 궐문에 출입하는 사람들을 살펴보게 한다. 또 동가할 때는 주필하는 길에 줄지어 서고, 대신이 입궐할 때에는 앞에서 인도하게 하였으니, 이는 『주례』의 척랑

씨(條狼氏)가 채찍을 들고 종종걸음으로 벽제를 울리는 것을 관장하여 왕이 출입할 때에는 8인이 좌우에서 길을 인도하고, 공(公)의 경우에는 6인, 후백(候伯)의 경우에는 4인, 자남(子男)은 2인이 하는 제도이다. 근장군사는 시노(寺奴)라고도 칭하는데, 예전에 내시노(內寺奴)가 했기 때문이라고 한다.

○의장고(儀仗庫)는 돈화문 옆에 있다. 『문헌비고』에서 "병조의 승여사(乘輿司)는 낭관이 장을 맡고, 낭청 2원은 부장이 겸한다. 그 군을 호련대(扈輦隊)라고 하는데, 자건(紫巾)과 홍의(紅衣)를 입고 연(輦)을 지고 의장을 받들어 행한다."고 하였다.

案 內兵曹入直例 以參判參議爲之 而判書若入直 則所屬各廳將官 皆以首官入 則下官
不敢在直 內兵曹有近仗軍士二十名 選用健壯人 執鞭以察闕門出入人 又於動駕時 列立
於蹕路 而大臣入闕時 作前導 則此卽周禮條狼氏 掌執鞭以趨辟 王出入 八人夾道 公則
六人 候伯則四人 子男則二人之制耳 近仗軍士 亦稱寺奴 則舊以內寺奴爲之云
○儀仗庫 在敦化門傍 文獻備考曰兵曹 乘輿司 郎官爲之長 而郎廳二員 以部將兼之
其軍曰扈輦隊 着紫巾紅衣 擔輦奉儀仗以行


○남소는 금호문 안에 있다. 오위장이 직숙하는 곳이니, 옛날의 호분좌위(虎賁左衛)이다. 궐내의 야간 순찰과 시위를 관장한다. 서소는 요금문 안에 있는데, 역시 오위장이 있다. 옛날의 호분우위(虎賁右衛)이다.

南所 在金虎門內 五衛將直宿處 昔之虎賁左衛也 掌闕內夜巡及侍衛 西所在
曜金門內 亦有五衛將 昔之虎賁右衛也


안설: 오위의 군제를 혁파한 후 오직 오위장만 두고, 궐내의 동·서·남·북 4소에서 나누어 숙직하게 하였다. 또 각각 부장이 있는데, 바로 위장의 하관(下官)이다. 야간 순찰할 때 부장에게는 방직동자(房直童子)가 있어서 매 경마다 차비문과 각 성의 문밖에 큰 소리로 몇 경인지를 알린다. 매일 초저녁에 목멱산 봉수군 1명이 단봉문 밖에 와서 남산 봉화 다섯 자루를 확인하고 올렸다는 뜻을 남소에 와서 아뢰

면, 부장이 곧 병조에 보고하고, 병조는 다음 날 입계한다.

『지봉유설』에서 "궐내에 직숙하는 장사는 예전부터 인·신·사·해일에 서로 교대하였으며, 위장은 동·서·남·북 4소로 나누어서 입직 전에 점고를 받았다. 그러므로 내가 일찍이 한 위장에게 준 시에서 '남·북·동·서의 4소로 나누어 인·신·사·해일마다 세 밤을 입직하네'라고 한 것은 실상을 기록한 것이다."라고 하였다.

案 五衛軍制 罷後 只置五衛將 分直於闕內東西南北四所 又各有部將 卽衛將之下官也 夜巡時 部將有房直童子 每更高唱報更於差備門及各省門外 每日初昏 木覓山烽燧軍一名 來丹鳳門外 以南山烽火五柄準擧之意 告于南所 則部將卽報于兵曹 兵曹翌日入啓 芝峯類說云 闕內直宿將士 自古以寅申巳亥日相替 而衛將則分東西南北四所 前期受點 入直 故余嘗贈一衛將詩曰 南北東西分四所 寅申巳亥直三宵 乃紀實也

❀

남산에는 봉수대가 있어서 전국 다섯 지역에서 올라오는 봉화에 응하여 불을 지피는 연조가 다섯 개가 있었다. 매일 초저녁에 봉수군이 남소에 와서 봉화 관련 사항을 보고하게 하였다.

『지봉유설』에서 인용한 시는 병조에서 이수광이 입직했던 때 위장에게 준 시이다.(『지봉집』권4, 시 칠언율시 直騎省書示衛將諸公)

○선전관청(宣傳官廳)은 승정원 북쪽에 있다. 표신(標信)과 임금 앞에서 군무를 전달하는 일을 관장한다. 『여지승람』에서는 모두 8인으로 돌아가며 금내에서 숙직한다고 하였다. 지금은 당상, 당하가 모두 25인인데, 그 조례를 조라치[음이 치]라고 하며 모두 60명으로, 내취를 겸하여

취라군악을 관장한다. 모두 황의(黃衣)를 입고 초립을 쓴다.

宣傳官廳在承政院北 掌標信御前軍務號令 輿地勝覽云 凡八人 輪直禁內 今
則堂上堂下共二十五人 其皂隷曰照羅赤[音治] 共六十名兼內吹 掌吹螺軍樂
皆着黃衣 戴草笠

안설: 택당(澤堂) 이식(李植, 1584~1647)의 「제명기(題名記)」에 "선전관청은 액문 밖,
정방의 오른쪽에 있으며 좌·우사와 함께 차견되어 출입하니 시종이라 이른다. 성
종대에는 놀 거리를 내려주기까지 하였으니 매우 성대한 일이다."라고 하였다.
　案 李澤堂植題名記曰 廳在掖門外 政房之右 與左右史差肩出入 號爲侍從 成廟朝 至
　以遊戲之具賜之 甚盛事也[64]

✳

선전관청은 『대전통편』에 처음 법전으로 규정된 것으로 임금의 거둥
이나 군대 행렬에서 사용하는 깃발을 관장하고 거둥 때 시위를 하며 군
악대인 취타 등을 관장하는 관서이다. 이 외에 각종 부신(符信)도 관장
하는, 임금의 최측근에 있는 무관직 시종신이다.(홍순민, 2012, 206~207쪽)
조라치는 몽골어에서 유래한 관직명으로 하복(下僕), 사환 등을 가리키
는 말이다.

---

64 『택당집』 원문에는 '甚盛事也'가 아니라 '至今傳爲盛事'라고 되어 있다.(『택당집』 권9,
宣傳官題名錄序)

○내삼청(內三廳)은 광범문 밖에 있다. 효종대에 금군을 두고 내삼청이라 칭하였는데, 지금 금군은 7번으로 각 번은 1백 명이다. 금군의 장수는 겸사복장, 내금위장, 우림위장으로 7원이 함께 금군을 통솔하여 번을 나누어 숙위한다.

內三廳 在光範門外 孝宗朝置禁軍 稱內三廳 而今禁軍七番 每番爲一百名 其將曰兼司僕將內禁衛將羽林衛將 共七員 領禁軍 分番宿衛

내삼청은 효종대에 설치하였으나, 숙종대에는 금위영을 설치하며 금위영에 합해졌다. 영조대에는 이괄의 난에 금군별장이 내통한 사실이 드러나면서 금군에 대해 본격적으로 정비가 이루어져, 7번에서 3개 번으로 줄이고 내금위 300명, 겸사복 200명, 우림위 200명으로 나누어 편성하였다. 이후 금군청은 용호영으로 개칭되었으나 금군이라는 호칭은 그대로 사용하였다. 한때 700명에서 600명으로 축소했으나, 순조대에 다시 700명으로 늘렸다.

○무겸청(武兼廳)은 광범문 밖에 있다. 무겸은 무신이 선전관을 겸한 것이다. 또 충장위청(忠壯衛廳)은 인정문 밖에 있다.

武兼廳 在光範門外 武兼卽武臣兼宣傳官也 又忠壯衛廳 在仁政門外

안설: 『어우야담』에 다음과 같이 나와 있다. "1596년(선조 29)에 완원군(完原君) 유조

생(柳肇生)이 선전관이 되어 친구들과 한가로이 대화를 나누다가 이야기가 양생하는 방법에 이르렀다. 어떤 이가 숨을 들이마시고 내쉬지 않으면 기(氣)를 끌어들이는 것이 매우 길어져서 한 번 숨을 쉬는 사이에 시간을 보내면 수명을 연장할 수 있다고 하였다. 유조생이 마침내 여러 달 연습하여서 남들이 백 번 숨을 쉬는 동안에도 숨이 가쁘질 않았다. 후에 강을 건너는데, 배가 부서져 물에 빠졌으나 숨을 쉬지 않고 잠수하여 기슭에 다다라서, 물을 조금도 먹지 않아 죽지 않았고 나중에 재상이 되었다. 이때부터 선전관청에서는 면신을 위한 허참례를 할 때, 반드시 궐문 누각 기와 위의 10명의 신을 외우게 했는데, 한 숨에 10개를 다 하지 못하는 자는 통과하지 못하였다."

案 於于野談云 萬曆丙申 完原君柳肇生爲宣傳官 與友人閒話 語及養生之道 或曰吸而
不呼 引氣甚長 一息之間 消了晷刻 可以延年 肇生遂習熟數月 能用百息不促 後日渡江
船敗淪水 不息暗行 達于岸上 一不吸水免死 後爲宰相 自此宣傳官廳 免新許參 必誦
闕門樓瓦上十神 一息十回不能者 不許參


○호위청(扈衛廳)은 상서원 서쪽에 있다. 1623년(인조 1) 처음으로 설치하였다. 숙위가 약하다 하여, 중외의 출신(出身) 중 각 군문의 무사를 뽑았는데, 함경도에서 뽑혀온 가장 우수한 자로 하였다. 대장이 하나가 있으니, 국구(國舅)와 상신(相臣)이 겸하게 하였고, 또 별장이 각 하나씩 있다.

扈衛廳 在尙瑞院西 仁祖元年刱置 以宿衛單弱 命抄中外出身各軍門武士 令
咸鏡道抄上其尤者 有大將一 使國舅與相臣兼帶 又有別將各一

안설: 『비국등록』에 다음과 같이 나와 있다. "영의정 정태화가 '호위청 설치는 처음에 인조반정 후에 위태로울 때 훈신을 대장으로 삼아서 각각 군관을 거느리고 입직한 데서 시작한 것인데, 지금은 금위로 충분합니다. 선대부터 이미 혁파하자는

논의가 있었으며, 군관 200인의 1년 반료가 3천여 석이니, 비용을 줄인다는 점에서도 더욱 혁파해야 할 것입니다'라고 아뢰었다. 대신 심지원(沈之源, 1593~1662), 정유성(鄭維城, 1596~1664), 이경석(李景奭, 1595~1671), 이시백(李時白, 1581~1660), 원두표(元斗杓, 1593~1664)가 모두 혁파해야 한다고 하였으나, 임금이 갑자기 바꿀 수 없으니 천천히 논의해야 한다고 하셨다. "

案 備局謄錄 領議政鄭太和奏曰 扈衛廳之設 初因癸亥反正後 危疑之際 以勳臣爲大將 各率軍官入直 今則禁衛自足 自先朝已有革罷之議 軍官二百人 一年頒料三千餘石 其 於省費之道 尤宜當罷矣 大臣沈之源鄭維城李景奭李時白元斗杓 皆以爲當罷 上曰不可 猝變 當徐議之

❀

호위청은 인조반정 후 반정공신이었던 김류, 이귀 등이 주장하여 설치한 군영이다. 설치의 표면적 이유는 왕권 호위로서, 주로 반정공신의 군사들로 조직되어 있었다. 안설에서 언급한 정태화의 건의는 현종대에 나온 것이다. 호위청은 현종대에 3청으로 개편하고 대장은 시·원임대신 및 국구 중에서 겸하게 하며, 실제 군사 지휘권자로는 별장 3명을 두었다. 정조대에 숙위소 등을 별도로 설치하면서 호위청을 1청으로 축소하였다. 주로 궁궐 내 입직이나 동가 때 배위를 담당하였다. 정조대 이후의 변화는 본문에 반영되어 있지 않다.

# 창경궁내각사(昌慶宮內各司)

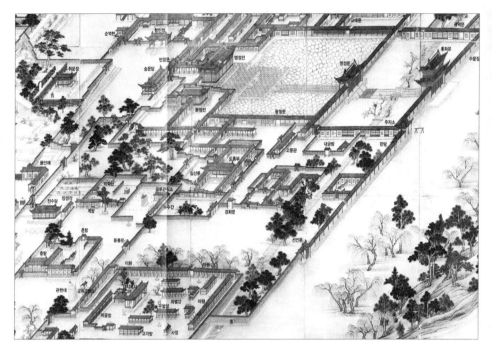

〈그림 20〉 「동궐도」 중 창경궁의 궐내각사 부분

동궁과 창경궁의 궐내각사는 명정전 남쪽에 있었다.

○세자시강원(世子侍講院)은 집현문 밖에 있다. 경사(經史)를 시강하고 도의를 경계하며 풍간하는 일을 관장한다. 그 관원은 모두 문신이 하고, 춘방이라 칭하며 편액도 '춘방(春坊)'이라고 하는데, 동춘당(同春堂) 송준길(宋浚吉, 1606~1672)의 글씨이다. 또 춘방 및 보도계옥(輔導啓沃) 네 자를 쓴 편액이 있는데, 모두 효명세자의 예필이다.

<그림 21> 효명세자의 '춘방 보도계옥' 현판(국립고궁박물관 소장)

世子侍講院 在集賢門外 掌侍講經史 規諷道義 其官皆以文臣爲之 稱春坊 扁
額曰春坊 宋同春書 又扁曰春坊及輔導啓沃四字 竝孝明世子睿筆

○익위사(翊衛司)는 시강원의 북쪽에 있다. 동궁을 배위(陪衛)하는 일
을 관장하니, 계방이라 칭한다. '계방(桂房)' 편액도 동춘당 송준길의 글
씨이다.

翊衛司 在侍講院北 掌陪衛東宮 稱桂房 扁額曰桂房 亦宋同春書

○오위도총부(五衛都摠府)는 연광문 안에 있다. 1781년(정조 5) 창덕
궁 금호문 안에서 이곳으로 이설하였다. 오위의 군무를 관장한다. 영조
가 즉위하기 전 여러 차례 총관의 직을 거쳤으므로, 옛 부의 벽에 어필
로 쓴 게판 '고부흥감(故府興感)'이 있다.

五衛都摠府 在延光門內 正宗辛丑 自昌德宮金虎門內 移設于此 掌治五衛軍務 英宗大王御極前 屢經総管之職 故府壁有御筆揭板曰 故府興感

안설: 『여지승람』에 도총부가 하나는 창덕궁 인정전 서쪽에 있다고 하였으니, 지금의 내각이다. 또 하나는 창경궁 홍화문 안에 있다고 하였는데, 지금의 도총부가 옛 부로 다시 이전한 것이다. 사가정 서거정의 「제명기」에 다음과 같이 나와 있다. "국초에 의흥삼군부를 두어 병정(兵政)을 총괄하였는데, 후에 고쳐서 삼군진무소로 삼고, 병조에 예속시켜 금군을 거느리고 돌아가며 숙위하게 하였다. 또 삼군을 고쳐 오위로 삼고 용양위, 호분위, 의흥위, 충좌위, 충무위라고 하였다. 세조가 진무소를 고쳐 오위도총부로 삼아 군무를 오로지 담당하도록 하고 병조에 예속시키지 않았다."

임진왜란 이후에 위(衛) 제도를 모두 파하고 단지 관직 이름만 남겼으니, 지금의 총부당상, 총부낭청 및 위장, 부장이 이것이다. 오직 당상과 낭청만 있어서 돌아가며 금중에서 직숙하고 시위에 참여할 뿐이다.

案 輿地勝覽 都摠府 一在昌德宮仁政殿西云 則今之內閣也 又一在昌慶宮弘化門內云 則今之摠府 卽還移于舊府也 徐四佳題名記曰 國初置義興三軍府 以摠兵政 後改爲三軍鎭撫所 隸於兵曹 掌率禁旅 輪番宿衛 又改三軍爲五衛 曰龍驤 曰虎賁 曰義興 曰忠佐 曰忠武 世祖大王 改鎭撫所爲五衛都摠府 專委軍務 不隸於兵曹[止此]

壬辰以後 盡罷衛制 只存官名 卽今摠府堂郎及衛將部將 是也 只有堂郎 輪直禁中 參於侍衛而已

○동소(東所)는 선인문 안에 있다. 위장이 직숙하는 곳으로서 옛날 충좌전위(忠佐前衛)이다. 북소(北所)는 경화문 동쪽에 있는데, 여기에도 위장이 있으니 옛날 충무후위(忠武後衛)이다.

東所 在宣仁門內 衛將直宿處 昔之忠佐前衛也 北所 則在景化門東 亦有衛將 昔之忠武後衛也

○별군직청(別軍職廳)은 회태문 안에 있다. 1656년(효종 7)에 창건하여 설치하였으니, 곧 시민당의 옛터이다. 정조 어필 편액으로 '어전신비직려(御前新裨直廬)'가 있고, 또 '어전친막(御前親幕)' 네 자가 있는데 이것도 어서 편액이다.

別軍職廳 在回泰門內 孝宗丙申創置 卽時敏堂舊基也 正宗御筆扁額曰 御前
新裨直廬 又有御前親幕四字 御書扁額

안설: 『열조통기』에 다음과 같이 나와 있다. "1656년(효종 7) 별군직을 설치하였다. 이전에 임금이 심양에 계실 때 여덟 장사인 박배원(朴培元), 신진익(申晉翼), 오효성(吳孝誠), 조양(趙攘), 장애성(張愛聖), 김지웅(金志雄), 박기성(朴起星), 장사민(張士敏)이 있었다. 이들이 공로가 매우 많았으므로 즉위한 후에 청을 설치하고 별군직이라 이름하였다. 매번 내원에서 시사(試射)하였다."

별군직 관원 수는 후에 점차 증가하여 정액이 없었는데, 외방의 수사나 병사를 거치면 별군직을 면하였다.

謹案 列朝通紀 孝宗七年 置別軍職 先是 上駐瀋時 有八壯士 朴培元申晉翼吳孝誠趙攘
張愛聖金志雄朴起星張士敏 效勞甚多 卽阼後設廳 名曰別軍職 每於內苑試射[止此]
別軍職員數 後漸增置 無定額 經閫任則減下

○충익장청(忠翊將廳)은 선인문 안에 있다.
忠翊將廳 在宣仁門內

안설: 『문헌비고』에 다음과 같이 나와 있다. "우리나라에서는 충익위(忠翊衛)를 설치하여 공신의 자손들을 소속시켰다. 충장위(忠將衛)는 전쟁으로 죽은 사람의 자손을 소속시켜서, 번을 나누어 입직하였다. 장수는 각 3원이 있으니, 한산인(閒散人)을 돌아가며 차정하였다. 1759년(영조 35) 금군장의 예에 따라 선택하여 차정하였다."

案 文獻備考曰 本朝設置忠翊衛 以功臣子孫屬焉 忠將衛 以戰亡人子孫屬焉 分番入直
有將各三員 以閒散人輪差 英宗三十五年 依禁軍將例 擇差

○내사복(內司僕)은 선인문 안에 있다. 국초에 설치하여 내구마 기르
는 일을 관장하였다. 사복내승이 수직한다.

內司僕 在宣仁門內 國初置 掌養內廐馬 司僕內乘守直焉

○보루각(報漏閣)은 시강원 동쪽에 있다. 1614년(광해군 6)에 이 전각
을 건설하여 지금까지도 남아 있다. 오래되었는데 수리를 하지 않아,
올해 1828년(순조 28) 여름에 비가 오기 시작하자 모두 무너져버려서 지
금의 누국(漏局)은 그 옆에 있다. 금루관은 모든 동가 때에 시각을 아뢰
고 엄고(嚴鼓)를 치며, 또 매일 오정 및 신시에 직접 승정원과 내각에 가
서 시각을 보고한다. 또 시각을 아뢰는 아이가 있어서 궁궐 안 각 관청
에 아뢰고 시패(時牌)를 꽂아놓는다. 『문헌비고』에서는 금루관이 모두
30원이라고 하였다.

報漏閣 在侍講院東 光海甲寅 建此閣 至今尙存 年久不修 至今年戊子夏 雨
始盡頹 而今之漏局在其傍 禁漏官 凡於動駕時 奏時刻 打嚴鼓 又每日午正及
申時 躬往政院內閣 報時 又有奏時童 禁中各省奏揷時牌 文獻備考云 禁漏官
凡三十員

○규영신부(奎瀛新府)는 선인문 안에 있다. 정조대에 창덕궁 안 관청
건물을 내각의 주자소로 삼아서 '규영신부(奎瀛新府)'라고 편액을 달았

다. 또 판당(板堂)이 있어서 책판과 주자(鑄字)를 두었고, 매번 책을 인간할 때에 이곳에서 국을 열었다. 그 소장하고 있는 동활자를 생생자(生生字)라 하였다.

奎瀛新府 在宣仁門內 正宗朝 以昌德宮內公廨 爲內閣之鑄字所 扁曰奎瀛新府 又有板堂 置册板及鑄字 每於印書時 開局於此所 其藏銅活字 名生生字也

안설: 주자소라는 이름은 태종대부터 시작되었다. 경연청에 있던 『시』, 『서』, 『좌전』 고주본을 글자의 본으로 삼아서 이직(李稷, 1362~1431) 등에게 명하여 10만 자를 주조하게 하고 주자소에 두었으니, 이것이 계미자(癸未字)이다. 1434년(세종 16)에 이지숭(李之崇, 1409~?)이 명의 수도에서 돌아오며 예부에서 자문으로 흠사한 『위선음즐서(爲善陰隲書)』600본을 가지고 왔는데, 이것을 본으로 삼아서 김돈 등에게 명하여 동으로 틀을 만들어 20여만 자를 만들었으니, 위부인자(衛夫人字)라 칭한다. 정조가 세자로 있을 때 빈객이었던 서명응(徐命膺, 1716~1787)에게 명하여 세종대 갑인자를 본으로 삼아 15만 자를 주조하게 하고 교서관에 보관하였으니, 이것이 임진자(壬辰字)이다.

1777년(정조 1)에 또 평안감사 서명응에게 명하여 갑인자본으로 추가로 15만 자를 주조하여 내각에 보관하게 하였으니, 이것이 정유자(丁酉字)이다. 1782년(정조 6)에 또 평안감사 서호수(徐浩修, 1736~1799)에게 명하여 우리나라 사람인 한구(韓構, 1636~?)의 글씨를 본으로 삼아 8만여 자를 주조하였으니, 『문원보불』을 인간한 글씨가 이것이다. 이것도 내각에 보관하게 하였다.

1795년(정조 19)에 또 내각에 새로 활자를 주조하도록 명하여 『정리의궤』를 인간하게 하고 생생자라 이름 붙였고, 또 정리자(整理字)라고 칭하기도 하였다. 주자소에 보관하고 있으며, 새로이 『정조어제홍재전서』 100권 및 『오륜행실』, 『두륙분운(杜陸分韻)』을 인간한 것이 이것이다.

또 선조대에 안평대군(安平大君, 1418~1453)의 글씨를 본으로 삼아서 훈련도감에서 주조한 것이 있으니, 지금의 『창려집』 활자가 이것이다. 또 국조의 『실록』, 『지장 (誌狀)』, 『사기』, 『한서』 등을 인간한 활자 및 교서관에서 인간한 『문헌비고』의 여러 활자는 연대를 상고할 수가 없다.

세종대의 활자를 속칭 위부인자(衛夫人字)라고 하는데, 위부인은 이충(李充)의 어머니로, 왕희지(王羲之)가 글씨를 배운 사람이다. 이 활자는 곧 명초 한림학사가 쓴 『위선음즐서』의 본인데, 위(魏)의 음이 같아서 이러한 오칭이 생긴 듯하다. 위부인자(魏夫人字)는 이번에 사서삼경을 인간한 활자본이다.

주자소 옆에는 전각이 있는데, 고문관(考文館)이라고 한다. 언제 창건한 것인지는 알 수 없으나, 어떤 사람들은 이것이 옛날 홍문관이라고도 한다. 1795년(정조 19) 내가 열아홉 살이었을 때, 명을 받들어 이 건물에서 주자(朱子)의 시를 교감하며 필사하였다.

또 창경궁 안 승정원은 옛날에 금마문 남쪽에, 홍문관은 옛날 승정원 동쪽에, 사옹원은 옛날 명정전 북쪽에 있었다고 하나, 임진왜란 후에 없어졌다.

案 鑄字所之名 肇於太宗朝 以經筵古註詩書左傳字爲本 命李稷等 鑄十萬字 置鑄字所 是爲癸未字 世宗朝甲寅 李之崇回自京師 禮部咨送欽賜 爲善陰隲書六百本 以此爲本 命金墩等 範銅爲二十餘萬字 稱衛夫人字 正宗大王在春邸時 命賓客徐命膺 以世宗朝 甲寅字爲本 鑄十五萬字 儲于芸閣 是爲壬辰字

正宗元年 又命平安監司徐命膺 以甲寅字本 加鑄十五萬字 儲于內閣 是爲丁酉字 六年 又命平安監司徐浩修 以本朝人韓構書爲本 鑄八萬餘字 是爲壬寅字 印文苑黼黻書 是 也 亦儲于內閣 十九年 又命內閣鑄新活字 印整理儀軌 名曰生生字 亦稱整理字 藏于 鑄字所 新印正宗御製弘齋全書一百卷 及五倫行實杜陸分韻 是也

又於宣廟朝 以安平大君書爲本 鑄于訓局 今之昌黎集印字 是也 又有國朝實錄誌狀史 記漢書等所印字 及芸閣所在印 文獻備考之諸鑄字 年條不可考

世宗朝活字 俗稱衛夫人字 衛夫人 卽李充之母 而王羲之所學書者也 此活字 乃是明初 翰林學士所書爲善陰隲書本 則魏爲音同 故有此誤稱歟 魏夫人字 今印四書三經之活 字本 是也

鑄字所傍 有閣曰考文館 不知何時所創 或云此卽舊時弘文館也 正宗朝乙卯 余年十九
時 承命校寫朱子詩于此館中

又開昌慶宮內承政院 舊在金馬門南 弘文館舊在承政院東 司饔院舊在明政殿北 而壬辰
兵燹後廢云

❁

　창덕궁에는 승정원, 대청, 빈청 등의 정무 기능과 관련된 주요 관서
가 있었고, 창경궁에는 세자 관련 공간인 시강원과 익위사, 도총부, 내
사복 등 일부 관서만 배치되었다. 본문에서는 창경궁의 승정원, 홍문관
등이 없어진 것이 임진왜란 후라고 하였으나 그 후에도 관서가 있었던
것이 확인된다. 창경궁의 주요 각사가 폐지된 것은 숙종대로 추정된다.

　창경궁에 있는 관서 중 중요한 것은 동궁과 규장각 소속 주자소인
규영신부를 들 수 있다. 동궁에 있었다고 한 효명세자의 춘방 보도계옥
현판은 1829년(순조 29)에 쓴 것으로, '계옥'은 『서경』 「열명 상」에 '네 마
음을 열어 내 마음에 물을 대도록 하다(啓乃心 沃朕心)'라는 말에서 따온
것이다. 곧 자기 마음속에 있는 것을 남의 마음속에 넘겨주는 것으로,
왕이나 왕세자를 성의껏 보좌하는 말에 많이 인용하는 문구인데, 현재
국립고궁박물관에 해당 현판이 소장되어 있다.

　규영신부는 규장각에 교서관이 통합되면서 마련된 것이다. 정조는
규장각 건립 후 서명응의 건의에 따라 교서관을 규장각에 통합시켰다.
원래 교서관은 남부 훈도방에 있었는데, 창덕궁으로부터 거리가 멀어
불편하다 하여 창덕궁 돈화문 밖 중부 정선방으로 옮겼다. 이에 교서관

이 규장각의 외각이 되었으며, 규장각 관원이 교서관 관원을 겸하여 서적 출판을 담당하였다. 그 후 1794년(정조 18) 주자서 100편을 뽑아 정유자로 인쇄하여 반포하기 위해 더 가까운 창경궁 안 옛 홍문관 건물로 옮겼다.(『정조실록』 권45, 정조 20년 12월 15일(병술)) 유본예가 열아홉 살의 나이로 참여했던 첫 교정 작업은 이때의 주자서 편찬 작업이었다. 서명응과 서호수 부자는 정조의 지우를 받았으며, 특히 이 시기 활자 제작과 인쇄 간행에 큰 역할을 하였다.

## 경희궁내각사(慶熙宮内各司)

○승정원, 대청, 약방, 상서원은 모두 건명문 안에 있다.

承政院 臺廳 藥房 尙瑞院 竝在建明門内

○빈청은 개양문 안에 있다.

賓廳 在開陽門内

○내병조(内兵曹)는 흥화문 안에 있다.

内兵曹 在興化門内

○규장각(奎章閣)은 금상문 안에 있는데, 당의 편액은 '이문원(摛文院)'으로, 정조 어서이다. 취규루(聚奎樓)가 있으니, 책을 보관하는 장소이며, 옆에 연려실(燃藜室)이 있는데, 편액은 '풍고원(楓皐院)'이다. 각서, 검서관들이 숙직하는 곳이다.

奎章閣 在金商門内 堂額摛文院 正宗大王御書 有聚奎樓 藏書之所也 傍有燃藜室 扁額楓皐院 閣書檢書官直所也

○홍문관, 예문관은 모두 금상문 안에 있다. 홍문관에는 영조 어서 계판에 '운종일좌세손시(雲從一座世孫侍)'라고 쓰여 있다. 옆에는 또 '노군소신동회일당(老君少臣同會一堂)', '조손회강(祖孫會講)' 네 자가 있고, '옥당(玉堂)' 편액이 있다.[이세최(李世最, 1664~1726)가 썼다]

弘文館 藝文館 竝在金商門內 弘文館有英宗大王御書揭板曰 雲從一座世孫侍
傍又有老君少臣同會一堂 又有祖孫會講四字 又玉堂題額[李世最書]


○상의원은 흥원문 안에 있으니, 옛 승문원이다. 나중에 종친부 문
안청이 되었다가 1711년(숙종 37) 비로소 상의원이 되었다. 1765년(영조
41) 친히 본원에 임어하시어 어서로 "예전에 내가 열여덟 살 때 이 청에
서 문안드렸는데, 지금 나이 일흔둘에 이 원에 다시 임하였도다. 예전의
성대한 일을 지금 추모하는구나."라고 써서 원에 게시하였다. 또 어제
기문이 있는데, 국구(國舅)에게 써서 게시하도록 명하였다. 치미각(致美
閣)이 원 안에 있는데, 면복을 봉안한다. 여기에도 어필 편액이 있다.

尚衣院 在興元門內 卽古承文院也 後爲宗親府問安廳 肅宗朝辛卯 始爲尚衣
院 英宗朝乙酉 親[65]臨本院 以御書揭院曰 粵昔予十八 問安此廳 今歲七旬有
二 復臨是院 昔則盛事 今爲追慕 又有御製記文 命國舅書揭 而致美閣 在院
內 奉安冕服 亦有御筆扁額


○시강원, 익위사는 모두 건명문 안에 있다. 시강원에 영조 어제로
"조손상의선보춘계(祖孫相依善輔春桂)"라는 판이 걸려 있다.

侍講院 翊衛司 竝在建明門內 侍講院有英宗大王御製揭板曰 祖孫相依 善輔
春桂


---

65 원문에는 新으로 되어 있으나, 내용상 親으로 바로잡는다.

○도총부는 개양문 안에 있다.

都摠府 在開陽門內

○호위청은 숭정문 서쪽에 있다.

扈衛廳 在崇政門西

○전설사는 건명문 안에 있다.

典設司 在建明門內

○별군직청, 선전관청은 모두 건명문 안에 있다.

別軍職廳 宣傳官廳 竝在建明門內

○무겸청은 금상문 안에 있다.

武兼廳 在金商門內

○충익위청은 금상문 안에 있다.

忠翊衛廳 在金商門內

○위장청은 건명문 안에 있다.

衛將廳 在建明門內

○동소는 흥화문 안에, 남소는 개양문 안에, 서소는 숭의문 안에, 북

소는 무덕문 안에 있다.

東所 在興化門內 南所 在開陽門內 西所 在崇義門內 北所 在武德門內

O사복덕응방[66]은 연(輦)과 여(輿)를 보관해 놓는 방이니, 개양문 안에 있다.

司僕德應房 貯輦輿之室也 在開[67]陽門內

✦

경희궁은 영조 후반기 정조가 세손 시절 오래 머물던 궁이어서 곳곳에 영조와 세손인 정조를 기념하는 현판이 걸렸다. 홍문관의 경우 옥당 편액만 이세최의 글씨였고, '노군소신동회일당'과 '조손회강' 글씨도 영조 친필이었다.(『영조실록』 권121, 영조 49년 8월 24일(경술); 권125, 영조 51년 7월 25일(경오)) 정조 역시 「경희궁지」를 짓는 등 각별한 애정을 표하였으며, 이때의 구상은 즉위 후 옮겨진 것이 많았다. 예를 들어 세손 시절 정조는 서연하던 곳인 존현각 옆에 주합루와 정색당을 짓고 책을 보관하였는데, 이것이 정조 즉위 후 건설한 창덕궁 안의 주합루로 이어졌으며, 세손 시절의 일기인 『존현각일기』는 『일성록』의 편찬으로 이어졌다. 그러나

---

66 덕응은 '덩'의 발음을 딴 말로 공주나 옹주 등이 타는 가마를 가리킨다. 덕응방은 사복시 소속이다.

67 원문에는 開가 없으나, 내용상 開를 첨가하였다.

즉위년 7월에 자객의 침입을 받은 정조는 이듬해 2월부터 창덕궁과 창경궁을 수리하고 8월에 임어하여 동궐에서 주로 생활하였다. 이 때문인지 경희궁의 이문원 등에 대해서는 유본예의 기술이 간단한 편이다. 이는 그가 주로 업무를 본 곳이 창덕궁의 내각이었기 때문으로 추정된다.

경희궁 내각에 있던 취규루 현판은 1868년 경복궁 중건 후 경희궁에서 경복궁으로 옮겨갔다. 경복궁을 중건하면서 규장각은 경회루 남쪽에 접한 건물의 서쪽 끝에 자리 잡았는데, 이때 취규루의 편액도 옮겨졌으며, 현재 서울대학교 규장각한국학연구원에 소장되어 있다.(조계영, 2011, 206쪽)

본문에서는 상의원이 1711년에 종친부 문안청에서 바뀐 것으로 서술하였으나, 실록에 따르면 이해는 문안청에서 상의원으로 바뀐 것이 아니라 영조가 숙종에게 문안을 드린 해다.(『영조실록』 권105, 영조 41년 6월 29일(계유)) 상의원에 있는 어필 편액은 '석신묘문안청(昔辛卯問安廳)'이라고 한 것이다.(『영조실록』 권120, 영조 49년 6월 28일(병진))

『한경지략』에는 '궐내각사'라는 편목이 없이 창덕궁내각사, 창경궁내각사, 경희궁내각사로 분류하여 서술하며 권1을 마감하였다. 그러나 이어서 권2가 궐외각사로 시작하고 있어서, 여기에서는 궐외각사에 대응하여 앞의 세 궁의 각사를 궐내각사로 편목을 설정하였다.

『승람』(권2, 경도 하)은 문직공서와 무직공서로 관서의 계열에 따라 분류했고, 이 중 궁 안에 있던 관서는 문직공서에 속했다. 기록 형식은 '위치-관서의 기능-관원-관련 시문'의 순인데, 이 중 승정원을 예로 들어 보면 다음과 같다.

"승정원 – 월화문 밖에 있는데, 하나는 창덕궁 인정전 동쪽에 있고, 하나는 창경궁 금마문 남쪽에 있다. 왕명의 출납을 관장한다. 도승지……(중략)……주서가 2명인데 정7품이다."

『승람』에서는 관서를 기준으로 그 관서의 위치를 나열하였으나, 『한경지략』에서는 궁이라는 장소를 기준으로 관서를 중복 설명하였다. 즉 창덕궁편에서도 승정원을 설명하고 경희궁에서도 승정원을 설명했다는 것이다. 또한 관서라기보다는 해당 관서에서 궁궐에 들어와 일을 볼 때 머무는 공간인 빈청이나 대청, 정청 등을 궐내각사로 소개하고 있다는 점도 특징적이다. 즉 『한경지략』은 관서를 기준으로 한 것이 아니라 장소를 기준으로 설명의 틀을 잡은 셈이다. 또한 『승람』에서 전하는 기본 설명에 더하여 전각명, 현판이나 계판의 내력, 사람들이 그 공간을 어떻게 활용하는지 등을 자세히 설명하고 있다. 매우 시각적이며 경험적 정보를 담고 있는 것이다. 이처럼 저자 자신의 경험 정보가 담겨 있다 보니, 궐내각사에서는 창덕궁내각사에 대한 설명이 가장 분량이 많고 그 중에서도 내각에 대한 설명이 가장 자세하다. 또한 유본예의 견문 지식이 있는 곳과 없는 곳의 정보량은 상당히 차이가 난다.

한편 위에서 본 『승람』의 승정원 위치에 대한 설명에서는 흥미로운 점 두 가지를 볼 수 있다. 첫째 승정원이 있다고 밝힌 월화문은 경복궁 공간을 가리키는데, 창덕궁이나 창경궁과는 달리 궁 이름을 밝히지 않았다는 점이다. 이는 경복궁이 법궁이기 때문에 특별한 위상을 부여했음을 의미한다. 둘째 창덕궁 외에 창경궁에도 별개의 승정원 건물이 존재했다는 점이다.

이러한 구성은 임진왜란을 계기로 한 차례 변화한다. 경복궁이 훼손되고 중건하지 못한 상황에서 광해군대에 창덕궁, 창경궁을 완공하고 새로이 경덕궁(경희궁)을 건설하였다. 이때 창덕궁에 궐내각사 공간이 마련되었는데, 인조반정이 일어나고 이괄의 난이 발생하면서 인조가 한동안 창경궁에 머무르면서 이곳에 궐내각사를 마련하였다. 이렇게 창덕궁, 창경궁, 경덕궁에 각각 궐내각사가 있다가 숙종대에 다시 한번 상황이 변화하게 된다. 명확한 이유는 알 수 없지만 1689년(숙종 15) 무렵부터 창경궁의 궐내각사 청사는 기능을 잃고 다른 용도로 사용되기 시작하고 창덕궁 한 군데만 청사를 배치하여 두 궁궐을 통합하여 사용하게 된 것이다.(홍순민, 2011, 108~120쪽)

창덕·창경궁 동궐의 궐내각사가 개별 배치에서 통합 배치로 바뀌게 되면서, 두 궁은 독립적으로 활용되는 것이 아니라 기능을 나누며 동궐로서 하나의 궁궐처럼 쓰이게 되었다. 『한경지략』에는 이러한 상황이 반영되어 있다. 창덕궁, 창경궁, 경희궁 등 궁궐별로 궐내각사를 구별하였으나, 경희궁은 독립적으로 정무 관련 궐내각사를 다 가지고 있는 반면, 창경궁은 그러하지 못하였다. 승정원을 비롯한 주요 정무 관련 궐내각사는 창덕궁에 있고, 창경궁에는 궁궐 관리와 관련된 일부 청사와 세자시강원 및 익위사가 들어가 있다. 세자시강원과 익위사는 동궁 관련 공간으로 두 궁의 사이에 있어 어느 궁으로 분류해도 무방한 공간이지만 『궁궐지』에서는 창덕궁으로 분류되어 있기도 하다. 여하간 이처럼 18세기 이후에는 창덕궁과 창경궁은 궐내각사의 기능을 분담하여 통합 운용되고 있었던 것이 특징적이며 『한경지략』에도 이 점이 반영되어 있다.

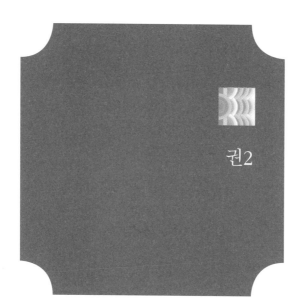

권2

# 12

# 궐외각사(闕外各司)

### 기로소(耆老所)

기로소는 중부 징청방에 있다. 태조대인 1394년(갑술년)에 처음으로 설치하였다. 태조의 나이 육순에 기사(耆社)에 들어갔으며 숙종은 나이 59세에, 영조는 나이 51세에 기사에 들어갔다. 친히 지은 어첩은 영수각(靈壽閣)에 봉안되어 있다. 조신은 문관 2품 이상으로 나이 70인 사람이 들어갈 수 있으며, 영수각에 숙배한다. 기로소당상이라고 하는 사람들은 모두 화상첩(畫像帖)이 있다.

耆老所 在中部澄淸坊 太祖朝甲戌創置 太祖寶齡六旬 入耆社 肅宗寶齡五十九 英宗寶齡五十一 入耆社 親題御牒 則奉安于靈壽閣 朝臣則文官二品以上 年七十人許入 肅拜于靈壽閣 謂之耆老所堂上 俱有畫像帖

백악

白岳

峯瀬

華房

장원서

창덕궁과 창경궁

경복궁

의빈부

종친부

장생전

사도시    비변사

관상감

종친부

통례원

충훈부

예조     의정부   사복시          전의감         종묘

중추부   이조            제용감

사헌부           한성부

호조     호조

형조

봉상시   공조

장예원            기로소                돈녕부

의금부

전옥서

〈그림 22〉 19세기 「도성대지도」(서울역사박물관 소장)에 표기한 관아 배치

조선 후기에는 육조거리의 서쪽에 예조, 중추원, 사헌부, 병조, 형조, 공조, 장예원이, 동쪽에 의정부, 이조, 한
성부, 호조, 기로소가 있었다.

**안설:** 『문헌비고』에 다음과 같이 나와 있다. "1394년(태조 3) 임금의 나이가 60이 되었으므로 기로소에 들어가서, 서루(西樓)의 벽 위에 이름를 남겨두었으며, 문신 출신 중에 나이 일흔을 채운 자로서 지위가 정경(正卿)에 오른 자를 뽑아서 들어가는 것을 허락하였다. 1719년(숙종 45, 기해년)에 임금이 기로소에 들어가셨다. 이에 기로소에 영수각을 건설하여 어첩을 봉안하게 하였는데, 서루의 고사는 지금은 없어졌으므로 임금이 명하여 새로이 책자를 만들어서 왕세자[경종]가 숙종의 존호를 삼가 쓰게 하여 영수각에 봉안하게 하였다. 상의원에서는 궤장(几杖)을 만들어 바쳤다. 1744년(영조 20, 갑자년)에 영조가 기로소에 들어가 영수각을 배알하고 몸소 어첩을 쓰셨으며, 상의원에서는 궤장을 바쳤다."

**안설:** 『패관잡기』에 다음과 같이 나와 있다. "국법에 매년 3월 3일과 9월 9일에 훈련원에 잔치를 배설하면 2품 이상으로 나이가 일흔인 사람들이 참여하였으며, 주악을 하사하여 화살을 쏘고 투호 놀이를 하며 하루 종일 즐기다가 파하였다. 찬성 고형산(高荊山, 1453~1528), 참찬 조원기(趙元紀, 1457~1533), 안윤덕(安潤德, 1457~1535), 판서 임유겸(任由謙, 1456~1527), 지사 이자견(李自堅, 1454~1529), 동지 정수강(丁壽崗, 1454~1527), 이백시(李栢始)가 기로사회(耆老私會)를 만들어 낙사(洛社) 고사에 의거하여 서로 모여 잔치를 벌였으니 그 후에는 재상 중에 나이 일흔에 이른 자들이 으레 이 모임에 참여하였다. 또 첨지 신자건(慎自健, 1443~1527)에게 병풍을 써서 펼쳐놓게 하니, 한 시대의 성대한 일로 여겨졌다. 얼마 지나지 않아 아문을 점찍어 기로소라 하고 마침내 아전을 두고 또 팔도에 청하여 물건들을 창고에 저축하였다."

**안설:** 『대전통편』에 다음과 같이 나와 있다. "국초에 문신 2품 실직으로 나이 일흔 이상인 사람만 들어갈 수 있고, 음관이나 무관은 참여하지 못하였다. 2품 실직 중에 나이가 일흔인 사람이 없으면 종2품 1, 2인도 구례에 따라 계품하면 들어갈 수 있었다. 승문원과 성균관의 참외관 각 1원이 수직관으로 차정되었다."

謹案文獻備考 太祖朝[68]三年 聖壽躋六十 乃入耆社 留御諱於西樓壁上 命選文宰之年

---

68 원문에는 太朝祖로 되어 있으나, 내용상 太祖朝로 바로잡는다.

滿七十 位登正卿者 始許入 肅宗己亥 上入耆社 於是建靈壽閣於耆老所 奉安御牒 而西

樓故事 今無存焉 故上命新造册子 使王世子[景宗大王] 謹書肅宗大王尊號 奉安于靈壽

閣 尙衣院造几杖以進 英宗二十四年甲子[69] 入耆社 拜靈壽閣 躬題御牒 尙衣院進几杖

又案稗官雜記曰 國法每年三月三日 九月九日 設宴于訓鍊院 二品以上七十者參焉 賜

酒樂 射帿投壺 終日而罷 贊成高荊山 參贊趙元紀 安潤德 判書任由謙 知事李自堅 同

知丁壽崗[70] 李栢始做耆老私會 依洛社故事 相與宴集 其宰相七十[71] 則例與此會 又令

僉知愼自健 寫屏張之 一時以爲盛事 末幾 因占衙門曰耆老所 遂有吏役 且求請八路

儲貨物于庫

又案大典通編 國初命文臣二品實職 年七十以上許入 蔭武不預焉 二品實職中 無年

七十人 則以從二品一二人 援舊例啓稟許入 以槐院國子參外各一員 差守直官


❉


　　기로소는 1719년(숙종 45) 숙종의 육순을 앞두고 이를 기념하는 행사

를 준비하면서 적극적으로 그 의미가 환기되었다. 숙종의 기로소 입소

는 태조가 육순을 맞이하여 기로소에 들어갔다는 점을 근거로 하였으

나, 당시에도 실록에 기록이 없다는 등의 이유로 그 신빙성이 의심되었

---

69 원문에는 영조 24년 갑자년으로 되어 있으나 24년은 무진년이며 영조가 기사에 들

　　어간 것은 20년 갑자년의 일이다.(『영조실록』 권60, 영조 20년 9월 9일(계미))

70 원문에는 岡으로 되어 있으나, 인물사전에 따라 崗으로 바로잡는다.

71 원문에 따르면 '그 재상 중 일흔이면'으로 해석해야 하는데, 『패관잡기』 원문에는

　　'其後宰相至七十'이라고 되어 있으며 이 편이 해석이 자연스러워 이를 택하여 번역

　　하였다.

다. 기로소는 태종대에 전함재추소(前銜宰樞所)에서 시작하여 세종대에 치사기로소로 명칭이 변경된 것인데, 명칭 변경 시점을 볼 때, 태조가 기로소에 들어갔다고는 보기 힘들다. 그러나 숙종과 영조는 태조를 환기하며 기로소에 입소하여, 건국 이래의 전통을 계승하였음을 적극적으로 표방하였다. 이는 세자(훗날 경종)의 대리청정에 임하여 세자와 노론의 연대를 강화하는 방법으로 모색된 것으로 해석되기도 한다.(윤정, 2012) 국립중앙박물관 등에는 1719년(숙종 45) 숙종이 기로소에 들어간 것을 기념하여 제작한 계첩인 「기사계첩(耆社契帖)」과 영조가 1744년 기로소에 들어간 것을 기념하여 제작한 「기사경회첩(耆社慶會帖)」이 소장되어 있다.

본문의 『패관잡기』에서 인용한 고형산 등 기로소 관련 내용은 현재 통용되는 『대동야승』에 수록된 『패관잡기』와는 내용이 조금 다르다. 『대동야승』 수록본에는 훈련원에서 잔치를 배설한다는 등의 이야기는 보이지 않으며 신자건이 나이가 여든이 넘었는데도 대자로 쓴 초서가 강건하여 당대에 대단한 일로 여겼다고 하고 있다. 기로소의 시작을 중종대의 고형산 등의 모임에서부터 찾고 있는 『패관잡기』의 내용은 역사적 사실과는 맞지 않지만, 고형산을 비롯한 사람들이 일흔이 넘어 사적인 계회를 가지고 계회도를 그렸던 것은 사실이다. 『용재집』에는 이들의 「칠로계회도(七老契會圖)」를 보고 지은 시가 전한다.(권3, 칠언고시 「칠로계회도」)

## 종친부(宗親府)

종친부는 북부 관광방에 있으며, 국초에 창건하였다. 종실인 여러 군(君)의 관부이다. 1688년(숙종 14)에 홍정당에 임어하여 여러 종실을 불러 술을 하사하고서 칠률시 한 수를 내려 판으로 게시하였다. 1764년 (영조 40)에 종신에게 활쏘기 시합을 할 것을 명하고 어서를 내리기를, '융무당중 망입억석 창창송하 회종관덕(隆武堂中 望入憶昔 蒼蒼松下 會宗觀德: 융무당 안에서 일흔하나에 옛일을 생각하며, 푸르고 푸른 소나무 아래에 종친들을 모아 활쏘기를 하였네)'이라고 하여 본부에 판을 걸었다.

宗親府 在北部觀光坊 國初創建 宗室諸君之府 肅宗十四年 御興政堂 召諸宗室 賜醞仍下御七律詩[72]一首 揭板 英[73]宗甲申 命宗臣試射 仍下御書曰 隆武堂中 望入憶昔 蒼蒼松下 會宗觀德 揭板子本府

❁

종친부는 경복궁 동문인 건춘문 맞은편 현 국립현대미술관 자리에 있었다. 이 자리는 일본군 수도육군병원을 거쳐 해방 후 주로 육군병원으로 활용되다가 국군기무사령부가 들어섰다. 이때 남아 있던 종친부의 건물인 경근당(敬近堂)·옥첩당(玉牒堂)은 1981년 종로구 화동 정독도서관으로 이전하였다. 이후 이 자리에 국립현대미술관 건립 계획이 확정되면서 먼저 발굴이 이루어졌는데, 의외로 경근당·옥첩당의 옛 유구가 그대로 확인됨에 따라 2013년 해당 전각을 다시 이전, 복원하였다. 이와 함께 국립고궁박물관이 소장하고 있던 경근당과 옥첩당의 옛 현판 2점도

---

72 원문에는 七詩律로 되어 있으나, 내용상 七律詩로 바로잡는다.
73 원문에는 美로 되어 있으나, 내용상 英으로 바로잡는다.

수리, 설치하여, 현재 국립현대미술관 서울관 부지에서 해당 전각들을 확인할 수 있다.

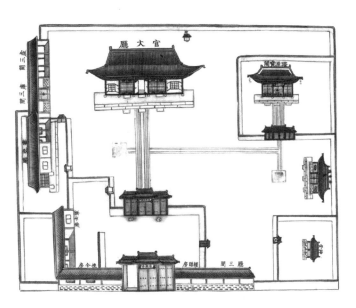

〈그림 23〉 「숙천제아도」 중 종친부

「숙천제아도」는 한필교(韓弼敎, 1807~1878)가 자신이 근무했던 관아를 모두 그린 화집으로, 현재 하버드 옌칭도서관에 소장되어있다. 왼편 상단의 가장 큰 건물이 관대청이며, 오른쪽 담장으로 둘러싸인 건물이 선원보각, 그 아래 왼쪽을 바라보고 있는 건물이 규장각이다.


### 의정부(議政府)

의정부는 북부 관광방에 있다. 1400년(정종 2)에 창건하였다. 상신(相臣) 삼공(三公)의 관부이다. 사인사(舍人司)가 그 북쪽에 있는데, 편액을 '청풍각(淸風閣)'이라 하였다. 연지(蓮池)가 있다. 정부아청(政府衙廳)은 불이 나서 없어졌고, 지금은 찬성아청(贊成衙廳)을 대신아좌(大臣衙坐)로 삼았다.

議政府 在北部觀光坊 定宗朝庚辰創建 相臣三公之府也 舍人司在其北 扁曰
淸風閣 有蓮池 政府衙廳則火毁 今以贊成衙廳 爲大臣衙坐

안설: 『여지승람』에 의정부가 하나는 창덕궁 인정전 서쪽에 있다고 하였는데, 이것
은 옛날에는 있었을 것이나 지금은 없어져서 상고할 수가 없다.

안설: 『문헌비고』에 다음과 같이 나와 있다. "1392년(태조 1) 고려의 제도에 따라서
도평의사사에 판사를 두었으며, 또 문하부를 두었다. 1400년(정종 2)에 도평의사사
를 혁파하여 의정부로 삼았으며, 1401년(태종 1)에 문하부를 혁파하여 의정부에 병
합하여 영부사와 판부사를 두었다가 얼마 후 영의정, 좌·우의정으로 고쳤다."

안설: 이극감(李克堪, 1423~1465)의 사인사기(舍人司記)에 대략 이렇게 나와 있다.
"우리 조정에서 의정부를 세운 것은 주나라의 삼사(三師), 삼소(三少)의 관직을 모
방한 것이다. 또 사인 2원을 두어서 돕게 하고 상신이 자천하도록 한 것은 그 뽑는
것을 중히 여겼기 때문이다."

案輿地勝覽云 政府 一在昌德宮仁政殿西云 則此必古有而今無 未可考矣
又按文獻備考 太祖元年 因麗制 置都評議使司 判事 又置門下府 定宗二年 罷都評議使
司 爲議政府 太宗元年 又罷門下府 倂於議政府 置領府事判府事 尋改領議政左右議政
又按李克堪舍人記略曰 我朝建政府 倣成周三師三少之職 又置舍人二員 以佐之 令
相臣自薦辟焉 所以重其選也

❀

의정부는 경복궁 광화문 앞길 동편에 있었다. 처음에는 도평의사사
로 세워졌다가 1400년(정종 2) 관제 개편으로 의정부로 개칭하였다. 창
덕궁 인정전 서쪽에 있었다고 한 의정부는 태종대에 설치한 의정부 조

방(朝房)을 의미하는 것으로 보인다. 조방은 멀리 떨어진 관서에서 신속히 입궐하거나 명령이 잘 소통되도록 궁궐 가까이에 둔 대기소 같은 곳이다. 『한경지략』 단계에서는 의정부가 기능을 많이 상실한 상황이어서 건물도 옛 규모대로 남아 있지 않은 상황이었으나, 고종대인 흥선대원군 집권기에 경복궁을 중건하고 의정부를 강화하고 삼군부를 복설하면서 새롭게 관아를 건설하였다.

## 충훈부(忠勳府)

충훈부는 북부 관인방에 있다. 여러 공신의 관부로서, 운대(雲臺), 인각(麟閣), 맹부(盟府)라고도 한다. 태종대에 창건하였다. 옛날에는 북부 광화방에 있었는데, 1504년(연산군 10)에 혁파하고, 중종대에 이곳으로 옮겨 지었다. 책훈한 공신은 모두 화상첩(畵像帖)이 있으며, 공신의 적장손이 세습하여 군으로 봉해지고 그 부의 당상관이 된다. 직접 봉해진 공신 본인 및 왕비의 아버지는 '부원(府院)' 두 자를 더한다.

忠勳府 在北部寬仁坊 諸功臣之府 亦稱雲臺 麟閣 盟府 太宗朝創建 舊在北部廣化坊 燕山甲子撤罷 中宗朝移建于此 策勳之功臣 俱有畵像帖 而功臣之嫡長孫 世襲封君 爲其府堂上官 親功臣及王妃父加府院二字

안설: 충훈부는 태종대에 창건할 때에는 충훈사(忠勳司)라고 칭하였다. 개국공신을 논공행상하여 비석을 세워 그 공을 기록하고 전각을 세우고 초상화를 그렸으며, 적장자가 세습하게 하고 영원히 죄를 면해주도록 하였다. 1459년(세조 5)에 사(司)를 승격시켜 부(府)로 만들고 양부와 나란하게 보며 전결과 노비를 추가로 하사하고, 옛 관서가 좁다 하여 광화방 종부시의 건물 한 구를 하사하여 새롭게 하였다.

충익부(忠翊府)는 옛날에는 북부 양덕방에 있었으니, 원종공신의 관부이다. 1701년(숙종 27)에 충훈부에 병합되었다.

謹案忠勳府 太宗朝創建時 稱忠勳司 開國功臣論功行賞 立碑紀功 建閣圖形 嫡長世襲 宥及永世 世祖朝五年 以司陞爲府 班視兩府 加賜田結奴婢 以舊廨湫隘 賜廣化坊宗部 寺公廨一區 重新之

忠翊府 舊在北部陽德坊 原從功臣之府也 肅宗朝辛巳 併于忠勳府

❀

본문과는 달리, 실록에 따르면 국초에는 공신 관련 관부로 공신도감을 두었다가 세종대에 충훈사로 고쳤으며, 충훈사에서 충훈부로 승격한 것은 세조대가 아니라 단종대다.(『세종실록』권65, 세종 16년 9월 1일(을해); 『단종실록』권10, 단종 2년 1월 15일(정묘)) 충훈부의 잘못된 연혁은 『문헌비고』와 대체로 일치하고 있어서, 궐외각사 서술에서 『문헌비고』를 많이 참고하였음을 다시 한번 확인할 수 있다. 충익부는 숙종대에 그 소속을 병조로 할 것인지 충훈부로 할 것인지를 놓고 여러 차례 논란이 있었는데, 1701년(숙종 27)에 최종적으로 충훈부에 소속시키는 것으로 결정하였다.

### 의빈부(儀賓府)

의빈부는 북부 광화방에 있다. 국초에 창건하였다. 공주, 옹주에게 장가든 사람의 관부이다. 옛날에는 중부 정선방에 있었는데, 1504년(연산군 10)에 철거하여 다른 곳으로 옮겼다가 1516년(중종 11)에 이곳으로 이건하였다. 공주에게 장가든 자는 도위(都尉)라고 하고, 군주에게 장가든 자는 부위(副尉)라고 하고 현주에게 장가든 자는 첨위(僉尉)라고 한다.

儀賓府 在北部廣化坊 國初創建 尙公主翁主者之府 舊在中部貞善坊 燕山甲子 撤移于他所 中宗丙子 移建于此 尙公主稱都尉 尙郡主稱副尉 尙縣主稱僉尉

❋

중부 정선방의 의빈부를 철거한 1504년(연산군 10)은 연산군이 궁궐이 내려다보이는 인근의 집들을 철거하고 담장을 건설하며, 원각사를 헐고 성균관을 옮기겠다고 하는 등, 도성 안을 대대적으로 손보던 때다. 충훈부와 의빈부는 이때 철거된 것으로 보인다. 공주는 왕비 소생, 옹주는 후궁 소생의 딸에게 붙는 칭호였으며, 군주는 왕세자빈 소생, 현주는 왕세자의 후궁 소생에게 붙는 칭호였다.

### 돈녕부(敦寧府)

돈녕부는 중부 정선방에 있다. 왕의 친척과 외척의 관부이다. 영조가 어필로 현판을 걸었다. 돈녕부 안에는 선보봉안각(璿譜奉安閣)이 있다. 또 북한산성에 선보봉안각을 두고 계달(3, 6, 9, 12월)마다 본부의 관원이 나가서 포쇄한다.

敦寧府 在中部貞善坊 王親外戚之府 英宗御筆揭額 府中有璿譜奉安閣 又置 璿譜奉安閣于北漢山城 每季 本府官出往曝曬

안설: 『국조보감』에 다음과 같이 나와 있다. "1414년(태종 14)에 처음으로 돈녕부를 설치하고 종친 중 태조의 후예가 아니어서 봉군되지 못한 자를 두었다."

안설: 또 『국전(國典, 경국대전)』에는 다음과 같이 나와 있다. "임금과 같은 성인 종성은 9촌, 이성은 6촌 이상의 친척, 왕비는 동성은 8촌, 이성은 5촌 이상의 친척, 세자빈은 동성은 6촌, 이성은 3촌 이상의 친척을 임명하고, 이상의 촌수 안의 고모부·자매부·조카사위·손녀사위에게도 제수한다. 선왕선후의 친척도 동일하다."

안설: 『부계기문』에 다음과 같이 나와 있다. "부마 권규(權跬, 1393~1421)는 양촌 권근의 아들로 태종의 딸에게 장가들어 아들 둘을 낳았는데, 권담(權聃)과 권총(權聰, 1413~1480)이라고 한다. 나이 십여 세에 돈녕직장에 제배되어 하루는 관아에 출사하였는데, 지붕 위에 올라가 새 새끼를 찾다가 도정이 갑자기 오니 미처 맞이하지 못하였다. 도정이 노하여 불러다 뜰에 세워두고 꾸짖었다. 권담이 (궁궐에) 들어가 하소연하니, 태종이 웃으며 '네 관직이 낮기 때문이다'라고 하고는 정관을 불러 권담에게 동지를 제수하였다.[본부는 동돈녕부사이다] 관서에 이르니 아직 일 보는 것이 끝나지 않아서 도정이 크게 놀라 나가서 맞이하였다."

의정부, 돈녕부, 의빈부, 충훈부, 중추부를 일러 오상사(五上司)라 한다.

謹案 國朝寶鑑 太宗十四年 初置敦寧府 以置宗親之非太祖後而不得封君者

又案國典 宗姓九寸 異姓六寸以上親 王妃同姓八寸 異姓五寸以上親 世子嬪同姓六寸 異姓三寸以上親 已上寸內姑姊妹姪女孫女夫除授 先王先后親同

又案涪溪記聞 權駙馬跬 陽村之子也 尙太宗女 生二子 曰聃曰聰 年十餘 拜敦寧直長 一日仕衙 上屋探雀鷇 都正猝至 不及迎 都正怒 召立于庭責之 聃入訴 太宗笑曰 爲汝官卑故也 召政官 拜聃同知[本府同敦寧也] 及衙 未罷視事 都正大驚出迎[止此]

議政府 敦寧府 儀賓府 忠勳府 中樞府 謂之五上司


## 비변사(備邊司)

비변사는 중부 정선방에 있다. 창덕궁 밖 서쪽 편에 있다. 1555년(명종 10)에 창건하였는데, 중외의 군국기무를 총괄한다. 당의 편액은 '비궁당(匪躬堂)'이라고 하며 사가정 서거정의 기문이 있다. 경희궁 흥화문 밖에도 비변사가 있다.

備邊司 在中部貞善坊 昌德宮外西邊 明宗乙卯創建 総領中外軍國機務 堂額
曰匪躬堂 有徐四佳記文 慶煕宮興化門外 又有備邊司

안설: 비변사는 비국(備局)이라고도 하고, 주사(籌司)라고도 칭한다. 도제조는 곧
시·원임대신이다. 1592년(선조 25)에 처음으로 부제조를 두어서 병무에 대해 잘 아
는 자로 계문하고 차정하여 이정귀, 박동량(朴東亮, 1569~1635)을 제일 먼저 부제조
로 삼았다. 1624년(인조 2) 유사당상을 증치하였으며, 1713년(숙종 39)에 처음으로
팔도구관당상 각 1원을 두었다. 옛 제도에 빈청 차대는 1달에 3번으로, 초3일, 13
일, 23일에 하였다. 1688년(숙종 14)에 그 규식을 바꾸어서 매달 6차례로 바꾸어 초
5일, 초10일, 15일, 20일, 25일, 30일에 하였다. 3차에는 원임대신도 들어오게 하였
다. 또 제언사구관(堤堰司句管)을 두어 각 도의 제언과 수리를 수칙하게 하였고 비
국에 속하게 하였다. 본사에는 무낭청(武郞廳) 8원이 있어서 매일 문서를 큰 기름종
이 가방에 담아서 병조의 역마를 타고 돌아가며 가서 여러 비국 당상이 있는 곳에
보인다.

案備邊司 亦稱備局 又稱籌司 都是調皀時原任大臣也 宣祖壬辰 始置副提調 以通中諳
鍊兵務者啓差 以李廷龜朴東亮 首先爲之 仁祖二年 增置有司堂上 肅宗三十九年 始置
八道句管堂上各一員 舊制 賓廳次對 一月三次 以初三十三二十三日爲之 肅宗十四年
更定其式 每月六次 以初五 初十十五二十二十五三十日爲之 三次則原任大臣 亦令入
來 又置堤堰司句管 修飭各道堤堰水利 屬于備局 本司有武郞廳八員 每日盛文書於大
油紙帒 騎兵曹驛馬 輪行以示于諸備堂所在處

✻

『증보문헌비고』를 보면, [원]에서는 처음 임명된 부제조를 이정귀, 박

동량이라 하였으나, 정조대에 작성한 [보]에서 세대가 맞지 않는다고 하며 허성(許筬, 1548~1612)·김홍미(金弘微, 1557~1605)로 바로잡았다.

비변사는 1510년(중종 5) 삼포왜란을 계기로 비상 기구로 설치하였다가, 1554년부터 잦아진 왜란이 1555년(명종 10) 을묘왜변으로 이어지자 독립된 합의기관이자 관제상의 정식아문으로 발전하였다. 본문의 서술은 독립 기구로 확립된 명종대를 기준으로 삼은 것이다. 임진왜란을 지나면서 비변사의 기능이 더욱 확대, 강화되었으며, 임진왜란 이후에도 전후 복구와 국방력 제고를 위해 그대로 유지되었다. 인조대 이후에는 정책 결정 기구로 그 기능이 확대되면서 의정부가 유명무실해지게 되었다. 고종대에 흥선대원군이 집권하면서 비변사를 축소하고 의정부를 강화하였다. 의정부는 국초에 설치한 만큼 육조대로에서 경복궁에 가장 가까운 곳 동편에 자리 잡고 있었으나, 비변사는 조선 후기 경복궁이 불에 탄 상태였기 때문에, 당대 주로 사용된 창덕궁과 경희궁 앞에 있었다. 두 궁궐 앞에 있었던 것은 국왕의 이어에 따라 가까운 곳의 비변사 건물이 활용되었기 때문이다.


## 선혜청(宣惠廳)

선혜청은 서부 양생방에 있다. 대동미·대동포·대동전 출납을 관장한다. 1608년(광해군 즉위년)에 처음으로 두었다.

宣惠廳 在西部養生坊 掌出納大同米布錢 光海戊申創置

안설: 세종대에 공안(貢案)을 정하여, 그 읍의 산물에 따라서 토착민이 경사(京司)에

직접 납부하게 하였다. 1608년(선조 41)에 좌의정 이원익(李元翼, 1547~1634)이 건의하여 대동법을 처음으로 시행하며 민결(民結)에서 쌀을 거두어 경공(京貢)으로 옮기게 하였는데, 먼저 경기에서 시작하였다. 드디어 선혜청을 두고, 또 관동에서 행하였다. 1652년(효종 3)에 우의정 김육이 건의하여 호서, 호남의 연해 쪽의 읍에서 시행하였다. 1662년(현종 3)에 형조판서 김좌명(金佐明, 1616~1671)이 산군에서도 아울러 시행할 것을 건의하였다. 1677년(숙종 3)에 승지 이원정(李元禎, 1622~1680)이 영남에서도 시행하기를 청하였고, 1708년(숙종 34)에 또 황해도관찰사 이언경(李彦經, 1653~1710)의 상소로 해서에서도 시행하였다. 대동법에서는 경기와 삼남(충청, 전라, 경상도)은 논과 밭을 통틀어 1결에 쌀 12두를 거두어들이며, 관동도 동일하다. 측량하지 않은 읍은 4두를 더하여 걷고 영동은 2두를 더한다. 해서는 상정법(詳定法)을 행하여 15두를 거두는데, 이름은 대동이라고 통일하였다. 옛날 각 읍에서 토산물을 가지고 와서 공물을 내는 사람은 모두 경공을 했으니, 경공주인(京貢主人)을 정해 내어서 진배하고, 남은 것은 각 읍에 저축하여 저치미(儲置米)라고 하며 공용으로 쓸 자원으로 삼았다.

謹案 世宗朝定貢案 隨其邑産 使土民 直納于京司矣 宣廟戊申 左議政李元翼建白 創行大同法 取米於民結 移作京貢 先始京畿 遂置宣惠廳 又行於關東 孝廟壬辰 右議政金堉建白 行於湖西湖南沿邑 顯宗壬寅[74] 刑判金佐明 請并行于山郡 肅宗丁巳 承旨李元禎 請行嶺南 戊子又因海伯李彦經疏 行於海西 其法畿甸三南 通田畓一結收米十二斗 關東同 而未量邑 加四斗 嶺東加二斗 海西行詳定法 收十五斗 統名曰大同 昔之各邑 以土物來貢者 并作京貢 定出京貢主人 使之進排 用餘則儲置各邑 謂之儲置米 以備公用之資

❋

---

74 원문에는 辰으로 되어 있으나, 실록에 따라 寅으로 바로잡는다.

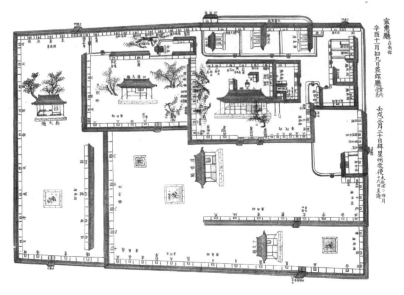

〈그림 24〉 「숙천제아도」 중 선혜청

관아 전체와 구역을 나누고 있는 행랑은 창고인데, 바깥쪽에는 대체로 천자문에 따라 순번을 매겨 호남고,
호서고 등으로 사용되었고, 상대청 주변 행랑은 영남고, 강원대청 주변 행랑은 강원고와 해서고이다.


 선혜청에 대해서는 19세기 후반에 그려진 「숙천제아도」와 1908년
에 그려진 선혜청 건물 도면도 있어서, 그 옛 모습을 상당히 구체적으
로 추적할 수 있다.

### 균역청(均役廳)

 균역청은 남부 주자동에 있다.[곧 옛날 수어청이다] 1750년(영조 46)에
설치하였고, 1753년(영조 29)에 선혜청에 병합하였다.

 均役廳 在南部鑄字洞[卽舊守禦廳也] 英廟庚午設 癸酉幷于宣惠廳

안설: 균역청을 설치하여 어염선세, 선무군관 및 은여결(隱餘結)로 받는 바를 합치면 십여만 냥이다. 또 관서와 관북 양도 외에 6도의 전결은 1결마다 쌀 2두를 걷거나 돈 5전을 걷으니, 부족한 급대(給代)의 수효와 대략 서로 같다. 1753년(영조 29)에 또 상진청과 합쳤는데, 청의 부속으로 별하고(別下庫)가 있었다.

案均役廳之設 以漁鹽船稅 選武軍官及隱餘結所捧 合十數萬兩 又西北兩道外 六道田結 每一結 收米二斗 或錢五錢 要令給代不足之數 約略相當 英宗癸酉 又以常賑合廳 廳之屬有別下庫

안설은 균역절목의 내용을 요약하고 있어서 부족한 급대의 수효와 같다는 부분에 대해 맥락이 생략된 부분이 있다. 영조대에 균역법을 실시하면서 약 1백여만 냥의 세금을 감면하였다. 이 중 50여만 냥은 각 아문의 경비 등을 줄여서 해결하였으나, 여전히 지급해야 할 군수가 40여만 냥 정도가 되었다. 안설의 설명은 이 부족한 부분을 어염선세, 선무군관, 은여결에서 받아들이는 10여만 냥과 6도의 전결에서 걷은 돈으로 충당하였다는 의미이다. 6도의 전결에서 거두어들이는 것을 돈으로 계산하면 30여만 냥이었다고 한다.(『영조실록』 권75, 영조 28년 1월 13일(을해))

### 준천사(濬川司)

준천사는 중부 장통방에 있다. 도성 내 개천과 도랑을 깨끗이 하고 준천하는 일을 관장한다. 1760년(영조 36)에 처음으로 설치하였다.

濬川司 在中部長通坊 掌疏濬都城內川渠 英宗庚辰創置

안설: 『국조보감』에 다음과 같이 나와 있다. "1760년(영조 36) 2월 개천을 준천하였다. 개천은 백악, 인왕산, 목멱산의 물을 합하여 도성 안을 감싸 돌아서 간다. 동쪽에 오간수문이 있고 또 동쪽에 영제교가 있는데 중량천과 만나서 한강으로 들어간다. 『여지승람』에서 이른 개천이 이것이다. 세종대에 이현로(李賢老, ?~1453)가 오물을 버리는 것을 금지하여 명당의 물을 맑게 하자고 청하였는데, 어효첨이 상소하여 그 형세상 행할 수 없다고 하며 반대하였다. 세종은 어효첨의 의견이 옳다고 여겨 이현로의 말을 쓰지 않았으니, 이것이 300여 년 동안 개천이 점차 막히다가 범람하는 우환이 생기곤 하였다. 임금(영조)이 "이것이 비록 백성을 위한다고는 하지만 어찌 백성을 번거롭게 할 수 있겠느냐?"라고 하시고는 누만 냥의 돈꿰미를 내어 정부(丁夫)를 고용하여 준천하였다. 한 달이 안 되어 공역을 마치고 이에 준천사를 설치하고, 매해 준천하는 것을 상례로 삼았다. 또 1773년(영조 49) 6월에 돌로 개천을 쌓았다. 이전에 개천을 준천하는데 양쪽 둑이 터져서 버드나무를 심어 막았는데도 견고하지 않았다. 이때에 이르러 돌로 쌓으라고 하여 둘레를 견고하게 하고 촘촘하게 하였다. 공역을 완공함에 임금이 왕세손과 함께 광통교에 임어하시어 세손을 돌아보며 "뜻이 있는 자는 일이 반드시 이루어지니, 하고자 함이 있다면 마땅히 먼저 뜻을 세우고 힘써 해야 한다"라고 하였다."

안설: 『준천사실』에 다음과 같이 나와 있다. "시작부터 끝까지 57일이 걸렸으며, 방민이 15만, 고용한 정부가 5만여 명이었으며, 비용은 돈이 3만 5천 꿰미, 쌀이 2천 3백여 포로 공사가 비로소 끝이 났다. 준천할 때 송기교부터 장통교까지는 훈련도감이, 장통교에서 태평교까지는 금위영이, 태평교에서 영도교까지는 어영청이 맡고, 사산참군이 순시하는 것을 나누어 맡아서 해당 관사에 알려서 수리하게 하였다."

國朝寶鑑曰 英宗三十六年二月 濬開川 川合白岳仁王木覓山之水 襟帶都城中 東有五間水門 又東爲永濟橋 會中梁川 入于漢江 輿地勝覽所謂開川是也 當世宗朝時 李賢老 請禁投穢物 以淸明堂之水 魚孝瞻上疏 斥其勢不能行 世宗是孝瞻議 而不用賢老言 自是三百餘年 川漸壅開 每値霖潦 輒有汎溢之患 上曰 是雖爲民 豈可煩民乎 乃損累萬緡 雇丁夫濬之 不月功訖 於是設濬川司 每歲濬川 以爲常 又於四十九年六月 石築開川 先

是濬川兩岸爲潦決 乃植柳防之 猶不堅完 至是命以石甃之 牢固精緻 功旣竣 上與王世
孫 臨廣通橋 顧謂世孫曰 有志者 事竟成 凡欲有爲 當先立志 勉之哉

又案濬川事實云 首尾五十七日 得役夫坊民十五萬 雇丁五萬餘 費錢三萬五千 絹米
二千三百餘包 而功始訖 濬川時 自松杞橋至長通橋 訓鍊都監 自長通橋至太平橋 禁衛
營 自太平橋至永渡橋 御營廳 又四山參軍 分掌巡視 報該司修等

영조대의 두 차례 준천은 경진년(1760), 계사년(1773)에 행해졌기 때문
에 각각 경진준천, 계사준천이라고 부른다. 경진준천 때에는 개천의 본
류와 지류, 세류 등을 준천하였으며, 계사준천 때는 양쪽 기슭에 석축
을 쌓았다. 영조는 경진준천을 기념하여 『준천첩』을 제작하였는데, 『어
제준천계첩』과 『어제갱진계첩』이 대표적이다. 『어제준천계첩』은 영조가
시를 지어 신하에게 내려준 것을 기념하여 제작하였으며 준천 과정을
그린 그림이 포함되어 있는데, 현재 다양한 판본이 전하며 수록 내용도
약간씩 차이가 있다.

경진준천 중 편찬한 『준천사실』에 따르면, 개천은 훈련도감, 금위영,
어영청에서 위에 나온 것처럼 나누어 관리를 맡았으며, 기타 작은 물길
도 해당 군영의 자내(字內)에서 담당하도록 하였다. 사산참군은 산을 순
시할 때 다리나 석축이 무너졌는지, 토사가 쌓이지는 않았는지, 나무로
엮은 부분이 헐진 않았는지 등도 함께 살펴서 문제가 있을 경우 준천사
당상에게 아뢰는 일을 맡았다.

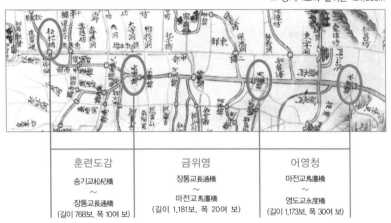

| 훈련도감 | 금위영 | 어영청 |
|---|---|---|
| 송기교松杞橋 | 장통교長通橋 | 마전교馬廛橋 |
| ~ | ~ | ~ |
| 장통교長通橋 | 마전교馬廛橋 | 영도교永度橋 |
| (길이 768보, 폭 10여 보) | (길이 1,181보, 폭 20여 보) | (길이 1,173보, 폭 30여 보) |

〈그림 25〉 삼군문 개천 관리 구간(『준천, 영조와 백성을 잇다』, 청계천박물관)

송기교는 종로구 신문로 1가 23번지, 장통교는 장교동 51번지와 관철동 11번지 사이, 영도교는 중구 황학동 162번지에 해당하는데, 2005년 청계천 복원사업으로 새롭게 건설되었다.


## 의금부(義禁府)

의금부는 중부 견평방에 있다. 1414년(태종 14) 창건하였다. 교지를 받들어 추국하는 일을 관장한다. 그 아청의 이름은 호두각(虎頭閣)이다.

義禁府 在中部堅平坊 太宗朝甲午創建 掌奉敎推鞫之事 其衙廳名虎頭閣

안설: 『문헌비고』에 다음과 같이 나와 있다. "국초에 고려 제도에 따라서 사평순위부(司平巡衛府)를 순위부(巡衛府)로 개칭하였다가 또 의용순금사(義勇巡禁司)로 고쳤다. 1414년(태종 14) 의금부로 개칭하였다."

의금부는 민간에서 세조대에 감찰 정보(鄭保)를 적몰한 후 그 집을 부로 삼았다고 한다.

또 당직청이 창덕궁 금호문 밖에 있는데, 도사 1원이 하위로 와서 숙직한다. 모든 수금(囚禁)하고 체포하는 등의 일은 마땅히 당직도사를 불러서 명령을 들어야 한다. 예전에 한 도사가 숙직하고 있을 때 사사로운 이유로 다른 동료와 바꾸어 숙직할 것을 청하였는데, 마침 이괄의 난을 만나 체포하러 나갔다가 해를 입었다고 한다. 그러므로 이 이후로는 당직도사는 새 하위가 오기 전에는 다른 관료로 잠시라도 바꾸어 재직하지 못한다고 한다.

본부에 예전에는 옥패(玉牌)가 있었는데, 삼사가 출금(出禁)할 때에도 또 금부 옥패로 금리를 내어 삼사와 금리(禁吏)의 비법한 일을 규찰하였다. 임진왜란 이후에 옥패를 잃어버려 이 법이 마침내 폐지되었다고 한다.

부례(府隸)를 나장(羅將)이라고 하는데 수가 80명이다. 청포백사(靑布白絲)를 입고 간도반비의(間道半臂衣)에 흑포첨건(黑布尖巾)을 쓰는데, 두건 뒤에는 두 개의 동월(銅月)을 붙였고, 주수(朱殳: 붉은 몽둥이)를 든다. 대가가 행행할 때에 고훤도사(考喧都事)가 나장을 거느리고 좌우를 호위하여 간다. 지금 외읍의 수령도 나장이 있는데, 이 옷을 입고 두건을 쓰고 몽둥이를 잡고 가니, 이것은 반드시 고제(古制)일 것이다. 법관 하례의 복색이 모두 이와 같다.

案文獻備考曰 國初以麗制司平巡衛府 改稱巡衛府 又改爲義勇巡禁司 十四年 改稱義禁府[止此]

此府世稱 世祖朝監察鄭保籍沒後 以其家爲府云

又有當直廳 在昌德宮金虎門外 都事一員 以下位來直 凡有囚禁逮捕等事 必呼當直都事 聽令 昔有一都事在直 以私故請他僚替直 適値适變 以逮捕出去遇害 故自此以後 當直都事 不得新下位之前 他僚不爲暫時替直云

本府古有玉牌 凡三司出禁時 又以禁府玉牌 出禁吏 糾察三司禁吏之非法事 壬辰亂後 失玉牌 此法遂廢云

府隸曰羅將 數爲八十名 着靑布白絲 間道半臂衣 戴黑布尖巾 巾後貼兩銅月 執朱殳 大駕幸行時 考喧都事 奉羅將 左右護行 今外邑守令 亦有羅將 着此衣巾 執殳以行 則此 必古制 法官下隸之服色 皆如此也

정보(鄭保)는 정몽주의 손자로 성삼문 등의 단종복위운동을 두둔하였다 하여 처벌을 받아 변방의 종이 되고 집은 적몰되었다. 그러나 실록에 따르면 그의 집터가 의금부가 되었다는 본문의 내용과는 달리, 정보의 집은 윤사흔(尹士昕)에게 주었다고 한다.(『세조실록』 권6, 세조 3년 2월 8일 (임인))

## 중추부(中樞府)

중추부는 서부 적선방에 있다. 국초에 설치하여 시·원임대신 및 문무당상관 중에 직임이 없는 자를 대우하였다. 1392년(태조 1) 고려 제도에 따라서 중추원을 두고 판사, 사, 지사, 동지사, 첨서, 부사, 학사, 상의원사와 여러 승지 및 당후관을 두었다. 세조대에 도승지 이하는 별도로 승정원을 설치하고, 중추원을 고쳐 부로 삼았다.

中樞府 在西部積善坊 國初設待時原任大臣 及文武堂上官無所任者 太祖元年 因麗制 置中樞院 有判事 使知事同知事僉書副使學士商議院事 諸承旨 及堂後官 世祖朝 以都承旨以下 別置承政院 改中樞院爲府

## 이조(吏曹)

이조는 중부 징청방에 있다. 국초에 건립하였다. 문신의 선발, 공훈봉작, 고과의 정무를 관장한다. 그 소속으로는 문선사(文選司), 고훈사(考勳司), 고공사(考功司) 삼사가 있다.

吏曹 在中部澄清坊 國初建 掌文選 勳封 考課之政 其屬有文選考勳考功三司

## 호조(戶曹)

호조는 중부 징청방에 있다. 국초에 건립하였다. 호구, 공물 부세, 전세, 식화의 정무를 관장한다. 그 소속으로는 판적사(版籍司), 회계사(會計司), 경비사(經費司) 삼사가 있다.[경비사는 지금 별례방(別例房)이라고 한다] 또 전례방(前例房)이 있는데, 제향의 공상(供上), 사행방물, 예장(禮葬)을 관장한다. 판별방(版別房)은 무시별무(無時別貿: 비정기적 별무역)를 관장하고, 별영색(別營色)은 훈련도감 군병의 방료(放料)를 관장한다. 별고색(別庫色)은 공물을 대주는 것을 관장한다. 세폐색(歲幣色)은 성절사의 세폐를 관장하고, 응판색(應辦色)은 객사가 왔을 때의 비용을 관장하고 은색(銀色)은 금은을 관장한다.

○분호조(分戶曹)는 남부 회현방에 있다. 1609년(광해군 1)에 처음으로 설치하였다. 매번 칙사를 접대할 때 호조가 이곳으로 옮겨 거처한다.

戶曹 在中部澄淸坊 國初建 掌戶口貢賦田糧食貨之政 其屬有版籍會計經費三司[經費司 今稱別例房] 又有前例房 掌祭享供上使行方物禮葬 版別房 掌無時別貿 別營色 掌訓局軍兵放料 別庫色 掌貢物上下 歲幣色 掌節使歲幣 應辦色 掌客使支需 銀色 掌金銀

分戶曹 在南部會賢坊 光海己酉創置 每於勅使接待時 戶曹移寓於此

안설: 분호조는 남별궁 옆에 있는데, 광해군대에 재정이 날로 감축되어 크고 작은 필요 비용들을 그때마다 시민에게 책임지고 내게 하였다. 유태감(劉太監) 조사

가 왔을 때에 상신 이항복과 이덕형(李德馨, 1561~1613)이 처음으로 분호조를 설치하여 조사를 접대할 물품을 미리 준비하여 사용하였더니, 시민들이 매우 편하다고 칭송하였다.

案分戶曹 在南別宮傍 光海時 財賦日縮 大小需用 每臨時 責出於市民 劉太監詔使之
來 相臣李恒福李德馨 始設分戶曹 詔使支供之物 預備以用 市民甚稱便

❁

안설은 『문헌비고』와 일치하는데, 역사적 사실은 아니다. 분호조는 임진왜란 중에 설치하여 명사의 접대 비용 등을 담당하게 하였으나, 광해군대 초반에 폐지하였다가 후반에 다시 설치된 것이었다. 『숙천제아도』에는 호조 그림이 있다.

### 예조(禮曹)

예조는 서부 적선방에 있다. 국초에 건립하였다. 예악, 제사, 연향, 조빙(朝聘), 학교, 과거의 정무를 관장한다. 그 소속으로는 계제사(稽制司), 전향사(典享司), 전객사(典客司) 삼사가 있다. 계제사는 의식(儀式), 제(製), 조회, 학교, 과거, 인신(印信), 표전(表箋), 책(册)을 관장한다. 전향사는 사신의 영접, 조공, 연설(宴設), 사여(賜與) 등의 일을 관장한다.

禮曹 在西部積善坊 國初建 掌禮樂祭祀宴享朝聘學校科舉之政 其屬有稽制
典享典客三司 稽制司 掌儀式製朝會學校科舉印信表箋册 典享司 掌使臣迎
接朝貢宴設賜與等事

光化門外諸官衙實測平面圖

〈그림 26〉 「광화문외제아관아실측평면도」(국가기록원 소장)

1907~1910년 사이에 광화문 앞 육조거리의 관아를 실측한 평면도이다. 대한제국 시기의 관서명으로 되어 있어 본문의 관서명과는 일치하지 않는다. 도면 가장 위 좌우에 가장 넓은 구역을 차지하고 있는 것이 의정부 (오른쪽)와 삼군부(왼쪽)이다. 이는 고종대 흥선대원군이 경복궁을 중건하면서 함께 건설되었다.

안설: 『문헌비고』에는 세상에서 칭하기를 정도전이 패한 후에 삼군부를 취하여 예조를 만들었으므로, 그 제도가 지극히 장려했다고 한다. 식년시는 예조 및 성균관

에서 설행하는데, 예조를 일소(一所)라 하고, 성균관을 이소(二所)라 하였다.

案文獻備考曰 世稱鄭道傳敗後 取三軍府爲禮曹 故制極壯麗云 大比之科設行於禮曹 及成均館 而禮曹謂之一所 成均館謂之二所

❉

원래 태조대 육조거리에는 광화문에 가장 가까운 위치에 의정부(당시 엔 도평의사사, 동쪽)와 삼군부(서쪽)가 나란히 마주 보는 형태로 배치되었 다. 『문헌비고』에서는 정도전이 의정부와 삼군부가 일체라고 보아서 양 관아의 건물이 장려하여 비할 데가 없었다고 하였다. 이후 삼군부와 예 조 위치가 바뀌면서 예조가 화려한 삼군부의 건물을 사용하게 되었고, 삼군부는 관제 개편으로 중추원이 되면서 조선 후기 지도에서 보는 것 과 같이 육조거리의 관서 배치가 성립하였다. 이는 고종대에 관제를 개 편하고 의정부와 삼군부를 다시 건설하면서 바뀌게 되었다.

### 병조(兵曹)

병조는 서부 적선방에 있다. 무신의 선발, 문호를 잠그고 여는 정무 를 관장한다. 그 소속으로는 무선사(武選司), 승여사(乘輿司), 무비사(武 備司) 삼사가 있다. 지금까지도 통행하는 것으로 팔색(八色)이 있다. 정 색(政色)[곧 무선사], 결속색(結束色)[곧 승여사. 궐내 및 동가 때 금훤을 관장 한다], 무비사, 일군색(一軍色)[용호영(龍虎營)을 관장한다], 호련대(扈輦隊) [내취보(內吹保)에게서 포를 거두어서 장교, 군병, 원역의 방료와 삭하(朔下: 급 료)의 자원으로 삼는다], 이군색(二軍色)[기병과 보병의 보포(保布)를 관장하

여 궐내·외 각사원역과 고립(雇立)의 삭포 자원으로 삼는다], 도안청(都案廳)
[기병 1년을 여섯으로 나누어 그 신포(身布)를 거두어서 제향, 군계(軍契), 공가
(貢價), 수용(需用)의 자원으로 삼는다], 유청색(有廳色).[여정색(餘丁色)이라고
도 칭한다. 1627년(인조 5) 한정(閑丁)을 찾아내어 군적에 보충하여 넣고 여정
(餘丁)은 병조에 속하게 하였다. 그 후에 정액에서 줄인 병정과 낙강(落講: 과
거의 대·소과에 급제하지 못한 것)한 여정을 비국(備局)에서 병조로 보냈다. ○
유청색에서 관장하는 유청군은 곧 충순(忠順)·충찬(忠贊)·충장(忠壯)의 삼위
(三衛)이다. 충순위는 출신(出身)의 아들·사위·아우·조카이며, 충찬위는 원
종공신의 지자(支子)로 증손(曾孫)에 한한다. 충장위는 곧 전쟁에서 죽은 사람
의 자손으로 증손에 한하는데, 통칭하여 유청군이라고 한다. ○보충대(補充隊)
는 공·사천 중 면천되어 이전의 신역이 없는 자를 충당한다. ○낙강군(落講軍)
은 향교와 서원의 유생 중 낙강한 자들을 충당하여 포를 거두어서 조례를 위
한 삭하의 자원으로 삼는다]

兵曹 在西部積善坊 掌武選 門戶管鑰之政 其屬有武選乘輿武備三司] 見今通
行 有八色 曰政色[卽武選司] 曰結束色[卽乘輿司也 掌闕內及動駕時禁喧] 曰武
備司 曰一軍色[掌龍虎營 扈輦隊內 吹保收布 以爲將校軍兵 員役放料朔下之資]
曰二軍色[掌騎兵步保布 闕內外各司員役雇立朔布之資] 曰都案廳[掌騎兵一年分
六 當收其身布 以爲癸享軍契貢價需用之資] 曰有廳色[亦稱餘丁色 仁祖丁卯 搜
閑丁 充補軍籍 餘丁屬之兵曹 其後汰定及落講餘丁 自備局移送兵曹

有廳色所掌有廳軍 卽忠順忠贊忠壯三衛 而忠順卽出身子壻弟姪 忠贊卽原從
功臣支子 限曾孫也 忠壯卽是戰亡人子孫 限曾孫也 通稱有廳軍 ○補充隊以
公私賤之免賤 無前役者充定 ○落講軍 以校院生之落講者 充定收布 以爲皁

隷朔下之資]

## 형조(刑曹)

형조는 서부 적선방에 있다. 국초에 건립하였다. 법률, 상언(詳讞: 형사사건의 심리 판결), 사송(詞訟), 노예의 정무를 관장한다. 그 소속으로는 사사(四司)가 있으니, 상복사(詳覆司),[상복대벽(詳覆大辟, 사형을 세 번 심리하는 것)을 관장한다] 고율사(考律司),[율령을 안핵하는 일을 관장한다], 장금사(掌禁司)[형옥과 금령을 관장한다] 장예사(掌隷司)[노비와 포로, 죄수의 문서를 관장한다]이다.

또 네 관사 안에는 각각 2방 각색이 있어서, 형방과 합하면 9방이 된다. 형조정랑과 좌랑이 나누어 겸하는 청사의 벽 위에 영조의 어제어필로 오언율시 두 수가 걸려 있고, 또 어필로 '대공흠재 면수법문(大公欽哉 勉守法文: 크게 공정하고 삼가며, 힘써 법조문을 지켜라)' 여덟 자 및 '대공지정 근수법문(大公至正 謹守法文: 지극히 공정하고 삼가 법조문을 지켜라)' 여덟 자가 좌우에 나뉘어 걸려 있다. 계단 아래 왼쪽에는 가석(嘉石)이 있으며[위는 좁고 아래는 넓으며 길이는 3척 8촌, 너비는 2척이니 『주례』 '평파민(平罷民)'의 돌이다] 오른쪽에는 폐석(肺石)이 있다.[아래는 둥글고 위는 뾰족하며 길이는 5척 4촌, 사면에 팔모이니, 『주례』의 '달궁민(達窮民)'의 돌이다]

刑曹 在西部積善坊 國初建 掌法律詳讞詞訟奴隷之政 其屬有四司 曰詳覆[掌詳覆大辟] 曰考律[掌律令案覈] 曰掌禁[掌刑獄禁令] 曰掌隷[掌奴婢俘囚簿籍] 又四司之內 各有二房各色 與刑房合爲九房 本曹正郎佐郎 分兼之廳事壁上 奉揭英宗御製御筆五言律詩二首 又有御筆 大公欽哉勉守法文八字 及大公至

正謹守法文八字分揭左右 堦下左有嘉石[上削下廣 長三尺八寸 廣二尺 卽周禮平罷民之石] 右有肺石[下圓上銳 長五尺四寸 四面八積 卽周禮達窮民之石]

**안설**: 『추관지』에 다음과 같이 나와 있다. "『경국대전』에서는 의정부의 검상이 형조 정랑을 겸하도록 하였는데, 언제부터 폐지했는지 알 수 없다. 지금 형조에는 검상청(檢詳廳)이 있다. 형조등록에는 당상관과 낭청이 공사가 있으면, 포도청 종사관에게 발패(發牌)하는 규약이 있으며, 포폄을 하기 위해 좌기할 때에는 포도청 부장이 기둥 밖에서 행례하는 규약이 있으니, 포도청이 속사가 된다는 것을 알 수 있다. 『경국대전』에서는 형조정랑이 금화사별좌(禁火司別坐)를 겸한다 하였는데, 금화사가 후에 좌·우순청으로 고쳐졌으므로 속사가 되었다.

인조대 병자호란 당시 각사 원역으로 호종한 사람들이 불과 1, 2인이었는데, 형조는 서리 7인이 호종하였다. 그래서 그 7인은 그 자신에 한하여 호조와 병조에서 요포를 지급하게 하였다."

또 『부계기문』에 다음과 같이 나와 있다. "문간공(文簡公) 기재(企齋) 신광한(申光漢, 1484~1555)은 자가 한지(漢之)로 신숙주의 손자이다. 비록 글에는 능하였으나 다스리는 재주가 없어서 일찍이 형조판서를 하였을 때 소송이 가득 쌓였으나 판결하지를 못하여 죄수들이 옥에 가득 차서 다 수용할 수가 없었다. 공이 옥사를 더 짓기를 청하니, 중종이 "판서를 바꾸느니만 못하다. 어찌 꼭 고쳐 지어야 하겠느냐?"라고 하였다. 마침내 허자(許滋, 1496~1551)로 대신하게 하였는데, 허자는 바로바로 판결하니 감옥이 드디어 텅 비었다. 이것이 이른바 재주가 승하다고 하는 것이다."

案秋官志曰 大典政府檢詳 兼刑曹正郎 不知廢自何時 今刑曹有檢詳廳矣 本曹謄錄有曰堂郎[75]因公事 有捕廳從事官發牌之規 貶坐 有捕盜部將楹外行禮之規 其爲屬司 可

---

75 원문에는 卽으로 되어 있으나, 『추관지』에 따라 郎으로 바로잡는다.

知也 大典 刑曹正郞[76] 兼禁火司別坐 禁火司後改爲左右巡廳 故爲屬司也

仁祖丙子兵亂 各司員役之扈從 不過一二人 而刑曹則書吏七人扈從 故其七人 限己身
自戶兵曹 給料布

又涪溪記聞曰 企齋申文簡公光漢 字漢之 叔舟之孫也 雖能文而無治才 嘗判刑曹 訴訟
塡委 不能決 囚繫滿獄 獄不能容 公請加搆獄舍 中廟朝曰 不若易判書 何必改搆 遂以
許滋代之 許裁決立盡 囹圄遂空 是所謂才勝者也

　'대공흠재 면수법문'과 '대공지정 근수법문' 각 여덟 자는 영조 20년
『속대전』을 완성한 후 병전의 머리말로도 사용되었으며,(『국조보감』 권63,
영조 7, 영조 20년 8월) 이 중 '대공흠재 면수법문'은 정조대에 완성한 『대전
통편』 형전에 들어가 있다.

　가석과 폐석은 『주례』 추관에서 유래하였다. 가석은 무늬가 있는 돌로
서 부랑자[罷民]가 그 무늬를 보며 뉘우치도록 하게 한다는 의미를 담고
있으며, 폐석은 붉은색 돌로서 의지할 곳 없는 어려운 사람들[궁민]이
그 돌에 와서 호소할 수 있게 한다는 의미를 담고 있다.

---

76 원문에는 郞으로 되어 있으나, 『추관지』에 따라 郞으로 바로잡는다.

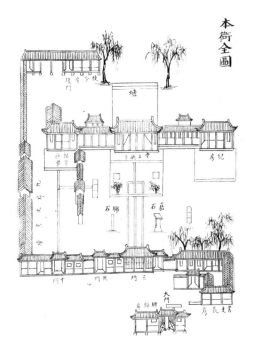

〈그림 27〉 『추관지』 중 「본아전도」로 본 형조의 모습

당상청사 구역 앞에 가석과 폐석이 표현되어 있다.

## 공조(工曹)

공조는 서부 적선방에 있다. 국초에 건설하였다. 산택(山澤), 공장(工匠), 영선(營繕), 도야(陶冶: 도자기와 주물)의 정무를 관장한다. 그 소속으로 영조사(營造司), 공야사(攻冶司), 산택사(山澤司) 삼사가 있다.[이상 육조는 모두 경복궁 광화문 밖에 좌우로 나뉘어 있다]

工曹 在西部積善坊 國初建 掌山澤工匠營繕陶冶之政 其屬有營造攻冶山澤

三司[已上六曹 竝在景福宮光化門外 分左右]

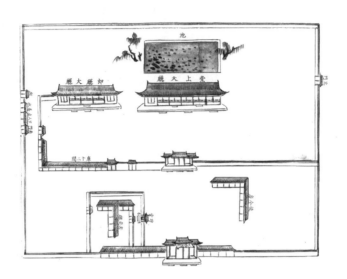

〈그림 28〉 「숙천제아도」 중 공조

공조는 실제 업무 담당 부서와 소속 관청들이 주로 외부에 있어서, 당상대청, 낭청대청과 사령방, 서리청, 창고 12칸으로 단순하게 구성되었다.


## 한성부(漢城府)

한성부는 중부 징청방에 있다. 국초에 건립하였다. 경도의 구장(口帳: 호구 장부), 시전, 가사, 전토, 사산(四山), 도로, 교량, 구거(溝渠: 하수도), 포흠(逋欠: 세금이나 관물을 환수하지 못한 것), 부채, 다툼, 주간 순찰, 검시, 수레, 소나 말이 죽거나 없어지는 것, 낙계(烙契: 낙인 및 문서) 등의 일을 관장한다. 아문의 편액은 '경조부(京兆府)'라고 하였다.[유혁연(柳赫然, 1616~1680)이 썼다]

漢城府 在中部澄淸坊 國初建 掌京都口帳市廛家舍田土四山道路橋梁溝渠逋欠
負債鬪毆畫巡檢屍車輛故失牛馬烙契等事 衙門扁曰京兆府[柳赫然書]

안설: 『여지승람』에 다음과 같이 나와 있다. "한성은 고려 초에 양주로 고쳤다가,
성종 초에 좌신책군이라고 하여 해주와 함께 좌·우이보로 삼아 관내도에 소속시
켰다. 문종이 남경유수로 승격시켰다. 숙종대에 김위제가 「도선밀기」에 근거하여
양주에 목멱양이 있으니 도성을 세울 만하다며, 남경으로 천도할 것을 청하였다.
일자(日者) 문상(文象)이 따라서 부화뇌동하였다. 왕이 친히 그곳을 살펴보고 최사
추(崔思諏, 1036~1115)와 윤관(尹瓘, ?~1111)에게 그 공역을 감독하게 하여, 5년이
지나 완성하였다. 충렬왕이 한양부로 고쳤다. 별호로 광릉(廣陵)이라고 하는데, 성
종이 정한 것이다. 공양왕 때 경기좌도에 예속시켰는데, 우리 태조 3년(1394)에 이
곳에 도읍을 정하고 한성부라 고쳤다."

안설: 『지봉유설』에서는 한성의 호구는 평시에 8만이었는데, 임진왜란 후 이제 20
여 년이 지났는데도 수만 호가 되지 않는다고 하였다.

지금 무자식년을 살펴보니, 오부의 도원호(都元戶)가 45,623호, 인구는 남녀 합
쳐 20만 3731구이다.

案輿地勝覽曰 漢城 高麗初改爲楊州 成宗初 號左神策軍 與海州爲左右二輔 隸關內道
文宗陞爲南京留守 肅宗時金謂碑 據道詵密記 謂楊州 有木覓壤 可立都城 請遷都南京
日者文象從而和之 王親相之 命崔思諏尹瓘董其役 五年而成 忠烈王改爲漢陽府 別號
廣陵 成宗所定也 恭讓王時 隸京畿左道 我太祖三年 定都于此 改漢城府
又案芝峯類說 漢城戶口 平時八萬 壬辰後今二十餘年 未滿數萬戶[止此] 今考戊子式年
五部都元戶 爲四萬五千六百二十三戶 人口男女并二十萬三千七百三十一口矣

사산은 한성부의 동서남북을 에워싸고 있는 풍수상의 사신사로서,

북쪽의 백악, 서쪽의 인왕산, 남쪽의 목멱산, 동쪽의 타락산을 가리킨다. 조선에서는 이들 네 산에서 돌을 캐거나 함부로 벌목하는 등의 일을 금지하였다. '경조'는 중국 한대 수도였던 장안을 경조라고 불렀던 데에서 유래한다.

12세기 고려 숙종대에 김위제의 건의에 따라 삼각산과 목멱산 인근, 한강 이북에서 남경의 터를 찾았다. 당시 후보지였던 해등촌, 노원역, 용산, 면악 중 면악으로 결정하면서 현재 서울 도심부 지역이 처음으로 개발되기 시작하였다. 안설에서는 이때의 논의를 '천도'로 해석하였으나, 실제 김위제가 주장한 것은 도읍을 옮기는 천도가 아니라, 국왕이 몇 개월 정도 머물다 개경으로 돌아오는 순주였다.

무자식년은 1828년(순조 28)의 호구조사를 가리키는 것으로 보인다. 조선 초 한성의 인구는 성안 오부와 성저십리를 합쳐 10만 명 정도로 추산된다. 『지봉유설』은 임진왜란의 피해가 아직 완전히 복구되지 않은 시점의 호구수에 대해 언급하고 있으나, 이후 한양의 인구는 계속 증가하여 18~19세기에는 20만에서 최대 30만 정도까지 증가하였던 것으로 추정하고 있다.

### 사헌부(司憲府)

사헌부는 서부 적선방에 있다. 국초에 건설하였다. 시정에 대해 논집하고 백관을 규찰하며 풍속을 바르게 하고 억울한 일을 풀어주며 분수에 넘치고 거짓된 행위를 금지하는 등의 일을 관장한다. 아문의 편액은 '상대아문(霜臺衙門)'이라 하였다.[한호(韓濩, 1543~1605)의 글씨이다]

司憲府 在西部積善坊 國初建 掌論執時政 糾察百官 正風俗 伸冤抑 禁濫僞
等事 衙門扁曰 霜臺衙門[韓濩書]

**안설:** 사헌부는 백부(栢府), 상대(霜臺)라고 한다. 예전 정암(靜菴) 조광조(趙光祖,
1482~1519)가 대사헌이 되어 이때 성안 남녀가 길을 나누어 다니게 하였는데, 지금
사람들도 이를 칭찬한다. 사헌부의 조례와 각 소유(所由)는 모두 33명인데, 흑포반
비의(黑布半臂衣)를 입고 흑포첨건(黑布尖巾)을 쓰고, 포를 잘라 이건(耳巾) 양쪽 편에
붙이는데, 풍문을 취한다는 뜻이다. 사헌부의 관원 중 감찰은 문관, 음관, 무관이
있는데, 매일 감찰은 다시(茶時)가 있어서 계사(啓辭)를 나란히 써놓으면 대사헌 이
하 사헌부 관리들이 그 아래 관직과 성명을 쓰고, 재외(在外: 다른 일로 나간 것), 미
서경(未署經: 아직 서경받지 못한 것), 패부진(牌不進: 패로 불렀으나 나오지 않은 것) 등의
일을 써서 내도록 하였으니 모두 옛날부터 내려오는 규례이다.

사가정 서거정의 「제좌청기(齊坐廳記)」에 다음과 같이 나와 있다. "사헌부의 청
사는 두 가지인데, 하나는 다시청이고, 또 하나는 제좌청이다. 다시란 다례(茶禮)의
뜻을 취한 것으로, 고려 및 국초의 사헌부 관리들은 오직 언론의 책임만을 지고 일
반 업무를 다스리지 않았기 때문에, 매일 한 번 모여 차를 마시고 파하였으니, 정식
관청 건물이 아니었다. 제좌청이란 날을 정해 크게 모여 대례(大禮)를 강론하고 대
사를 의논하는 곳이었다. 그 모두 모이는[제좌] 의례에서는 출입할 때 마중과 배웅
을 하고 진퇴와 읍양하는 절목이 상세하고 엄하여서 다른 관사에 비할 바가 아니
었다."

또 『지봉유설』에 다음과 나와 있다. "감찰은 옛 전중시어사(殿中侍御史)의 관직이
었으므로 속칭으로 전중군(殿中君)이라고도 하였다. 사헌부에 좌기하지 않는 날에
성상소에서 여러 전중들에게 어디로 모이라고 하여 각각 관청을 나누어 맡았다가
파하였으니, 다시라고 하는 것은 그 차만 마시고 파하는 것을 일컫는 것이다. 조종
의 신료 중 간활하고 탐오한 자가 있으면 여러 전중들이 밤을 틈타 그 집 근처에서
다시를 하며 그 죄악을 꼽아서 백판(白板)에 써서 문 위에 걸고서 가시나무로 그 문

을 막고 봉하여 서명을 하고 떠나면, 그 사람이 마침내 세상으로부터 금고되었는데, 이 일이 폐해진 지가 오래되었다. 감찰은 백료를 규찰하므로 예전부터 검소한 것을 힘써 토홍단령(土紅團領)을 입고 소박한 말에 안장 없이 다녔으나, 명종대 말년에 비로소 그 복색을 고치도록 허락하니, 옛 풍속이 마침내 없어졌다고 한다."

감찰 13원 중에 문관이 셋, 남행(음관)이 다섯, 무관이 다섯이니, 모든 크고 작은 조회에 문무 2반이 동서로 나누어 입시할 때 감찰 각 1인이 백관의 자리를 정돈하며 조의(朝儀)를 규찰하므로 압반감찰(押班監察)이라고 칭한다. 하례는 묵자(墨子)라고 하는데, 묵자란 죄목을 적을 먹통을 가지고 다닌다고 해서 붙은 말이다. 사헌부에는 난잡한 것을 금하는 여러 조항이 있다. 『문헌비고』에서 "옛날 승문원정자 정담(鄭磏, 1517~?)이 당사교직포(唐絲交織布)를 입고 종로 거리에 이르렀다가 단속하는 관리에게 걸렸는데, 당하관은 교직으로 된 옷을 입을 수 없기 때문이었다"라고 하였다.

또 『지봉유설』에는 다음과 같이 나와 있다. "양녕대군의 첩이 자삼(紫衫)을 입었다가 단속하는 관리에게 잡혔는데, 대사헌 오승(吳陞, 1364~1444)의 첩이 풀어달라고 청하였다. 오승이 단속관에게 고하지 말라고 하였으나, 집의 이하가 오승을 문비(問備)[추고(推考)이다]하게 하고 청탁을 받았다 하여 죄를 주도록 하니, 임금이 파직하도록 명하였다."

요즘 세상에서는 다만 사사로이 소를 잡거나 서인들이 모시옷에 당혜를 신는 것 등에만 금령들이 있고, 옛날 대각에 위엄스러운 기세가 있었던 것에는 미치지 못한다.

案憲府謂之栢府 霜臺 昔趙靜菴爲大司憲 於是 城中男女 分路而行 至今人稱道之 憲府皁隸 各所司 共三十三名 着黑布半臂衣 戴黑布尖巾 剪布貼耳於巾兩旁 取風聞之義也 本府官監察 以文蔭武爲之 每日監察有茶時 啓辭列書 大司憲以下臺臣 職姓名其下書在外未署經牌不進等事以進 蓋古例也

徐四佳有齊坐廳記曰 府之廳事有二 曰茶時 曰齊坐 茶時者 取茶禮之義 高麗及國初臺官只任言責 不治庶務 曰一會設茶而罷 非正衙也 齊坐廳者 諏日大會 講大禮 議大事

其齊坐之儀 出入迎送 進退揖讓 節目詳嚴 非他司之比[止此]

又芝峯類說云 監察乃古殿中侍御史之職 故俗謂殿中君 本府不坐之日 則城上所會 諸
殿中於某處 分臺而罷 謂之茶時 言其啜茶而罷也 祖宗朝臣僚 有奸濫貪污者 則諸殿中
乘夜 茶時於其家近處 數其罪惡 書之白板 掛于門上 以荊棘塞其門 牢封着署而去 其
人遂廢錮於世 蓋此事之廢久矣 監察糾檢百僚 故在前 務從朴素 着土紅團領 樸馬破鞍
以行 明宗朝末年 始許改其服色 舊風遂廢云[止此]

監察十三員內 文三南五武五 凡大小朝會 文武二班 分東西以入時 監察各一人 押班糾
察朝儀 故稱押班監察焉 下隸名墨子 墨子者 持書罪之墨壺以行故也 憲府有諸條禁亂
而文獻備考曰 昔槐院正字鄭礎 着唐絲交織布 至鍾街 見禁於犯吏[77] 堂下官不得着交
織也

又芝峯類說云 讓寧大君之妾 着紫衫 爲禁吏所捕 廣綠大司憲吳陞妾請釋 吳陞語禁吏
勿告 執義以下問備[推考也]于陞因請罪矣 上命罷職[止此] 近世則只有私屠牛 及庶人
着苧衣唐鞋諸禁 而不及古臺閣之有風稜矣

성상소는 궁궐의 성벽 위를 가리키는 말로 사헌부 관원들이 모여 회
의하던 장소를 의미한다. 임진왜란 이전 경복궁에 있었으며, 중종대에
특히 기록에 많이 나타난다. 경복궁이 소진된 후 조선 후기에는 창덕궁
의 조방이 그 기능을 대신했다. 밤에 탐오한 자의 집을 봉해버리는 것을
'야다시'라고도 했는데, 17세기 무렵에는 이미 원 뜻을 잃고 잠깐 사이에
남을 때려잡는다는 말로 사용되었다고 한다.(『성호사설』 권12, 人事門 茶時)

77 원문에는 '見禁於犯吏'로 되어 있으나, 『문헌비고』에는 '見犯於憲府禁亂吏'로 되어 있다.

## 사간원(司諫院)

사간원은 북부 관광방에 있다. 1402년(태종 2)에 건설하였다. 간쟁(諫 諍), 논박(論駁)의 일을 관장한다.

司諫院 在北部觀光坊 太宗壬午建 掌諫諍論駁之事

**안설:** 사헌부와 사간원을 양사(兩司)라고 하는데, 양사의 장관은 옥으로 만든 해치 (獬豸)를 갓 꼭지 앞에 붙인다. 사간원의 조례를 알도(喝導)라고 하는데, 15명으로 토홍색포(土紅色布)로 만든 반비의(半臂衣)를 입고, 흑포첨건(黑布尖巾)을 쓴다. 첨건 에는 포를 잘라서 혀와 같이 만들어 양쪽에 붙이는데, 간쟁한다는 뜻을 취한 것이 다. 양사에는 모두 획지(시험이나 고과의 성적을 기록한 종이)가 있으니, 바로 『지북우 담』에서 이른 육과만첩이라는 것으로서, 늦게 알게 되면 이튿날에야 저보에 올리게 되므로 만첩이라고 한 것이다.

『지봉유설』에서 다음과 같이 말하였다. "사간원은 아문의 건물이 가장 추워서, 표범가죽 1장을 다른 관에서 빌려다가 공용으로 쓰므로 세상에서 사간원을 표피원 (豹皮院)이라고 한다. 또 새 관원이 함께 모이는 날에는 의례히 아란배(鵝卵杯)로 술 을 돌린다. 또 대관(臺官)이라고 하니, 일반 관서들과 다르므로 옛 규례에 감히 편 복으로 거리에 나갈 수 없다고 하였으나, 지금은 이 법이 완전히 없어져서 양사의 관원이 모두 백의로 아무 때나 출입하니 놀라울 뿐이다."

**안설:** 의정부와 육조 및 여러 관사는 경복궁 앞 어로 좌우에 줄지어 있었으니 고제 (古制)였다. 경복궁이 폐허가 된 후로 창덕궁과 경희궁이 시어소(임금이 머무는 장소) 가 되었으나, 의정부 이하 각 조가 이설할 수가 없어서, 마침내 양궁 앞에 집 하나 씩을 두고 이역(吏役)이 지키고 있다가 승정원에서 명령을 반포하는 것을 기다리니, 그 집을 조방(朝房)이라고 한다.[속칭 직방(直房)이라고 한다]

案憲府諫院 謂之兩司 兩司長官 貼玉獬豸於笠頂之前 諫院皁隷曰喝導 十五名 着土紅 色布製半臂衣 戴黑布尖巾 尖巾剪布如舌 貼於兩旁 取諫諍之義也 兩司俱有畫紙 卽如

池北偶談所云六科晚帖 以當晩卽知之 次日乃登邸報 故曰晚帖也

芝峯類說云 諫院衙門 最號淸寒 以豹皮一張 轉貸於他司 以爲供用 故世謂司諫院爲豹

皮院 又新官相會日 例用鵝卵杯行酒 又曰臺官 異於庶官 故舊例 不敢以便服出街路 今

則此法頓廢 兩司官 皆以白衣 無時出入 可駭也

又案 政府六曹及要任諸司 列在景福宮前御路左右 卽古制 而自景福宮廢後 昌德宮慶

熙宮爲時御所 而政府以下各曹 則不能移設 遂各置一屋於兩宮前 吏役守之 以待政院

之頒布命令 其屋謂之朝房[俗稱直房]


## 성균관(成均館)

성균관은 동부 숭교방에 있다. 태종 임오년(1402)에 건설하였다. 유
생을 가르치는 임무를 관장한다. 그 소속으로 정록청(正錄廳)이 붙어 있
고, 중학, 동학, 남학, 서학이 예속되어 있다. 명륜당(明倫堂)이 그 서쪽
에 있다.[바깥 편액은 주지번(朱之蕃, 명 1546~1624)의 글씨이고, 안쪽 편액은
주자(朱子)의 글씨로서, 백록동서원에서 옮겨 모사해 왔다] 동재(東齋)와 서재
(西齋), 두 재는 생원과 진사가 사는 기숙사이다.[동월의 「조선부」에서 상·
하기재(上下寄齋)만 있다고 한 것이 이것이다] 식당은 정록청 남쪽에 있는
데, 1398년(태조 7)에 완성하였다.

成均館 在東部崇敎坊 太宗壬午建 掌儒生敎誨之任 其屬正錄廳附焉 中東南

西學隷焉 明倫堂在其西[外扁朱之蕃書 內扁朱子書 移模白鹿洞] 東西二齋 爲生

員進士所居之齋[董越賦云 徒有上下寄齋 是也] 食堂 在正錄廳南 太祖七年成


○존경각(尊經閣)은 명륜당 북쪽에 있다. 1475년(성종 6)에 건설하였
으며, 경사(經史)의 서적을 소장한다.

尊經閣 在明倫堂北 成宗六年建 藏經史

○향관청(享官廳)은 명륜당 북쪽에 있다. 수많은 소나무가 울창하여 벽송정(碧松亭)이라고 부른다.

享官廳 在明倫堂北 萬松鬱鬱 號曰碧松亭

○비천당(丕闡堂)은 명륜당 서쪽에 있다.[우암 송시열이 현판을 썼다] 벽입재(闢入齋) 및 일량재(一兩齋)는 비천당 서쪽에 있으니, 모두 현종 계해년에 건설하였다. 과거가 열리면 비천당에서 설행하는 것을 이소(二所)라고 하고 예조가 일소(一所)가 된다. 벽입재와 일량재는 모두 거재생(居齋生)이 사는 곳이다.

丕闡堂 在明倫堂之西[宋尤菴題額] 闢入齋及一兩齋 在丕闡堂西 并顯宗癸亥建 大比科試 則設行于丕闡堂 謂之二所 禮曹爲一所也 闢入一兩齋 俱是居齋生所居

○육일각(六一閣)은 향관청 서쪽에 있다. 1743년(영조 19)에 건설하였다. 육예(六藝)의 도구를 관장하므로 이렇게 이름을 지었다. ○1655년(효종 6)에 내린 은배(銀杯) 두 잔을 본관(本館)에 갖추어두게 하였다.

六一閣在享官廳西 英宗癸亥建 掌六藝之具故名 ○孝宗六年 賜銀杯二 俱于本館

안설: 우리나라 제도에 거재생은 항상 200인으로 한정하였는데, 중간에 경비가 부

족하여 75인으로 줄인 적이 있다. 1742년(영조 18)에 100인으로 늘리라고 명하였으며, 지금도 100인으로 한하여, 돌아가며 재에 머물게 하고 초하루와 보름에 문묘에서 분향하게 한다.

양현고(養賢庫)를 두어서 유생의 두 끼 식사를 제공한다. 두 끼를 1점으로 하고 유생이 먹는 것이 50점이 찬 연후에 절제과(節製科)를 보게 하며, (50점이 찬 유생을) 원점유생(圓點儒生)이라 한다. 매일 식당에서 유생이 식사할 때마다 북을 치면 여러 유생이 나이순으로 늘어앉아 음식을 받는다. 거재생 중에는 장의(掌議) 2인이 있어 성균관 중의 여러 논의를 주관한다. 또 여러 유생 중에 잘못이 있으면 벌을 내리기도 하는데, 그 이름을 북 앞에 써서 재동(齋僮)이 북을 짊어지고 관 안을 순행하게 하면 여러 사람이 요란하게 북을 치는데 이를 명고벌(鳴鼓罰)이라고 한다. 대개 "애들아, 북을 쳐서 공격해도 좋다"는 뜻에서 나온 것이다.

또 여러 유생은 일이 의리에 관련되면 모두 식당에 참석하지 않는데, 이것을 권당(捲堂)이라 한다. 조정에서 효유하여 들어오라고 권한 연후에야 들어온다. 또 성균관 및 사학에는 기재생이 있다. 경외의 유생 중에 시강(試講)에서 뽑힌 자들 및 독강(讀講)에서 통하여 점수는 받았으나 아직 입격하지 않은 사람들이 자리가 비면 순차대로 들어간다.

안설: 옛날 문성공 안유(安裕, 1243~1306)가 노비 100구를 성균관에 바쳤는데, 그 후 예인 노비가 많게는 수천여 구에 이르렀다. 지금 반촌(泮村)의 주민이라고 하는 사람들은 모두 그 자손들이다. 매해 9월 20일 문성공 기일이면 반민들이 각각 돈과 포를 내어 성대하게 제수를 마련하여 성균관에서 제사를 지내고 또 면포 5필을 내고 양현고에서 쌀을 내어 제사를 보조한다. 또 영남 유생 및 벼슬아치로 상경한 사람들은 모두 반민의 집에 머물고, 또 비록 서울에 거주하는 유생도 과거를 볼 때 접대는 각각 반주인을 정해서 그 유생이 급제하면 모두 수고한 데 대한 보상을 한다. 또 반민의 생계는 나라 제도에서 서울의 소를 잡는 가게를 속칭 현방(懸房)이라고 하는데 오직 반민만이 그것을 업으로 삼게 하고 다른 사람들은 감히 사사로이 판매하지 못하게 하여 해결하고, 또 성균관의 아전이나 하인도 모두 반민이 한다.

안설: 비천당 – 1661년(현종 2)에 자수원(慈壽院)과 인수원(仁壽院)의 두 비구니 절을 파하여 북학(北學)을 세우려고 하다가 대사성 민정중(閔鼎重, 1628~1692)이 북학은 설치하기 쉽지 않으니, 두 비구니 절의 재목과 기와로 태학의 재사(齋舍)를 수리하고 비천당 및 일량재와 벽입재를 세울 것을 청하자, 임금이 그 의견을 따랐다. 비천(丕闡)은 대개 주자가 성현을 찬양하며 '큰 도를 밝혀 사특함을 억눌러 바름을 허락한다(丕闡大猷 抑邪與正)'는 뜻이다. 벽입재는 정자(程子)가 불교와 도교의 해를 논하면서 '그것을 물리친 이후에야 도로 들어갈 수 있다(闢之而後 可以入道)'고 한 것에서 따왔다. 일량재는 주자가 일찍이 절을 헐어 유학을 위한 집을 세우는 것을 일거양득이라고 한 데에서 이름을 땄다.

육일각 – 『국조보감』에서 1743년(영조 19) 윤달에 대사례를 반궁에서 처음으로 시행하였는데, 성종대의 고사를 따른 것이다. 임금이 네 번 화살을 쏘아 세 번을 맞혔는데, 향관청 동쪽에 전각을 세우게 하고 활과 화살, 기물과 옷을 소장하게 하고, 대제학에게 그 일을 기록하게 하여 명륜당에 걸었다.

활쏘기는 육예 중 하나이므로 육일각이라 이름 지었다. 『문헌비고』에는 다음과 같이 나와 있다. "선조대에 문렬공(文烈公) 조헌(趙憲, 1544~1592)이 질정관으로 명나라 수도인 북경에 조회하러 갔다가 난삼(襴衫)의 제도를 보고 돌아와서 이를 행하기를 청하였다. 1669년(현종 10) 장의 권상하(權尙夏, 1641~1721) 등이 상소를 올려 준용할 것을 청하였고, 왕세자가 입학할 때 민정중이 또 청하자 이를 따랐다. 민정중이 연경에 사신으로 가서 그 제도를 상세히 묻고, 또 유포(儒布)를 사왔는데, 마침 일이 있어 행하지 못하였다. 1733년(영조 9) 대사성 조명익(趙明翼, 1691~1737)이 상소를 올려 행할 것을 청하였다. 또 1746년(영조 22) 유신 윤봉구(尹鳳九, 1683~1767)가 난삼의 제도를 행할 것을 청하였다. 임금이 안동향교에 예전에 소장한 난삼과 연건(軟巾) 및 조대(絛帶)가 있다는 말을 듣고, 가져오라고 명하여 보고서는 마침내 그 제도를 모방하여, 한 건은 성균관에 내려 육일각에 소장하게 하였다. 또 모사하여 그림을 그려서 팔도에 나누어 보였다. 1747년(영조 23) 사마창방(司馬唱榜)에서 진사들이 처음으로 입게 하였다."

안설: 안동향교의 난삼은 고려 공민왕 때의 소장으로, 명나라 홍무제 때의 제도라고 한다.

안설: 망향대(望鄕臺)는 성균관 북쪽 산꼭대기에 있다. 민간에서 전하기로는 퇴계(退溪) 이황(李滉, 1501~1570)이 항상 북산에 올라 고향을 바라보았다 하여 이렇게 이름을 붙였다고 한다.

당시 전복(典僕) 두 명의 정려(旌閭)가 반수(泮水)의 동쪽에 있다. 인조대 병자호란 때 문묘의 전복이었던 정신국(鄭信國)과 박잠미(朴潛美) 두 사람이 향유(鄕儒) 세 사람과 함께[『문헌비고』에서는 태학생 나이준(羅以俊)이 전복 등과 함께 오성십철(五聖十哲)의 위판을 받들어 행재소에 이르렀다고 한다] 목주(木主)를 가지고 남한산성에 들어갔는데, 청의 병사들이 감히 범하지 못했다고 한다. 제기(祭器)는 산골짜기에 묻어서 화를 면할 수 있었다. 1727년(영조 3) 정려하라고 명하였다.[인조대에 조정으로 돌아온 후에 정려하도록 명하였다고 하나 연월이 정확히 알려지지 않는다고 한다]

1742년(영조 18) 봄 영조대에 친서로 '周而不比 乃君子之公心 比而不周 寔小人之私意(두루 하나 편당 짓지 않는 것은 군자의 공심이요, 편당 지으면서 두루 하지 않는 것은 소인의 사의이다)'라고 하여 돌에 새겨 반교(泮橋) 옆에 세우고 탕평비(蕩平碑)라 하였다.

안설: 존경각은 명륜회당 북쪽에 있다. 1475년(성종 6) 영부사 한명회가 전각을 지어 경사의 서적을 보관할 것을 청하였고, 또한 여러 도의 교수들이 가르치는 일에 전념하지 않으니, 학교를 밝혀 문풍을 진작시키자고 청하자 임금이 이를 따랐다.

또 서거정의 「존경각기」에 다음과 같이 나와 있다. "임금이 명륜당 북쪽에 전각을 세울 것을 명하였다. 전각을 완성하자, 궁중에 소장하고 있던 오경사서(五經四書) 각 100여 건을 하사하고, 또 전교서 및 팔도의 서판이 있는 곳에 책을 인쇄하여 장정하여 보내도록 하였다. 이에 경사백가의 책 수만 권이 모였다. 사예, 학정 각 1원으로 하여금 출납을 관장하게 하였다."

안설: 정록청은 성균관 관원이 입직하는 곳이다. 『지봉유설』에서는 자고 이래로 상직관이 매번 시정의 큰일을 기록하며 현책(玄冊)이라 하여 궤 안에 보관하고 밀봉하여 출납을 못 하게 하였는데, 언제부터 시작되었는지 모르나 변란 후에 폐지되

었다고 하였다.

謹案 國制 居齋生 常以二百人爲限 而中間以經費之不足 減爲七十五人 英宗十八年 命增之爲一百人 今亦限百人 輪回居齋 朔望焚香于聖廟

置養賢庫 以供儒生兩時之食 兩時謂之一點 儒生食滿五十點 然後觀節製科 稱圓點 儒生 每日食堂 儒生食時 擊鼓 諸生序齒 展布列坐以受餐 居齋生中 有掌議二人 主掌館中諸議 又諸生中有過 則施罰 書其人名於鼓面 使齋僮負鼓 循行于館中 群譁而攻鼓 謂之鳴鼓罰 蓋出於小子鳴鼓攻之之義也

又諸生 事關義理 則幷不參食堂 謂之捲堂 朝家曉諭勸入 然後還入 又本館及四學 有寄齋生 以京外儒生中 試講被抄者 及通讀講準分 而未入格人 循次塡稱

又案 昔安文成公裕 納奴婢百口于成均館 其後奴婢多至數千餘口 今之泮村居民 皆其子孫也 每年九月二十日 文成公忌日 泮民各出錢布 盛備祭需 以祀本館又出綿布五匹 自養賢庫出米 以助祭 又令嶺儒及仕宦人上京 皆住接于泮民家

而雖京居儒生 亦爲應擧時接款 各定泮主人 其儒若登[78]科 則皆有酬勞之賞 又泮民生涯 則國制京城屠牛之肆 俗稱懸房 專使泮民主其業 他人不敢私販 又館中吏隷 幷以泮民爲之

又案 丕闡堂則顯宗朝二年 罷慈壽仁壽兩尼院 以建北學 大司成閔鼎重啓曰 北學未易設 請以兩尼院材瓦 修太學齋舍 建丕闡堂及一兩齋鬪入齋 上從之 丕闡蓋取朱夫子贊聖上 丕闡大猷 抑邪與正之意也 鬪入齋 則取程子論二氏之害曰 鬪之而後 可以入道也 一兩齋則朱子嘗廢佛寺儒宮曰 一擧而兩得之 故名焉

六一閣 國朝寶鑑 英宗十九年 閏月 始行大射禮於泮宮 遵成廟故事也 上發乘失三獲 命建閣于享官廳東 藏弓矢器服 令文衡 記其事 揭之明倫堂 [止此]

射六藝之一 故名曰六一閣 又文獻備考曰 宣廟朝 趙文烈憲 以質正官朝京 見襴衫之

---

78 '儒生 亦爲應擧時接款 各定泮主人 其儒若登'은 가람본에는 없으나 존경각본을 참고하여 삽입하였다. 이 부분을 삽입해야 뜻이 제대로 통한다.

制 歸請行之 顯宗十年 掌議權尙夏等 疏請遵用 王世子入學時 閔鼎重又請 從之 閔鼎

重使燕 詳問其制 又買儒布而來 適有故 不果行矣 英宗九年 大司成趙明翼 疏請行 又

二十二年 儒臣尹鳳九 議請行之 上聞安東鄕校有舊藏襴衫軟巾及絛帶 命取觀 遂倣其

制 一件賜成均館 藏于六一閣 又模畫 頒示八路 丁卯司馬唱榜 進士始服之

案說云 安東鄕校襴衫 是高麗恭愍時所藏 皇明洪武之制也

又案 望鄕臺在成均館北山巓 世傳 李退溪每登北山望鄕 故名之

又兩典僕旌閭 在泮水東 仁廟丙子之亂 文廟典僕鄭信國朴潛美兩人 與鄕儒三人[文獻

備考云 太學生羅以俊 與典僕等 奉五聖十哲位版 達于行在] 載木主 入南漢 虜兵不敢犯

祭器則埋于山谷而得免矣 英宗三年 命旌其閭[仁祖朝 還朝後 命旌閭 而年月未詳云]

又壬戌春 英宗朝親書 周而不比 乃君子之公心 比而不周 寔小人之私意 刻立于泮橋傍

號曰蕩平碑

又案 尊經閣 在明倫堂北 成宗六年 領府事韓明澮 請搆閣 藏經史 且諸道敎授 不事訓

誨 申明學校 以振文風 上從之

又徐四佳尊經閣記曰 上命立閣于明倫堂北 閣旣成 賜內藏五經四書各百餘件 又諭典校

署及八道隨書板所在 印裝以送 於是 經史百家諸書數萬卷 令司藝 學正各一員 掌出納

又案 正錄廳 卽館官員入直所 而芝峯類說云 自古以來 上直官每記時政之大者 名玄册

藏之櫃中 封閉出納 未知始於何時 自變後廢矣

　여기에는 두주로 "나이준(羅以俊. ?~1686)은 영천 사람으로 영천에 사

액서원이 있다"는 내용이 있다. 역박본에는 두주가 아니라 본문으로 서

술되어 있다. 나이준은 병자호란 때 정신국, 박산미 등과 함께 성균관

의 위판, 제기 등을 챙겨 도성을 빠져나와 남한산성에 간 인물이다.

　원문의 연혁 고증은 잘못된 부분이 몇 가지 있다. 우선 성균관을

1402년에 건설하였다는 서술은 사실과 다르다. 성균관 및 문묘는 1398년(태조 7)에 건설하였으며, 1400년(정종 2)에 화재가 나서 1407년(태종 7)에 중건하였다. 1402년은 태종이 개성에 머물러 있을 때로, 이 시기에는 원자의 학궁을 개성 성균관 안에 지은 것이 확인된다. 또한 비천당, 벽입재, 일량재도 현종 계해년이 아니라 1664년(현종 5) 갑진년에 건설하였다. 현종 재위 연간 중에는 계해년이 없다. 비천당, 벽입재와 일량재는 모두 송시열이 명명하였다. 벽입재, 일량재는 일제 시기에 훼철되었고 비천당은 한국전쟁 때 소실되었다가 1988년 복원하였다. 이 외에 영조 대에 찾은 안동향교의 난삼 역시 명 홍무제 때의 것이 아니고, 선조대에 김늑(金玏)이 사신으로 갔을 때 명 신종 만력제가 하사한 것이다. 당시 복두와 난삼 두 벌을 받아와서 한 벌은 성균관에 두었고, 한 벌은 안동 향교에 두었는데 성균관 것은 임진왜란 때 소실되고 안동 것만이 남아 있었던 것이다.(『영조실록』 권64, 영조 22년 8월 22일(을유)) 이후 1753년(영조 29) 사마시 때 처음으로 착용하게 하였다.(권80, 영조 29년 10월 4일(을유))

육일각은 1743년(영조 19) 영조가 문묘에 행차하여 거행한 대사례를 기념하고 그 용구를 보관하기 위해 건립하였는데, 『한경지략』을 비롯하여 『영조실록』이나 『태학지』의 반궁도에는 향관청 서쪽에 이 전각이 있는 것으로 되어 있으나, 현재는 명륜당 북쪽, 존경각 동쪽에 있어서 차이가 있다.

명고벌에서 북을 두드리며 외치는 말은 『논어』 선진편 16장에 나온 '小子 鳴鼓而攻之 可也'에서 나온 말이다. 이는 공자가 제자인 염구를 꾸짖으며 문인들에게도 그를 성토하라고 한 부분으로서, 성균관의 유벌도 경전에 기원을 두고 있었음을 알 수 있다.

영조의 친서를 새겨 세운 탕평비는 현재 성균관 입구에 있다.

## 승문원(承文院)

승문원은 북부 양덕방에 있으니, 괴원(槐院)이라고도 한다.[『여지승람』에서는 홍례문 밖에 있다고 하였다] 1433년(세종 15) 궁궐 안으로 이건하였다가 1787년(정조 11)에 다시 중부 정선방에 복설하였다. 사대교린 문서를 관장한다. 신규 급제자인 문신을 관서에 배치할 때 승문원을 제일 청선(淸選)으로 치고, 그다음이 성균관, 교서관이다.

承文院 在北部陽德坊 亦稱槐院[輿地勝覽云 在弘禮門外] 世宗癸丑 移建于禁中 正宗丁未 復設于中部貞善坊 掌事大交隣文書 新及第文臣分館時 以槐院爲淸選 其次則成均館 校書館也

안설: 이숙함의 「제명기」에 다음과 같이 나와 있다. "승문원은 사대를 위해서 설치하였으니, 명에서 내린 조서와 칙서를 이곳에 소장한다. 그 업무에는 이문(吏文)과 사자(寫字)가 있고, 또 서계(書契)가 있으니 이는 교린을 위한 것이다. 고려 때에는 문서감진색(文書監進色)이라 칭하여 별감을 두었는데, 후에 문서응봉사(文書應奉司)로 개칭하였다. 세종대에 승문원이 북부 양덕방에 있어서 여염집 사이에 섞여 있으니, 명에서 내린 조서와 칙서를 소장하는 데 공경하고 중히 여기는 뜻이 아니라고 하여 드디어 궁궐 안으로 옮기면서 북쪽 모퉁이에 별도로 전각을 세워 소장하였다."

안설: 『지봉유설』에 다음과 같이 나와 있다. "승문원은 경복궁 안에 있는데, 장서각이 있어서 매우 높으며 명나라의 고명과 칙서 등 여러 글을 소장하고 있고, 3원의 관원이 여닫는 것을 대비한다. 모든 새 관료 중 뽑힌 자들은 전각 아래에 이름이 걸리고 큰 잔치를 여는데, 이를 제명연(題名宴)이라고 한다. 승문원에서 한림과

주서가 되는 자들을 서비(西飛)라고 하는데,[혹은 관서에 배치되지 않았다가 승문원에 들어온 자들을 서비라고 한다] 승문원이 동쪽에 있었기 때문이다. 승문원에서 문서를 감진(監進)하는 날에는 선온(宣醞)이 있다. 옛날에 이 일을 기념한 시에서

문서를 감진한 후에 제조들은 각각 돌아가는구나 監進文書後 提調各散回

말린 노루포 한 마리를 찢고 선온 두 동이를 열었네 乾獐一口割 宣醞兩樽開

대선배들 불러 마시며 여러 동료도 오라고 청한다 呼大先生飮 請諸僚長來

고령종이 오르락내리락하니 옥산이 무너지는 것을 깨닫지 못하였네 高靈鍾

上下 不覺玉山頹

라고 하였다.

고령종은 승문원 안에 있는 옛 기물로 용량이 7~8되 되는데, 신숙주가 마시던 것이라고 한다."

안설: 『문헌비고』에 다음과 같이 나와 있다. "승문원은 1524년(중종 19)에 이문학관을 증치하여 백의로 종사하게 하였고, 또 사자관 40원이 있다. 국초에는 사자관이 없었고, 문신 중에 글씨를 잘 쓰는 사람으로 삼았는데 선조대부터 사서(士庶)를 막론하고 글씨 잘 쓰는 사람을 군직에 붙여 상임으로 삼았으니, 이해룡과 한호가 그 시작이다."

또 승문원의 자문지(咨文紙)는 매우 견고하고 두텁고 매끈하므로, 예전 엄주(弇州) 왕세정(王世貞, 1526~1590)이 매우 칭찬하였다. 청나라 초기 사람도 시를 남겨 칭찬하기를,

붉은 주사 거듭 찍어 거울같이 맑고 매끄러운 종이 丹砂印重鏡箋均

해 걸러 조선에서 표문이 자주 오네 隔歲朝鮮拜表頻

못 믿겠구나 섬나라 이리털로 만든 붓이 망가졌음을 不信狼毫窮島筆

파리 머리처럼 가는 글씨 위부인의 필첩일세 頭慣搨衛夫人

라고 하였다.

案李淑瑊題名記曰 院爲事大設也 而欽降詔勅之是藏 其職掌有吏文寫字 而又有書契
爲交隣也 在麗朝 稱文書監進色 置別監 後改稱文書應奉司 世宗朝 以院在北部陽德坊

里混闆巷 殊非藏欽降詔勅敬重之義 遂入禁內 別建閣于北隅 以藏之

又案芝峰類說曰 槐院在景福宮內 有藏書閣 極高峻 置天朝誥勅諸書 備三員開閉 凡新官被揀者 題名于閣下 仍行大宴 謂之題名宴 其自本院爲翰注者 謂之西飛[或云 未分館而徑入院者 謂之西飛] 以槐院在東故也 承文院文書監進日 有宣醞 舊有記事詩曰 監進文書後 提調各散回 乾獐一口割 宣醞兩樽開 呼大先生飮 請諸僚長來 高靈鍾上下 不覺玉山頹 高靈鍾乃院中古器 容七八升 相傳 申高靈叔舟所飮也

又案文獻備考 承文院 中宗十九年 增置吏文學官 以白衣從事 又有寫字官四十員 國初無寫字官 而以文臣中善書人爲之 自宣廟朝 無論士庶 善書者付軍職常任 李海龍韓濩卽其始也

又本院咨文紙 甚堅厚凝滑 故昔王弇州 亟稱之 淸初人亦有詩 稱之曰 丹砂印重鏡箋均隔歲朝鮮拜表頻 不信狼毫窮島筆 蠅頭慣搨衛夫人

청나라 초기 사람의 시는 『열하일기』의 양매시화서(楊梅詩話序)에도 인용되어 있는데, 『열하일기』는 이 시가 전방표(錢方標)의 내직잡시(內直雜詩) 중 1절이라고 하였다.

### 통례원(通禮院)

통례원은 중부 정선방에 있다. 국초에 건립하였다. 예의(禮義), 조하(朝賀), 제사(祭祀), 찬알(贊謁) 등의 일을 관장한다. 좌통례와 우통례가 있는데, 문관으로 임명하고 그다음으로 홀기를 읽는 찬의 및 동창, 서창, 인의 12원이 있다.

通禮院 在中部貞善坊 國初建 掌禮義 朝賀 祭祀 贊謁等事 有左右通禮 以文
官爲之 其次則有讀笏之贊儀及東西唱引儀十二員

안설: 1392년(태조 1) 고려 제도에 따라 합문(閤門)을 두고 후에 고쳐서 통례문(通禮
門)이라 하였다. 태종대에 인진사(引進使)를 고쳐 첨지사(僉知事)로 삼고, 부사(副使)
는 판관(判官)으로, 통찬사인(通贊舍人)은 통찬(通贊)으로 삼았다가 후에 통례원으로
고쳤다.

　　謹案 太祖元年 因麗制 置閤門 後改爲通禮門 太宗朝 改引進使 爲僉知事 副使爲判官
　　通贊舍人爲通贊 後改爲通禮院

## 봉상시(奉常寺)

봉상시는 서부 인달방에 있다. 국초에 건립하였다. 제사 및 시호를
의논하는 등의 일을 관장한다. 동적전과 서적전이 속해 있다. 태종대에
고쳐서 전사청이라고 하였다가, 1421년(세종 3) 다시 봉상시라 칭하였
다. 거처하는 건물은 세심당(洗心堂)이라고 한다.[중경 성임이 편액을 썼
고, 최숙정(崔淑精, 1432~1479)이 지은 기문이 있다]

　　奉常寺在西部仁達坊 國初建 掌祭祀及議諡等事 東西籍田屬焉 太宗朝 改爲
　　典祀 世宗三年 復稱爲奉常寺 所處廨宇曰洗心堂[成重卿書額 崔淑精撰記]

안설: 동적전은 동교 10리 땅에 있으니, 전농시(典農寺)라고 하고 친경당(親耕堂)이
있으며, 관청 건물은 필분각(苾芬閣)이라고 한다. 창고가 있어서 여러 곡식을 저장
한다. 태조대에 적전령과 승을 두었으니, 선농에 제사하고 친경하는 땅이다. 서적
전은 개성부에 있다. 적전의 여러 곡식은 종묘 이하의 무시로 받드는 별제의 제사
에 올리는 음식 및 종묘의 6곡 천신에 이바지한다. 봉상시는 제향을 관장하기 때문

에, 음식을 만드는 숙수가 모두 여기에 속해 있다. 자주(煮酒)라는 술을 빚는데, 술을 저장하는 집은 기와가 항상 썩는다. 편포(片脯)라고 하는 제포(祭脯) 만드는 방법은, 칼로 고기를 두드려 다져서 두꺼운 편을 만들어 말리는데, 봄가을에 만들어서 준비해 둔다.

성종대에 언양현의 산성 아래에 오이가 났는데, 종자가 서울의 적전에서 나온 것이어서 적전과(籍田瓜)라 하였다. 겨울에 심어서 4월 그믐에 진헌하는데, 그 종자가 키우기가 매우 힘들다. 임금이 듣고서 진헌하는 것을 파하였다. 지금 서울 적전에서 심은 보리 및 오이 중에서는 오이가 가장 빨리 익어서 단오 전에 바친다.

안설: 『문헌비고』에 다음과 같이 나와 있다. "분봉상시는 1392년(태조 1) 고려 제도에 따라 사농시(司農寺)를 설치하여 적전의 밭갈이와 제주(祭酒) 및 젓갈, 희생 등의 일을 관장하였는데, 1401년(태종 1) 전농시로 개칭하였다가 후에 봉상시에 병합하면서 분봉상시라고 하였다."

案東籍田在東郊十里之地 名典農 有親耕堂 官廨曰芬閣 有庫貯各穀 太祖朝 置籍田令丞 卽祀先農親耕之地也 西籍田則在開城府地 以籍田各穀 供宗廟以下 無時別祭粢盛 及宗廟六穀薦新 本寺掌祭享 故造飮食之熟手 皆屬焉 有酒名煮酒 貯酒之屋瓦常腐 祭脯名片脯 製法以刀搗肉成麋 厚片以乾 春秋造備

成宗朝 彦陽縣山城底有苽 而種出於京籍田 故謂之籍田瓜 冬月種之 四月晦進獻 其種養甚難 上聞而罷之 今京籍田種麥及瓜 而瓜最早熟 端午前進供

又案文獻備考 分奉常寺 太祖元年 因麗制 置司農寺 掌耕籍田穀 及祭酒醞犧牲等事 太宗元年 改稱典農寺 後併於奉常寺 稱分奉常寺

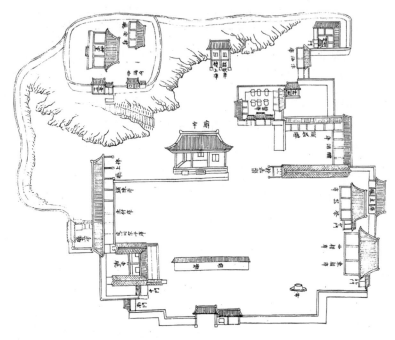

〈그림 29〉 『태상지』 중 「봉상시전도」

가운데 관청 건물인 해우를 비롯하여 대부분의 전각은 1763년(영조 39)에 중수된 것이다. 지도 왼쪽 상단에 담장으로 둘러싸인 건물은 신실로서, 풍운뢰우단, 선농단, 선잠단 등 신실이 없는 단의 신주를 보관하였다. 이 외에 제기와 각종 기물, 장고를 비롯해서 제사 음식을 마련하고 보관하는 곳, 동적전과 서적전의 곡식을 보관하는 곳 등을 확인할 수 있다.

서적전은 개성부 동편 20리 정도 떨어진 곳에 있었으며 고려의 교채 공전(郊采公田)이었다. 고려 말 임견미와 염흥방의 토지였다고도 전한다. 서적전은 전(田)이 총 65결 99부 9속 정도가 있었고, 동적전은 총 37결 59부 3속 정도가 있었다.(『만기요람』 재용편 2 적전)

## 종부시(宗簿寺)

종부시는 북부 관광방에 있다. 『선원보첩』을 편찬하고, 종실의 잘못을 규찰하는 일을 관장한다. 예전에는 북부 진장방에 있었다. 중종대에 효사묘(孝思廟)를 폐하고 이 관사로 삼았다.

宗簿寺 在北部觀光坊 掌撰錄璿源譜牒 糾察宗室愆違之任 舊在北部鎭長坊 中宗朝 廢孝思廟爲此寺

안설: 종부시는 1439년(세종 21) 종실의 잘못을 규찰하고 다스리기 위해서 설치하였다. 지금은 제조 및 정, 주부, 직장이 각 1원씩 있는데, 문신으로 임명하고 직장은 음관으로 임명한다. 『선원보첩』을 편찬하는 것 외에는 다른 일이 없다.

숙종대에 종부시 안에 작은 전각을 짓고 어서로 규장각 3자를 편액으로 걸었다. 정조대에 규장각을 설치하고 이 편액을 주합루로 옮겨 봉안하였다. 또 일찍이 내각에 다음과 같이 하교하셨다. "내각은 한결같이 종부시를 모방한 것인데, 내각을 설치하기 전의 종부시는 송나라 용도각의 제도를 많이 본받아서 종부시판사는 시신의 반열에 참여하고, 또 춘추관의 직함도 겸하였다. 관청 앞에는 월대가 있어서 사헌부에 비견되었는데, 임금께 아뢰지 않고서도 백성에게 형벌을 썼으며, 언관이 아니면서도 관료들을 파직시키자고 청하였다. 우리 왕조의 도서와 전장을 인쇄까지 주관하지 않는 것이 없었는데, 내각이 이것만 본받지 못하였다. 하물며 어필 규장각을 이봉한 후에는 일의 체모가 달라졌으니, 의례와 제도를 참작하고 살펴서 내각의 제도를 정하지 않을 수 없다."

안설: 윤자영(尹子榮, 15세기)의 「제명기」에 다음과 같이 나와 있다. "그 관직은 왕족을 관장하는데 잘못을 규찰하고 선원(璿源)을 편찬하고 보첩(譜牒)을 바로잡는다. 관직을 설치한 것이 지엄하니, 사헌부, 사간원과 서로 씨줄과 날줄이 된다."

案宗簿寺 世宗二十一年 爲糾理宗室過失而置 今有提調及正主簿直長各一員 以文臣爲 之 直長以蔭官爲之 掌撰錄璿源譜牒 此外更無他務矣

肅宗朝 建小閣于此寺中 御書奎章閣三字 揭扁額 正宗朝 設奎章閣 此扁額移奉于宙合
樓 而又嘗下敎于內閣曰 內閣一則倣宗簿寺 本閣未設之前 宗簿寺頗效龍圖之制 本府
判事 參於侍臣之班 又兼春秋之銜 廳前有月臺 比霜臺 不啓請而用刑民庶 非言官而請
罷朝紳 以至國朝圖籍典章剖劂之後 無不主之 內閣獨不效此 況御筆奎章閣奉移之後
事面自別 儀度不可不參酌考據 以定本閣之制

又案尹子榮題名記曰 其職掌王族 以糾愆違 纂璿源 以正譜牒 設官之嚴 與栢府薇院
相爲經緯

✳

정조가 설치한 규장각은 숙종이 종부시에 설치한 작은 전각에 그 시
원이 있었다. 원문에서 언급하고 있는 숙종 어필의 규장각 현판은 국립
고궁박물관에 소장되어 있다.

### 교서관(校書館)

교서관은 중부 정선방에 있다. 예전에는 남부 훈도방에 있었다. 1782
년(정조 6)에 창덕궁 돈화문 밖으로 이설하였다. 경전과 문적을 인쇄 반
포하고 향축(香祝)과 인장 새기는 일을 관장한다.

校書館 在中部貞善坊 舊在南部薰陶坊 正宗朝壬寅 移設于敦化門外 掌印頒
經籍 香祝印篆之任

안설: 국초에 교서감(校書監)을 두었다가 후에 감을 관으로 고쳤다. 또 전교서(典校
署)라고 칭하였다가 다시 교서관이라고 칭하였고, 운관(芸館)이라고도 칭하였다.
편액에는 '비서성(祕書省)'이라 하였다.

『여지승람』에서는 경복궁 사옹원 남쪽에 있는 것을 내관이라 하였고, 훈도방에 있는 것은 외관이라 칭하였다고 한다.

1777년(정조 1) 내각제학 서명응(徐命膺, 1716~1787)이 차자를 올려 여러 내각(규장각) 신하들이 운각아문을 예겸하게 하고, 시어소 부근의 관청과 바꿔서 옮겨 설치하고, 외각에서 책을 인간하는 등의 일은 모두 내각에서 주관하게 하자고 청하였다. 임금이 윤허하여 마침내 돈화문 밖으로 옮겨서 규장각의 속사로 삼고 외각이라고 하고, 내각제학과 직제학이 제조를 겸하게 하였으며, 직각과 대교가 교리와 박사 이하를 겸하게 하였다. 외각에는 동활자 3본이 보관되어 있었는데, 위선음즐자, 당자, 한구자다. 창준, 수장 등의 여러 관원은 활자를 관장하는 자들이다. 균자장, 책장, 각수도 모두 여기에 소속되어 있다.

案國初置校書監 後改監爲館 又稱典校署 又復稱校書館 亦稱芸館 扁曰秘書省

輿地勝覽云 在景福宮之司饔院南者 稱內館 在薰陶坊者 稱外館

正宗朝丁酉 內閣提學徐命膺上箚 諸令內閣諸臣 例兼芸閣㕔門 與時御附近公廨 互換移設 凡外閣之印書刊書等事 皆令內閣主之 上賜允從 遂移于敦化門外 爲內閣屬司 謂之外閣 以內閣提學 直提學 兼提調 以直閣待敎 兼校理博士以下 外閣 儲銅活宇三本 曰爲善陰騭字 曰唐字 韓構字也 唱準守藏諸員 掌活字者也 均字匠册匠刻手 皆屬焉

## 장예원(掌隷院)

장예원은 서부 적선방에 있다. 노예 장부 및 재판 일을 관장한다. 1467년(세조 13)에 세웠는데, 1764년(영조 40)에 혁파하여 보민사로 삼았다가 1775년(영조 51)에 영구히 혁파하였다.

掌隷院 在西部積善坊 掌奴隷簿籍及決訟之事 世祖朝丁亥建 英宗朝甲申革罷 爲保民司 乙未永罷

## 사복시(司僕寺)

사복시는 중부 수진방에 있다. 국초에 고려 제도에 따라 설치하였다.
수레 끄는 말과 말 키우는 일을 관장한다.

司僕寺 在中部壽進坊 國初因麗制置 掌輿馬廐牧之政

**안설:** 『문헌비고』의 안설에 다음과 같이 나와 있다. "겸사복은 지금 금군과 합쳐 하
나의 관청으로 삼아 용호영에 예속시켰으나, 『여지승람』에는 사복시에 실려 있다.
과연 이것이 정식 관원이라면 인원수가 이렇게 많겠는가? 아마도 중간 연혁이 있
는 듯하나 알 수 없다."

**안설:** 내사복은 창경궁 안에 있으므로 이 사복시는 외사복이라고 한다. 관청 건물

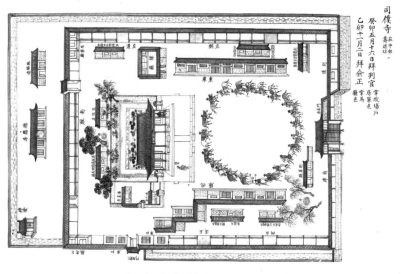

〈그림 30〉 「숙천제아도」 중 사복시

건물이 많고 뜰에서 스무 마리가 넘는 말을 걷게 하는 장면이 표현되어 있어서 본문 서술처럼 건물이 장대하
고 뜰이 넓다는 것을 뒷받침해준다.

이 웅장하고 뜰이 넓어서 말을 걸리기에 적합하다.

案文獻備考案設云 兼司僕 今與禁軍 并爲一廳 隸於龍虎營 而輿地勝覽 載於司僕寺
果是正官 則員數若是多乎 似有中間沿革 而未可考
又案 內司僕在於昌慶宮內 故此寺謂之外司僕 廨宇宏敞而庭闊 宜於步馬

겸사복은 50인으로, 1666년(현종 7)에 내금위, 우림위와 합쳐서 금군청을 설치하였다가, 1755년(영조 31)에 용호영으로 이름을 바꾸었다.

## 군기시(軍器寺)

군기시는 서부 황화방에 있다. 국초에 고려 제도에 따라 군기감을 설치하였다가 후에 군기시로 고쳤다. 병기와 화약을 만드는 일을 관장한다.

軍器寺 在西部皇華坊 國初因麗制 置軍器監 後改爲寺 掌造兵器火藥

안설: 정이오(鄭以吾, 1347~1434)의 「화약고기」에 대략적으로 다음과 같이 나와 있다. "군기부정 최해산(崔海山, 1380~1443)이 나에게 '내 아버지가 일찍이 왜구를 근심하여 수전에서 화공의 방책을 생각하다가 염초를 달여 쓰는 방법을 구하였다. 중국 사람인 이원(李元)은 염초장이었는데, 공이 몰래 그 방법을 묻고 가동을 시켜 잘 대우해 주게 하였다. 사사로이 그 효과를 시험해 본 후에 조정에 아뢰어, 1377년(우왕 3)에 처음으로 화통도감을 설치하고 염초를 달였다. 왜구가 대대적으로 이르렀을 때 세 원수 및 부친이 화통과 화포를 갖추고 진포에서 맞이하여 싸워서 배 30척을 불태우고, 괴수인 손시라(孫時刺)를 죽였다. 이때가 1380년(우왕 6) 8월이었다'라고 하였다."

최해산의 아버지는 이름이 최무선(崔茂宣, 1325~1395)이니, 고려 말 사람이다. 우리 태조대에 최무선을 검교참찬문하부사 군기시감으로 삼았으니, 이것이 우리 동방에서 화약을 만든 시초이다.

案鄭以吾火藥庫記略曰 軍器副正崔君海山 語余曰 吾先君 嘗患倭寇 思水戰火攻之策 求焰硝煎用之術 唐人李元焰硝匠也 公竊問其術 使家僮善遇之 私習試其效 然後建白 于朝 洪武丁巳 始設火㷁都監 煎焰硝 倭寇大至時 三元帥及我先君 備火桶火炮 逆擊於 鎭浦 燒其船三十艘 殺其魁孫時刺 洪武十三年 庚申 八月 是也[止此] 崔海山之先君 名 戊宣 麗末人也 我太祖朝 拜茂宣爲檢校參贊門下府事軍器寺監 此卽我東造火藥之始也

군기시는 현 서울시청 자리에 있던 관청으로 2008년 서울시청 신청사 건립공사 중에 그 유구 일부와 불랑기자포(보물 861~2호) 등 관련 유물이 다수 출토되었다. 확인된 조선시대 유구는 15~16세기 무렵의 군기시 건물 터로서, 임진왜란 이후 조선 후기 문화층은 일제 시기 경성일보사와 경성부청사가 건립되는 과정에서 파괴되어 확인되지 않았다. 발굴 구역의 한쪽에서는 하천 벽이 무너지는 것을 막기 위해 축조한 호안석축도 확인되었다. 이는 정동에서 발원해 서울광장을 거쳐 청계천으로 합류하는 정릉동천의 한 부분에 해당하였다. 보물로 지정된 불랑기자포는 제작 연대와 장인의 이름을 확인할 수 있는 유물이다. 현재 서울시청 시민청 한편에 군기시유적전시실이 마련되어 건물지 유구와 호안석축 등을 이전 복원하여 전시하고 있다.

## 내자시(內資寺)

내자시는 서부 인달방에 있다. 국초에 고려 제도에 따라 의성고(義成

庫)를 설치하였다가 1403년(태종 3) 내자시로 개칭하였다. 대내에 바치는 쌀, 면, 술, 장, 기름, 꿀, 채소와 과일, 내연(內宴) 직물 제작 등의 일을 관장하는데, 내연 직물 제작은 지금은 폐지하였다.

內資寺 在西部仁達坊 國初因麗制 置義成庫 太宗三年 改爲內資寺 掌內供米麵酒醬油蜜蔬果 內宴織造等事 而內宴織造 今廢

## 내섬시(內贍寺)

내섬시는 서부 인달방에 있다. 국초에 고려 제도에 따라 덕천고(德泉庫)를 두었다가 1403년(태종 3) 내섬시라 개칭하였다. 각 전궁(殿宮)에 올리는 물건 및 2품 이상에게 내리는 술, 왜인과 야인에 대한 접대와 직물 제조 등의 일을 관장한다.

內贍寺 在西部仁達坊 國初因麗制 置德泉庫 太宗三年 改爲內贍寺 掌各殿宮供上及二品以上酒 及倭野人供饋織造等事

안설: 내섬시에서 2품 이상에게 제공하던 술과 왜인과 야인에 대한 접대와 직물 제조 등은 지금은 폐지하고 다만 기름과 식초 및 소선(素膳)만 바친다. 여름에 바치는 야채요리 중에는 우무라는 것이 있다. 바닷말 중 가시같이 생긴 것을 끓여서 응고시킨 후 가늘게 채 썰어 초장을 친 물과 먹으면 산뜻한 맛이 있어서 더위 기운을 씻어낼 만하다.

案本寺所供二品以上酒 倭野人供饋及織造 今廢 而只供油醋及素膳 夏供菜品 名尤茂 以海苔如刺者 煮成凝膠細切 和醋漿水飲之 有腥[79]味 可滌暑

---

79 원문에는 腥으로 되어 있으나, 내용상 醒이 적합해 보인다.

## 사도시(司導寺)

사도시는 북부 광화방에 있다.[창덕궁 금호문 밖이다] 국초에 고려 제도에 따라 요미고(料米庫)를 두었다가 후에 사도시로 개칭하였다. 궁궐 창고의 미곡 및 궐내에 바치는 장(醬) 등의 물건을 관장한다. 쌀눈이 떨어지거나 부러진 것은 모두 가려내어 버리고 통 낱알로 바친다.

司導寺 在北部廣化坊[昌德宮金虎門外] 國初因麗制 置料米庫 後改爲司導寺 掌御廩米穀及內供醬等物 米皆揀去其折腰 顆粒以納

## 예빈시(禮賓寺)

예빈시는 예전에 의정부 남쪽에 있었다. 1392년(태조 1) 고려 제도에 따라 설치하였다. 빈객의 연향과 종실, 재상을 접대하는 등의 일을 관장한다. 1403년(태종 3) 의순고를 예빈시에 병합하였다. 1778년(정조 2) 이 관서를 남별궁에 이설하고 칙사를 대접하는 것만을 오로지 관장하게 하였다. 궁 안에 명설루(明雪樓)가 있는데, 올라가 조망하기에 좋아서 칙사의 시를 걸어놓은 판이 많이 있다. 근래 중국 사신의 시 중에는 영화오율(英華五律)이 가장 아름답다.

禮賓寺 舊在議政府南 太祖朝壬申 因麗制置 掌賓客宴享 宗宰供饋等事 太宗三年 以義順庫倂於本寺 正宗戊戌 移設此寺于南別宮 專掌支供勅使 宮內有明雪樓 宜於登眺 多有勅使詩揭板 近來華使詩中 英華五律最佳

안설: 『문헌비고』에 다음과 같이 나와 있다. "국초에 대신에게 밥을 내리려고 예빈시를 처음으로 두었으나, 밥을 내리는 것을 혁파한 후에는 칙사를 대접하는 것만

을 관장하도록 명하였다. 대신에게 밥을 내리는 것은 대개 이 관서에서 하였다. 그러므로 『소문쇄록』에 다음과 같이 나와 있다. 익성공(翼成公) 황희(黃喜, 1363~1452)가 재상이 되고, 김종서(金宗瑞, 1382~1453)가 공조판서가 되어 일찍이 관청에 모였는데, 공조판서가 공조로 하여금 술과 과일을 준비하여 바치도록 하였다. 상공(황희)이 어디서 난 것이냐고 묻자, 공조판서 대감이 낮에 모인 분들이 허기가 질까 하여 일단 관청의 비용으로 준비한 것이라고 하인이 대답하였다. 상공이 노하여, '나라에서 의정부 옆에 예빈시를 설치한 것은 삼공을 위해서이다. 만약 허기가 지면, 예빈시에서 마련해 오도록 하면 될 것인데, 어찌 멋대로 관청 비용으로 마련하였는가?'라고 하며, 임금께 아뢰어 죄를 청하려고 하였다. 여러 재상이 말리고 나서야 그만두고서는 공조판서를 준엄하게 꾸짖었다. 재상 김극성(金克成, 1474~1540)이 일찍이 이 일을 가지고 경연에서 '대신은 마땅히 이와 같아야 조정을 진압할 수 있습니다'라고 아뢰었다."

안설: 옛 예빈시에는 연못이 있어서 묵은쌀로 물고기를 길렀는데, 한 달에 10두씩은 들었다. 태종대에 "쌀이 비록 묵고 썩었더라도 채소보다 나은데, 일반 사람들이 굶주린 것은 구제하지 못하면서 어찌 물고기를 기르는 데 쓰겠느냐"라고 하교하고는 혁파하였다.

案文獻備考日 國初以大臣宣飯 創置本寺 而宣飯革廢後 命專掌支供勅使 蓋大臣宣飯 此寺爲之 故謏聞瑣錄云 黃翼成公喜爲相 金宗瑞爲工判 嘗會公處 工判令本曹 略備酒果以呈 相公問出何處 下人對 以工判慮日宴諸位虛腸 暫使公備耳 相公怒日 國家設禮賓於政府傍者 爲三公也 若虛腸 則當令禮賓寺備來矣 何以私自公辨乎 欲入啓請罪 諸幸救之 乃止 致工判竣責之 金相克成 嘗以此事 啓於經筵日 大臣當如是 可以鎭壓朝廷耳
又案舊禮賓寺有池 以陳米養魚 月費十斗 太宗朝敎日 米雖陳腐 不猶愈於蔬菜 平人有飢 而不能救 何用養魚 其罷之

❋

조선 초 예빈시를 두었을 때는 정3품 아문으로 빈객 연향 외에 재상 접대와 종묘 친향 때 향관 등에 대한 음식 공급 등 광범위한 업무를 담당하게 하였다. 이는 국초에 재상권과 종묘 제례를 강화하려고 했던 지향을 잘 보여주는 것으로서, 이러한 위상을 부여받았기 때문에 경복궁 광화문 앞 육조거리 의정부 바로 남쪽에 설치하였던 것으로 보인다. 그러나 이후 기능이 축소되면서 영조대에 종6품 아문으로 격하되고, 정조대에 남별궁으로 위치도 옮겨 칙사 접대만을 담당하게 되었다.

## 사섬시(司贍寺)

사섬시는 예전에 동부 숭교방에 있었다. 국초에 건립하였다. 저화(楮貨)를 만들고 외거노비의 공포(貢布) 등의 일을 관장하였다. 1705년(숙종 31)에 혁파하여 호조에 붙이고 판적사가 겸하여 관장하게 하였다. 군자감은 서부 용산방에 있다. 국초에 건립하였다. 군수물자 저장을 관장한다.

司贍寺 舊在東部崇敎坊 國初建 掌造楮貨及外居奴婢貢布等事 肅宗朝乙酉 革附戶曹 以版籍司兼管 軍資監 在西部龍山坊 國初建 掌軍需儲積

안설: 『여지승람』에 군자감은 서부 여경방에 있고, 분감은 숭례문 안에, 강감은 용산강 북쪽에 있다고 하였다. 『지봉유설』에서는 1592년(선조 25)에 군자감에 30만 석이 있었는데, 왜적이 물러난 후에도 4~5만 석이 여전히 남아 있어서 군량미에 쓰고 굶주린 백성들을 진휼하였다고 하였다.

案輿地勝覽曰 軍資監在西部餘慶坊 分監在崇禮門內 江監在龍山江北 芝峯類說云 宣廟壬辰 軍資監有三十萬石 倭賊退去後 尙餘四五萬石 以助軍餉 以賑飢民

군자감은 조선 전기에는 여경방에 있던 본감을 비롯하여 분감, 강감이 있었으나 1744년(영조 20) 이후에는 숭례문 안에 있던 분감만 유지하였다.

### 제용감(濟用監)

제용감은 중부 수진방에 있다. 국초에 고려 제도에 따라 설치하였다. 진헌하는 포물, 인삼과 사여받은 의복 및 사라능단, 포화(布貨), 채색, 염색, 직물 제조 등의 일을 관장한다.

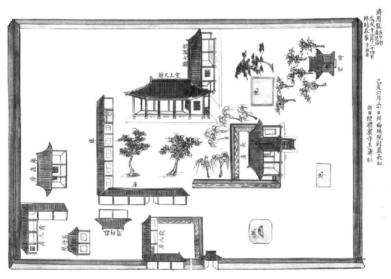

〈그림 31〉 「숙천제아도」 중 제용감

연못이 세 군데 있고 오른쪽 중간 부분에 수양버들이 표현되어 있는데, 유득공이 낭청으로 근무했다는 점으로 미루어볼 때 그림 가운데의 낭청대청과 가까운 연못이 유득공이 감상했던 곳으로 추정된다.

濟用監 在中部壽進坊 國初因麗制置 掌進獻布物人蔘 賜與衣服及紗羅綾緞
布貨 綵色入染織造等事

안설:『문헌비고』에서 1392년(태조 1)에 고려 제도에 따라 도염서를 두어 염색하는
일을 관장하게 하였다가 후에 제용감으로 병합하였다고 하였다. 인삼, 사라능단,
포화 직물 제조는 지금은 폐하였다.

이 제용감에는 연지가 있는데, 수양버들 경치가 뛰어나므로, 아버지가 여러 차
례 낭관을 지내시며 일찍이 당직 중에 시를 남긴 적이 있다.

　　　붉은 꽃 자줏빛 풀을 보듯이 似是紅花紫草監

　　　십 년 동안 교서관에서 여러 차례 관직을 겸하였네 十年文苑再兼銜

　　　시든 연잎에 이슬은 쓸쓸히 여전하고 殘荷玉露凄仍在

　　　여러 그루 단풍은 아직도 붙어 있다 數樹丹霜着已咸

　　　임시로 무인의 관을 쓰고 호랑이 흉배를 달았으니[이때 내가 도성에 남아 지키고
　　　있었다] 權戴武冠添乙骨[時以我服留都]

　　　한가로이 본 야사집이 여덟 함이나 되네 開看稗史到辛函

　　　가을꽃이여, 내 얼굴이 변했다고 웃지 마라 秋花却笑朱顔改

　　　옛날의 낭관은 지금의 5품이로다 前度郎今五品衫
라고 하였다.

　　案文獻備考 太祖元年 因麗制 置都染署 掌染造事 後併於濟用監 人蔘紗羅綾緞布貨織
　　造 則今廢

　　此監有蓮池 垂柳之勝景 而先府君 屢經郎官 嘗於直中有詩 曰似是紅花紫草監 十年文
　　苑再兼銜 殘荷玉露凄仍在 數樹丹霜着已咸 權戴武冠添乙骨[時以我服留都] 開看稗史
　　到辛函 秋花却笑朱顔改 前度郎今五品衫


## 선공감(繕工監)

선공감은 서부 여경방에 있다. 국초에 건립하였다. 토목, 영선(營繕)

을 관장한다. 『여지승람』에는 다음과 같이 나와 있다. "북부 의통방에 있는데, 용산강에 있는 것은 강감(江監)이라 하였고, 창덕궁 금호문 밖에 있는 것은 자문감(紫門監)이라 하였다. 시어소 궁궐 안 및 각 관청 건물의 수리 보수를 맡았고, 차비문 안의 각종 항목의 그릇을 만드는 것과 내빙고(內氷庫)의 공상(供上)을 관장하였다."

繕工監 在西部餘慶坊 國初建 掌土木營繕 輿地勝覽云 在北部義通坊 而在龍山江 曰江監 在昌德宮之金虎門外 曰紫門監 掌時御所殿宮內 及各司公廨修補 差備門內各項器用造作 內氷庫供上

안설: 선공감 소속으로 압도(鴨嶋)가 고양군 강북에 있는데, 갈대 및 물억새가 난다. 사표(四標)로 130결의 땅을 표시하였다. 갈대는 줄기가 두껍고 쭉 뻗어서 발이나 키, 삼태기 등의 물건을 만들고, 물억새는 줄기가 가늘어서 줄기와 잎을 취하여 바자를 엮어 울타리를 만드는 데 쓴다.

案本監所屬鴨嶋 在於高陽郡江北 産正亂及草亂 四標爲一百三十結之地 正亂幹大苗長 以織簾箔箕簣等物 草亂則幹細 取幹葉 編結笆子以用

선공감은 원래 북부 의통방에 있었으나 『여지승람』 편찬 시점에 이미 서부 여경방으로 옮겼다고 되어 있는데, 본문에는 이 내용은 반영되어 있지 않다.

## 사재감(司宰監)

사재감은 북부 순화방에 있다. 국초에 고려 제도에 따라 설치하였다.

생선, 고기, 소금, 땔감, 횃불 등의 일을 관장한다.

司宰監 在北部順化坊 國初因麗制置 掌供魚肉鹽燒木杻炬等事


## 장악원(掌樂院)

장악원은 남부 명례방에 있다. 국초에 건립하였다. 성률(聲律)을 가
르치고 고열하는 것을 관장한다. 아악(雅樂)은 좌방에 속하고, 속악(俗
樂)은 우방에 속한다. 매달 2, 6일에 장악원에서 연습한다.

掌樂院 在南部明禮坊 國初建 掌教閱声律 而雅樂屬左坊 俗樂屬右坊 每月
二六日 院中習樂


안설: 성현(成俔, 1439~1504)의 「장악원제명기(掌樂院題名記)」에 다음과 같이 나와 있
다. "우리 세종대왕이 고악(古樂)을 회복할 것을 생각하시어 아악을 태상시에 속
하게 하고 관습도감을 설치하여 향악과 당악을 가르쳤고 맹사성과 박연(朴堧,
1378~1458)을 제조로 삼았다. 세조대왕이 고악, 향악, 당악의 삼악을 하나의 관사
로 합하고 장악원이라 이름 지었다."

　1505년(연산군 11)에 연방원(聯芳院)으로 개칭하였다가 후에 다시 장악원으로 개
칭하였다.

　장악원의 악공 227인은 속악을 습득한 자들이고, 악생 105인은 아악을 습득한
사람들이다. 모두 홍주포(紅紬袍)에 꽃이 그려진 절각복두(折角幞頭)를 쓴다. 악사
는 전악이라 한다. 악공 20인은 고취 때 녹사포(綠紗袍)를 입고 복두를 쓰며 집박을
따르는데, 음악을 시작하고 멈출 때 모두 박을 친다. 또 관현맹인 15명도 장악원에
소속되어 있는데, 민간에서 지금 장악원을 둔 곳이 땅이 너무 세서 불길하므로 이
장악원을 설치하여 그 막힌 기를 펴려고 한 것이라고 한다.

　案成俔記文曰 我世宗大王 思復古樂 以雅樂屬太常寺 設慣習都監 教鄕唐樂 以孟思誠

朴堧爲提調 世祖大王 以古鄕唐三樂 合于一司 名掌樂院

燕山乙丑 改稱聯芳院 後改稱掌樂院[止此]

本院樂工二百二十七人 習俗樂者也 樂生一百五人 習雅樂者也 俱着紅紬袍 戴畫花折
角幞頭 樂師曰典樂 [樂][80]工二十人鼓吹時 着綠紗袍 戴幞頭 而執拍以從 作歇俱擊拍
又有管絃盲人十五名 屬本院 俗稱今置院之地 剛屬不吉 故設此院 以宣其湮鬱之氣云

관현맹인은 관현맹이라고도 하는데, 양인과 천인의 맹인 중에서 뽑
았으며 주로 내연에서 여기들의 춤을 관현으로 반주하는 일을 담당하
였다. 17세기에 잠시 단절되었으나, 재정 사정이 회복되면서 조선 말까
지 지속되었다.

## 관상감(觀象監)

관상감은 북부 광화방에 있다. 국초에 고려 제도에 따라서 서운관(書
雲觀)을 설치하였다. 천문, 지리, 역수(曆數), 점산(占算), 측후, 각루(刻
漏) 등의 일을 관장한다. 세종대에 관상감으로 개칭하였고, 1506년(연산
군 12)에 사력서(司曆署)로 개칭하였다가 중종 초에 옛 이름으로 복구하
였다. 일영대(日影臺) 및 흠경각(欽敬閣)이 있다.

觀象監 在北部廣化坊 國初因麗制 置書雲觀 掌天文地理曆數占算測候刻漏

---

80 『증보문헌비고』 등을 참조하여 보충하였다.

等事 世宗朝改稱觀象監 燕山丙寅 改稱司曆署 中宗初 復舊名 有日影臺及欽
敬閣

**안설:** 『문헌비고』에 다음과 같이 나와 있다. "1433년(세종 15)에 제학 정인지 등에게
명하여 칠정산내·외편(七政算內·外篇)을 찬술하도록 하였고, 홍무 이후에는 황명
대통력(皇明大統曆)을 사용하였다. 1653년(효종 4)에 처음으로 서양인 탕약망(湯若望,
Adam Schall)의 시헌력법(時憲曆法)을 쓰기 시작하였다.

세종대에 간의대를 경복궁 경회루 북쪽에 설치하였고, 선조대에 흠경각, 보루각
을 창덕궁 안에 건설하였다. 1770년(영조 46)에 임금이 세종대의 측우기 제도를 살
펴보고 호조에 명하여 창덕궁과 경희궁, 양 궐의 관상감에 두게 하였다. 또 1769년
(영조 45)에 제조 서명응이 경복궁 계단 사이에서 천문도 석각을 얻었는데, 각문(刻
文)은 권근이 지은 것이고 설경수(偰慶壽)가 쓴 것이다. 임금이 전각을 세워 관상감
에 이봉하게 하고, '흠경(欽敬)'이라는 편액을 내렸다."

案文獻備考曰 世宗十五年 命提學鄭麟趾等 撰七政算內外篇 洪武以後 用皇明大統曆
孝宗四年 始用西洋人湯若望時憲曆法
世宗朝 築簡儀臺于慶會樓北 宣廟朝 建欽敬閣報漏閣于昌德宮內 英宗四十六年 上覽
世宗朝測雨器之制 命度支 制置于兩闕雲觀 又於己丑 提調徐命膺 求得天文圖石刻於
景福宮堦砌間 刻文則權近撰 偰慶壽所書也 上命建閣移奉于雲觀 賜扁曰欽敬

태조대에 만든 석각천문도는 영조대에 찾아내어 흠경각에 보관하게
하였으나, 20세기 들어 다시 행방이 묘연해졌다가 1960년대 창경궁 명
정전 앞에서 발견되었다. 당시 사람들은 이것이 석각천문도인 줄 모르
고 벤치처럼 사용하였다고 한다. 석각천문도란 천상열차분야지도 각석

을 말하는 것으로 1985년에 국보로 지정하였으며, 현재 국립고궁박물관에 소장되어 있다.

## 전의감(典醫監)

전의감은 중부 견평방에 있다. 국초에 건립하였다. 의약을 바치는 것을 관장한다. 1603년(선조 36) 치종청(治腫廳)을 설치하여 종기 다스리는 일을 관장하게 하였는데, 후에 전의감에 병합되었다.

典醫監 在中部堅平坊 國初建 掌供醫藥 宣祖三十六年 置治腫廳 掌治腫 後併于典醫監

안설: 『고려도경』에 다음과 같이 나와 있다. "고려의 옛 풍속은 백성들이 병에 걸려도 약을 먹지 않고 귀신을 섬기는 것만 알아서 저주하고 압승을 일삼는데, 왕휘(王徽: 예종)가 사자를 보내어 의원을 구한 후로 사람들이 조금 익히게는 되었으나, 그 의술에 정통하지는 못하였다. 선화 무술년에 사신이 와서 상서하여 의직(醫職)을 내려 훈도로 삼을 수 있기를 간청하므로, 상이 아뢰는 바가 옳다고 여겨 남줄(藍茁) 등을 그 나라에 가게 하였는데 2년이 지나서야 돌아왔다. 그 후로 의술에 통하는 자가 많아져서, 보제사(普濟寺) 동쪽에 약국을 열고 관직을 두었다고 한다."

과연 이 말과 같다면 우리나라 의가(醫家)에서 남줄을 존숭하여 제사를 지내야 할 것인데, 고려대에는 빠진 것 같고 지금도 아무도 일컬어 말하는 자가 없으니, 어찌 애석하지 않은가. 옛날에 숙사(宿沙)가 처음 자염(煮鹽)을 만들었으나, 사당을 세우지 않았음을 중국 사람들 중에 애석해하는 사람이 있는데 바로 이 일과 같은 유이다.

案高麗圖經 曰高麗舊俗 民病不服藥 惟知事鬼神 呪咀厭勝爲事 自王徽遣使人 貢求醫之後 人稍知習學 而不精通其術 宣化戊戌歲 人使至 上書乞降醫職 以爲訓導 上可其

奏 遂令藍茁等 往其國 越二年乃還 自後通醫者衆 乃於普濟寺之東 起藥局 建官云

果如此說 則東醫家 宜尊祀藍茁 而麗代闕如 今并無人稱道者 豈不惜哉 古者 宿沙初

作煮鹽 而不爲立祠 中國人有歎惜者 正與此事類耳

## 사역원(司譯院)

사역원은 서부 적선방에 있다. 국초에 건립하였다. 여러 지방의 언어를 번역하는 일을 관장한다. 역관이 강하는 책은 한학(漢學)은 『한학직해(漢學直解)』, 『소학(小學)』, 『박통사(朴通事)』, 『노걸대(老乞大)』이며, 몽학(蒙學)은 『장기(章記)』, 『첩월진(帖月眞)』, 『공부자(孔夫子)』, 『하적후라(何赤厚羅)』, 『정관정요(貞觀政要)』, 『대루원기(待漏院記)』, 『토고안(吐高安)』, 『거리라(巨里羅)』, 『백안파두(伯顔波豆)』, 『노걸대(老乞大)』, 『속팔실(速八實)』이다.[이상은 사자(寫字)이다]『수성사감(守成事鑑)』, 『왕가한(王可汗)』, 『어사잠(御史箴)』, 『황도대훈(皇都大訓)』, 『고난가둔(高難加屯)』이다.[이상은 임문(臨文)이다]

司譯院 在西部積善坊 國初建 掌譯諸方言語 譯官講冊 漢學則漢學直解小學朴通事老乞大 蒙學則章記帖月眞孔夫子何赤厚羅貞觀政要待漏院記吐高安巨里羅伯顔波豆老乞大速八實[已上寫字] 守成事鑑王可汗御史箴皇都大訓高難加屯[已上臨文]

안설: 『문헌비고』에 다음과 같이 나와 있다. "선조대에 명나라 사신을 접견할 때 통사를 통해 말을 전하였는데, '우리나라의 진심을 헤아려 황상께 분명히 아뢰어주셨으면 합니다. 이것이 대인께 바라는 바입니다'라고 하자, 천사가 '감불찬양(敢不贊襄, 감히 돕지 않을 수 있겠습니까?)'이라고 하였으나, 통사가 해석하지 못하였다. 이때 이

덕형이 시좌하고 있다가 바로 돕겠다는 뜻이라고 계달하니, 임금이 기이하게 생각하였다. 이때부터 사신이 올 때마다 문신 통사를 두었다. 또 오리(梧里) 이원익(李元翼, 1547~1634), 백헌(白軒) 이경석(李景奭, 1595~1671)이 모두 한어를 할 줄 알아서 제조가 되었는데, 사역원 관원이 오면 반드시 한어로 수작하게 하였다. 김덕승(金德承, 1595~1658)은 지위와 명망이 중하였으나, 매번 한학교수를 겸하였다. 민정중(閔鼎重, 1628~1692)이 사학(四學)의 젊으면서도 재주 있는 자를 널리 뽑아서 우어청(偶語廳)이라는 것을 설치하고 중국 사람인 문가상(文可尙), 정선갑(鄭先甲)을 조정에 아뢰어 늠료를 내어 한어훈장으로 삼았다. 또 각 학(學) 훈장이 매일 관청에 나와서 우리말은 금지시키고 강제로 강습하게 하였으며, 때로 다시 친히 시험을 보았다.”

案文獻備考曰 宣廟朝接見天使時 令通事傳語 曰諒我國夷曲 明奏皇上 是所望於大人 天使曰敢不贊襄 通事未及解 時李德馨侍坐 卽以贊襄啓達 上奇之 自是凡夫使之來 文臣通事 又李梧里元翼 李白軒景奭 俱解漢語爲提[調] 院官之來 必以漢語酬酢 金德承 位望在中下 而每兼漢學敎授 閔鼎重廣選四學年少有才者 名以偶語廳 以漢人文可尙 鄭先甲 自于朝廩食 爲漢語訓長 又出各學訓長 日會公廨 禁鄕話 勒講習 時復親試

## 광흥창(廣興倉)

광흥창은 서강에 있다. 국초에 고려의 제도에 따라 설치하였다. 백관의 녹봉을 관장한다.

廣興倉 在西江 國初因麗制置 掌百官綠俸

## 종학(宗學)

종학은 북부 관광방에 있다. 종실을 가르치는 임무를 관장한다. 1450년(세종 32)에 창건하였으나 중종대에 혁파하였다.

宗學 在北部觀光坊 掌宗室敎誨之任 世宗庚午創建 中宗朝仍爲革罷

## 제생원(濟生院)

제생원은 1397년(태조 6)에 조준(趙浚, 1346~1405)의 말에 따라 처음으로 설치하여, 각 도에서 매해 향약재(鄕藥材)를 보내는 것을 혜민국의 예처럼 하였다. 후에 혁파하였다.

濟生院 太祖朝丁丑 因趙浚言創置 令各道 每歲輸納鄕藥材 如惠民局例 後革罷

안설: 지금 북부 계생동은 옛날 제생원이 이곳에 있어서 제생동이라 한 것인데, 제와 계의 음이 혼용되어 나중에 계동이라 칭하게 되었다.

案今北部桂生洞 卽舊時濟生院在此 故稱濟生洞 濟桂音渾 後因稱桂洞

## 수성금화사(修城禁火司)

수성금화사는 종루 동쪽에 있다. 궁성 및 도성의 수축과 궁궐, 관청, 방리의 소방 등의 일을 관장하는데, 후에 혁파하여 금화(禁火)는 한성부에 속하고, 밤 순찰은 순청(巡廳)에서 주관하며, 수성(修城)은 병조에 속하게 되었다.

修城禁火司 在鍾樓東 掌宮城及都城修築 宮闕公廨坊里救火等事 後革罷 而禁火屬漢城府[81] 夜則使巡廳主管 而修城則屬兵曹

## 내수사(內需司)

내수사는 서부 인달방에 있다. 국초에 처음으로 설치하였다. 왕실에

---

81 원문에 漢府城이라고 되어 있으나, 내용상 漢城府로 바로잡는다.

필요한 미포(米布), 잡물(雜物) 및 노비를 관장한다.

內需司 在西部仁達坊 國初創置 掌內用米布雜物及奴婢

안설: 호조에서 정식으로 쓰는 경비 외에 별도로 내수사를 설치하여 국가에서 사적으로 써야 하는 수요로 삼았다. 그러므로 그 전수별좌(典需別坐) 및 전회(典會), 전곡(典穀), 전화(典貨)의 관원은 모두 내시가 겸한다.

案度支惟正經用之外 別置內需司 以爲國家私用之需 故其典需別坐及典會典穀典貨之官 皆以內官兼之

## 소격서(昭格署)

소격서는 북부 진장방에 있다. 국초에 설치하였다. 삼청전(三淸殿)이 있어서 삼청성신초제(三淸星辰醮祭)를 관장하였다. 『문헌비고』에서는 중종대에 혁파하였다가 1525년(중종 20)에 다시 설치하였는데, 후에 임진왜란으로 마침내 혁파되었다고 하였다.

昭格署 在北部鎭長坊 國初置 有三淸殿 掌三淸星辰醮祭 文獻備考云 中宗朝革罷 至二十年復設 後因壬辰兵亂 遂革

안설: 소격서는 1518년(중종 13) 부제학 조광조가 상소하여 혁파하자고 청하여 따른 것이다. 소격서의 사우는 관청 건물로 만들었고, 동기(銅器)는 주자소(鑄字所)로 옮겼다.

『용재총화』에는 다음과 같이 나와 있다. "소격서는 대개 중국 도가(道家)의 일에 근거하였다. 태일전(太一殿)에서는 칠성의 여러 별에 제사드리는데, 그 상이 모두 머리를 풀어 헤친 여자 모습이었고, 삼청전(三淸殿)에서는 옥황상제(玉皇上帝), 태상노군(太上老君), 보화천존(普化天尊), 재동제군(梓潼帝君) 등 십여 위에 제사드리는데 모두 남자상이다. 그 나머지는 내외에 여러 단에서 사해 용왕신장, 명부시왕, 수부(水府) 여러 신의 이름을 적은 위판 수백 개를 설치하였다. 헌관과 서원은 모두 백의(白衣)에 오건(烏巾)을 쓰고 치재하였으며, 관을 쓰고 홀과 예복으로 제사를 행하였다. 여러 과일과 떡, 차와 탕 및 술을 올리고 분향하여 백배를 올리고, 도류인(道流人)이 도경(道經)을 읽었다. 또 푸른 종이에 축사를 써서 태웠으니, 그 하는 것 중에 애들 장난 같은 것이 있었다. 조정에서 관직을 설치하여 헛되이 푸닥거리하느라 한 번 제사에 들어간 비용이 적지 않았다.”

지금 소격서 터인 삼청동에는 성제정(星祭井)이라는 우물이 있는데, 물맛이 맑고 깨끗하다. 양촌 권근의 시에 “땅에는 영천이 솟아나고 산에는 그윽한 지경이 감춰져 있다(地湧靈泉靜 山藏道境幽)”라고 한 것이 이것이다. 또 사숙재 강희맹의 시에

    구름 사이에선 신선의 패옥 소리 들리는 듯 雲際如聞仙佩

    바람 끝에 가만히 천향이 풍기도다 風端暗送天香

    이슬 젖은 궁궐은 닫으려 하는데 露濕珠宮欲閉

    은하수 나지막이 붉은 담장을 지나더라 星河低度彤墻

라고 하였다.

지금의 장님은 점쟁이로 도경(道經) 암송을 생업으로 삼으나, 경을 암송하고 부적과 주문을 하는 것은 원래 도류의 일이다. 예전에 소격서를 혁파한 후에 도류의 업이 장님에게 전해져서 생업으로 삼은 듯하다. 현종대에 좌의정 심지원(沈之源, 1593~1662)이 “서울의 소격동에서 유황이 나는데, 지금 수직이 없어서 몰래 캐낼까 근심이 되니, 해당 관서로 하여금 수직할 곳을 수축하게 하십시오”라고 하자 이를 따랐다.

謹案昭格署 中宗十三年 副提學趙光祖 上疏請罷 從之 祠宇令作公廨 銅器移送鑄字所

慵齊叢話云 昭格署蓋憑中朝道家之事 太一殿祀七星諸宿 其像皆被髮女容 三淸殿祀

玉皇上帝太上老君普化天尊梓潼帝[82]君十餘位 皆男子像也 其餘內外諸壇 設四海龍王

---

82 원문에는 諸로 되어 있으나, 내용상 帝로 바로잡는다. ‘재동제군’은 흔히 ‘문창제군’으로 불린다.

神將冥府十王水府諸神題名位版數百也 獻官與署員 皆白衣烏巾致齊 以冠笏禮服行祭
奠諸果餅茶湯與酒 焚香百拜 道流入讀道經 又爲祝辭於靑紙而焚之 其所爲有同兒戲
朝廷設官任職 虛奉祕祀 一祭所入 其費不貲[止此]

今昭格署壚三淸洞有井 名星祭井 水味淸冽 權陽邨近詩 曰地[83]湧靈泉靜 山藏道境幽
是也 又姜私淑希孟詩 曰雲際如聞仙佩 風端暗送天香 露濕珠宮欲閉 星河低度彤[84]墻
今之矇瞍 以卜筮誦道經 爲生業 而誦經符呪 卽道流之事也 意者 昭格署罷後 道流之
業 仍傳於矇瞍 而俾爲生業耶 顯宗朝 左相沈之源曰 京中昭格洞 産硫黃 而今無守直
有竊採之患 請令該曹 修築守直 從之


## 사직서(社稷署)

사직서는 사직단 밖에 있다. 국초에 고려 제도에 따라 창건하였는데,
단유를 청소하는 일을 관장한다. 사직서에는 구리 시루 하나가 있는데,
기곡대제 때 곡식을 쪄서 구리가 우레처럼 울리면 풍년의 징조라 하여
여러 차례 시험해 보니 징험이 있었다고 한다. 사직서에는 수복이 8명
있다.

社稷署 在社禝壇外 國初因麗制創建 掌灑掃壇壝 本署有銅甑一座 祈穀大祭
炊粢時 甑鳴如雷 則豐年之徵 屢試有驗云 本署有守僕八名


---

83 원문에는 池로 되어 있으나, 『양촌집』에 따라 地로 바로잡는다.
84 원문에는 彫로 되어 있으나, 『속동문선』에 따라 彤으로 바로잡는다.

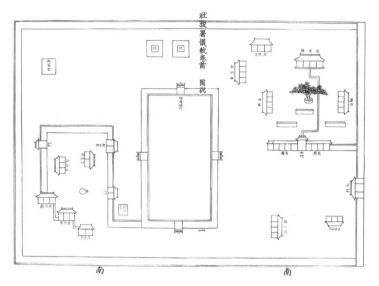

〈그림 32〉 『사직서의궤』 중 「사직서전도」

1783년(정조 7) 편찬되었다. 가운데 단유를 중심으로 그 외곽에 사직서 건물이 있었다. 왼편에는 제기, 잡물을 보관하는 창고와 수복방 등이 있었고, 오른편에는 향과 장막, 악기 등을 보관하는 장소가 있었는데, 현재 사직단은 일제시기 이후 경역이 축소되면서 사직서가 온전히 남아 있지 않다.

## 종묘서(宗廟署)

종묘서는 종묘 담장 안의 동쪽에 있다. 국초에 창건하였으며, 침묘를 지키는 일을 관장한다.

宗廟署 在宗廟垣內東 國初創建 掌守衛 寢廟

안설: 종묘 대문 밖 길 옆에 지금 포개진 네 개의 반석이 있는데, 옛날 일영대의 돌이다. 『여지승람』에 다음과 같이 나와 있다. "혜정교는 운종가 동쪽에 있으니, 앙부일구대(仰釜日晷臺)가 있다. 김돈의 명문에서 '무슨 일이든 때보다 중요한 것이 없는데, 밤에는 경루가 있지만 낮에는 알기 어려웠네. 구리를 부어 기구를 만드니 형

체는 가마솥과 같도다. 세로로 둥근 막대를 설치하여 자(子)방향에서 오(午)방향을 마주하게 하였네. 구멍이 따라서 꺾여 도니, 겨자씨같이 점을 찍는다. 안에 도수를 새겼으니, 주천(周天)의 반이 된다. 신(神)의 형상을 그린 것은 어리석은 백성 때문이요, 각과 분이 또렷하니 투과한 햇빛이 밝도다. 길가에 두니 구경꾼이 모여든다. 이로부터 백성이 일할 때를 알게 될 것이다'"

해시계의 제도는 지금은 비록 알려진 바가 없지만, 그 석대는 완연히 남아 있다. 종묘서의 수복은 30명이다.

謹案 宗廟大門外路傍 今有疊置之四磐石 卽舊之日晷臺石也 輿地勝覽云 惠政橋在雲
從街之東 有仰釜日晷臺 金墩銘曰 凡所設施 莫大時[85]也 夜有更漏 晝難知也 鑄銅爲
器 形似釜也 徑設圓距 子對午也 竅隨拗回 點芥然也 畫度於內 半周天也 圖畫神身 爲
愚氓也 刻分昭昭 透日明也 置于路傍 觀者聚也 自今伊始 民知作也[止此] 日晷之制 今
雖無聞 而其石臺宛在也 本署有守僕三十名

❋

유본예가 인용한 김돈의 「앙부일구명」은 원문을 볼 때 『승람』에서 인용한 것으로 추정된다. 『세종실록』과 『승람』은 원문에서 두 군데 차이가 있다. 『승람』에서는 '徑設圓距', '竅隨拗回'라고 하였으나, 『세종실록』에는 徑 대신 經이, 竅 대신 竆라고 되어 있다.(『세종실록』 권16, 세종 16년 10월 2일(을사)) 내용상 『세종실록』이 좀 더 적합하다고 판단하여 여기서는 『세종실록』의 원문에 의거하여 번역하였다. 「앙부일구명」 해석은 정기준의 연구를 참조하였는데, 여기서는 조선 세종대에 만든 앙부일구가 조선

---

85 원문에는 昰로 되어 있으나, 실록에 따라 時로 바로잡는다.

후기 만들어져 우리에게 익숙하게 알려진 앙부일구와는 형태가 달랐다고 보고 있다.(정기준, 169쪽) 『종묘서의궤』와 『숙천제아도』에는 종묘서 그림이 있다.

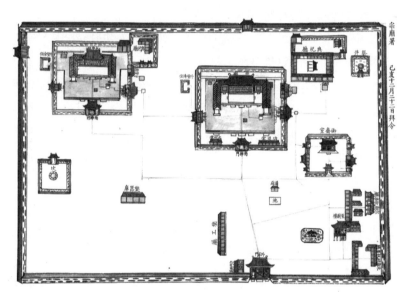

〈그림 33〉 「숙천제아도」중 종묘서

왼편 위쪽이 영녕전, 가운데 큰 건물이 정전이다. 정전의 위와 아래에 전사청과 어재실이 위치하고 있고 오른쪽 하단의 망묘루 옆에 집사청 등이 있다.

### 사온서(司醞署)

사온서는 서부 적선방에 있다. 국초에 고려 시기 제도에 따라 설치하였다. 술과 감주 바치는 일을 관장하였는데, 지금은 혁파하였다.

司醞署 在西部積善坊 國初因麗制置 掌供酒醴 今革罷

## 평시서(平市署)

평시서는 중부 경행방에 있다. 국초에 건립하였다. 시전을 관리하고 도량형과 물가 조절 등의 일을 관장하였다.

平市署 在中部慶幸坊 國初建 掌句檢市廛 平斗斛丈尺 仰低物貨等事

## 의영고(義盈庫)

의영고는 서부 적선방에 있다. 국초에 고려 제도에 따라 설치하였다. 유밀(油蜜), 황랍(黃蠟), 후추 등의 물건을 관장한다. 이 관사는 오로지 소선(素膳) 관련 물종만을 공급하는데, 대내에서 밤에 밝히는 납촉(蠟燭)도 바친다.

義盈庫 在西部積善坊 國初因麗制置 掌油蜜黃蠟胡椒等物 此司專供素膳物種 而大內夜燃蠟燭 亦爲進供

## 장흥고(長興庫)

장흥고는 예전에는 남부 회현방에 있다가 후에 서부 인달방으로 옮겨왔다. 국초에 고려 제도에 따라 두어서, 자리와 유둔(油芚)[기름종이자리], 종이 등의 물건을 관장하였다. 풍저창을 이 창고에 붙였으며, 주부 2원을 두어 미면색(米麵色)이라 칭하였다.

長興庫舊在南部會賢坊 後移於西部仁達坊 國初因麗制置 掌供席子油芚[油紙席也] 紙地等物 以豊儲倉附于此庫 而有主簿二員 稱米麵色

## 빙고(氷庫)

빙고는 동고(東庫)가 두모포에 있으니 제향에 이바지하고, 서고(西庫)는 둔지산에 있어서 수라간 및 백관에게 나누어 주는 것에 쓴다. 국초에 건설하였으며, 얼음 보관하는 일을 관장한다. 동빙고에는 옥호루(玉壺樓)가 있어서 명승이라 일컬어지니, 매해 섣달에 낭관이 나가서 사한제(司寒祭)[현명씨(玄冥氏)에게 제향을 올린다]를 지낸 후에 한강의 얼음을 캐서 보관한다. 만약 겨울이 따뜻하여 얼음이 없으면 산골짜기의 얼음을 캐서 보관하였다가 춘분에 개빙제(開氷祭)[현명씨에게 제향을 올린다]를 지낸 후에 얼음을 나누어 준다. 또 내빙고(內氷庫)가 있는데, 오직 어공(御供)만을 위해 쓴다. 궐내에는 각 전감(殿監)을 두어 얼음을 갖가지 색으로 물들인다.

氷庫東庫在豆毛浦 以供祭亨 西庫在屯智山 以供御廚及頒百官 國初建 掌藏氷 東氷庫有玉壺樓 稱名勝 每歲臘月 郎官出往 行司寒祭[享玄冥氏] 後鑿漢江氷藏之 若冬暖無氷 則伐山谷之氷以藏 春分行開氷祭[享玄冥氏] 後頒氷 又有內氷庫 專爲御供 置闕內有各殿監 染氷各色


## 장원서(掌苑署)

장원서는 북부 진장방에 있다. 국초에 건설하였다. 텃밭 꽃과 과일을 관장한다. 서울의 원유는 용산, 한강 등처에 있고, 외원은 강화, 남양, 송도 등지에 있어서, 장원서의 종을 원직으로 차정한다. 과천, 고양, 양주, 부평은 부근의 주민을 나누어 원직을 정해서 과세(果稅)를 거둔다.

掌苑署 在北部鎭長坊 國初建 掌苑囿花果 京園在龍山漢江等處 外苑在江華

南陽松都等地 以本署奴差定苑直 果川高陽楊州富平 則以附近民 分定苑直
收納果稅

안설: 지금 장원서를 둔 땅은 매죽(梅竹) 성삼문(成三問, 1418~1456)의 옛집이다. 이
덕무의 시에 "절사가 심은 나무 개연히 상상하며 소나무 그늘에서 조용히 쉬어 가
네(慨想節士植 松陰慰寂然)"라고 하였다. 내가 어렸을 때도 이곳에서 성삼문이 직접
심은 소나무가 죽어 있는 것을 보았는데, 후세 사람들이 비를 세워 이를 기념하였
다. 장원서에서는 매년 중양절에 국화 화분을 궁궐과 내각에 바쳤다. 성종대에 장
원서에서 영산홍 화분 하나를 올렸는데, 임금이 "겨울철에 꽃이 피는 것은 인위적
으로 한 것이니 다시는 바치지 말라"고 하였다.

　　案今置署之地 卽成梅竹三問舊宅也 李雅亭詩曰 慨想節士植 松陰慰寂然 余於兒時 猶
　　見此成梅竹手植松之朽株矣 後人立碑而識之 本署每年重陽 供菊花盆于禁中及內閣
　　而成宗朝 本署進暎山紅一盆 上曰 冬月開花 出於人爲 後勿復進


## 사포서(司圃署)

사포서는 중부 수진방에 있는데, 제용감 인근이다. 국초에 창건하였
다. 텃밭과 채소를 관장한다.

　　司圃署 在中部壽進坊 與濟用監隔隣 國初創置 掌苑圃蔬菜


## 양현고(養賢庫)

양현고는 동부 숭교방 성균관 북쪽에 있다. 국초에 고려 제도에 따
라 설치하였다. 태학 유생들의 미두 등의 물건을 관장한다.

　　養賢庫 在東部崇教坊成均館北 國初因麗制置 掌供太學儒生米豆等物

안설: 양현고 뒤에는 부군당(附君堂)이 있어 고려 공민왕과 왕비 및 최영 장군 영정을 모시고 있다. 대개 각 아문에도 모두 부군당이 있어, 아전과 조례가 제사를 드리니 음사이다. 『지봉유설』에 다음과 같이 나와 있다. "요새 풍속에 아문에는 의례히 제사드리는 장소가 있으니, 부군당이라고 한다. 새로 제수받은 관원이 반드시 제사를 드리고 복을 빈다고 한다. 옛날에 어효첨은 부임한 관부에서 그 부군의 사당을 모두 불질러 버렸으나, 후에 관직이 1품까지 이르렀으며 아들인 어세겸(魚世謙, 1430~1500)도 지위가 정승에 이르렀으니 어찌 제사를 드릴 것이 있겠는가."

案養賢庫後 有附君堂 奉高麗恭愍王王妃 及崔將軍影幀 蓋各衙門 俱有附君堂 吏隷輩 禱祀之 淫祠也 芝峯類說云 今俗衙門例有禱祀之所 號附君堂 新除官員 必祭之 謂之 祈福 昔魚孝瞻所歷官府 其附君之祠 悉皆焚毁 後官至一品 子世謙 亦位致政丞 安在 其禱祀乎

❋

부군당은 부근당(付根堂), 부군사 등으로도 불렸는데, 전국적으로도 분포하였지만 서울의 여러 관청 안에 많이 있었음이 확인된다. 각사 신당은 대개 1~3칸 규모였으며 대체로 아전의 청방 곁에 위치하는 경우가 많은데, 규모나 배치가 비교적 자유로워서 엄밀한 기준이 있었던 것으로 보이진 않는다. 무신도나 나무로 만든 남근 상징물이 모셔져 있곤 했으며, 가장 많이 모신 인물은 최영과 송씨 부인이라고 알려져 있으나 그 외에도 다양한 인물을 모셨다. 『숙천제아도』나 『경기감영도』, 「동궐도」 등에 신당이 표기되어 있기도 하다.(오문선, 2008) 양현고의 부군당은 내수사를 통해 왕실에서 사적으로 제사를 보조하는 것이 관례였다.(『중종실록』 권13, 중종 6년 3월 29일(기묘))

## 전생서(典牲署)

전생서는 숭례문 밖 남부 둔지방 목멱산 남쪽에 있다. 국초에 창건하였다. 희생(犧牲)을 기르는 일을 관장한다. 정청의 편액이 '간줄헌(看茁軒)'이라고 하고, 옆에 연못이 있는데, 정자를 불구정(不垢亭)이라고 한다.[사천(槎川) 이병연(李秉淵, 1671~1751)의 「간줄헌기(看茁軒記)」가 있다]

典牲署 在崇禮門外南部屯智坊木覓山南 國初創置 掌養犧牲 正廳扁曰看茁軒 傍有池 亭曰不垢亭[李槎川秉淵有看茁軒記]

안설: 우리나라는 양이 없고, 오직 이 관서에서만 양과 염소를 키워서 제향에 쓴다. 지금은 염소만 있고 양은 없다고 한다. 희생으로 쓰는 소는 종묘에서는 검은 소를 쓰고, 문묘에서는 붉은 소를 쓴다.

案我國無羊 而獨此署 牧羊及羖䍽 以供祭享 今則只有羖䍽 而無羊云 牲牛則 宗廟用黑 文廟用騂

## 사축서(司畜署)

사축서는 남부 회현방에 있다. 국초에 고려 제도에 따라 설치하였다. 여러 가축을 기르는 일을 관장한다. 1767년(영조 43)에 혁파하여 호조에 병합하였다.

司畜署 在南部會賢坊 國初因麗制置 掌飼雜畜矣 英宗丁亥革罷 倂于戶曹

## 조지서(造紙署)

조지서는 창의문 밖 탕춘대에 있다. 국초에 창건하였다. 표전, 자문의 종이 및 여러 종이류를 만드는 일을 관장한다. 탕춘대 앞의 긴 냇물과 널찍한 바위가 종이 만들기에 적합하므로 이곳에 관서를 설치하였다. 탕춘대 옆에는 민가 수백 호가 있는데, 오로지 냇돌에서 종이 일로 살아간다.

造紙署 在彰義門外蕩春臺 國初創置 掌造表箋咨文紙及諸般紙地 蕩春臺前有長川磐石 宜於造紙 故置署於此地 臺傍有民家數百戶 專以泉石紙業爲居

## 혜민서(惠民署)

혜민서는 남부 태평방에 있다. 국초에 고려 시기 제도에 따라 혜민고를 두었다. 민서(民庶)의 질병을 치료하고, 의녀들을 교습하는 일을 관장한다. 혜민서의 의녀는 70인으로, 각 읍의 기생 중에서 뽑아 올려 가르친다. 내의원 여의에 결원이 생기면 승보한다.

惠民署 在南部太平坊 國初因麗制之惠民庫 掌醫療民庶之疾病 及教習醫女本署醫女七十人 以各邑妓 選上教授 內局女醫有闕 則陞補

## 도화서(圖畵署)

도화서는 중부 견평방에 있다. 국초에 도화원을 두었다가 후에 서(署)로 고쳤다. 그림 그리는 일을 관장한다. 화원은 모두 30원이며, 또 전자관(篆字官)이 2원인데, 나이 어리고 총명한 자를 뽑는다. 예조 당상관이 나가서 시험을 보고 연말에 그림을 많이 그린 자를 계산하여 병조에 천거하는 서류를 올리면, 1년에 한하여 녹을 부쳐 받는다.

圖畵署 在中部堅平坊 國初置圖畵院 後改爲署 掌繪畫之事 畫員共三十員 又有篆字官二員 選年少聰敏者 本曹堂上出題考試 歲終計畫多者 遷狀于兵曹

限一年附祿

안설: 성현의 『용재총화』에서는 우리나라에는 이름난 그림이 매우 드문데, 가까운 시대로 보자면 고려 공민왕의 그림이 격조가 매우 높아서, 지금 도화서에 소장된 것이 많다고 하였다.

案成俔慵齋叢話曰 我國名[85]畵甚罕 自近代觀之 高麗恭愍王畵格甚高 今圖畵署所藏 者多

## 전옥서(典獄署)

전옥서는 중부 서린방 의금부 앞에 있다. 국초에 고려의 제도에 따라 설치하였다. 죄수를 옥에 가두는 일을 관장하는데, 이것이 바로 형조에 속한 감옥이다. 민간에서는 관서의 땅이 너무 길해서 옥을 두었다고도 한다.

典獄署 在中部瑞麟坊義禁府前 國初因麗制置 掌獄囚 此卽刑曹獄也 俗傳 署 地甚吉 故置獄云耳

## 활인서(活人署)

활인서는 두 곳에 관서가 있다. 동활인서는 동소문 밖 연희방에 있는 데, 지금 모두 퇴락해서 폐허가 되었고, 서활인서는 남대문 밖 용산강 에 있다. 도성민의 병을 구제하는 일을 관장한다. 국초에 고려의 제도 에 따라 동·서대비원을 설치하였다가 뒤에 동·서활인서로 개칭하였

---

86 원문에는 咎으로 되어 있으나, 『용재총화』에 따라 名으로 바로잡는다.

다. 성안의 질병 있는 사람은 모두 이곳에 가서 치료를 받는다.

活人署 有兩署 東署在東小門外燕喜坊 今盡頹廢 西署在南大門外龍山江 掌
救活都民病 國初因麗制 置東西大悲院 後改稱東西活人署 城中患疫者 皆就
治療

안설: 『문헌비고』에 다음과 같이 나와 있다. "우리나라에 열무서(閱巫署)가 있었는
데, 창건과 혁파 연대는 잘 알 수 없으나 지금은 무격(巫覡)은 활인서에 소속시켰으
니, 무서를 혁파하였을 때 혹 활인서에 병합한 듯하다."

案文獻備考 本朝有閱巫署 創革年代未詳 而今則巫覡屬於活人署 巫署革罷時 或倂於
活人署歟

### 와서(瓦署)

와서는 남부 둔지방에 있다. 국초에 동·서요를 설치하고 직(直)을 각
1인씩 두었는데, 후에 와서라고 고치고 기와와 벽돌 만드는 일을 관장
하였다.

瓦署 在南部屯智坊 國初置東西窯 直各一人 後改爲瓦署 掌造瓦磚

안설: 우리나라 풍속에서는 골기와를 수키와라고 하는데, 중국에서는 골기와는 오
로지 궁궐과 관서에만 쓰고 민간에서는 감히 쓰지 못한다. 우리나라는 관공서건 일
반 집이건 간에 모두 골기와를 덮는다. 그러므로 동월의 「조선부」에서 "부유하면 기
와를 굽는데 모두 골기와"라고 한 것이 이것이다. 국초에 한 와공이 녹유리와를 만
들 줄 알았으므로 궁전을 모두 녹와로 덮었다. 그 와공이 기술의 이익을 독점하려
고 그 기술을 전하지 않고 죽어서 지금은 그것을 만들 줄 아는 사람이 없으니, 지금
사람들이 자기 기술을 비밀스럽게 하는 자를 민간에서 '청와공(靑瓦工)'이라고 한다.

案東俗 甋瓦謂之雄瓦 中國則甋瓦只用於宮闕及廟 而民間不敢用 我國則公私屋 皆覆甋

瓦 故董天使朝鮮賦云 富則陶瓦皆甋 是也 國初有一瓦工 解造綠琉璃瓦 故宮殿皆覆綠

瓦 其瓦工獨專技利 不傳其術而死 至今無人解造者 凡今人之秘其術者 諺稱靑瓦工也

## 귀후서(歸厚署)

귀후서는 남부 회현방에 있다. 『여지승람』에서는 용산방에 있다고 하였고, 분서가 회현방에 있다고 하였다. 1406년(태종 6) 창건하였는데, 1777년(정조 1) 혁파하여 호조에 병합시켰다. 관곽을 만들어 팔고 예장(禮葬)에 제공하는 여러 일을 관장한다.

歸厚署 在南部會賢坊 輿地勝覽云 在龍山坊 分署在會賢坊 太宗丙戌創置 正

宗丁酉革 併于戶曹 掌造棺槨和賣 供禮葬諸事

안설: 동월의 「조선부」에서 "왕도(王都)에 귀후서를 설치하여 관곽을 쌓아놓고 빈궁한 자들을 구제한다"고 하고 주석에서 관서를 설치한 뜻이 오로지 백성들 구휼하는 데 있다고 한 것이 이것이다.

案董天使賦曰 王都設歸厚之署 儲棺槨 以濟乎貧窮 註云 設置之意 專在於恤民 是也

## 사학(四學)

사학은 1411년(태종 11)에 창건하였다. 유생를 가르치는 일을 관장한다. 모든 사학에는 문관교수 1원을 갖추고, 매달 시와 부의 제술 시험을 열어 선비들을 시험하여 합제(合製: 성균관 시험)에 부쳤다. 중학은 북부 관광방에 있고, 동학은 동부 창선방에 있으며, 남학은 남부 성명방에, 서학은 서부 여경방에 있다. 북학은 사학보다 조금 늦게 창건하

였는데 얼마 가지 않아 다시 혁파하였다. 1661년(현종 2) 다시 북학을
설치하였다가 얼마 후에 또 혁파하여, 지금은 북학이 없다.

四學 太宗辛卯創建 掌訓誨儒生 四學俱有文官敎授一員 每月設詩賦學製試
士 以附合製 中學在北部觀光坊 東學在東部彰善坊 南學在南部誠明坊 西學
在西部餘慶坊 北學創建稍後於四學 而未幾還罷 顯宗二年復置北學 尋又罷
至今無北學

**안설:** 자수원(慈壽院)은 바로 국초 북학의 옛터이다. 1661년(현종 2) 임금이 명하여 두
비구니 절을 철거하고 절의 재목으로 성균관 건물을 지었다. 참찬관 송준길이 주자
가 일찍이 절집을 헐어 학사를 짓는 것을 일거양득으로 여겼으니 북학을 다시 건립
하여야 한다고 아뢰어 임금이 따랐으나, 흉년이 들어 이루지 못하였다.[『열조통기』]

案慈壽院 卽國初北學舊基也 顯宗二年 上命撤去兩尼院 以院材修學宮 參贊官宋浚吉
奏朱子嘗以毁僧舍 作學舍 爲一擧兩得 宜復建北學 上從之 以年侵不果[列朝通記]

『열조통기』를 인용한 안설은 사실관계가 맞지 않는다. 자수원은 원래
북학의 옛터였던 것이 아니라, 현종 2년 송준길이 북학을 그 터에 다시
세우자고 청했는데, 예산과 운영 등의 부담으로 북학을 설치하지 못한
것이다.(『현종실록』 권4, 현종 2년 2월 12일(임진)) 대신 자수원의 자재는 성균관
에 일양재 등을 짓는 데 활용하였다. 일양재는 바로 주자의 일거양득에
서 따온 말이다. 이후 실록이나 『연려실기술』 등의 후대 기록에서는 모
두 자수원이 북학의 옛터였다고 언급하고 있는데, 자수원 설립 이전에

그 자리가 북학의 터였는지는 확인되지 않는다. 북학은 성종대에 인원수를 채울 수가 없어서 용관이라 폐지한 것인데, 동월은 「조선부」에서 조선이 사학을 두면서도 북학은 두지 않은 것은 명을 존숭하였기 때문이라고 읊기도 하였다. 『경성부사』에는 일제 시기까지 남아 있던 중학, 남학, 동학의 사진이 수록되어 있다. (이순우, 2015, 61쪽)

## 오부(五部)

오부는 국초에 창건하였다. 방리 주민의 불법적인 일 및 교량, 도로, 반화(頒火), 금화(禁火), 이문을 지키는 것, 가대 측량과 검사 등의 일을 관장한다.

五部 國初創建 掌治坊里居民非法事 及橋梁道路頒火禁火里門警守家垈打量檢驗等事

## 중부(中部)

중부는 징청방에 있다. 관할하는 8방은 징청방, 서린방, 수진방, 견평방, 관인방, 경행방, 정선방, 장통방이다.

中部 在澄淸坊 所管八坊 曰澄淸 曰瑞麟 曰壽進 曰堅平 曰寬仁 曰慶幸 曰貞善 曰長通

## 동부(東部)

동부는 연화방에 있다. 관할하는 12방은 숭신방, 연화방, 서운방, 덕성방, 숭교방, 연희방, 관덕방, 천달방, 흥성방, 창선방, 건덕방, 인창방이다.[『지봉유설』에서 천달방의 우물샘이 매우 좋아서 주민들이 예로부터 많이 장수하니, 방이 이 때문에 이런 이름을 얻은 것으로 생각한다고 하였다]

　　東部 在蓮花坊 所管十二 日崇信 日蓮花 日瑞雲 日德成 日崇敎 日燕喜 日觀德 日泉達 日興盛 日彰善 日建德 日仁昌[芝峯類說云 泉達坊有井泉甚美 居人自古多壽 考坊之得名以此]


## 남부(南部)

남부는 훈도방에 있다. 관할하는 11방은 광통방, 호현방, 명례방, 태평방, 훈도방, 성명방, 낙선방, 정심방, 명철방, 성신방, 예성방이다.

　　南部 在薰陶坊 所管十一坊 日廣通 日好賢 日明禮 日太平 日薰陶 日誠明 日樂善 日貞心 日明哲 日誠身 日禮成


## 서부(西部)

서부는 여경방에 있다. 관할하는 8방은 인달방, 적선방, 여경방, 황화방, 양생방, 신화방, 반송방, 반석방이다.[『여지승람』에서는 서부가 중부 서린방에 있다고 하였다]

　　西部 在餘慶坊 所管八坊 日仁達 日積善 日餘慶 日皇華 日養生 日神化 日盤松 日盤石[輿地勝覽云 西部在中部瑞麟坊]


## 북부(北部)

북부는 안국방에 있다. 관할하는 10방은 광화방, 양덕방, 가회방, 안국방, 관광방, 진장방, 명통방, 준수방, 순화방, 의통방이다.

北部 在安國坊 所管十坊 曰廣化 曰陽德 曰嘉會 曰安國 曰觀光 曰鎭長 曰明通 曰俊秀 曰順化 曰義通

안설: 1469년(예종 1) 오부를 오위로 삼아서, 중위를 분용위(奮勇衛), 동위를 효건위(曉健衛), 남위를 충건위(忠健衛), 서위를 무소위(武昭衛), 북위를 파로위(破虜衛)라고 하였다. 『지봉유설』에서는 오부의 방명은 모두 국초에 정도전이 정한 것이라고 하였다. 『대전통편』에서는 경성 안 10리에 무덤을 쓰는 자는 「국릉과 수목을 도적질한 율(盜國陵樹木律)」로 논핵하고, 무덤은 파서 옮기게 하였다. 동쪽은 대보동, 수유현, 우이천, 상·하벌리, 장위리 송계교로부터 중량포에 이르기까지 중량천으로 한계를 삼는다. 남쪽은 중량포, 전곶교, 신촌, 두모포로부터 용산까지 중량천과 한강으로 한계를 삼는다. 서쪽으로는 석곶현, 시위동, 사천도, 성산, 망원정으로부터 마포까지 사천과 한강으로 한계를 삼는다. 북쪽은 대보동, 보현봉, 저서현, 아미산, 연서구관 터, 대조리로부터 석곶현 서남쪽의 합류처까지 산등성이를 한계로 삼는다. 또 경성 10리 내에 소나무를 벤 자는 율에 따라 정죄한다.

안설: 『문헌비고』에 다음과 같이 나와 있다. "우리나라에는 사산감역관 넷을 두어서 도성의 표내 동서남북의 길을 관장하게 하였는데, 음관의 초사직이다. 창시 연대는 상고할 수 없다. 1754년(영조 30) 사산참군관으로 고쳐 무신으로 삼고, 훈련도감, 금위영, 어영청, 총융청에 소속시켰다."

謹案 睿宗元年 以五部爲五衛 中曰奮勇 東曰曉健 南曰忠健 西曰武昭 北曰破虜 芝峯類說云 五部坊名 皆國初鄭道傳所定也 大典通編云 京城內十里入葬者 依盜國陵樹木律論劾 限掘移 東自大[87]菩洞水踰峴牛耳川上下伐里長位里松溪橋 至中梁浦 以川爲限 南自中梁浦箭串橋新村豆毛浦 至龍山 以川江爲限 西自石串峴時威洞沙川渡城山望遠亭至麻浦 以川江爲限 北自大菩洞普賢峯猪噎峴峨嵋山延曙舊館基大棗里至石串峴西

---

南合流處 以山脊爲限 又京城十里內 松木犯斫者 依律定罪

又案文獻備考曰 本朝置四山監役官四 分掌都城標內東西南北道 蔭官初仕 創始年代未

考 英宗朝三十年 改爲四山參軍官 以武臣爲之 屬於訓鍊都監禁衛營御營廳摠戎廳

❀

5부와 방은 1396년(태조 5) 처음으로 정했는데, 당시에는 5부 52방 체제였다가, 『세종실록지리지』 단계에서는 5부 49방으로 정착되어 임진왜란 직후까지 변동이 없었다. 이후 17세기 후반에 방이 변동되는데, 이 내용이 18세기 중반 영조대의 자료에 나타나고 있다. 변동 내용을 살펴보면, 성안의 인구가 희소한 지역인 11개 방이 폐지되는 대신 한강 인근에 5개 방이 신설되어 5부 43방 체제가 되었으며, 18세기 후반 정조대에 다시 변동되어 북부와 동부에 방이 추가되면서 5부 47방 체제가 되었다.(고동환, 1998, 50~52쪽) 그러나 본문의 각부에 대한 서술은 『승람』과 기술 순서도 거의 일치할 정도로 『승람』을 바탕으로 하고 있어서, 조선 후기의 변화상이 전혀 업데이트되어 있지 않다. 방 하위의 동에 대한 서술은 각동 편을 따로 설정할 정도로 정성을 들였던 것에 비해 5부 방리의 서술이 반영되어 있지 않은 것은 의외이다. 이는 『한경지략』에서 『승람』 이후의 정보 업데이트는 대체로 『문헌비고』에 기초하고 있는데, 『문헌비고』에 방의 변화에 대한 부분이 수록되어 있지 않았기 때문으로 추정된다. 특히 공식적인 행정 편제가 아니기 때문에 비교적 자유롭게 서술할 수 있는 각동 편과는 달리, 각부 소속 방은 공식적인 관서의 영역에 속하기 때문에 근거 없이 서술하기가 어려웠던 것이 아닐까 생각한다.

〈표 6〉 5부 방리의 변화

| 시기 | 방명 | 1396년<br>(태조 5) | 세종대 | 승람 | 1750년<br>(영조 26) | 1789년<br>(정조 13) |
|---|---|---|---|---|---|---|
| 중부 | 정선방 | ○ | ○ | ○ | ○ | ○ |
| | 경행방 | ○ | ○ | ○ | ○ | ○ |
| | 관인방 | ○ | ○ | ○ | ○ | ○ |
| | 수진방 | ○ | ○ | ○ | ○ | ○ |
| | 징청방 | ○ | ○ | ○ | ○ | ○ |
| | 장통방 | ○ | ○ | ○ | ○ | ○ |
| | 서린방 | ○ | ○ | ○ | ○ | ○ |
| | 견평방 | ○ | ○ | ○ | ○ | ○ |
| 동부 | 연희방 | ○ | ○ | ○ | 폐지 | ― |
| | 숭교방 | ○ | ○ | ○ | ○ | ○ |
| | 천달방 | ○ | ○ | ○ | 폐지 | ― |
| | 창선방 | ○ | ○ | ○ | ○ | ○ |
| | 건덕방 | ○ | ○ | ○ | ○ | ○ |
| | 덕성방 | ○ | ○ | ○ | 폐지 | ― |
| | 서운방 | ○ | ○ | ○ | 폐지 | ― |
| | 연화방 | ○ | ○ | ○ | ○ | ○ |
| | 숭신방 | ○ | ○ | ○ | ○ | ○ |
| | 인창방 | ○ | ○ | ○ | ○ | ○ |
| | 관덕방 | ○ | ○ | ○ | 폐지 | ― |
| | 흥성방 | ○ | ○ | ○ | 폐지 | ― |
| | 경모궁방 | ― | ― | ― | ― | ○ |
| 남부 | 광통방 | ○ | ○ | ○ | ○ | ○ |
| | 호현방 | ○ | ○ | ○ | ○ | ○ |
| | 명례방 | ○ | ○ | ○ | ○ | ○ |
| | 대평방 | ○ | ○ | ○ | ○ | ○ |

| 시기 | 방명 | 1396년<br>(태조 5) | 세종대 | 승람 | 1750년<br>(영조 26) | 1789년<br>(정조 13) |
|---|---|---|---|---|---|---|
| 남부 | 훈도방 | O | O | O | O | O |
| | 성명방 | O | O | O | O | O |
| | 낙선방 | O | O | O | O | O |
| | 정심방 | O | O | O | 폐지 | – |
| | 명철방 | O | O | O | O | O |
| | 성신방 | O | O | O | 폐지 | – |
| | 예성방 | O | O | O | 폐지 | – |
| | 두모방 | – | – | – | O | O |
| | 한강방 | – | – | – | O | O |
| | 둔지방 | – | – | – | O | O |
| 서부 | 영견방 | O | 폐지 | – | – | – |
| | 인달방 | O | O | O | O | O |
| | 적선방 | O | O | O | O | O |
| | 여경방 | O | O | O | O | O |
| | 인지방 | O | 폐지 | – | – | – |
| | 황화방 | O | O | O | O | O |
| | 취현방 | O | 폐지 | – | – | – |
| | 양생방 | O | O | O | O | O |
| | 반석방 | O | O | O | O | O |
| | 신화방 | O | O | O | 폐지 | – |
| | 반송방 | O | O | O | O | O |
| | 용산방 | – | – | – | O | O |
| | 서강방 | – | – | – | O | O |
| 북부 | 광화방 | O | O | O | O | O |
| | 양덕방 | O | O | O | O | O |
| | 가회방 | O | O | O | O | O |

| 시기 | 방명 | 1396년 (태조 5) | 세종대 | 승람 | 1750년 (영조 26) | 1789년 (정조 13) |
|---|---|---|---|---|---|---|
| 북부 | 안국방 | ○ | ○ | ○ | ○ | ○ |
| | 관광방 | ○ | ○ | ○ | ○ | ○ |
| | 진장방 | ○ | ○ | ○ | ○ | ○ |
| | 순화방 | ○ | ○ | ○ | ○ | ○ |
| | 명통방 | ○ | ○ | ○ | 폐지 | - |
| | 준수방 | ○ | ○ | ○ | ○ | ○ |
| | 의통방 | ○ | ○ | ○ | ○ | ○ |
| | 상평방 | - | - | - | - | ○ |
| | 연희방 | - | - | - | - | ○ |
| | 연은방 | - | - | - | - | ○ |
| 계 | | 52방 | 49방 | 49방 | 43방 | 47방 |

\* 참고: 고동환, 1998, 50~52쪽
1396년: 『태조실록』 권9, 태조 5년 4월 19일(병오)
세종대: 『세종실록지리지』 경도 한성부
승람: 『신증동국여지승람』 권2, 경도하
1750년: 『어제수성윤음』 도성삼군문분계총목
1789년: 『호구총수』 한성부

오부의 업무 중 반화는 관아에서 불씨를 나누어 주는 일을 말하는 것으로서, 오부에서는 입춘, 춘분, 입하, 입추, 추분, 입동, 동지 등에 나누어 주었다. 오부는 조선 후기로 ]내려오면서 행정 업무 범위가 넓어지고 강화되며 담당 관직의 격도 높아졌다. 오부 책임자는 원래 주부였으나 1742년(영조 18) 도사로 고쳤고, 그 밑의 참봉은 봉사로 개칭하였다. 그러면서 도사직은 사대부 중 명망이 있는 자로, 봉사 자리는 중인이나

서인 중에서 재주 있는 자를 뽑도록 정식화하였다. 이전에 주부를 중인과 서인 중에서 뽑게 했던 것에 비한다면, 오부 책임자의 역할과 위상을 격상시킨 것이다.

〈그림 34〉 「사산금표도」(서울역사박물관 소장)

1765년(영조 41) 간행된 것으로 금표 영역을 설명하고 아래에 지도를 덧붙였다. 금표 영역에 대한 설명은 『대전통편』의 설명과 동일하다.

묘지를 쓰거나 나무를 함부로 베는 것을 금한 한성 주변 사산금표는 그림과 글로 판각하여 그 경계를 분명히 하고 널리 알렸다. 이와 관련한 자료인 「사산금표도」가 여러 기관에 전해지고 있다.

## 장생전(長生殿)

장생전은 북부 관광방에 있다. 1427년(세종 9)에 창건하였다. 동원의 비기(왕실이나 관료가 사용하는 관의 재료)를 관장하므로, 문의 편액이 '동원문(東園門)'이다. 공조에서 주관한다.

長生殿 在北部觀光坊 世宗九年壬子創建 掌東園秘器 故門扁曰東園門 工曹主管

안설: 『명신록』에는 다음과 같이 나와 있다. "세종대에 정척(鄭陟, 1390~1475)이 수궁(壽宮: 관곽)을 미리 만들 것을 청하자 조정에서 이를 옳게 여겼다. 그리하여 공이 널리 황장목(黃腸木)을 취하여 관곽을 만들어 대흉(大㐫)의 제도에 비로소 아쉬움이 없었다."

案名臣錄曰 世宗朝鄭陟 請像造壽宮 朝廷是之 仍公使廣取黃腸木 監造壽器 大㐫之制 始無憾矣

❂

장생전은 『증보문헌비고』, 『동국여지비고』(문직공서) 등에 모두 경복궁 동편인 북부 관광방에 있다고 했으며, 1902년에 제작한 서울지도에도 이곳에 위치한 것으로 나온다. 그러나 『동국여지비고』 제택조에서는 동부 건덕방 아래 있던 인평대군의 집이 장생전이 되었다고 했으며, 1914

년 지도나 1924년 동아일보 기사(8월 25일 자)는 이화동에 장생전이 있다고 하고 있다. 이는 현재 이화장 위치에 해당한다. 장생전이 북부 관광방과 동부 건덕방 사이에서 위치 변동이 있었던 것인지 두 가지가 다른 것인지 그 내력은 확실치 않다.

## 내시부(內侍府)

내시부는 북부 준수방 내의원 북쪽에 있다. 국초에 설치했으니, 환관의 관부이다. 대내의 감선(監膳), 전명(傳命), 수문(守門), 소제(掃除)의 임무를 관장한다.

內侍府 在北部俊秀坊內醫院北 國初置宦寺之府也 掌大內監膳傳命守門掃除之任

안설: 옛날 내시부는 경복궁 경회루 남문의 서쪽에 있었다. 김종직의 「내반원기(內班院記)」에서 "도읍을 세운 이래로 내시부를 두었는데, 우리 성상(성종)에 이르러 처음으로 내반원이라는 이름을 내렸으니, 송나라 때의 옛것을 회복한 것이며, 외정(外庭)의 반(班)과 구별한 것이다"라고 하였다.

案舊府 在景福宮之慶會南門西 金宗直內班院記曰 自建都以來 置內侍府 逮我聖上 肇錫名以內班院 所以復宋代之舊也 所以別外庭之班也

## 훈련도감(訓鍊都監)

훈련도감은 서부 여경방에 있다. 1594년(선조 27)에 창건하였다. 임진왜란 후에 도감을 설치하고 군사를 모집하여 포와 창을 교습시켜 드디어 군문을 이루었다. 그 소속 관청인 북영은 창덕궁에 있고, 서별영은

마포에 있으며, 양향청은 남부 훈도방에 있다. 하도감은 남부 명철방에
있다.

訓鍊都監 在西部餘慶坊 宣廟朝甲午創建 壬辰兵亂後 設都監募軍 敎習砲槍
遂成軍門 其所屬公廨 北營在昌德宮 西別營在麻浦 糧餉廳在南部薰陶坊 下
都監在南部明哲坊

안설: 1593년(선조 26)에 명나라 장수 낙상지(駱尙志)가 유성룡에게 명군이 아직 돌
아가지 않았을 때 절강성 병사들의 기술을 교습시킨다면 몇 년 사이에 모두 정예
병이 되어 왜적을 막을 수 있을 것이라고 하자, 유성룡이 사람을 모집하여 낙상지
장군에게 가르침을 받아 창, 검과 낭선(筤筅: 창의 일종) 등의 기예를 익히게 하자고
행재소에 아뢰었다. 임금이 명하여 별도로 도감을 설치하여 훈련시키고 윤두수(尹
斗壽, 1533~1601)에게 그 일을 통솔하게 하였다가 얼마 후 유성룡으로 대체하였다.
    훈련도감은 또한 훈국(訓局)이라고도 칭한다. 별영은 1596년(선조 29)에 용산에
설치하여 훈국군병의 방료로 삼았고, 창루(倉樓)는 읍청루(挹淸樓)라고 하였는데,
강에 임하고 있어서 명승이라 일컫는다. 양향청(糧餉廳)은 1593년(선조 26)에 빈 땅
에 설치하여 절수해서 둔전을 만들거나 혹은 적몰한 전답을 붙여서 세금을 거두어
훈국 군병의 복색과 기계(器械), 정기(旌旗), 금고(金鼓)의 자원 및 각색 원역의 요포
자원으로 삼았다.

案訓鍊都監 宣廟二十六年 天將駱尙志謂柳成龍曰 宜乘天兵未回 學習浙兵技藝 則數
年間 皆成精銳 可以禦倭矣 西厓遂馳聞于行在 募得人 請敎於駱將軍 習槍劍筤筅等技
上命別設都監訓鍊 以尹斗壽領其事 尋以柳西厓代之

訓鍊都監亦稱訓局 別營則宣廟丙申置于龍山 以爲訓局軍兵放料 而倉樓名挹淸樓 臨
江稱名勝 糧餉廳則 宣廟癸巳 置以閑曠土地 折受作屯 或以籍沒田畓 劃付收稅 以備
訓局軍兵服色器械旌旗金鼓之資 與各色員役料布之需

북영은 훈련도감의 본영으로 창덕궁 서쪽에 있었고 200칸이 넘는 건물로 구성되었다. 경희궁 북문인 무덕문 밖에는 북일영이 있었는데 건물 규모가 16칸이었으며 이를 그린 김홍도의 「북일영도」가 고려대학교 박물관에 소장되어 있다. 이 그림에서는 북일영의 건물과 그 옆에 위치한 활터 등을 묘사하였는데, 북일영의 잔치와 활터인 군자정은 「한양가」에서도 언급한다. 남부 명철방에 있던 훈련도감 하도감은 동대문디자인플라자 건설 중 옛 동대문야구장 부지 아래에서 그 터가 발굴되었

〈그림 35〉 김홍도, 「북일영도」(고려대박물관 소장)

다. 하도감은 조총고, 궁전고, 화약고 등 창고가 있었고 무기 및 화약을 제조하는 곳이었다. 1882년 별기군 창설 후 훈련장소로도 쓰였으며, 임오군란 때 청군이 주둔하기도 했다.

## 금위영(禁衛營)

금위영은 중부 정선방에 있다. 1682년(숙종 8)에 창건하였다. 그 소속 관청인 남별영은 남산 아래 남부 낙선방에 있다. 1730년(영조 6)에 창건하였다.

禁衛營 在中部貞善坊 肅宗朝壬戌創建 其所屬公廨南別營 在南山下南部樂善坊 英宗朝庚戌創建

## 남창(南倉)

남창은 남별영 아래에 있다. 남창은 묵사동에 있다.

南倉 在南別營下 南倉在墨寺洞

안설: 금위영은 인조대에 연양부원군(延陽府院君) 이시백(李時白, 1581~1660)을 병조판서로 삼아, 각 번의 기병 중 정예병 이초(二哨)를 뽑아서 정초청(精抄廳)을 설치하였는데, 후에 늘려서 삼초를 만들었다. 1668년(현종 9)에 판서 홍중보(洪重普, 1612~1671)가 기병 8번을 정초청으로 옮겼으며, 1673년(현종 14)에는 판서 김만기(金萬基, 1633~1687)가 또 자보(資保) 중 1,200여 명을 덜어내어 십초를 만들었다. 1682년(숙종 8) 판서 김석주(金錫冑, 1634~1684)가 훈국군총(訓局軍摠) 중에서 중부별대(中部別隊)와 정초군(精抄軍)을 뽑아내어 합쳐서 13번을 만들고 금위영이라 하였다.

案禁衛營 仁祖朝延陽府院君李時白 爲兵曹判書 選各番騎兵精壯者二哨 設精抄廳 後增爲三哨 顯宗朝戊申 判書洪重普 以騎兵八番 移於精抄 癸丑 判書金萬基 又除出資

保中一千二百餘名 作十哨 肅宗朝壬戌 判書金錫周 訓局軍揔中 抽出中部別隊 與精抄軍 合作十三番 號曰禁衛營

## 어영청(御營廳)

어영청은 동부 연화방에 있다. 1624년(인조 2)에 창건하였다. 그 소속 관청인 남소영은 남부 명철방에 있다.

御營廳 在東部蓮花坊 仁祖朝甲子創建 其所屬公廨南小營 在南部明哲坊

안설: 어영청은 1624년(인조 2)에 처음으로 어영사(御營使)를 두고 연평부원군(延平府院君) 이귀(李貴, 1557~1633)에게 이를 맡겨 용맹하고 건장한 병사를 모집하여 화포를 가르쳤다. (이괄의 난으로) 인조를 모시고 공산에 이르게 되자 산척(山尺) 중 총포를 쓰는 자들을 더 모집하여 이를 익히게 하였다. 환도한 후에 총융사에 속하게 하고 어영사를 파하였다가 얼마 후에 다시 설치하여 이서(李曙, 1580~1637)를 제조로, 구인후(具仁垕, 1578~1658)를 대장으로 삼아 별도로 1국을 설치하여 교습만 오로지 담당하게 하였다. 1652년(효종 3) 이완(李浣, 1602~1674)을 대장으로 삼아 비로소 군영을 두고 군보(軍保)를 정하였으며, 1706년(숙종 32)에 고쳐서 1영 5부의 제도로 만들었다.
안설: 훈국, 금위영, 어영청을 삼군문이라 하여 군졸을 나누어 배치하여 성 안팎을 밤에 순찰하는데, 자·오·묘·유일에는 금영에서 주관하여 순찰하고 인·신·사·해일에는 훈국에서 주관하여 순찰하고, 진·술·축·미일에는 어영청이 주관하여 순찰한다.

按御營廳 仁祖朝甲子 始置御營使 以延平府院君李貴爲之 召募勇健 敎以火砲 及至扈駕公山 益募山尺業砲者肄之 還都後 屬之摠戎使 而罷御營使 尋復置之 以李曙爲提調 具仁垕爲大將 另設一局 專管敎習 孝宗朝壬辰 李浣爲大將 始置軍營 定軍保 肅宗朝三十二年 改爲一營五部之制
又案 訓局禁御營 謂之三軍門 分排軍卒 夜巡城內外 子午卯酉 則禁營主巡 寅申巳亥

則訓局主巡 辰戌丑未 則御營主巡

❀

어영청은 종묘 동남쪽, 현재 종로구 인의동 일대에 있었는데, 2008~
2009년 세운4구역 재정비촉진사업을 위해 발굴되고 보고서가 나온 바
있다.(『종로 어영청지 유적』, 2011) 어영청 소속의 북이영은 경희궁을 경호하
는 주력부대로서 처음 창설 당시에는 삼청동에 있다가 후에 사직동으
로 옮겼다. 남소영은 현재 장충단에 있었다. 19세기 남소영은 영사 규
모가 194칸에 이르고 창고 등이 200칸 가까이 되었는데, 1900년 그 터
에 장충단을 세워 1894년(갑오년) 이후 국가를 위하여 목숨을 잃은 장수
와 병졸을 위하여 제례를 드릴 단을 조성하였다. 일제 시기에 공원화되
었고 박문사를 건립하기도 하였는데, 현재는 신라호텔과 장충단공원
등이 들어서 있다. 18세기 남소영의 모습은 고려대학교 박물관 소장 김
홍도가 그린 「남소영도」에서 확인할 수 있다. 삼군영이 담당한 도성 순
찰 구역은 〈그림 2〉에서 확인할 수 있다.

### 용호영(龍虎營)

용호영은 북부 양덕방에 있다. 1754년(영조 30)에 창건하였다. 경우궁
을 영건한 후에 용호영을 원동으로 옮겼으니, 곧 옛날의 마군영이다.

龍虎營 在北部陽德坊 英宗朝甲戌創建 景祐宮營建後 此營移于院洞 卽舊馬
軍營也

안설: 용호영은 『속대전』에서 이름을 금군청이라 하였다. 효종대에 처음으로 금군을 두고 내삼청(內三廳)이라 칭하였으며, 현종대에는 단속군(團束軍)이라고 고쳐 7번으로 하여 번마다 한 명의 장을 두었는데, 좌·우별장은 파하고 별장만 두었다. 1755년(영조 31)에 용호영이라 개칭하고 병조판서가 그 대장을 겸하게 하였다.

案龍虎營 續大典名曰禁軍廳 孝宗朝始置禁軍 稱內三廳 顯宗朝禁軍 改團束 爲七番 番置一將 而罷左右別將 置單別將 英宗乙亥 改稱龍虎營 兵判例兼其大將

❁

어영청은 종묘 동남편에, 용호영은 종묘 동편에 붙어 있었다. 고려대학교 중앙도서관에는 용호영을 그린 배치도 두 장이 소장되어 있는데, 원동으로 옮겨지기 이전의 용호영 배치가 표현되어 있어 용호영 및 경우궁의 모습을 살펴볼 수 있다.(『국립문화재연구소 소장 조선왕실 건축도면』, 168쪽)

### 총융청(摠戎廳)

총융청은 창의문[경성의 북문] 밖 탕춘대에 있다. 1624년(인조 2)에 창건하였다. 1750년(영조 46)에 북부 진장방에서 북쪽으로 이설하였다. 소속인 경리청은 1712년(숙종 38)에 창건하였는데, 1747년(영조 43)에 총융청에 병합되었다.

摠戎廳 在彰義門[京城北門]外蕩春臺 仁祖甲子創建 英宗庚午 自北部鎭長坊 移設于北 所屬經理廳 肅宗壬辰創置 至英宗丁卯 幷于摠戎廳

안설: 인조대에 완풍군(完豊君) 이서(李曙, 1580~1637)를 총융사로 삼고, 수원, 광주,

양주, 장단, 남양 5영을 두어 돌아가며 조련하는 제도를 정하였다. 총융청을 설치한 초기에는 사직동 북이영에 영문을 개설하였다가 1669년(현종 10)에 삼청동에 이건하였고, 1747년(영조 43)에 연융대로 옮겼다. 총융청에 소속된 평창이 연융대에 있다. 1712년(숙종 38)에 이 창고에 군량 곡식을 두기 시작하였다. 지돈녕 김진규(金鎭圭, 1658~1716)가 평창에 방수가 있어야 한다고 여겨 북문을 지킬 수 있게 좌우에 익성을 쌓을 것을 청하였다.

안설: 경리청은 『문헌비고』에 다음과 같이 나와 있다. "1711(숙종 37) 북한산성을 쌓고 경리청을 처음으로 두어, 산성의 사무를 맡게 하였다. 제조, 낭청, 북한관성장, 파총, 초관 등의 관직이 있었는데, 1757년(영조 37)에 혁파하여 총융청에 병합하였다. 1746년(영조 26)에 총융사가 경기병마절도사를 겸하게 하여 북한산성에 출진하게 하였다가 1756년(영조 36)에 옛 제도로 복구하여 병마절도사를 겸하는 것을 파하였다. 1760년(영조 40)에 또 북한관성장이 천총을 겸하게 하였다."

謹案 仁祖朝 以完豐君李曙 爲摠戎使 置水原廣州楊州長湍南陽五營 定巡操之制 設廳之初 開營于社稷洞北二營 顯宗己酉 移建于三淸洞 英宗丁卯 乃移于鍊戎臺 所屬平倉在鍊戎臺 肅宗壬辰 創置餉穀于此倉 知敦寧金鎭圭 以平倉宜有防守 請建捍北門 築左右翼城

又案 經理廳則文獻備考云 肅宗三十七年 築北漢山城 創置經理廳 句管山城事務 有提調郎廳北漢管城將把摠哨官等職 英宗三十三年革罷 幷于摠戎廳 英宗二十六年 命摠戎使 兼京畿兵馬節度使 出鎭北漢 至三十六年 還復舊制 罷兼兵馬節度使 四十年 又以北漢管城將 兼千摠


## 수어청(守禦廳)

수어청은 북부 진장방에 있다. 후에 혁파하여 광주(廣州)에 붙였고, 그 관청 건물은 지금 호조에 속해 있다.

守禦廳 在北部鎭長坊 後革 附于廣州 故其廨宇 今屬于戶曹

총융청이 북한산성 관리와 관련이 깊다면, 수어청은 남한산성과 관련이 깊었다. 그러나 정조대에 장용영을 설치하면서 수어경청은 폐지되고 산성으로 출진하여 광주유수 관할 아래 들어가면서 수어청은 그 명목만 유지하게 되었다.

## 훈련원(訓鍊院)

훈련원은 남부 명철방에 있다. 국초에 창건하였다. 과시(科試), 무재(武才), 습독(習讀)의 일을 관장한다. 훈련원 옆에는 연자루가 있는데, 돌 주초가 매우 높다. 매번 무과를 열 때 북원을 일소로 하므로 훈련원 관원이 이 누각에 올라서 활을 나누어 주면 응시자들이 누각 아래 둘러서서 받는다.

訓鍊院 在南部明哲坊 國初創建 掌科試武才習讀之事 院傍有燕于樓 石礎頗高 每於武科時 北院爲一所 故院官登此樓 頒矢 則擧子環立樓下 受之

안설: 1417년(태종 17) 훈련관(訓鍊觀)의 여러 전지를 본관에 소속시켜서 무사를 양성하게 하였는데, 후에 관을 고쳐 원이라 하였다. 훈련원 옆에는 비옥한 밭이 있어서 배추가 매우 좋으므로 훈련원 배추라고 일컫는다. 옆에 우물이 있어 통정(桶井)이라고 하는데, 물의 품질이 제일이라고 일컬어진다. 훈련원사청(訓鍊院射廳)은 성간(成侃, 1427~1456)의 기문이 있다.

謹案 太宗十七年 以訓鍊觀諸田 屬于本觀 以養武士 後改觀爲院 而院傍有沃田 種菘 菜甚美 謂之訓鍊院菘 傍有井 曰桶井 水品稱第一 訓鍊院射廳 有成侃記文

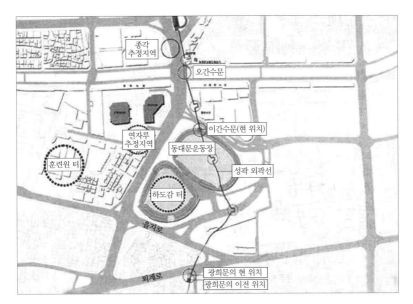

<그림 36〉 동대문디자인플라자 부지의 유적 분포도(『Dongdaemun Design Plaza & Park 1,
사업편』, 서울특별시 도시기반시설본부(편), 2013)

1907년 군대 해산으로 훈련원도 폐지되고, 그 터는 운동장 등으로 활용되다가 동대문디자인플라자가 건립되
었다.(2014년 개관) 동대문디자인플라자 부지에서는 이간수문, 훈련도감의 하도감 터, 훈련원 터 등과 한양도
성 구간 등이 확인되었는데, 위 지도에서처럼 훈련원터와 연자루 지역을 추정하고 있다.


## 좌포청(左捕廳)

좌포청은 중부 정선방에 있다. 우포청은 중부 서린방에 있는데, 모
두 국조 중엽에 창설하였다. 도둑을 잡고 순라 도는 일을 관장한다. 좌
포도청과 우포도청에 각각 대장 1원씩이 있고, 종사관 2원, 교속부장 4
인, 무료부장 26인, 가설부장 12인이 있다. 그중 실부장(實部將)은 어압
통부(御押通符)를 찬다. 군병은 64명인데, 허리에 붉은 오랏줄을 가지고
다니다가 도둑을 보면 그것으로 묶는다. 또 교외도장군사(郊外都掌軍士)

31명이 있다.

左捕廳 在中部貞善坊 右捕廳 在中部瑞麟坊 并於國朝中葉創設 掌戢盜巡邏
左右廳各有大將一員 從事官二員 校屬部將四人 無料部將二十六人 加設部
將十二人 其中實部將 佩御押通符 軍兵六十四名 腰藏紅索 而詗盜縛之 又有
郊外都掌軍士三十一名

**안설:** 포도청 설치가 언제 시작되었는지는 자세히 알 수 없다. 유형원의 『반계수록』
에는 다음과 같이 나와 있다. "간특한 것을 막는 것은 본래 형조의 담당인 데다 이미
또 금오위를 정직아문(定職衛門)으로 삼아 순찰을 돌고 도적을 잡는 일을 주관하였
으니, 『경국대전』에도 없다. 이른바 포도대장이란 것은 분명 근래에 설치한 듯하다."

案捕廳之設 未詳始於何時 而柳馨遠潘溪隨錄云 詰奸慝本是刑曹職掌 而旣又令金吾
衛爲定職衛門 主巡警捕盜 大典亦無 所謂捕盜大將者 必是近世所設也

　　포도청은 중종대 후반에 설치한 것으로 보인다. 실록을 보면, 성종대
에는 이름 그대로 도둑을 잡는다는 명목으로 포도장을 임시로 두곤 했
는데, 이후 이것이 점차 상설화되어 갔다. 정확한 설립 연대는 알 수 없
으나, 중종대 후반 무렵 기록에 좌·우 포도장과 포도청이 등장하고 있
어서 이 무렵 관서를 수립한 것으로 보인다.

### 좌순청(左巡廳)

좌순청은 중부 정선방에 있다. 우순청은 중부 징청방에 있는데, 모두

국초에 창건하였다. 밤에 순찰하는 일을 관장한다. 순장 좌순청과 우순청에 각 1원이 있는데, 문관·음관·무관 당상관으로 뽑아서 계문하면, 돌아가며 낙점을 받아 패(牌)를 받는다. 성내를 밤에 순찰하는 것에는 각각 군사 10명이 있는데, 밤에 순찰할 때 감군은 선전관·병조·도총부당하관 중에서 후보자를 올려 차정하고, 이속 중에 패를 관리하는 사람은 각 15명이다.

左巡廳 在中部貞善坊 右巡廳在中部澄淸坊 竝於國初刱置 掌夜巡之事 有巡將各一員 以文蔭武堂上官 抄啓輪回 受點受牌 夜巡城內 各有軍士十名 夜巡時監軍 則以宣傳官兵曹都摠府堂下官中望差 而吏屬管牌各十五人

## 군직청(軍職廳)

군직청은 중부 정선방에 있다. 국초에 창건하였다. 문무관 중 무관의 직첩만 있는 사람들의 관청이다.

軍職廳 在中部貞善坊 國初創建 文武官 只有軍銜人之廳也

## 위장소(衛將所)

위장소는 중부 정선방에 있다.[돈화문 밖이다] 편액에 '오위남영(五衛南營)'이라고 하고 있다. 오위군 제도 때 의흥중위도 외위라고 칭하였는데, 지금은 조사위장이 영을 주관하고 있다. 또한 위군이 있는데, 홍건과 홍반비의(紅半臂衣)를 입으며, 임금님이 활쏘기 시험을 보일 때나 채여로 임금님이 거동할 때 의장군, 전어군을 모두 위군이 한다.

衛將所 在中部貞善坊[敦化門外] 扁曰五衛南營 五衛軍制時 義興中衛亦稱外

今則曹司衛將主營 而有衛軍 着紅巾紅半臂衣 凡於御試射及擔彩擧動駕時
儀仗軍傳語軍 皆以衛軍爲之

## 장용영(壯勇營)

장용영은 동부 연화방에 있다. 1787년(정조 11)에 이현별궁(梨峴別宮)
을 장용영으로 삼았다. 1801년(순조 1)에 이 영을 혁파하고, 후에 관청
건물은 훈련도감에 소속시켜 동별영으로 삼았다.

壯勇營 在東部蓮花坊 正宗朝丁未 以梨峴別宮爲壯勇營 純宗朝辛酉 此營革
罷 後公廨則屬于訓局爲東別營

안설: 정조대 초반에 장용영을 설치하니, 군대의 씩씩함과 관청 건물의 장려함이
여러 군영 중 으뜸이었다. 또 화성을 장용외영(壯勇外營)으로 삼고 수원유수가 외사
(外使)가 되었다.

『문헌비고』에 다음과 같이 나와 있다. "장용제조가 1명[정경(正卿): 정2품 이상], 선
기장 2명[이미 장(將)의 직임을 해본 사람을 임명한다] 선기별장 1명[이미 아장(亞將)을 해
본 사람], 파총 1명[이미 곤수(閫帥: 절도사)나 방어사를 해본 사람], 낭청 1명[이미 지방
수령을 해본 사람], 초관 15명[내별부료(內別付料: 대내에서 따로 급여를 주는 것) 2명],감관
4명, 지구관 14명, 기패관 13명, 장용위 100명, 패장 6명, 부료무사(付料武士: 급여
를 주는 무사) 10명, 미부료무사(未付料武士: 급여를 주지 않는 무사) 77명, 각 차비 6명,
표하군 505명이다."

"1787년(정조 11) 장용영 설치 초기에 훈련도감 출신 중에 무예 출신 30과(窠)를
덜어내어 따로 청 하나를 설치하였다가 얼마 후 20과로 늘리고 장용위(壯勇衛)라고
부르고, 병방, 호방, 파총, 초관 등의 과를 두었다."

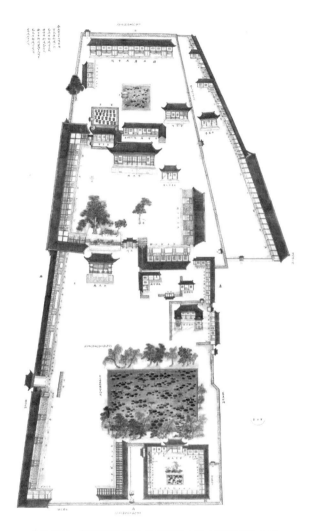

〈그림 37〉 「본영도형」으로 본 장용영 서울 본영(장서각 소장)

1799년에 장용영 본영을 그린 도설이다. 크게 상급 관직자 공간, 실무 담당의 장교 공간, 군기 제작 장인 등
의 공간, 각종 군기를 보관하는 곳간, 상번하는 지방 군인의 입접처 등으로 구성되어 있다. 이현궁 시절엔
66칸 규모였는데, 장용영으로 바꾼 후 총 다섯 차례 공사를 통해 400여 칸에 이를 정도로 규모가 확대되었
다.(정정남, 2009a)

謹案 正宗朝初 設壯勇營 軍容之驍健 營廨之壯麗 甲於諸營 又以華城爲壯勇外營[88]
留守爲外使

文獻備考云 壯勇提調一[正卿] 善騎將二[已行將任] 善騎別將一[已行亞將] 把摠一[已行
閫帥 至防禦使] 郎廳一[已行字牧[89]] 哨官十五[內別付料二] 監官四 知殼官十四 旗牌官
十三 壯勇衛一百 牌將六 付料武士十 未付料武士七十七 各差備六 標下軍五百五名
丁未設營初 以局出身窠中 武藝出身三十窠除出 別設一廳 尋增二十 號壯勇衛 置兵戶
房把摠哨官等窠

## 능마아청(能麼兒廳)

능마아청은 중부 정선방에 있다. 인조대에 창건하였다. 마아(麼兒)라
는 것은 나무로 만드는데 쌍륙(雙陸)보다 크다. 말 위에 각색 종이로 만
든 깃발을 꽂고 줄지어 『병학지남』 책 중의 각 진도(陣圖)를 벌여 만드
는데, 능(能)은 이 기술을 할 수 있다는 것을 일컫는다. 지금 낭청 2인을
두어서, 병조에 소속시켰다.

『국조보감』에 다음과 같이 나와 있다. "1655년(효종 6) 능마아청을 설
치하여 무신 20여 인을 뽑아서 달마다 진법을 시험하고, 나태한 자는
관직에서 도태시킨다."

또 『문헌비고』에 다음과 같이 나와 있다. "인조대에 병조판서 이귀(李
貴, 1557~1633)가 관청을 설치하여 여러 장관의 병서 시험과 권과(勸課)
를 관장하게 하자고 청하였는데, 청을 설치한 것은 효종대에서야 시작

---

88 원문에는 勇으로 되어 있으나, 내용상 營으로 바로잡는다.
89 원문에는 收로 되어 있으나, 내용상 牧으로 바로잡는다.

되었다."

能麼兒廳 在中部貞善坊 仁祖朝創建 麼兒者 以木爲之 大於雙陸 馬上揷各色

紙旗 列作兵學指南書中各陣圖 能爲此技之謂也 今置郞廳二人 屬於兵曹

而國朝寶鑑云 孝宗六年 設能麼兒廳 選武臣二十餘人 逐朔試陣法 怠者汰職

又文獻備考曰 仁祖朝 兵曹判書李貴請設廳 掌諸將官兵書 考講勸課云 則設

廳乃始於孝宗朝時耳


### 전함사(典艦司)

전함사는 중부 징청방에 있다. 외사는 서강에 있다. 1465년(세조 11)
에 창건하였다. 경외의 배와 함선을 관장한다. 그 소속에 경기좌·우도
의 수참이 있다.[남곤이 지은 기문이 있다] 지금은 혁파하여 공조에 소속
되어 있다.

典艦司 在中部澄淸坊 外司則在於西江 世祖乙酉創建 掌京外舟艦 其屬有京

畿左右道水站也[有南袞撰記] 今革屬于工曹


안설:『문헌비고』에 다음과 같이 나와 있다. "1392년(태조 1) 사수감(司水監)을 두고
관원 16명을 두었는데, 후에 전함사로 고치고, 관원 7원을 두었다가 후에 혁파하
여 공조에 소속시키고, 판관은 나누어 호조에 소속시켰다."

『열조통기』에는 다음과 같이 나와 있다. "1465년(세조 11) 처음으로 병조선(兵漕
船)을 설치하고 신숙주를 전함사제조로 삼았다. 널리 중국 및 일본, 유구의 배를
살펴보고 절충하여 나누어서 대·중·소의 배를 만들어 이용에 편리하게 하였으
니, 대선은 상장(上裝)을 설치해서 전투공격에 쓰고, 상장을 없애면 조운에 쓰게 해
서 한 배를 두 가지로 쓸 수 있게 하였으므로, 병조선이라 하였다. 몸체는 일정하

지 않았으니, 가는 물의 높낮이에 따라 배 폭이 넓기도 하고 좁기도 하였다. 여러 포구에 나누어 보냈는데, 만든 것이 똑같을 수는 없었다. 여러 조운선이 양화 나루에 도착하면 신숙주가 좌대와 우대로 나누어서 수전(水戰)의 형태를 만들어서 배 가는 것이 편한지 아닌지를 살펴볼 것을 청하였다. 상이 친히 임어하여 보고 크게 기뻐하여, 입고 있던 겉옷을 벗어 하사하였다."

案文獻備考曰 太祖元年 置司水監 有官十六 後改爲典艦司 有官七員 後罷 屬於工曹 判官則分隷於戶曹

列朝通紀云 世祖十一年 始置兵漕船申叔舟爲典艦司提調 博觀唐船及日本琉球船折衷 分作大中小船 以便於用 而大船施上裝 用於戰攻 去上裝用於漕運 一船兩用 故謂之兵 漕船 體不一定 去水高下 船腹闊狹 分送諸浦 所造不比而同 諸漕船到楊花渡 申叔舟 請分左右隊 爲水戰之形 以觀行船便否 上親臨觀之 大悅 脫所御表衣以賜之

## 전연사(典涓司)

전연사는 궁궐을 깨끗하게 하는 일을 관장한다. 후에 혁파하여 선공 감에 병합되었으므로 제조는 선공제조이다.

『문헌비고』에 다음과 같이 나와 있다. "경복궁제거사는 1395년(태조 3) 설치하였는데, 청소와 궁성문을 잠그고 여는 등의 일을 관장하였다. 제 공, 사직, 사연 등의 관원이 있었으며 후에 혁파하였는데 혁파 연대는 미상이다."『대전통편』에서는 지금은 폐지하여 녹사의 체아직이 되었다 고 하였다.

또『문헌비고』에 다음과 같이 나와 있다. "1392년(태조 1) 고려의 제 도에 따라 가각고(架閣庫)를 두어 도적(圖籍)을 수장하는 일을 관장하게 하였고, 또 고려의 제도에 따라 해전고(解典庫)를 두어 전당(典當)의 일 을 관장하게 하였다. 사, 부사, 승, 주부, 녹사가 있었는데, 후에 혁파하였으며 혁파 연대는 모두 미상이다."

典涓司 掌涓治宮闕之任 後革 幷於繕工監 故提調則繕工提調也

文獻備考云 景福宮提擧司 太祖三年置 掌掃除管鑰等事 有提控司直司涓等

官 後革罷 年代未詳 大典通編云 今廢爲錄事遞兒職

又文獻備考 太祖元年 因麗制 置架閣庫 掌收貯圖籍事 又因麗制 置解典庫

掌典當事 有使副使丞注簿錄事 後革 年代幷未詳

　　전함사, 전연사 이하는 모두 혁파된 관서인데, 『승람』에 전함사와 전
연사는 수록이 되어 있었기 때문에 별도 항목으로 잡은 것으로 보인다.
경복궁 제거사, 가각고, 해전고 등은 고려 시기의 관서를 조선 초에도
그대로 설치하여 잠시 존재했던 관서로서 『승람』에는 수록되지 않았으
나 『문헌비고』에 수록된 것이다. 해전고는 공민왕대 설치한 보원해전고
에 기원을 두고 있는데, 궁중의 재물로 포 1만여 필을 사고 이를 지방에
분급하여 이식을 얻어 자원을 마련하여 운용했다.

　　『한경지략』의 관서 기술은 문직공서와 무직공서로 나눴던 『승람』의 구
성을 완전히 해체한 형태인데, 궐외각사 편목은 『문헌비고』의 직관고의
영향을 많이 받은 것으로 보인다. 『문헌비고』 직관고에서는 기사(耆社)가
제일 먼저 나오고 그다음으로 종실 관련 관서인 종친부, 재상 관련 부
서, 중추부를 비롯한 제부(諸府), 육조를 비롯한 육관(六官), 대성(臺省), 관

각(館閣), 제사(諸司), 그리고 무직 관서 등으로 이어진다. 『한경지략』에서도 기로소와 종친부가 제일 먼저 나오고 그다음으로 의정부를 비롯한 각종 부와 비변사 등을 기술한 후 육조, 사헌부와 사간원, 그리고 관각 기관, 제사, 그리고 훈련도감을 비롯한 군영의 순서로 이어진다. 『문헌비고』에 수록된 관서가 전부 나오는 것은 아니지만 관서를 기술하는 기본 순서가 그와 일치한다는 점에서 이 부분의 기술에는 『문헌비고』의 영향을 많이 받았음을 알 수 있다. 또한 내용에서도 『문헌비고』를 참고하여 요약한 부분을 많이 확인할 수 있어서 유본예가 이를 기초로 궐외각사 편목의 구성을 잡고 취사선택하여 기술하였음을 알 수 있다.

# 13

# 역원(驛院)

노원역(盧原驛)은 흥인문 밖 4리에 있고, 청파역(靑坡驛)은 숭례문 밖 3리에 있다.

이 두 역은 바로 병조에 예속되어 있다.

盧原驛在興仁門外四里 靑坡驛在崇禮門外三里

右二驛 直隷兵曹

보제원(普濟院)은 흥인문 밖 3리에 있다. 기로들이 일찍이 이곳의 누각에 모여 술을 마셨다.[조말생(趙末生, 1370~1447)의 서문이 있다] 홍제원(洪濟院)은 사현의 북쪽에 있다. 중국 사신이 옷을 갈아입는 누각이 있다. 이태원(利泰院)은 목멱산 남쪽에 있다. 전곶원(箭串院)은 전곶교(살곶이다리) 서북쪽에 있다.

普濟院在興仁門外三里 有樓耆老嘗會飮于此[有趙末生序] 洪濟院在沙峴北

有樓中朝使臣更衣之所 利泰院在木覓山南 箭串院在箭串橋西北


안설:『여지승람』에는 역원이 이와 같이 나와 있다. 노원역과 청파역 두 역이 바로
병조에 예속된 것은 지금도 그러하지만, 보제원 등의 여러 원은 언제 폐지된 것인
지 알 수 없다. 역원의 건물은 하나도 없고 그 이름만 전해진다.

案輿地勝覽 驛院載之如此 盧原靑坡兩驛之直隸兵曹 今亦如此 而普濟等諸院之廢 不
知始自何時 無一院宇 而只傳其名


❁


역원 편목은 『승람』에서 그대로 가져왔으나 이 시기에는 역만 남아
있고 원은 폐지한 상태였다. 원은 원래 고려·조선 시기에 출장 관원들
을 위해 주요 도로나 인가가 드문 곳에 둔 국영 숙식 시설인데, 고려 시
기에는 원이 사찰에 부속되어 있는 경우가 많아 사찰과 원이 동일시되
는 경우도 많았다. 원은 시기가 내려오며 그 기능을 상실하며 폐지하였
으나, 지명으로서는 여전히 대중적으로 사용되었다. 유본예도 역원에
대해서는 본인이 추가한 서술이 없는 것으로 보아 이 편목 자체에 대해
서는 큰 관심이 없었음을 알 수 있는데, 그래도 편목을 남겨둔 것은 『승
람』의 수록 편목이었기 때문으로 보인다.

# 14

## 교량(橋梁)

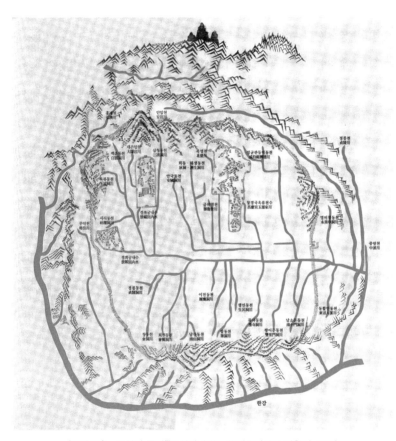

〈그림 38〉 도성의 물길(『도성의 수문』, 동대문역사관 기획전, 2019)

지도의 바탕이 된 고지도는 「수선전도」이다. 한성의 물길은 백악, 낙산, 인왕산, 남산 등에서 발원한 물길이 도성 중심의 개천으로 모여 동쪽으로 빠져나가는 형태였다.

안설: 경성 안 남북의 산에서 각각 흘러나오는 개울들에는 크고 작은 다리 이름이 매우 많다. 그래서 먼저 물이 흘러나오는 쪽에서부터 다리 이름을 드러내어서 보는 사람이 헷갈리지 않게 할 것이다.

案京城內南北山 各有條達之川流 大小橋名甚多 故今先導水 以露橋名 則觀者或不眩矣

## 인왕산 아래 백운동천

인왕산 아래의 백운동 냇물은 동남쪽으로 흘러서 자수궁교(慈壽宮橋)를 지나[예전에 비구니 절인 자수궁이 여기에 있었다] 금청교(禁淸橋)[창의궁 서쪽에 있다], 송첨교(松簷橋)[서부 적선방에 있다], 송기교(松杞橋)[적선방에 있다]에 이르고, 또 동쪽으로 흘러서 모전교(毛廛橋)[중부 서린방에 있다]를 지나서 또 대광통교(大廣通橋)[종루가로에 있다. 돌난간이 있는데, 경성 안에서 이 다리가 가장 크다]를 지나 장통교(長通橋)[중부 장통방에 있으니, 속칭 장창교(長倉橋)라고 한다], 수표교(水標橋)[중부 장통방교 서쪽에 있다. 표석을 세우고 척촌을 새겨 수심을 측정한다. 또 '경진수평(庚辰水平)' 네 자가 새겨져 있다. 이 표석은 이제 훼손되어 새 돌을 세웠다]에 미치고, 또 신교(新橋)[장통방에 있다. 속칭 하량교(河良橋)라고 하는데, 예전에 하량위(河良尉)가 이 다리 옆에 살았다고 한다]를 지나, 영풍교(永豐橋)[중부 낙선방에 있다. 지금 효경교(孝經橋)라고 칭한다], 태평교(太平橋)[남부 명철방에 있다. 지금 마전교(馬廛橋)라고 칭한다]에 미치고 동쪽 성의 오간수문(五間水門) 밖의 영도교(永渡橋)에 합쳐진다.[흥인문 밖에 있으니, 개천의 하류이다] 또 동쪽으로 제반교(濟盤橋)[지금 살곶이다리[箭串橋]라고 한다]를 지나 송파강에 이른다.

仁王山下白雲洞川水 東南流 經慈壽宮橋[舊時尼院慈壽宮在此] 及禁淸橋[在彰

義宮西<sup>90</sup>] 松簷橋[在西部積善坊] 松杞橋[在積善坊] 又東流 經毛廛橋[在中部瑞

麟坊] 又經大廣通橋[在鍾樓街路 有石欄 京城內此橋最大] 及長通橋[在中部長通

坊 俗稱長倉橋] 水標橋[在中部長通坊橋西 立標石 刻尺寸 以驗水深 又刻庚辰水平

四字 此標石 今已毁 更立新石] 又經新橋[在長通坊 俗名河良橋 古有河良尉在此

橋傍云] 及永豐橋[在中部樂善坊 今稱孝經橋] 太平橋[在南部明哲坊 今稱馬廛橋]

以接于東城之五間水門外永渡橋[在興仁門外 卽開川下流] 又東經濟盤橋[今名

箭串橋] 以達于松坡江

## 백악 아래 삼청동천

백악 아래 삼청동 냇물은 북창교(北倉橋)에서부터 남쪽으로 흘러서

장원서교(掌苑署橋)[장원서 앞에 있다], 장생전교(長生殿橋)[장생전 앞에 있

다]를 지나 또 십자각교(十字閣橋)[북부 관광방에 있다]를 지나서 중학교

(中學橋)[중학 앞에 있다], 혜정교(惠政橋)[경복궁 앞길의 동쪽에 있다. 『여지

승람』에서는 예전에 앙부일구대가 그 동쪽에 있다고 하였다. 국법에 탐욕스러

운 사람은 이 다리 위에서 팽하였다]에 이르고, 모전교[이미 위에 보인다]에

합쳐진다.

白嶽下三淸洞川水 自北倉橋南流 經掌苑署橋[在掌苑署前] 長生殿橋[在長生

殿前] 又經十字閣橋[在北部觀光坊] 及中學橋[在中學前] 惠政橋[在景福宮前路

東 輿地勝覽曰 舊有仰釜日晷臺在其東 國法貪婪人 烹於此橋上] 以接于毛廛橋[已

見上]

---

90 원문과 고려대본에는 而로 되어 있으나, 내용과 존경각본에 따라 西로 바로잡는다.

## 북산 아래 북영천

북산 아래 북영 냇물은 창덕궁의 금천교[금호문 안에 있다]를 지나, 또 파자교(把子橋)[돈화문 밖에 있다]를 지나, 수표교에 접한다.[이미 위에 보인다] 또 원동, 계생동의 여러 냇물은 통운교(通雲橋)[대사동구(大寺洞口)에 있으니, 무지개다리로 쌓았는데, 지금은 철물교(鐵物橋)라 칭한다]를 지나 영풍교[이미 위에 보인다. 지금 효경교라고 하는 것이 이것이다]에 합쳐진다.

北山下北營川水 經昌德宮之禁川橋[在金虎門內] 又經把子橋[在敦化門外] 以接于水標橋[已上見] 又有院洞桂生洞諸川水 經通雲橋[在大寺洞口 而偃虹石橋今稱鐵物橋] 以接于永豐橋[已見上 今名孝經橋 是也]


## 창경궁 후원 옥류천

창경궁 후원의 옥류천 물은 옥천교[홍화문 안에 있다]를 지나, 또 황교(黃橋)[동부 연화방에 있다. 속칭 황참의교(黃參議橋)라고 한다]를 지나고, 또 이교(二橋)[흥인문 안 연지동에 있다. 다리는 이름이 없이 이교라고만 칭한다. 『문헌비고』에서 연지동교(蓮池洞橋)가 통운교 동쪽에 있다고 한 것이 이것이다]를 지나서 태평교[위에 보인다. 속칭 마전교라고 하는 것이 이것이다]에 접한다.

昌慶宮後苑玉溜泉水 經玉川橋[在弘化門內] 又經黃橋[在東部蓮化坊 俗稱黃參議橋] 又經二橋[在興仁門內蓮池洞 而橋無名 只稱二橋 案文獻備考云 蓮池洞橋在通雲橋東者 是也] 以接于太平橋[已見上 俗名馬廛橋 是也]

## 성균관 흥덕동천

성균관 흥덕동의 여러 냇물은 향교(香橋)[성균관 동쪽에 있다]를 지나 또 장경교(長慶橋)[어의동에 있다]를 지나서 또 초교(初橋)[흥인문 안에 있으니, 이교의 앞임을 알 수 있다]를 지나 오간수문에 합류한다.[○성균관의 여러 물길은 관기교(觀旂橋), 광례교(廣禮橋)를 지나고, 흥덕동의 여러 물길은 토교를 지나서 두 물길이 합류하여 장경교, 신석교(新石橋), 초교를 지나서 오간수문에 합쳐진다]

成均館興德洞諸川水 經香橋[在成均館東] 又經長慶橋[在於義洞] 又經初橋[在興仁門內 卽爲二橋之初可知] 合流于五間水門[○成均館諸水 經觀旂橋 廣禮橋 興德洞諸水 經土橋 二水合流 經長慶橋 新石橋 初橋 以接于五間水門]

성균관 주변에는 흥덕동천 외에 성균관을 감싸 도는 동반수와 서반수 등의 지천이 있다. 본문에서는 이러한 지천들이 합류하여 장경교를 지나 오간수문으로 빠져나가는 것을 설명하고 있다.

## 남산 아래 창동천

남산 아래 창동 냇물은 북으로 흘러서 수각교(水閣橋)[남부 양생방에 있다. 양생방에 옛날에 분명 수각이 있었을 것인데 지금은 수각이 없다. 이 다리가 숭례문 안에서 대로 요지이다]를 지나 전도감교(錢都監橋)[서부 황화방에 있다. 군기시교(軍器寺橋)에서 냇물이 합쳐져서 동으로 흐른다]에 이르렀다가, 또 소광통교[종루가로에 있다. 대광통교의 남쪽이다]. 곡교(曲橋)[남부 태평방에 있다]를 지나 장통교 [이미 위에 보인다. 속칭 장창교라고 하는 것이 이것이다]에서 합류한다.

南山下倉洞川水 北流 經水閣橋[在南部養生坊 坊舊必有水閣 而今無水閣 此橋 爲崇禮門內大路要地] 及錢都監橋[在西部皇華坊 與軍器寺橋 川水合而東流] 又 經小慶通橋[在鍾樓街路 大廣通橋南] 曲橋[在南部太平坊] 合流于長通橋[已見上 俗名長倉橋 是也]


## 남산동천

남산동의 냇물은 북으로 흘러서 명례방을 지나고 또 동현교(銅峴橋)[남부 태평방에 있다]를 지나 장통교[이미 위에 보인다]에 합류한다.

南山洞川水 北流 經明禮坊 又經銅峴橋[在南部太平坊] 合流于長通橋[已見上]


## 남산 아래 주자동천

남산 아래 주자동 냇물은 북으로 주자교(鑄字橋)를 지나서 하량교[이미 위에 보인다]에 합쳐진다.

南山下鑄字衖川水 北經流鑄字橋 以接于河良橋[已見上]


## 필동천

필동 냇물은 필동교(筆洞橋)[남부 성명방에 있다]를 지나서 생민동 냇물과 합하여 영풍교[이미 위에 보인다. 속칭 효경교라고 한다]로 흘러간다.

又筆衖川水 則經筆洞橋[在南部誠明坊] 與生民洞川水 合流于永豐橋[已見上

## 묵사동천

묵사동 냇물은 북으로 흘러서 무침교(無沈橋)[남부 명철방에 있다], 청녕교(靑寧橋)[명철방에 있다. 예전에 청녕위(靑寧尉)란 사람이 여기에 살았으므로 다리 이름을 이렇게 지었다고 한다]를 지나, 드디어 합류하여 이교[이미 위에 보인다]로 흘러간다.

又墨寺洞川水 則北流 經無沈橋[在南部明哲坊] 靑寧橋[在明哲坊 古有靑寧尉者 居此 故名橋云] 遂合流于二橋[已見上]

## 쌍리동천

쌍리동 냇물은 북으로 흘러서 청교(靑橋)[명철방에 있다]를 지나 마전교[이미 위에 보인다]에 합쳐진다.

又雙里洞川水 則北流 經於靑橋[在明哲坊] 以接于馬塵橋[已見上]

## 남소동천

남소동 냇물은 동남쪽으로 흘러서 동쪽 성곽의 이간수문(二間水門)으로 나간다.

南小洞川水 則東南流 出于東城之二間水門

원문에서는 주자동천부터 남소동천까지 구분하지 않았고, 또 아래 서교의 무악천도 구분하지 않고 이어져 있다. 주자동천, 필동천, 묵사동천, 쌍리동천, 남소동천은 모두 남산에서 발원하기는 하지만 발원하는 골짜기가 다르기 때문에 항목을 구분하였다. 또 이들 하천은 개천 본류로 합하여 동대문 쪽 이간수문을 통해 동남쪽으로 흘러 나가지만, 아래 무악천은 안산에서 발원하여 용산 강쪽으로 흘러 나가는 것이므로 같은 물길 계통으로 볼 수가 없어, 항목을 구분하였다.

이 부분에는 송신영의 두주로 허균 친가인 건천동 일대에 정인지, 양성지, 유성룡, 이순신 등 여러 명인이 나왔다는『성소부부고』기록을 옮겨놓았다.(권24, 說部 3 惺翁識小錄下) 주자동 인근이 건천동이어서 관련 기록을 옮겨놓은 것으로 보인다.

## 서교의 무악천

서교의 무악 냇물[『문헌비고』에서는 갈초천(蔓草川)이 무악에서 나왔다고 하였다]은 석교(石橋)[서부 반송방에 있다]를 지나고 또 경고교(京庫橋)[돈의문 밖에 경기감영 앞에 있다], 신교(新橋)[소의문 밖에 있다], 이교(圯橋)[소의문 밖에 있다. 속칭으로 헌교(憲橋)라고 했다], 염초청교(焰硝廳橋)[숭례문 밖에 있다]를 지나서 또 주교(舟橋)[청파에 있다]를 지나 용산강(龍山江)에 이른다.

西郊之毋嶽川水[文獻備考云 蔓草川出毋嶽] 經石橋[在西部盤松坊] 又經京庫橋
[在敦義門外 畿營前] 新橋[在昭義門外] 圯橋[在昭義門外 俗名憲橋] 焰硝廳橋[在
崇禮門外] 又經舟橋[在靑坡] 以達于龍山江

## 종침교

종침교(琮沈橋)는 사직동에 있다. 민간에서는 성종대에 허종(許琮, 1434~1494)과 허침(許琛, 1444~1505)이 거짓으로 이 다리 아래에서 말에서 떨어져서 대궐에 나아가지 못해 화를 면했다고 하여 종침교라고 칭한다고 한다. 또 지금 북촌 재동 동구 앞 길바닥에 침교(沈橋)가 있는데, 흐르는 물 소리만 들리고 아래로 흘러서 다리는 보이지 않는다.

琮沈橋在社稷洞 世稱 成宗朝許琮許琛 佯墜馬於此橋下 不赴召以免禍 故稱 琮沈橋 又今北村齋洞洞口前路底 有沈橋 流水暗通有聲 而橋則不見

안설: 서울 풍속에 정월 보름날 밤마다 다리를 밟으며 달구경을 하면 다릿병을 그치게 한다고 하는데, 이는 곧 연경(燕京) 풍속인 주교(走橋)이다. 이 일은 우혁정(于奕正, 1597~1636)의 『제경경물략(帝京景物略)』에 보인다. 우리 동방은 다리 밟는 풍속이 중종 말년부터 시작되었다. 어숙권의 『패관잡기』에는 다음과 같이 나와 있다. "중종 말년부터 서울 사람들이 서로 전하기를 정월 대보름 밤에 열두 다리를 밟고 지나면 그해 열두 달의 재액을 없앨 수 있다고 하였다. 이에 부녀자들은 가마를 타고, 조금 천한 자들은 비갑(比甲)을 머리에 뒤집어쓰고 걸어서 다닌다. 일반 여자들이 서로 짝을 지어 모여서 밤을 틈타 다리밟기를 하는데 다 못 다닐까 봐 서두르니, 무뢰배가 추근대어 매우 추잡스러웠다. 그러므로 명종대에 사헌부 관원들이 잡아다가 치죄하여 부녀자들의 다리밟기 풍속은 마침내 단절되었으나 남자들은 논하지 않아서 아직도 무리를 이루어 다리밟기를 한다."

또 지금 전곶교(箭串橋: 살곶이다리)는 제반교이다. 『용재총화』에서 성종대에 어떤 승려가 다리를 만드는데, 많은 돌을 캐다가 썼으므로 상이 제반교라 이름 지었다고 한다. 또 동대문 밖 왕심평대교(枉尋坪大橋)는 영도교(永渡橋)라 하였는데 모두 어필로 정한 것이다.

살곶이[箭串] 냇물은 물고기가 많이 난다. 그러므로 『청파극담』에 다음과 같이 나와 있다. "권문순공(權文順公)이 일찍이 밤에 꿈을 꾸었는데, 한 늙은이가 엎드려 울며 '홍(洪) 재상이 우리들을 죽일 것이니, 상공께서 구해주십시오'라고 호소하였다. 권공이 '내가 어떻게 구할 수 있겠느냐?'라고 하니, 늙은이가 '홍 재상이 분명 상공과 같이 가려고 할 터이니, 상공께서 사양하시면 홍공도 가지 않으실 것입니다. 이것이 다시 살려주시는 은혜입니다'라고 하였다. 얼마 있다가 문 두드리는 소리를 듣고 깜짝 놀라 깨어났다. 문에 홍 영공이 오늘 살곶이에서 자라를 구워 먹으려고 하니 상공도 같이 가자고 하여 온 것이라고 하였다. 권공이 꿈속의 늙은이가 분명 자라일 것이라고 생각하여, 병이 있다고 거절하였다. 나중에 들으니 홍 재상도 역시 가지 않았다고 한다. 기이하도다."

서울의 유랑민은 광통교와 효경교에 움막을 지어놓고 있는데, 매해 섣달 추위에는 임금이 선전관을 보내어 살펴보며 휼문하고, 관련 부서로 하여금 미포를 지급하여 움막을 고쳐서 얼어 죽거나 굶어 죽지 않게 한다. 나라에서 널리 은택을 펼치니, '추위 후의 따뜻한 봄'이라 할 만하다.

안설: 『경도잡지』에 다음과 같이 나와 있다. "매 정월 보름 하루이틀 전에 수표교 냇가 위아래에 종이연 싸움을 보는 사람들이 담장 살처럼 늘어선다. 아이들이 틈을 봐 실을 맞대 끊어먹으니, 어떤 경우는 연이 떨어져 담장과 집을 넘어가기도 하여 많이들 놀란다. 대보름이 지난 후에는 또 연을 날리지 않는다. 아이들은 명주실로 거위 털을 묶어서 순풍에 날리면서 고고매(高高妹)라고 부르니, 몽골 말로 봉황이라는 뜻이다."

案京都風俗 每於上元夜 踏橋玩月 謂已脚病 此卽燕京風俗之走橋也 事見于奕正帝京景物略 而 我東則踏橋之風 始自中廟朝末年 魚叔權稗官雜記曰 自中廟朝末年 都中人相傳以爲 上元夕踏過十二橋 則消本年十二朔之災 於是婦女乘轎 稍賤者 以比甲蒙頭徒步以行 庶女則相聚曹耦 乘昏踏橋 如恐不及 無賴男子 成群追攝 事甚醜穢 故明宗朝 臺官拿捕治罪 婦女踏橋之風逐絕 而男子勿論 至今成群踏橋焉[止此]

又今箭串橋 卽濟盤橋也 惰齋叢話曰 成宗朝有僧 搆橋伐萬石 上命名濟磐橋 又搆東大門外杠尋坪大橋 名曰永渡橋 皆御筆所定也[止此]

箭串川水 多産魚族 故靑坡劇談曰 權文順公 嘗夜夢 一老翁俯伏泣訴曰 洪宰相將殲吾
族 願相公救之 權曰 余何以救之 老翁曰 洪宰相必欲與相公同行 苟相公辭之 洪公亦
不行 是再生之恩也 旣而有叩門聲 驚覺 門之則洪令公 今日欲燒鼈於箭串 請相公同之
以此來耳 權以爲夢中老翁必鼈也 辭以疾 後聞之 洪亦輟行矣 吁異哉[止此]

京城流丐之窨 築於廣通孝經橋 每年臘寒時 自上發遣宣傳官 看檢恤問 令該曹 給米布
修窨居 俾免其凍餓以死 朝家恩澤之廣 可謂寒後陽春也

又案京都雜志 每上元前一兩日 水標橋沿川上下 觀交紙鳶者 簇如堵墻 群童候斷搶絲
或追敗鳶 踰墻越屋 人多怖駭 過上元後 不復飛鳶 小兒用獨繭絲繫鵝毳 順風而颺之
號高高妹 蒙古語鳳凰也

존경각본에는 위 안설에서 『용재총화』를 인용한 ‘搆橋伐萬石’ 다음에
‘越大用作橋 橋跨三百餘步’ 구절이 있으나, 가람본과 고려대본은 빈칸
으로 비워져 있다. 『용재총화』 원문에는 ‘越大川作橋 橋跨三百餘步 安如
屋宇 行人如履平地’라고 되어 있으며 이후에도 몇 구절이 더 이어진다.
유본예는 기존 기록에서 인용할 때 그대로 옮기는 것이 아니라 발췌하
였기 때문에 이와 같은 생략이 특이한 것은 아니지만, 과도하게 생략하
여 맥락이 잘 이어지지 않는 경우가 종종 있다. 여기에서는 『용재총화』
원문에서처럼 행인들이 평지를 밟고 다니는 것 같았다는 문구가 있어
야 ‘제반교’라는 다리의 명칭을 이해할 수 있다. 살곶이다리는 이성계가
아들 태종 이방원을 못마땅히 여겨 화살을 쏘았다는 유명한 설화가 전
해지지만, 실제로는 세종대에 상왕으로 있던 태종이 풍양이궁을 다니기
편하게 하려고 건설한 것이다.(『세종실록』 권8, 세종 2년 5월 6일(계유))

이상의 교량 편목에서는 도성 안의 물길 흐름을 따라 여러 다리를 설명하였다.『승람』에는 도성 안 지천에 대한 설명이 없고 송첨교를 제외하고는 모두 개천(청계천) 본류에 있는 다리만 언급하고 있으며, 그 수도 총 17개밖에 안 된다. 이에 비해 여기에서는 개천 북쪽의 백악과 응봉 등에서 비롯하는 지천을 서쪽부터 동쪽으로, 상류에서 하류의 순서로 훑고, 다음으로 남산 자락의 지천을 서쪽부터 동쪽으로 설명하고, 마지막으로 인왕산과 무악에서 비롯한 지천과 동쪽 하류의 살곶이다리를 설명하였다. 속명과 다리 이름에 얽힌 속설도 간단하게 소개하고 있어서, 서울 사람인 유본예의 미시적 지식이 매우 잘 드러난다.

제일 첫머리의 백운동천에서는 개천 본류의 다리까지 함께 서술하고 있는데,『준천사실』에 따르면, 본류의 영풍교, 하량교, 수표교, 장통교 등은 24보가 넘었고 오간수문 직전, 즉 개천이 도성을 빠져나가기 전에

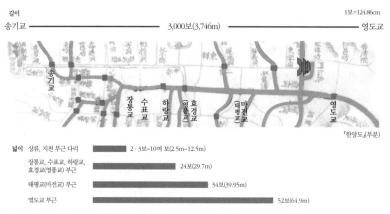

〈그림 39〉『준천사실』에 기록된 개천의 길이와 넓이(『준천, 영조와 백성을 잇다』, 청계천 박물관, 2017)

있는 태평교는 34보, 오간수문 밖 영도교는 너비가 52보라고 하였다. 이 외에 작은 개천 다리는 10여 보 내외였는데, 개중에는 2~3보 정도의 좁은 다리도 있었다.

각 냇물별로 본문에서 언급하는 다리를 정리하면 다음 표와 같다.

〈표 7〉 하천별 다리 목록

| 하천 | 다리 |
|---|---|
| 백운동천 | 자수궁교－금청교－송첨교－송기교－모전교－대광통교－장통교(장창교)－수표교－신교(하량교)－영풍교(효경교)－태평교(마전교)－오간수문－영도교－살곶이다리(제반교)－송파강 |
| 삼청동천 | 북창교－장원서교－장생전교－십자각교－중학교－혜정교－모전교 |
| 북영천 | 창덕궁 금천교－파자교－수표교－통운교－철물교－영풍교(효경교) |
| 옥류천수 | 창경궁 옥천교－황교(황참의교)－이교－태평교(마전교) |
| 흥덕동천 성균관 제수 | 향교－장경교－초교－오간수문<br>관기교－광례교－토교－장경교－초교－오간수문 |
| 창동천 | 수각교－전도감교－소광통교－곡교－장통교(장창교) |
| 남산동천 | 동현교－장통교 |
| 주자동천 | 주자교－하량교 |
| 필동천 | 필동교－생민동천－영풍교(효경교) |
| 묵사동천 | 무침교－청녕교－이교 |
| 쌍리동천 | 청교－마전교 |
| 남소동천 | 이간수문 |
| 무악천 | 석교－경고교－신교－이교(헌교)－염초청교－주교－용산강 |

# 15

# 고적(古跡)

## 장한성(長漢城)

장한성은 한강 상류에 있다. 『여지승람』에서는, 신라 때 중요한 진을 설치하였는데 나중에 고구려가 점거하니 신라 사람들이 군대를 일으켜 회복하고 장한성 노래를 지어 그 공을 기록했다고 하였다.

長漢城 在漢江上 輿地勝覽云 新羅時置重鎭 後爲高句麗所據 羅人擧兵復之 作長漢城歌 以記其功耳

## 대성낙영(大星落營)

대성낙영은 『여지승람』에 다음과 같이 나와 있다. "661년(용삭 1) 봄에 고구려와 말갈이 신라의 정예병이 모두 백제에 있어서 안이 비었으니 칠 만하다고 여기고선 군사를 일으켜 북한산성을 에워쌌다. 고구려가 그 서쪽에 진영을 치고 말갈은 그 동쪽에 주둔하였는데, 갑자기 큰 별이 적의 진영에 떨어지고 또 천둥 번개가 치자 적들이 의심하며 포위를 풀고 도망갔다."

大星落營 輿地勝覽云 龍朔元年春 高句麗靺鞨 謂新羅銳兵皆在百濟 內虛可擣 發兵圍北漢山城 高句麗營其西 靺鞨屯其東 忽有大星 落於賊營 又雷雨震擊 賊等疑 解圍而遁


### 신혈사(神穴寺)

신혈사는 삼각산에 있다. 『여지승람』에 다음과 같이 나와 있다. "고려 현종이 머리를 깎고 이 절에 거처하였는데, 천추태후가 여러 차례 사람을 보내 해치려고 하였다. 절에 있던 한 늙은 중이 방에 굴을 파서 그를 숨겨주었다. 하루는 왕이 우연히 시냇물이 흐르는 것을 보고 시를 짓기를, '한 줄기 시냇물 백운봉에서 나오니, 만 리 먼 바다에 길이 절로 통하네. 잔잔한 물길 바위 아래 있단 말을 마오. 얼마 안 가 용궁에 이른다네' 하였다."

神穴寺 在三角山 輿地勝覽云 高麗顯宗祝髮寓此寺 千秋太后屢遣人謀害 寺有老僧 穴地於室而匿之 一日王偶題溪水詩云 一朝流出白雲峯 萬里滄溟路自通 莫道潺湲岩下在 不多時日到龍宮


### 면악(面嶽)

면악은 『여지승람』에 다음과 같이 나와 있다. "1104년(고려 숙종 9)에 최사추, 윤관 등이 남경 땅을 살펴보고서 돌아와 '신들이 노원역, 해촌, 용산 등지에 가서 산수를 살펴보니 도읍을 세우기에 적합하지 않았으나, 오직 삼각산 면악의 남쪽만이 산형과 수세가 옛글에 부합합니다. 청컨대 주간의 중심에 임좌병향으로 형세에 따라 도읍을 건설하시고, 형세를 따라 동쪽으로는 대봉까지, 남쪽으로는 사리까지, 서쪽으로는 기봉까지, 북쪽으로는 면악을 경계로 삼으십시오'라고 하였다."

面嶽 輿地勝覽云 高麗肅宗九年 崔思諏尹瓘等 相南京之地 還奏云 臣等就盧原[91]驛海村龍山等處 審視山水 不合建都 唯三角山面嶽之南 山形水勢 符合古文 請於主幹中心 壬坐丙向 隨形建都 從形勢 東至大峯 南至沙里 西至岐峯 北至面嶽爲界

## 흥인사(興仁寺) 옛터

흥인사 옛터는 흥인문 안에 있다. 『조야집요』에서는 "흥인문에 흥인사 사리각 높이 5층짜리를 지었으니, 태조가 신덕왕후를 위하여 지은 것이다. 연산군 때 폐사되어 사복시가 되었다."라고 하였다.

興仁寺舊址在興仁門內 朝野輯要云 興仁門創興仁寺舍利閣高五層 乃太祖屑神德而創也 燕山時廢爲司僕寺

## 추흥정(秋興亭) 옛터

추흥정 옛터는 용산강에 있다. 『여지승람』에 이숭인(李崇仁, 1347~

---

91 원문에는 原盧로 되어 있으나, 내용상 盧原으로 바로잡는다.

1392)의 기문이 있다고 하였다.

秋興亭舊址在龍山江 輿地勝覽云 有李崇仁記


## 담담정(淡淡亭)

담당정은『여지승람』에서 옛터가 마포 북쪽 기슭에 있는데 영의정 신숙주의 별장이라고 하였다.

淡淡亭 輿地勝覽云 舊址在麻浦北岸 領議政申叔舟別野也


안설:『통기』에는 다음과 같이 나와 있다. "안평대군(安平大君) 이용(李瑢, 1418~1453)은 자가 청지(淸之)로, 남호(南湖)가에 담담정을 짓고 책 만 권을 수장하여 두고 문사들을 모아서 어떤 날은 등불을 켜고 밤새도록 대화를 나누고, 어떤 날은 달밤에 배를 띄웠다."

案通紀云 安平大君瑢 字淸之 南湖上 作淡淡亭 藏書萬卷 聚文士 或張燈夜話 或乘舟泛月


## 쌍계재(雙溪齋)

쌍계재는『여지승람』에서 터가 성균관 반수 동쪽에 있는데, 참판 김뉴(金紐, 1436~1490)의 옛집이라고 하였다. 강희맹의 부(賦)가 있다.

雙溪齋 輿地勝覽云 遺址在成均館泮水東 參判金紐[92]舊居 有姜希孟賦


---

92 원문에는 紉으로 되어 있으나, 내용상 紐로 바로잡는다.

## 정릉(貞陵) 옛터

정릉 옛터는 지금 서부 황화방에 있으니, 옛 이름이 정동이다. 정릉은 신덕왕후(神德王后) 강씨(康氏, ?~1396)의 능이다. 1397년(태조 6) 우리 태조가 왕후를 성안의 이 땅에 장사 지내라고 명하였다. 1409년(태종 9) 양주로 이장하였으니, 지금의 정릉이다.

貞陵舊墟 在今西部皇華坊 故名曰貞洞 貞陵 神德王后康氏陵也 洪武丁丑 我太祖命葬王后于城內此地 太宗九年 移窆于楊州 今貞陵

## 원각사(圓覺寺) 옛터

원각사 옛터는 중부 경행방에 있다. 지금은 석탑과 괴애(乖崖) 김수온(金守溫, 1410~1481)이 지은 비(碑)만 있다.

圓覺寺舊墟 在中部慶幸坊 今只有石塔與金乖崖守溫撰碑

안설: 이 절은 옛 이름이 흥복사(興福寺)이다. 태조 때 조계종 본사였다가 후에 없어져서 관청이 되었다. 1464년(세조 10) 개창하여 원각(圓覺)이라 이름 지었고 강희맹이 글씨를 썼다.

서거정의 『필원잡기』에 문안공 성임이 진서로 원각사비(圓覺寺碑)를 썼는데, 세조가 찬탄하였다고 하였다. 『태평한화(太平閒話)』에는 다음과 같이 나와 있다. "세조대에 김수온에게 비문을 지으라고 하고, 돌을 납부한 사람에게는 서령, 통찬 등의 관직을 제수하였는데, 최씨 성을 가진 자가 통찬을 얻으니, 사람들이 석통찬(石通贊)이라고 놀렸다. 김 아무개란 사람과 약혼하였는데, 김 아무개가 중매쟁이에게 '이 집안은 큰 흠이 있다'고 하니, 최씨가 이를 듣고 크게 화를 냈다. 김씨가 '그대가 성명을 바꾸니 청의(淸議)가 분분하다'고 말하니, 최씨가 크게 웃었다."

1512년(중종 7) 원각사를 없애고 그 마을을 연산군 때 집이 훼철된 사람들에게 나누어 주었다. 그 석탑은 모두 8면이고, 높이가 70길 정도 되며 14층인데, 탑 위에 조각된 불상이 매우 정교하다. 돌 처마 아래에는 각각 작은 돌로 편액이 있는데, 해서로 '다보회(多寶會)'니, '영산회(靈山會)'니 하는 등의 글자를 새겨놓았다. 탑 기둥 사방에는 용 모습을 새겨놓았다. 민간에 전하기를, 고려 때 원 공주가 중국 공인에게 탑을 만들게 했다고 한다. 임진왜란 때 왜노(倭奴)가 쇠갈고리로 탑 상층을 걸어서 넘어뜨려서 지금까지도 땅에 떨어져 있다. 그 탑 위에 조각된 그림을 자세히 살펴보면 완연하게도 이미 어떤 사람이 탑을 갈고리로 낚는 모습이어서, 사람들이 미리 알고 그림이 이러하다고 여기고 있으니, 매우 기이하지 않은가. 석비에는 귀부가 있는데, 지금 일반 집의 뒤뜰에 들어가 있어서, 보고 싶은 자는 그 집 주인에게 청하여야 들어가 볼 수 있다. 그런데 나올 때 지금 비석을 본 자에게 반드시 거북의 콧속에 담배를 넣으라고 하니, 비록 거북이 영험하다고 을러대는 듯하지만 실제로는 자기가 흡연하는 것이다.

또 이 탑을 살펴보건대 어떤 사람들은 당의 울지경덕(尉遲敬德)이 군대를 이끌고 고려를 정벌하러 왔을 때 세운 것이라고 하고, 어떤 사람들은 선인 정령위(丁零威)가 학을 타고 돌아와 노래를 지은 화표주(華表柱)라고 하는데, 이 두 설은 믿을 만하지 못하다. 그러나 고려 때 원 공주가 중국 공인들로 하여금 탑을 만들게 했다는 것은 진실로 믿을 만하다. 『해동제국기』에는 다음과 같이 나와 있다. "1466년(세조 12) 일본에서 사신을 보내어 상원사(上院寺)에서는 관음이 모습을 드러내고 원각사에서는 꽃비[雨花]와 사리의 이변이 있었음을 치하하였다."

案此寺 舊名興福寺 太祖時 爲曹溪宗本社 後廢爲公廨 世祖朝十年改創 號圓覺 姜希孟書

徐四佳筆苑雜記云 成文安公任 眞書圓覺寺碑 光陵佳嘆之 大平閒話曰 世祖朝命金守溫撰碑 納石者 授署令通等贊職 有姓崔者得通贊 人戲稱石通贊 與金某者約婚 金某謂媒者曰 是家有大釁咎 崔聞之大怒 金曰 君改姓名 淸議紛騰 崔大笑[止此]

中宗朝七年 廢圓覺寺 以其村分賜燕山時毁撤家人 其石塔凡八面 高七十仭 十四層 塔上所鐫佛像 甚奇巧 石簷底各有小石額 以楷書鐫多寶會 靈山會等字 塔柱四傍 皆刻龍

形 世傳 高麗時元公主 使中國工人造塔云 壬辰兵亂 倭奴鐵鉤鉤塔上層 踣之 至今落
在地上 而細觀其塔上鑴畫 宛然已有人以鉤鉤塔之狀 人以爲前定之畫如此 甚異哉 石
碑有龜趺 而今人於閭家後庭 故要觀者請其家主導入 而出來時 必令觀碑者 納煙艸于
龜鼻中 雖嚇以靈異 而實爲其吸煙也
又案此塔 或云 唐尉遲敬德 率師 伐高麗時所立 或曰 仙人丁零威 乘鶴歸來 作歌之華
表柱也 此兩說則未信 而高麗時元公主 使中國工人造塔云者 信實矣 諸國記云 世祖
十二年 日本遣使來賀言 上院寺有觀音現像 圓覺寺有雨花舍利之異

안설: 『여지승람』에 다음과 같이 나와 있다. "흥천사(興天寺)는 황화방에 있다. 정릉
이 있을 때 그 동쪽에 절을 지었는데, 선종 사찰이었다."『국조보감』에는 다음과 같
이 나와 있다. "1510년(중종 5) 중학 유생들이 이단을 물리쳐야 한다고 앞장서 외쳐
서 서울 안에 있는 정릉사(貞陵寺)를 불태웠다. 상이 처음에는 국문해서 치죄하라
고 하였다가 얼마 안 있다가 하교하기를, '조종 이래로 유생들을 우대해 왔으니 문
죄하지 말라'고 하였다."

안설: 『여지승람』에 다음과 같이 나와 있다. "흥덕사(興德寺)는 동부 연희방에 있으
니, 이것은 교종 사찰이었다. 내불당(內佛堂)은 인왕산에 있었으며, 인왕사(仁王寺)
는 인왕산에, 금강굴(金剛窟)은 인왕산사의 서쪽에 있었다. 복세암(福世菴)은 인왕
산에 있는데, 세조대에 창건하였다. 장의사(藏義寺)는 창의문 밖에 있는데, 신라와
백제가 황산벌에서 싸울 때 장춘랑(長春郎)과 나랑(罷郎)이 진에서 죽으니, 태종무
열왕이 두 사람을 위해서 이 절을 지었다. 연굴(演窟)은 소격동에 있다."

안설: 이상의 사찰들은 지금은 모두 없다. 우리 왕조에서 불교를 숭상하지 않기 때
문에 경성의 절 건물들이 모두 없어졌고, 또 금령이 있어서 승도도 감히 도성 안으
로 들어오지 못한다.

又案輿地勝覽云 興天寺在皇華坊 貞陵在時 建寺其東 是爲禪宗 國朝寶鑑曰 中宗五年
中學儒生等 倡言闢異端 燒貞陵寺之在京中者 上初命鞫治亡何 教曰自祖宗 優待儒生
其勿問

又輿地勝覽 興德寺在東部燕喜坊 是爲敎宗 內佛堂在仁王山 仁王寺在仁王山 金剛窟

在仁王山寺西 福世菴在仁王山 世祖朝創建 藏義寺在彰義門外 新羅與百濟 戰于黃山

之野 長春郎罷郎死于陣 太宗武烈王 爲二人創是寺

演窟在昭格洞

案已上寺刹 今并無之 而我朝不崇釋敎 故京城寺屋盡廢 而又有禁令 僧徒不敢入都城內

## 백운동(白雲洞)

백운동은 인왕산 기슭에 있다. 중추원부사 이염의(李念義, 1409~
1492)의 옛집이다. 김수온, 강희맹, 김종직의 시가 있다.

白雲洞 在仁王山麓 樞府李念義[93]舊居 有金守溫姜希孟金宗直詩

## 대은암(大隱岩), 만리뢰(萬里瀨)

대은암과 만리뢰는 모두 백악산 기슭에 있으니, 영의정 남곤의 집 뒤
이다. 읍취헌(挹翠軒) 박은(朴誾, 1479~1504)이 이름을 붙이고 지은 시가
있다.

大隱岩 萬里瀨 俱在白嶽山麓 卽領議政南袞舍後也 朴挹翠誾名之題詩

## 청학동(青鶴洞)

청학동은 목멱산에 있다. 옛날에 우의정 이행(李荇, 1478~1534)의 서
옥(書屋)이 있었다. 명의 당고(唐皐)가 지은 이행서옥시가 있고, 또 명의

---

93 원문에는 載로 되어 있으나, 내용상 義로 바로잡는다.

사도(史道)의 시가 있다.

靑鶴洞在木覓山 舊有右議政李荇書屋 大明唐皐有題李荇書屋詩 又有大明史

道詩

안설: 백운동 이하의 여러 곳은 『여지승람』에서는 모두 산천 편목 아래에 있었는데,

이제 고적으로 옮겨 붙였다.

案白雲洞以下諸處 輿地勝覽 俱在於山川下 而今移付於古跡


## 침류당(枕流堂)

침류당은 『여지승람』에서 한강 북안에 있으니 경력 이사준(李師準)의

별장이라고 하였다. 지금은 없어졌다.

枕流堂 輿地勝覽云 在漢江北岸 經歷李師準別野 而今廢


## 동악시단(東岳詩壇)

동악시단은 남산 아래 묵동에 있다. 옛날 동악(東岳) 이안눌(李安訥,

1571~1637)이 집 정원 기슭에 단을 쌓고 여러 문사와 부(賦)를 짓고 시

(詩)를 짓는 것이 매우 성하였다. 지금도 남은 터가 있어 사람들이 이를

일러 말하곤 한다. 이 단의 옆에는 홑꽃 홍매화나무가 있는데, 중국에

서 씨를 얻어온 것이다.

東岳詩壇在南山下墨洞 昔李東岳安訥 築壇于家園麓 與諸文士 賦詩甚盛 至

今遺墟 人皆稱道之 此壇傍 有單瓣紅梅樹 自中國得種者也

장한성부터 면악, 추흥정-쌍계재는『승람』의 고적조를 그대로 옮겼으나, 정릉 옛터 이하는 불우조, 백운동 이하는 산천조에서 가져온 것이다.(침류당은 누정조에서 가져왔다)『승람』편찬 당시만 해도 존재했던 사찰은 이 무렵에는 흔적만 남거나 사라진 경우가 많았기 때문에, 고적으로 편입된 것이다. 침류당 역시 터만 남았기에 고적으로 편입된 것을 이해할 수 있다. 그에 비해 백운동 이하는『한경지략』에도 산천편이 있기 때문에 그쪽에 수록해도 되지만 굳이 고적에 수록했으며, 그중 백운동, 대은암, 청학동은 각동 편목에 중첩 수록하였다. 동악시단 역시 묵사동 항목에서 서술하고 있어서, 백운동 이하 항목은 거의 각동 항목에서 재서술하고 있는 셈이다. 백운동, 대은암·만리뢰, 청학동은『승람』에서도 모두 신증으로 추록한 것이며, 다른 산천과는 달리 유명 인물의 집과 관련이 깊은 곳이었다. 이 중에서도 이행의 서재가 있던 청학동에 대해 읊었다는 명 사신의 시문은『승람』편찬에 참여한 이행 본인이 자작한 것이라는 혐의가 제기된 적도 있다.(『중종실록』권72, 중종 27년 1월 6일(을묘)) 그런 점에서 이들 항목은『승람』산천 편목의 다른 항목과는 또 구별되는 측면이 있다. 유본예는 이러한 점 때문인지, 이들 장소는 현재 남아있지 않으므로 고적으로 취급하면서 인물 내력과 관련 깊은 장소기도 하므로 각동에도 수록한 것으로 보인다.

장한성은 현재 아차산성을 가리키는 것이며, 고려 현종의 사적이 전하는 신혈사는 현재 북한산의 진관사이다. 담담정은 안평대군이 지은

정자로 이곳에서 많은 문인들과 교류하였는데,『승람』에서 신숙주의 별
장이라고 한 것으로 보아서는 안평대군이 숙청된 후 신숙주의 소유로
바뀐 것으로 보인다. 내불당은 원래 세종대 후반에 경복궁 후원에 건설
한 것이었으나, 건설 당시부터 풍수로 볼 때 경복궁 내맥을 손상시킨다
는 비판이 있었다. 인왕산 쪽으로 옮긴 시점은 분명치 않으나 성종대
초반 이전 논의가 있었던 것으로 보아, 이 무렵 이전된 것으로 보인다.

〈그림 40〉 정선, 「대은암」(국립중앙박물관 소장)

70대에 접어든 정선의 만년의 필치가 살아 있는 그림으로서,『장동팔경첩』에 수록되어 있다.

홍덕사는 연산군대에 폐사되었으며, 그 자리에 고종대에 북관왕묘가 들어서기도 하였다. 현재 서울과학고등학교 자리에 해당한다. 대은암은 큰 바위에, 만리뢰는 그 앞에 흐르는 시냇물에 붙인 이름으로 바위가 주인이 알아주는 바가 되지 못하니 대은이 되는 것이며, 시내는 만 리 밖에 있는 것 같다고 하여 만리뢰라고 이름 붙였다. 대은암 인근에 산 남곤, 청학동의 이행, 남산 기슭에 산 박은은 서로 친밀히 교유하며 시문을 주고받았는데, 이 장소들은 『승람』에 모두 수록되어 『한경지략』 저술 시대까지 그 이름을 남기게 되었다. 대은암과 만리뢰는 둘 다 현재 청와대 경내에 해당하며, 옛 모습은 정선의 그림으로 추측해 볼 수 있다.

이안눌이 시단 활동을 했던 동악시단은 현재 동국대학교 교내에 있었다. 이안눌은 12세에 재종부인 이필과 능성 구씨의 양자로 출계하였는데, 이를 계기로 양모의 외가인 능성 구씨의 집터인 이곳을 상속받았다. 이안눌의 현손인 이주진(1692~1749)대에 중수하였으나, 영조대 후반에 다시 상당히 쇠락하였으며, 『한경지략』 단계에서는 고적에 포함할 정도로 터만 남았음을 알 수 있다.

본문에서는 흥인사 옛터 항목을 서술하며 사리각을 흥인사의 전각이라고 하였는데, 다른 조선 후기 기록에서도 이처럼 사리각을 흥인사의 전각으로 오인하는 경우가 종종 있었다. 그러나 사리각은 흥천사의 전각으로서 신덕왕후 강씨의 능이 있던 정릉 동쪽(현 정동)에 있었고 조선 전기 명 사신들이 자주 방문할 정도로 도성 안 명물이었다. 태종대에 정릉을 옮긴 후에도 흥천사는 그대로 정릉에 남아 정릉사로 불리기도 하였고 연산군대에 사복시로 사용되기도 하였지만, 최종적으로 터만 남게 된 것은 1510년(중종 5)에 유생의 방화로 사리각이 소실되었기 때문이다. 이후 흥천사는 중수되지 못하였으며, 그 터는 도성민에게 분급되었다. 흥천사 사리각이 분명한 연혁과 위치를 고찰할 수 있는 것에 비해 본문에서 서술하고 있는 흥인문 안의 흥인사는 실재 여부가 확인되지 않는다.

원각사 탑은 경천사지 10층 석탑과 재료와 양식에서 매우 유사하여, 조선 후기에는 이 탑이 원 공주가 중국 공인을 동원하여 지은 것으로 추정하였다. 본문 안설에서 언급하고 있는 원각사 관련 『해동제국기』의 내용은 일본의 번마주(幡摩州: 지금의 효고현)편 등에 보이는데, 연도는 차이가 있다. 상원사에 관음보살이 현신한 것은 1462년(세조 8)이며(『세조실록』권29, 세조 8년 11월 5일(을미)), 원각사의 우화, 사리 등의 상서는 1465년(세조 11)의 일이다.(『세조실록』권36, 세조 11년 5월 6일(임자))

16

# 산천(山川)

### 삼각산(三角山)

삼각산은 『여지승람』에 다음과 같이 나와 있다. "양주 경계에 있는 데, 화산(華山)이라고도 하고 신라에서는 부아악(負兒岳)이라고 칭하였다. 평강의 분수령에서 이어져 첩첩이 겹친 봉우리가 솟았다 엎어졌다 하며 잇따라 가다가 서쪽으로는 양주에 이르고, 서남쪽으로는 도봉산이 되고 또 삼각산이 되니, 실로 경성의 진산이다. 고구려 동명왕의 아들인 비류와 온조가 남쪽으로 가다가 한산에 이르러 부아악에 올라 살만한 땅을 살펴보았으니, 바로 이 산이다."

三角山 輿地勝覽云 在楊州之境 一名華山 新羅稱負兒岳 自平康之分水嶺 連

峯疊嶂 起伏迤邐 而西至楊州 西南爲道峯 又爲三角山 實京城之鎭山也 高

句麗東明王之子沸流溫祚南行 至漢山 登負兒岳 相可居之地 卽此山也

안설: 고려 때에 삼각산이 여러 차례 무너져서 돌 봉우리를 깎아내고 뽑아냈다. 세 봉우리가 각각 이름이 있는데, 백운대(白雲臺)가 가장 높고 오르기 힘들고, 또 하나는 국망봉(國望峰), 또 하나는 인수봉(仁壽峰)이다. 내가 어렸을 때 이 산 아래 절에서 책을 읽으며 시를 지은 것이 있다.

> 세 봉우리 바위가 눈썹 먹으로 그린 듯 높고 높으니 三峯石黛秀崔嵬
>
> 경성을 둘러싼 아름다운 기를 끌어오는구나 引遠京城佳氣來
>
> 시냇가 집에서는 침침하여 불을 켜려고 하는데 澗戸沈沈燈欲上
>
> 석양은 아직도 백운대에 있도다 夕陽猶在白雲臺

라 하였으니, 대개 그 봉우리가 매우 높다는 것을 말한 것이다.

案高麗時 三角山屢崩 故石峯戌削而拔出 三峯各有名曰白雲臺 最高難登 一曰國望 一曰仁壽 余於少時 讀書此山下僧寺 有詩曰 三峯石黛秀崔嵬 引遠京城佳氣來 澗戸沈沈燈欲上 夕陽猶在白雲臺 蓋言其極高也


## 백악(白嶽)

백악은 도성 북쪽의 평지에 우뚝 솟아 있다. 경복궁이 그 아래에 있다. 경성을 둘러싸고 있는 여러 산 중에서 이 산이 북쪽에서 우뚝 빼어나니, 국초에 궁궐을 지을 때 이것을 진산으로 삼은 것이 당연하다.

白嶽 在都城北 平地秀拔 景福宮在其下 環京城諸山中 此山兀然北秀 國初建闕 以此爲鎭 宜矣


## 인왕산(仁王山)

인왕산은 백악산 서쪽에 있다. 산꼭대기 험한 곳까지 도성을 이어서 쌓았는데, 곡성이라고 한다.

仁王山 在白嶽山西 都城接築於山巓絕險處 謂之曲城

## 타락산(駝駱山)

타락산은 도성 동쪽에 있다. 평평하면서도 구불구불하여 아주 높은 봉우리는 없다. 산 아래 인가가 동촌이다.

駝駱山 在都城東 平遠迤邐 無甚高峯 而山下人家東村

## 무악(毋嶽)

무악은 도성 서쪽에 있는데, 또 안현(鞍峴)이라고도 한다. 봉수가 있는데, 동봉수는 서쪽으로 고양군 소질달산(所叱達山)에 응하고 남쪽으로는 목멱산 제3봉에 응하고, 서봉수는 고양 봉현(蜂峴)에 응하고, 남쪽으로 목멱산 제4봉에 응한다.

毋嶽 在都城西 而又名鞍峴 有烽燧 東烽西應高陽郡所叱達山 南應木覓山第三峯 西[烽]⁹⁴應高陽蜂峴 南應木覓山第四烽

안설: 안현은 1624년(인조 2) 이괄(李适, 1587~1624)의 난 때 금남군(錦南君) 정충신(鄭忠信, 1576~1636)이 전승을 거둔 곳이다. 저녁 봉화가 일찍 켜지면 남산에서 응하여 불을 피운다.
안설: 『지봉유설』에 다음과 같이 나와 있다. "민간에서는 한도의 부아암(負兒岩)이 내치는 모습이어서, 산을 모악(母岳)이라고 이름 짓고 남쪽을 벌아령(伐兒嶺)이라고

---

94 원문에는 烽이 없으나, 내용상 烽을 추가하여 바로잡는다.

하였으니, 대개 그것을 떠나지 못하게 막으려고 한 것이다. 서쪽은 병시현(餠市峴)이라고 하였으니, 떡으로 유인하여 머무르게 하려는 것이라고 한다. 이름을 지은 것이 모두 깊은 뜻이 있다. 동구를 병문(餠門)이라고 칭한 것도 이 뜻에서 비롯된 것이다."

案鞍峴 仁廟朝甲子适變 鄭錦南戰勝處也 夕烽早燃 則南山應燃
又案芝峯類說云 俗謂漢都負兒岩 有出去之狀 故山以母[95]岳名 而南曰伐兒嶺 蓋欲其
遮截 而使不得去也 西曰餠市峴 蓋以餠餌 誘而留之也 命名者 有深意焉 洞口之稱以
餠門 亦此意也

❀

원문에서는 인왕산부터 무악까지 안 끊어지고 연결되어 있으나 내용이 달라지므로 여기서는 구분하였다. 무악의 봉수대 설명은 원문에서 글자 하나가 빠져 봉수 관련 내용이 잘 연결되지 않았다. 무악에는 원래 동봉수대와 서봉수대가 있었다. 동봉수는 평안·황해도의 내륙지역에서 오는 봉수로서 목멱산 제3봉수대로 연결되었으며, 서봉수는 평안·황해도의 해안에서 오는 봉수로서 목멱산 제4봉수대로 연결되었다.

### 사현(沙峴)

사현은 모화관 서북쪽에 있다. 동월의 「조선부」에 다음과 같이 나와 있다. "이것이 천 길의 형세를 연이어 가니, 어찌 천 명의 군대를 억누

---

95 원문에는 毌로 되어 있으나, 내용상 母로 바로잡는다.

르기만 하겠는가. 서쪽으로 한 관문의 길을 보니 말 한 필 정도나 겨우 지나갈 만하구나."라고 하고, 주석에서 "홍제원에서 동쪽으로 반 리를 가지 않아서 하늘이 만든 관문이 하나 있는데, 북으로는 삼각산에 접하고 남으로는 남산에 접하면서 가운데로 말 한 필만 통할 만하니 험하기가 더할 나위가 없었다"고 하였다. 이 고개는 두 산 사이에 있어서 매우 험준한데, 서로(西路)로 가는 자는 이 고개를 넘지 않을 수가 없다. 중국 사람들이 보고 칭한 것이 바로 이와 같다.

沙峴 在慕華館西北 董越朝鮮賦云 此聯千仞勢 豈止壓千軍 西望一關路 止可容一騎 註云 自弘濟東行不半里 天造一關 北接三角 南接南山 中通一騎 險莫加焉[止此] 此峴在兩山間 甚險峻 而往西路者 無不踰此峴 中國人見而稱之 乃如是矣

## 녹반현(綠礬峴)

녹반현은 사현의 북쪽에 있다. 이 고개의 석벽에서 지금 천연 구리가 나온다. 캐는 사람들이 쇠 정으로 석벽을 찍으면 돌 틈에서 은 싸라기 같은 물건이 나오는데 푸른빛이 돌아서 아픈 사람들이 이걸 먹으면 신기한 효과가 있었다. 먹는 법은 미음과 함께 생으로 가루를 삼키고 삼킬 때 반드시 속으로 병이 낫기를 기도하면 되는데 이렇게 하면 효험이 있다고 한다. 이 약은 뼈가 부러진 데 잘 들었는데, 지금은 다른 병에도 든다고 하니 이 역시 기이한 일이다.

綠礬峴 在沙峴北 此峴石壁 今産自然銅 採者以鐵錐斸壁 則石間有物如銀粒 靑瑩有光 病人服之神效 其服法 以米飮 生吞其屑 而吞時必默禱其病療 則有

效云 此藥宜於折骨 而今宜於他病 亦是異事也

## 목멱산(木覓山)

목멱산은 곧 도성의 남산이다. 원이름은 인경산(引慶山)인데, 민간에서는 남산이라고 한다. 달리는 말이 안장을 벗은 형상과 같다. 산꼭대기에 봉수를 두었는데, 동쪽에서부터 서쪽까지 모두 5대가 있다. 동제1봉수는 함경도와 강원도에서 양주 아차산 봉수에 오는 것을 받고, 제2봉수는 경상도에서 광주(廣州) 천림산 봉수에 오는 것을 받고, 제3봉수는 평안도에서 육로로 무악 동봉에 오는 것을 받고, 제4봉수는 평안도와 황해도 양 도에서 해로로 무악 서봉에 오는 것을 받고, 제5봉수는 충청도와 전라도 양 도에서 양천 개화산 봉수에 오는 것을 받는다. ○남산의 서쪽 봉우리에 암석이 깎아지른 곳을 잠두봉이라고 하는데, 올라가서 조망하기에 가장 좋다.

木覓山 卽都城南山 本名引慶山 世稱南山 如奔馬脫鞍形也 山巓置烽燧 自東至西凡五炬 東第一準咸鏡江原兩道來楊州峨嵯山烽 第二準慶尙道來廣州天臨山烽 第三準平安道陸路來毋嶽東烽 第四準平安黃海兩道海路來毋嶽西烽 第五準忠淸全羅兩道來陽川開花山烽 ○南山之西峯 岩石斗截處 謂之鸞頭 最宜登眺

안설: 남산 기슭의 주자동 끄트머리에 평평한 풀밭이 있으니, 영문의 군졸들이 기예를 연습하는 곳이어서 예장(藝場)이라고 한다. 속칭으로 왜장(倭場)이라고 하는 것은 틀린 말이다.

안설: 남산 아래 삼아동(三丫洞)에 소호천(小壺天)이라고 새겨진 돌이 있는데, 이 동이

깊어서 병 속 같기 때문이다. 또 약천(藥泉)이 있어서 사람들이 많이들 놀러 간다.

『경도잡지』에 다음과 같이 나와 있다. "서울의 젊은이들은 단양절(端陽節: 단오절)이면 남산 기슭에 모여 함께 씨름을 많이 한다. 그 하는 법은 다음과 같다. 두 사람이 마주 보고 무릎을 꿇고 앉아서 각각 오른손으로 상대편의 허리를 잡고, 또 왼손으로는 상대편의 오른 다리를 잡아 동시에 일어나서 서로 넘어뜨린다. 내구(內句: 안다리 걸기), 외구(外句: 밭다리 걸기), 윤기(輪起: 들배지기) 등의 여러 수가 있다. 중국 사람들이 이를 배워 고려기(高麗技)라고도 하고 요교(撩跤)라고도 한다.

案南山麓鑄字洞地盡頭 有平衍紗莎場 卽營門軍卒 習技藝處 謂之藝場 而俗稱爲倭場者非也

又案南山下三丫洞 有石刻曰小壺天 此洞深如壺中 而又有藥泉 人多往遊焉

京都雜志曰 都下年少 端陽節會于南山麓 與之角力 其法兩人對跪 各用右手 拏對者之腰 又各用左手 拏對者之右股 一時起立 互舉而抃之 有內句外句輪起諸勢 中國人效之號爲高麗技 又曰撩跤

## 설마현(雪馬峴)

설마현은 둘이 있는데, 목멱산 남쪽에 있는 것이 대설마, 산의 동쪽에 있는 것을 소설마라고 한다.

雪馬峴 有二 在木覓山南曰大雪馬 在山之東曰小雪馬

## 가산(假山)

가산은 도성 수구 안의 훈련원 동북쪽에 있다. 하나는 물 남쪽에 있고 하나는 물 북쪽에 있는데, 흙을 쌓아 산을 만들어 지기(地氣)를 축적한다.

假山 在都城水口內訓鍊院東北 一在水南 一在水北 築土爲山 以畜地氣

### 잠두봉(蠶頭峯)

잠두봉은 속칭 가을두(加乙頭)라고도 하고 또 용두봉(龍頭峯)이라고
도 한다. 『명일통지(明一統志)』에서는 용산이라고 칭하였는데, 양화나루
동쪽 언덕이 이것이다. 명의 조사 장근(張瑾)과 기순(祁順)의 시와 우리
나라의 사숙재 강희맹, 사가정 서거정, 점필재 김종직, 읍취헌 박은, 지
정 남곤의 여러 시가 있다.

> 蠶頭峯 俗呼加乙頭 又名龍頭峯 明一統志稱龍山 在楊花渡東岸是也 有皇明
> 詔使張瑾祁[96]順詩 及我朝姜希孟[私淑齋] 徐四佳居正 金佔畢齋宗直 朴挹翠
> 軒誾 南袞[止亭]諸詩

### 와우산(臥牛山)

와우산은 서강에 있다. 모양이 누운 소와 같다. 지금 광흥창이 그 옆
에 있다.

> 臥牛山 在西江 形如臥牛 今之廣興倉在其傍

### 전곶평(箭串坪: 살곶이벌)

살곶이벌은 『여지승람』에 다음과 같이 나와 있다. "우리나라의 동교
로 그 땅이 평평하고 넓고 수초가 매우 풍요로워, 주변을 둘러막아 나
라 말을 키운다. 면적이 34리이다."

---

96 원문에는 邢으로 되어 있으나, 내용상 祁로 바로잡는다.

箭串坪 輿地勝覽云 卽國之東郊 其地平廣 水草甚饒 繞以周陑 牧養國馬 廣

袤三十四里

안설: 국초에 이 땅에 말을 키우면서 처음에는 목책을 설치하였는데, 나중에 석책

을 설치하였다.

『청강쇄어』에는 다음과 같이 나와 있다. "살곶이 목책은 경기의 여러 읍에 돌아

가며 분정하여 민결(民結)을 가지고 만들어 설치하게 하였는데, 해마다 수리를 하

니 폐단이 너무 심하여 해낼 수가 없었다. 성안공 상진이 사복시제조가 되었을 때,

포를 내어 일꾼을 모집하여 돌로 쌓고, 물길이 있어 못 쌓는 곳에는 쇠줄로 여닫게

하여 그 폐단이 마침내 없어졌다. 이때가 바로 1555년(명종 10)이다."

정조대에 배봉진별장을 이곳에 두었는데, 지금 임금(순조) 초년에 장용영을 혁파

하고 얼마 있다가 배봉진도 혁파하면서, 목장을 다시 설치하고 배봉감목관을 두었

다. 그 석책이 아직도 남아 있다.

案國初此地牧馬 初設木柵 後設石柵

淸江瑣語云 箭串木柵 輸定於畿邑 以民結造排 逐年修改 弊甚不貲 尚成安公震爲司僕提

調 償布募役 築之以石 當川流未築處 則設鐵索開閉 其弊遂絶 時乃明宗朝十年也[止此]

正宗朝置拜峯鎭別將於此地 及至當宁朝初年 罷壯勇營 後尋廢拜峯鎭 復設牧場 置拜

峯監牧官 其石柵今尚存

## 개천(開川)

개천은『여지승람』에서 백악, 인왕, 목멱산의 여러 물이 합하여 동쪽

으로 흐르면서 도성 안을 가로질러서 세 곳의 수구로 나가 중량포로 들

어간다고 하였다.

開川 輿地勝覽云 白岳仁王木覓山諸水 合而東流 橫貫都城中 出三水口 而入

于中梁浦

안설: 우리나라의 강물은 모두 서쪽으로 흘러서 바다로 들어가는데, 경성의 개천은 동쪽으로 흐르니, 물의 형세가 그 바름을 얻은 것이라고 할 수 있다. 개성의 냇물도 개천이라고 하는데, 아마도 그 이름이 (한양으로) 옮겨온 듯하다. 근래 1833년(순조 33) 3월에 백성을 모집해서 경성의 시내와 도랑을 준천하였는데, 가장 깊이 준천한 데서 비로소 오른쪽에 지평(地平) 표시를 드러냈으니, 바로 두 번 지난 경진년 (1760년, 영조 36)의 표시 새김이다.

案我國江水 皆西流入海 而京城之開川則東流 故水勢得其正云 松京之川水 亦名開川
則似是移其名耳 近於癸巳三月 募民 濬京城川渠 最爲深濬 始露地平標右 則乃是二去
庚辰年標刻也

❀

영조대에는 1760년(영조 36, 경진준천) 개천을 준천하여, 영도교에서 송기교까지 13구간으로 나누어 토사물을 걷어내고 광통교와 오간수문 등 개천에 있던 다리와 창의문 안에 있던 양쪽 다리, 정릉동, 다방동 등의 작은 다리를 보수하였다. 또 1773년(영조 49)에는 개천 양쪽 기슭의 둑을 돌로 보수하였다. 준천 당시 기록을 보면 개천 상류의 폭은 좁은 곳은 2.5m, 넓은 곳은 12.5m 정도였으며 장통교 인근은 29.7m, 하류인 영도교 부근은 64.9m 정도로서, 총 길이는 3.7km 정도였다.

1833년(순조 33)에도 2월부터 4월까지 송기교에서 영도교까지 준천을 행하여 영조 때 새긴 경진지평 표시를 드러냈다. 1773년 역시 계사년이어서 순조 때의 준천과 혼동되는 경우가 종종 있는데, 영조 때 계사년의 준천은 개천 양안의 둑을 보수하는 것이었으며, 순조 때 계사년의 준천이 경진년 준천 기준선까지 토사를 파낸 것이었다. 이때 상당한 물

력을 동원하였으며, 광통교 교각과 수표석에 '계사갱준(癸巳更濬)'이라고
새겨 넣었다. 현재 세종대왕기념관에 전시되어 있는 수표석의 하단에
계사갱준이 새겨져 있다.

## 한강(漢江)

한강은 『여지승람』에 다음과 같이 나와 있다. "목멱산 남쪽에 있는
데, 옛날에는 한산하(漢山河)라고 칭했다. 신라 때 북독(北瀆)으로 중사
(中祀)에 실려 있었으며, 고려 때에는 사평도라고 하였고 속칭으로는 사
리진이라고 하였다. 그 근원은 강릉부 오대산에서 나와서 충주 서북쪽
에서 달천(達川)과 합해지고, 원주 서쪽에서 안창수(安昌水)와 합해져 양
근 서쪽에 이르러 용진과 합해졌다가 광주(廣州) 경계에 이르러 도미진,
광진, 삼전도, 두모포가 되고, 경성 남쪽에 이르러 한강도가 되고 여기
서부터 서쪽으로 흘러 노량, 용산강이 된다. 또 서쪽으로 서강이 되고
금천의 북쪽에 이르러 양화도가 되고 양천의 북쪽에서 공암진이 되며
교하 서쪽에 이르러 임진강과 만나서 통진 북쪽에 이르러 조강(祖江)이
되어 바다로 들어간다."

漢江 輿地勝覽云 在木覓山南 古稱漢山河 新羅時爲北瀆 載中祀 高麗稱沙平
渡 俗呼沙里津 其源出自江陵府五臺山 至忠州西北與達川合 至原州西與安
昌水合 至楊根西與龍津合 至廣州界爲度迷津 爲廣津 爲三田渡 爲豆毛浦 至
京城南 爲漢江渡 自此而西流爲露梁 爲龍山江 又西爲西江 至衿川北 爲楊花
渡 陽川北爲孔岩津 至交河西 與臨津合 至通津北 爲祖江 入于海

안설: 『사군지』에 다음과 같이 나와 있다. "한강은 그 근원이 셋이 있다. 하나는 강원도 강릉부 오대산의 우통이요, 하나는 회양부 금강산의 만폭동이요, 하나는 충청도 보은현 속리산의 문장대이다. 오대산에서 나오는 것은 남쪽으로 흘러서 정선군 영월부에 이르러 충청도 영춘현 경계로 들어갔다가 서쪽으로 흘러서 충주에 이른다. 속리산에서 나오는 것은 괴산과 연풍 두 현의 사이를 따라서 남쪽으로부터 와서 모여서 서북쪽으로 흘러서 경기 여주의 경계로 들어가서 양근군에 이른다. 금강산에서 나오는 것은 남쪽으로 흘러서 양구현 춘천부를 지나 경기 가평군 경계에 와서 모여 여기서부터 서남쪽으로 광주 경계에서 서북으로 흘러 경도의 남쪽을 둘러싼다. 또 서북쪽으로 흘러 통진부 북쪽 교하군 남쪽에서 임진강이 북쪽에서부터 와서 합류하여 풍덕부에 이르러 서쪽으로 바다로 들어간다."

『한서(漢書)』의 주석에서는 탄렬현(呑列縣)[살펴보건대 지금의 정선군]은 분려산(分黎山)의 열수(列水)가 나뉘어 나오는 곳으로 서쪽으로 점제(黏蟬)[음은 제이다. 살펴보건대 지금의 풍덕부이다]에 이르러 바다로 들어가는데, 820리를 간다고 하였다. 그렇다면 우리나라 큰 강 중에 오직 한강만이 삼수가 합하여 그 물이 끊기지 않고 흐르며 구불구불 꺾여 800리를 가는 것이니, 이것이 열수가 아니면 무엇이겠는가?

또 『산해경』에서 맥국(貊國)은 한수 동북에 있다고 하였고, 또 조선은 열양(列陽)에 있다고 하면서 주석에 '열(列)'은 물의 이름이라고 하였다. 열수는 옛날부터 한수라고도 칭했다. 『사기색은』에서는 조선에 열수(洌水)가 있다고 하였는데, 열(列)은 열(洌)로도 쓴다.

안설: 삼남의 조운선은 해로로 조강에 이르러서 한강까지 오는데, 오직 충청도 좌수참의 조운선만이 여섯 읍[충주, 음성, 진천, 연풍, 청안, 괴산]의 세곡을 싣고 충주 달천으로부터 경강에 이른다. 고려 이규보(李奎報, 1168~1241)의 「조강축일조석시(祖江逐日潮汐詩)」에서

세 토끼와 세 용의 물 三兎三龍水

세 마리의 뱀과 한 마리의 말 때 三蛇一馬時

양은 셋이요, 원숭이도 둘이로다 羊三猿亦二

달빛이 없어지면 다시 이와 같다 月黑復如斯

라고 하였으니, 조강 근처는 모두 이때를 어기지 않는다고 한다.

謹案 四郡志曰 漢江其源有三 其一出江原道江陵府五臺山之于筒 其一出淮陽府金剛山之萬瀑洞 其一出忠淸道報恩縣俗離山之文藏臺 其出于五臺山者 南流 過旌善郡寧越府 入忠淸道永春縣界 西流至忠州 其出于俗離山者 從槐山延豐二縣之間 自南來會 西北流 入京畿驪州界 至楊根郡 其出于金剛山者 南流 過楊口縣春川府 入京畿加平郡界來會 自此西南 從廣州界西北 繞京都之南 又西北流通津府北交河郡南 臨津江自北來會合流 至豐德府 西入于海

漢書註曰 呑列縣[案今旌善郡] 分黎山列水所出 西至黏蟬[音提 案今豐德府] 入海 行八百二十里云 則我國大水 唯有漢江 以三水合成 其源委曲折 可八百里者 非列水而何 又山海經云 貊國在漢水東北 又曰 朝鮮在列陽 註云 列水名 列水自古或稱漢水也 史記索隱 朝鮮有洌水云 則列亦作洌

又案 三南漕船 由海路 至祖江 以達于漢江 而唯湖西左水站漕船 載六邑[忠州陰城鎭川延豐淸安槐山]稅穀 自忠州達川 以達于京江 高麗李奎報 祖江逐日潮汐詩曰 三兔三龍水 三蛇一馬時 羊三猿亦二 月黑復如斯 祖江近處 皆不違此時云

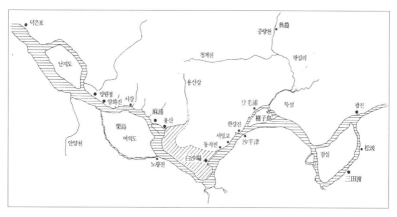

〈그림 41〉 조선 후기 경강의 상업 중심지(『경강』, 서울역사박물관, 2018)

〈그림 42〉 「동국여도」 중 경강부임진도(서울대학교 규장각한국학연구원 소장)

✤

　지금은 한강을 서울을 관통하여 흐르는 강 전체를 지칭하는 말로 사용하지만, 조선 시기 한강은 현재의 한남대교 부근에서 노량진까지를 의미하는 것이었으며, 전체는 경강(京江)이라고 일컬었다. 18세기 이전엔 크게 서강, 용산강, 한강의 세 구역으로 구분하였는데, 19세기 전반에는 12강이라 할 정도로 세분하여 지칭하곤 하였다. 이는 경강 일대의 상업 중심지가 점차 확대된 결과였다.(고동환, 『경강』, 72~74쪽) 조선 시기 한강의 두모포는 한강 상류에서 내려오는 각종 물자를 집하하던 곳이었으며, 두모포 아래 한강나루는 맞은편의 사평나루를 거쳐 삼남 지역으로 드나드는 중요한 통로였다.

　본문에서는 『한서』 지리지와 『산해경』의 주석을 통해 열수를 한강에 비정하였는데, 800리나 되고 삼수가 합하는 물길이 한강밖에 없다는 것을 근거로 열수를 한강에 비정한 논리와 도서의 인용은 『해동역사』에도 거의 동일하게 되어 있다. 저자인 한치윤 가문은 유본예 가문과 인척 관계를 맺고 있어서 이들이 이런 지식을 공유하였음을 잘 볼 수 있다.(『해동역사』 속집 권14, 지리고 14 산수 2)

본문에 인용한 조강의 밀물과 썰물에 대한 시는 이규보의 것으로 기록되어 있지만, 그 근거는 분명치 않다. 그의 문집에 전하는 시가 아니며 제목도 기록에 따라 조금씩 다르게 나타나는데, 이 무렵엔 이규보의 시로 전해졌던 것으로 보인다. 『만기요람』이나 『임하필기』, 『오주연문장전산고』에 이 시가 보인다. 다만 『만기요람』에서는 이 시의 저자에 대해서는 언급하고 있지 않다.

시의 내용은 물이 드나드는 때를 12지지의 동물로 비유해서 나타낸 것이다. 『임하필기』의 풀이에 따르면, '세 토끼와 세 용의 물'은 밀물이 제일 높게 들었을 때를 의미하는 것으로서, 매달 1일의 묘시 초, 2일의 묘시 중간, 3일의 묘시 말과 4일의 진시 초, 5일의 진시 중간, 6일의 진시 말을 의미하는 것이다. 그다음 '세 마리의 뱀과 한 마리의 말'은 7일의 사시 초, 8일의 사시 중간, 9일의 사시 말, 10일의 오시 중간을 의미한다. 그다음 '양은 셋이요, 원숭이도 둘'은 11일의 미시 초, 12일의 미시 중간, 13일의 미시 말과 14일의 신시 상반과 15일의 신시 하반을 의미한다. 달빛이 없어지는 월초와 월말이 지나면 다시 이와 같은 패턴으로 돌아간다는 뜻이다.(『임하필기』 권13, 문헌지장편 潮汐) 이 시에서는 이렇게 밀물이 높이 들어오는 때만 간단하게 언급하였는데, 이를 통해 자연스럽게 썰물의 때도 미루어 짐작할 수 있게 하였다.

## 중량포(中梁浦)

중량포는 도성 동쪽 15리에 있다. 양주에서부터 남쪽으로 흘러 한강으로 들어간다.

中梁浦 在都城東十五里 自楊州南流 入漢江


## 입석포(立石浦)

입석포는 두모포 상류에 있다.

立石浦 在豆毛浦上流


## 도요연(桃夭淵)

도요연은 전곶평(箭串坪, 살곶이벌)에 있다.

桃夭淵 在箭串坪


## 두모포(豆毛浦)

두모포는 도성 동남쪽 10리쯤에 있으니, 한강의 상류이다.

豆毛浦 在都城東南十里許 卽漢江上流也


안설: 『패관잡기』에 다음과 같이 나와 있다. "윤원형(?~1565)의 첩인 난정(蘭貞)이 밥 여러 섬을 지어서 말에 싣고 두모포 등에 가서 물고기 보시를 하기를 매해 두세 번씩 하기에 이르렀다. 소문을 들은 사람들이 '백성들이 먹을 것을 빼앗아 물고기한테 보시하니 이쪽을 빼앗아 저쪽에 주는 것이 송장을 까마귀나 솔개로부터 빼앗아 땅강아지나 개미에게 주는 것보다 심하지 않은가'라고 하였다. 1565년(명종 20) 두모포의 어부가 커다란 하얀 물고기 두 마리를 얻었는데, 그 크기가 배만 하였다. 조정

에 고기를 바치니 모두 크기가 특이하게 변한 것이라고 여겼다. 성균관의 어떤 상
사생이 놀리기를 '저렇게 큰 물건이 스스로 먹지 못하고 상공의 보시를 탐내어 바
다 멀리서부터 와서는 마침내 사람에게 잡히게 되었으니 불쌍하도다'라고 하였다."

案稗官雜記云 尹[元][97]衡妾蘭貞 炊飯數斛 駄馬 往豆毛浦等處 爲魚施 每年至二三度
聞者以爲奪民食 施江魚 奪此與彼之偏 不亦甚於烏鳶蝼蟻之間乎 嘉靖乙丑 豆毛浦漁
人 得二白大魚 其大如船 獻之於朝 咸以爲變異之大 成均館有一上舍生 戱曰彼以大形
之物 不能自食 貪相公之施 自海遠來 竟爲人之獲 可憐也

원문에는 이 부분에 두주로 "어부슴 조밥을 강에 던져 고기 먹임"이
라고 한글로 달려 있다. 어부슴은 어부식(魚鳧食), 어부시(魚鳧施) 등으로
불리는데, 정월 대보름에 액막이를 위해 깨끗한 종이에 밥을 싸서 물에
던져 넣는 풍속을 말한다.

두모포는 한강과 중랑천, 두 물이 만나는 곳으로 두물개, 두뭇개 등
으로 불렸으며, 동호(東湖)라고 칭해지기도 하였다. 보물 제867호로 지
정된 「독서당계회도」(서울대학교 박물관 소장)는 이이, 정철, 유성룡 등이 독
서당에서 계회한 것을 기념하여 그린 그림인데, 여기에 두모포에 있던
동호 독서당의 모습이 그려져 있다.

---

97 원문에는 元이 없으나, 내용상 元을 추가하여 바로잡는다.

## 노량(露梁)

노량은 도성 남쪽 10리에 있다. 강을 건너면 과천현 경계이다. 정조대에 강을 건너 행행할 때 이 나루에 주교를 설치하여 수상참(水上站)의 큰 배들을 모아서 강물을 가로지르게 두고서 위에 긴 나무판을 늘어놓고, 좌우에는 난간을 설치하여 깃발들을 줄지어 꽂아놓았다. 또 양쪽 나루 머리에는 홍살문을 세워서 주사대장(舟師大將)이 깃발과 북으로 영접하여 강을 건넜다. 남쪽 언덕에는 용양봉저정(龍驤鳳翥亭)이 있는데, 정조대에 세운 것이다. 화성에 행행할 때면 주교를 건넌 후에 이 정자에 잠시 머물렀다. 또 경영문(京營門)의 습조장(習操場)이 노량 북쪽 나루 머리에 있는데, 지금 깃발을 올린 깃대를 세운 곳이 이곳이다. 교장에 1,200보가 되는 사표가 있다.

露梁 在都城南十里 渡江則果川縣界也 正宗朝渡江幸行時 設舟橋于此津 聚水上站巨船 橫截江流 上鋪長木板 左右設欄楯 列揷旗幟 又兩津頭 立紅箭門 舟師大將 以旗鼓 迎接而渡江 則南岸有龍驤鳳翥亭 正宗朝所建 每於華城幸行 渡舟橋後 少駐于此亭 又京營門習操場 在露梁北津頭 今立升旗竿處 是也 敎場四表 爲一千二百步

❀

　　노량진은 정조의 화성 행차 때 배다리를 설치하던 곳으로 시흥, 과천, 수원으로 갈 때 거치는 나루였다. 정조의 「화성능행도」 중에는 노량에 설치한 배다리 그림(「노량주교도섭도」)이 있으며, 당시 정조가 머물렀던 용양봉저정도 아직 남아 있다.(서울 동작구 노량진로32길 14-7) 원래 여러 채의 건물이 함께 있었으나 현재는 용양봉저정 하나만 남아 있다.

## 용산강(龍山江)

용산강은 도성 서남쪽 10리에 있으니, 고양의 부원현 땅이다. 경상도, 강원도, 충청도, 경기 상류에서 조운해 온 것이 모두 이곳에 모인다. 지금 국가 전례에서 두 번째 기우제를 이 강에서 행한다.

龍山江 在都城西南十里 卽高陽之富原縣地也 慶尙江原忠淸京畿上流漕轉
皆集于此 今國典 再次祈雨祭 行于此江

안설: 『고려사』에서 충숙왕비인 조국장공주(曹國長公主) 금동(金童, 1308~1325)이 왕을 따라 한양 용산에 행차했다고 한 것이 바로 이곳이다.

안설: 청나라 육응양(陸應陽)의 『광여기(廣輿記)』에서 용산이 국성(國城) 한강의 동쪽에 있다고 한 것은 틀렸다.

案麗史 忠肅王妃 曹國長公主金童 從王幸漢陽龍山者 卽此地也

又案陸應陽廣輿記云 龍山在國城漢江之東者 誤矣

## 마포(麻浦)

도성 서쪽 10리에 있으니, 용산강의 하류이다.

麻浦 在都城西十里 卽龍山江下流也

용산강은 만초천과 한강이 만나는 지점으로 한강 상류에서 실어오는 조운선의 종착점이었다. 각지의 조운곡이 모이는 만큼, 이 일대에 군자감 강감과 만리창이 있었다. 용산강 하류의 마포는 서해안과 한강 상류를 연결하는 요지였는데, 용산강과 서강이 조운곡이 모이는 곳이던 데 비해 마포는 일반 상품을 하역하고 매매하는 장소였다. 마포에서 서강까지를 보통 서호라고 하였다. 한강 상류에서 내려오는 조운선이 모이는 곳이 용산이라면, 바다에서 한강 하류를 거쳐 올라오는 조운선이 모이는 곳이 서강이었다. 서강 인근에도 창고가 있었는데 관료의 녹봉용 미곡을 보관하는 광흥창과 사복시의 강창고가 그것이다.

조선 후기의 국행기우제는 숙종대에 정비하였는데, 비가 올 때까지 총 12차에 걸쳐 제례를 드렸다. 1차는 삼각산, 목멱산, 한강, 2차는 용산강과 저자도, 3차는 풍운뢰우, 산천, 우사, 4차는 북교와 시장, 5차는 종묘였다. 6차는 다시 1차부터 시작하는데 방식이 약간 바뀐다. 용산강은 2차와 7차의 기우제장이었는데, 이곳에서는 용 그림을 그려놓고 기우제를 지냈다. 용산강에서는 백룡을, 저자도에서는 청룡을 그렸다.

〈그림 43〉 경강의 기우제와 국행의례 치소의 분포(『경강』, 서울역사박물관, 2018)

## 서강(西江)

서강은 도성 서쪽 15리에 있다. 황해도, 전라도, 충청도, 경기 하류의 조운선이 모두 이 강에 모인다.

西江 在都城西十五里 黃海全羅忠淸京畿下流漕船 皆集于此江

## 양화도(楊花渡)

양화도는 도성 서쪽 15리에 있으니, 서강의 하류이다. 양천, 강화에 가는 사람은 모두 이 나루를 거친다.

楊花渡 在都城西十五里 卽西江下流也 往陽川江華者 必由此渡

안설: 양화도는 강과 산이 명승이어서 명나라에서 동쪽으로 온 조사들이 매번 많이 나가 노닐며 부와 시를 지었다. 명나라 사신 예겸, 고윤, 진감, 기순 여러 공의 시가 모두 『여지승람』에 실려 있다. 또한 청의 문학가인 우동(尤侗)의 외국죽지사(外國竹枝詞)에 '양화나루 입구의 살구꽃이 붉으니 팔도가 동국의 풍류를 노래 부르는구나'의 구절이 있으니, 이 나루가 중국에서도 유명하였음을 알 수 있다. 이 때문에 아버지(유득공)가 일찍이 양화도 두 절구를 다음과 같이 지은 적이 있다.

중국 시인 우전성이 中國詞人尤展成
죽지가에서 이 강의 이름을 읊었네 竹枝偏說此江名
흰 모래 어린 풀은 어디까지 있나 明沙細艸知何限
좋을시고, 양화나루로 가리라 好是楊花渡口行
강 위에 뾰족한 봉우리 푸르게 오똑하고 江上峭峯碧兀兀
강 사이 밤에 낀 안개 하얗게 자욱하네 江間宿霧白濛濛
어지러운 매미 소리 강기슭 수양버들을 둘러싸고 亂蟬一帶垂楊岸
부드러운 노 젓는 소리 그림 속으로 들어가네 柔櫓鳴歸畵畵中

안설: 『견한잡록』에 다음과 같이 나와 있다. "양화진 옆에 희우정이 있는데, 세종이 일찍이 머무시며 며칠을 보낸 적이 있다. 문종이 동궁이 되어 행행을 따랐으며, 안평대군 이용도 따라갔다. 하루는 밤에 안평대군이 성삼문, 임원준(任元濬, 1423~1500)과 강에 가서 달구경을 하였는데, 동궁이 동정귤(洞庭橘) 두 쟁반과 쟁반 안에 시를 지어 보내면서 시를 지어 올리게 하였다. 안평대군이 직접 이 일을 서술하고 시를 썼으며, 또 안견(安堅)에게 그림을 그리게 하였으며, 명사인 서거정 등 여러 공도 더하여 화답하게 하였다. 이는 진실로 태평한 시대의 멋진 일이다."

案楊花渡有江山之勝 故皇明時 東來詔使 每多出遊賦詩 天使倪謙高閏陳鑑祁順諸公詩 俱載於興地勝覽 而又尤悔菴外國竹枝詞 有楊花渡口杏花紅 八道歌謠東國風之句 則此渡有名於中國可知也 是故 先君嘗有楊花渡二句絶日 中國詞人尤展成 竹枝偏說此江名 明沙細艸知何限 好是楊花渡口行 江上峭峯碧兀兀 江間宿霧白濛濛 亂蟬一帶垂楊岸 柔櫓鳴歸罨畫中

又案遣閒雜錄日 楊花渡邊有喜雨亭 英宗[98]嘗駐駕經日 文廟爲東宮[99]隨駕 安平大君瑢亦隨之 一夕安平與成三問任[元][100]濬 臨江翫月 東宮送洞庭橘二盤 盤內書詩 令製進 安平手寫敍事及詩 又令安堅畫之 名士加徐居正諸公亦和之 此實太平之勝事也


## 삼전도(三田渡)

삼전도는 광주(廣州) 경계에 있으니, 도성으로부터 30리 떨어져 있다. 한강, 노량, 삼전도, 양화도, 임진도는 각각 진도별장(津渡別將)이 있다.

三田渡 在廣州境 距都城三十里 漢江露梁三田渡楊花渡臨津渡 各有津渡別將

---

98 원문에는 英宗으로 되어 있으나, 내용상 英廟, 즉 세종을 의미한다.
99 원문에는 官으로 되어 있으나, 내용상 宮으로 바로잡는다.
100 원문에는 元이 없으나, 내용상 元을 추가하였다.

여기에는 양화도 절구가 『한객건연집(韓客巾衍集)』 권2에 보인다고 한 두주가 있다.

### 저자도(楮子島)

저자도는 삼전도 서쪽에 있다. 고려 시기 한종유(韓宗愈, 1287~1354)가 이곳에 별장을 두었다. 우리 왕조에서 세종대왕이 정의공주(貞懿公主, 1415~1477)에게 이 섬을 하사하였고, 공주의 아들인 안빈세(安貧世, 1445~1478)[빈세는 그의 이름이다]가 전하여 소유하였다. 지금 국전(國典)에 두 번째 기우제를 반드시 이 섬에서 행한다.

楮子島 在三田渡西 高麗韓宗愈 置別野于此 我朝世宗大王 以島賜貞懿公主 公主之子安貧世[貧世 其名也] 傳而有之 今國典 再次祈雨祭 必行於此島

안설: 『여지승람』에 한종유의 두 절구가 실려 있다.

십 리 평평한 호수에 가랑비가 오는데 十里平湖細雨過

갈대꽃을 사이에 두고 긴 피리 소리 하나가 들리도다 一聲長笛隔蘆花

금 솥의 국에 간을 맞추던 손으로 直將金鼎調羹手

낚싯대를 쥐고 저물녘 모래사장으로 돌아온다 還把漁竿下晚沙

홑적삼에 짧은 모자를 쓰고 연못가에 앉으니 單衫短帽繞池溏

건너 기슭의 수양버들이 늦바람을 보내온다 隔岸垂楊送晚涼

산보하며 돌아오니 산 위에 달이 뜨고 散步歸來山月上

지팡이 머리에 연꽃 향기가 아직도 남아 있구나 杖頭猶濕露荷香

또 정인지의 서문이 있다.

案輿地勝覽 載韓宗愈二絕句 日十里平湖細雨過 一聲長笛隔蘆花 直將金鼎調羹手 還
把漁竿下晚沙 單衫短帽繞池溏 隔岸垂楊送晚涼 散步歸來山月上 杖頭猶濕露荷香 又
有鄭麟趾序

## 잉화도(仍火島)

잉화도는 서강의 남쪽에 있으니, 가축 목장이 있다. 사축서와 전목서
의 관원을 각각 한 명씩 나누어 보내어 감독한다.

仍火島 在西江之南 有畜牧場 分遣司畜署典牧署官員各一人 監牧焉

## 율도(栗島, 밤섬)

율도는 마포 남쪽에 있다. 약재나 뽕나무를 심었다.

栗島 在麻浦南 蒔藥種桑

❀

잉화도는 지금의 여의도를 말한다. 『동국여지비고』에는 여의도(汝矣
島), 나의주(羅衣洲) 등으로 나와 있는데, 원래 율도(밤섬)와 이어져 있다가
장마로 끊어져 둘이 되었다고 하고 있다. 고종대에 편찬한 『동국여지비
고』 단계에서는 관원을 보내어 감독하는 것은 중지하였으며, 옛 사축서
의 양 50마리, 염소 6마리를 놓아기른다고 하였다.

밤섬은 얼음을 캐는 채빙업을 많이 하였으며, 배를 만드는 배 목수도
많이 살았다. 밤섬에는 1960년대까지 80여 가구 440여 명이 살고 있었
는데, 정부에서 여의도와 한강 개발을 추진하면서, 여의도 개발에 걸림

돌이 된다 하여 1968년에 폭파하였다. 현재 이 자리에는 자연적인 퇴적 작용으로 토사가 쌓여 새로운 섬의 형상을 갖추어나가고 있다. 밤섬 폭파 이후 이곳의 주민들은 창전동 와우산 자락으로 집단 이주를 하였다. 이때 부군당도 같이 이전했는데, 밤섬 부군당제는 서울시 문화재로 지정되어 현재까지 의례가 지속되고 있다.

## 서지(西池)

서지는 돈의문 밖 모화관 옆에 있다. 『여지승람』에서 날이 가물 때 기우제를 지내면 응험이 있다고 하였다.

西池 在敦義門外慕華館傍 輿地勝覽云 天旱禱雨有應

## 동지(東池)

동지는 동성의 연동에 있다. 남지는 숭례문 밖에 있다.

東池 在東城之蓮洞 南池 在崇禮門外

안설: 경성의 여러 연못은 모두 장원서에 속해서 연밥을 거두어 왕실에 바치는데, 서지가 가장 넓어서 연꽃이 매우 성하다. 연못가에 천연정(天然亭)이 있다. 숭례문 밖 연지는 지금은 자못 폐허가 되었는데, 전해지는 얘기에 따르면 김안로(金安老, 1481~1537)의 집터였다고 한다. 『문헌비고』에서는 서지에 반송(盤松)이 있는데, 고려 왕이 일찍이 남경에 행차할 때 이곳에서 비를 피했다고 한다. 또 경모궁 앞에 있는 큰 연못도 연꽃이 성한데, 연못가 좌우에 돌을 세워 표지로 나누어서 반촌과 시전의 양쪽 경계로 삼는다.

案京城諸池 皆屬於掌苑署 蓮子收作御供 而西池最廣 荷花甚盛 池畔有天然亭 崇禮門

外蓮池 則今頗廢埋 而傳說 舊時金安老家基云 文獻備考云 西池有盤松 高麗王嘗幸南
京 避雨於此 又於景慕宮前有大池 荷花亦盛 池畔左右 立石分標 泮塵兩界

❀

『한경지략』의 산천 편목은 내용은 좀 더 풍부하지만『승람』수록 항목
과 거의 동일하며 순서도 비슷한 편인데, 와우산, 동지, 그리고 동지 항
목의 안설에서 소개된 서지, 남지, 경모궁 앞 연지는 새롭게 추가한 것
이다. 서지는 안산에서 금화산으로 이어지는 산줄기 아래 위치하였는데,
현재 금화초등학교 위치에 해당한다. 태종대 조성 당시 길이 380척, 너
비 300척에 깊이가 2~3길이었다고 전한다.(『태종실록』 권15, 태종 8년 5월 7
일(을묘)) 서지 인근에는 경기중군영을 창건하였고 1793년(정조 17)에 서지
를 조망할 수 있는 위치에 천연정을 건설하였는데, 이 자리는 이해중(李
海重, 1727~?)의 서재였다고 한다. 19세기에 그린「경기감영도」를 통해 이
일대 모습을 추정해 볼 수 있다. 이 부지는 일제 시기 여러 시설로 변
화하였으며, 천연정은 1931년 고적으로 등록, 관리되었다. 일제 시기
조선사편수회에서 찍은 천연정 사진이 국사편찬위원회에 소장되어 있
다.(길지혜, 62~63쪽)

　동지는 낙산과 안암 사이에서 발원한 물이 개천(청계천)이 만나는 습
지에 조성되었는데, 지금의 동대문과 동관왕묘 중간쯤에 해당한다. 이
일대는 버드나무 경관이 아름답기로 명성이 있었으며, 채소와 과수 농
업으로도 유명했다. 다른 연지에 비해 동지는 고지도에서 명확한 형태

〈그림 44〉 정선, 「동문조도」(이화여자대학교 박물관 소장, 길지혜, 2017, 57쪽)

로 표기되지 않고 글씨로만 기록되는 경우가 많았는데, 이는 이곳이 진
펄 같은 습지여서 수량에 따라 연못 형태가 달라졌기 때문에 근현대 지
도에서 그 위치나 영역이 명확히 파악되지 않는 것으로 보인다. 그러나
겸재 정선의 「동문조도」(이화여자대학교 박물관 소장)에서는 비교적 물이 많
을 때의 동지가 표현되어 있어서 이 일대에서 눈에 띄는 경관이었음은
분명하다.(길지혜, 55~57쪽)

　남지의 경우 현 숭례문에서 서울역 방향 앞쪽에 있었던 것으로 보이
는데, 조선 중기에 그린 「남지기로회도」 같은 경우엔 기로회가 열리는
장소를 그릴 때 숭례문과 함께 그려 넣으며 화폭의 중앙을 차지할 정도

로 인상적인 장소였으나, 『한경지략』 저술 당시에는 자못 폐허가 되었던 것으로 보인다.

서지, 동지, 남지 외에 안설에서는 경모궁 앞에 있는 연지에 대해 추가로 설명하였다. 경모궁 연지는 경모궁 담장 북쪽에 흥덕동천이 지나가고 이를 마주하는 대로변에 위치하였다. 수계가 모이는 대로변에 인접해 있었던 것은 서지나 남지, 동지와 마찬가지였다. 『경모궁의궤』에 따르면, 동서로 52보, 남북으로 28보 정도이며 가운데 섬이 있었다고 한다. 윤기의 「반중잡영」에서는 "옛날의 반촌은 관현에서 혜화문에 이르는 길을 경계로 삼았는데, 정조대에 경모궁 연지 주변에 돌을 세우고

〈그림 45〉 「남지기로회도」의 남지(서울대학교 박물관 소장, 길지혜, 2017, 73쪽)

반촌의 경계로 삼았다. 연지 이북이 모두 반촌이다."라고 하였다. 2016
년의 조사에서 경모궁지 가운에 있었던 원도(圓島) 유구를 발굴 조사한
바 있다. 원도는 지름이 11.8m 정도로 석축을 다듬어 올렸는데, 원형으
로 깎아 장대석으로 올릴 정도로 정교하게 설계되었다. 현재 서울대학
교 연건캠퍼스 안의 학생회관 부근에 해당한다.(길지혜, 96~101쪽)

## 17

# 여러 우물과 약샘(附諸井藥泉)[101]

### 통정(桶井)

통정(통우물)은 경성의 동쪽 훈련원에 있다. 물맛이 달고 시원하며 겨울엔 따뜻하고 여름엔 시원하고 가뭄이나 홍수가 나도 넘치거나 줄지 않아서 물의 품질로는 경성 안에서 제일이다. 이 우물을 처음 팠을 때 큰 버드나무 뿌리 아래에 샘물의 맥이 있어서, 그 뿌리 속을 파내어 비워서 우물을 만들었으니, 밑 없는 나무통을 묻은 것 같다 하여 이름을 통정이라 하였다. 그 통이 아직도 우물 바닥에 있는데, 전혀 안 썩고 있

---

101 원문에는 이 편목이 산천 편목의 부록으로 표기되어 있으나, 혼란을 피하기 위해 다른 편목과 동일한 위계로 조정하였다.

다고 하니 이것도 하나의 기이한 일이다.

桶井 在京城東訓鍊院 水味甘冽 冬溫夏冷 旱澇不盈縮 水品爲京城之第一 鑿

斯井之初 大柳根下有泉脈 因刊空其根 而爲井 儼如埋無底之巨桶 故名曰桶

井 其桶尙在井底 永不朽 亦一奇事也

## 미정(尾井)

미정(초리우물)은 돈의문 밖에 있다. 물의 품질이 매우 훌륭하지만, 훈련원의 통정이 있어서 2위이다. 물이 넘쳐 길게 흐르지만 심한 가뭄에도 마르지 않으므로 민간에서 초리정이라고 한다. 초리란 우리말로 꼬리를 말한다. 우물이 흘러 꼬리가 있으므로 이렇게 부르는 것이다. 물맛이 달고 깔끔해서 염색하는 데 적당하여 쪽 염색하는 집들이 그 옆에 많이 산다.

尾井 在敦義門外 水品極佳 而以有訓鍊院桶井 故居第二也 水溢長流 雖甚旱

不涸 故俗呼楚里井 楚里者 方言尾也 井流而有尾之謂也 水味甘冽 宜於染色

故染藍家多居其傍

## 성제정(星祭井)

성제정은 북부 삼청동의 옛 소격서 옆에 있다. 물이 돌 사이에서 나오는데 맛이 매우 좋으니, 옛날 삼청(三淸) 초제(醮祭) 때 쓴 것이다. 그러므로 성제정이라고 이름이 붙었다.

星祭井 在北部三淸洞 舊昭格署傍 水出石間 味甚佳 卽舊時三淸醮祭所用 故

名星祭井

## 의성위정(宜城尉井)

의성위정은 낙산 아래 어의동에 있다. 『지봉유설』에 다음과 같이 나와 있다. "성안에서 물맛으로는 어의동 의성위댁 안의 우물물이 제일이었는데, 성종대에 그 우물을 봉하여 물을 길어다 바치게 하여 어정(御井)이라고 불렀다. 후에 의성위에게 내려줬으므로, 주춧돌 위에 사정(賜井)이라고 두 자가 새겨져 있다. 지금도 여전히 있는데, 예전에 명나라 장수 경리 만세덕(萬世德, ?~1602)과 군문 형개(邢玠)가 모두 이 우물물을 제일로 꼽아서 매일 길어오게 하여 마셨다고 한다."

宜城尉井 在駱山下於義洞 芝峯類說云 城中水味 以於義洞宜城尉宅中井水
爲第一 成廟封其井 汲取以進 謂之御井 後賜宜城 故刻賜井二字於礎石上
至今猶在 頃年唐官萬經理邢軍門 皆以此井爲第一 令人日汲以飮云


## 창의궁(彰義宮) 앞 우물

창의궁 앞 우물은 이 물이 마르면 풍년이 든다고 한다.

彰義宮前有井 水涸則年豐云


## 동정(銅井)

동정은 중부 전동 옆 동정동(銅井洞)에 있다. 우물 주춧돌 안에 구리가 있어서 물을 길을 때 웅웅거리는 소리가 난다. 민간에서는 이것이 옛날 원각사 우물이라고 한다.

銅井 在中部典洞傍銅井洞 井礎裏銅 故汲時 噌吰有響 世稱 此卽舊時圓覺
寺井也

### 팔송정(八松井)

팔송정은 남산 아래 남별영 서문 밖에 있다. 팔송정이라고 이름한 것은 윤황(尹煌, 1571~1639 호가 팔송)댁의 옛 우물이었기 때문이라고 한다.

八松井 在南山下南別營西門外 名八松井 卽尹八松宅舊井云

### 박정(朴井)

박정은 남산 아래 회현동에 있다. 우물이 깊지 않아서 표주박으로 허리만 굽히면 떠먹을 수가 있다. 방언으로 표주박을 박이라고 한다. 물맛도 깨끗하고 시원해서 차나 약을 끓이는 데 적합하다.

朴井 在南山下會賢洞 井不深 以瓢可俯而挹 方言呼瓢爲朴也 水味亦淸冽 宜於賣茶藥

### 굴정(窟井)

굴정은 남부 이현(泥峴)에 있다. 우물이 매우 깊어서 굴이 있으므로 이러한 이름이 붙었다.

窟井 在南部泥峴 而井頗深有窟 故名

안설: 이민구(李敏求, 1589~1670)의 『동주집』에 다음과 같이 나와 있다. "내 나이 열세 살이던 신축년에 이현 길가에서 놀고 있는데, 돌 아래에서 샘물이 나오는 걸 보고 마을 아이들을 모아서 우물을 팠다. 길 가는 사람들이 물을 떠서 마신 지 53년이나 되어 오래된 티가 나는 옛 우물이 되었다. 이제 지나가다 감회가 있어 입으로 절구 한 수를 읊었다.

당시에 손수 한 샘을 파서 새롭게 했는데 當年手鑿一泓新

세월이 이제 오십 년이나 흘렀구나 歲月今過五十春

우물의 시원한 물은 여전히 줄지 않았는데 石甃涼波猶不減

거기에 비친 초라한 늙은이는 누구인가 鑑中枯朽是何人"

동주 이민구는 지봉 이수광의 아들로 시를 잘해서 세상에 이름이 났다. 지금 이 시를 보니, 이 우물은 동주가 판 것이다.

案李敏求東州[102]集曰 余年十三辛丑歲 游泥峴道傍 見石下出泉 集里中兒鑿開 行路人 汲用 五十三年蒼然成古井 今過之有感 口占一絕云 當年手鑿一泓新 歲月今過五十春 石甃涼波猶不減 鑑中枯朽是何人[止此]

東洲 芝峯之子 以能詩鳴世 今觀此詩 則此井乃東洲所鑿也

## 허정(許井)

허정은 남산동에 있으니, 목멱신사 때의 옛 우물이라고 한다. 묘표의 석인으로 우물 초석을 삼았으니 괴이할 만하다. 정조대에 대관(臺官)으로 허씨 성을 가진 이가 있었는데, 그 우물 옆에 살았기 때문에 허정이라고 칭했다고 한다.

許井 在南山洞 卽木覓神祀時舊井云 而以墓標柱石人 甃井可怪耳 正宗朝 有 一臺官許姓人居其傍 故因稱爲許井

## 약천(藥泉)

약천은 돈의문 밖 모화관 서쪽에 있다. 산골짜기 사이의 바위를 악암 (惡岩)이라고 하며, 그 틈새로 가는 샘물이 흘러나오는데, 배앓이와 설사

---

102 원문에는 淵으로 되어 있으나 내용상 州로 바로잡는다.

하는 사람이 실컷 마시면 효과가 있다고 한다. 매번 여름철이면 표주박을 가지고 와서 마시는 사람이 너무 많아서 하루에 다 대줄 수가 없다.

또 창의문 밖 한북문 옆에는 옥천암(玉泉庵)이라는 절이 있는데, 암벽 사이에서 샘물이 나온다. 풍병, 체증이 있는 사람이 마시면 신효하며, 눈병도 씻어내면 낫는다고 한다. 옥천암의 불상은 바위 언덕을 깎아서 만들었는데, 해수관음(海水觀音)이라고 한다. 약천이 근처에 있으므로 서울 사람 중 샘물을 마시려는 사람은 많이들 절에 가서 물을 계속 당기게 하는 짠 음식을 먼저 먹은 연후에 종일토록 마셔서 배가 불러야 반드시 효과가 있다고 한다.

藥泉 在敦義門外慕華館西 山谷間有岩 名惡岩 工縫漏出細泉 腹病泄痢者 滿飲有效 每於夏月 持瓢承飲者 日不暇給焉

又彰義門外漢北門傍 有僧舍玉泉庵 泉出於崖壁間 病風痞滯者 飲之神效 眼疾洗亦瘳矣 玉泉庵佛像 斲崖石以成 稱海水觀音 而藥泉在於近地 故都人飲泉者 多住接于僧舍 必先喫引飲之鹹物然後 終日飲 滿腹則有效矣

우물 편목은 『승람』이나 『문헌비고』에서는 확인할 수 없는 것으로 유본예의 한양에 대한 미시적인 지식이 잘 드러나는 부분 중 하나이다. 『동국여지비고』에도 정지(井池) 편목이 있는데, 종묘서 우물, 성제정, 의성위정, 미정, 통정, 초정 등의 우물과 모화관 옆의 와암천, 목멱산 아래 휴암천 등의 샘을 수록하고 있어서, 『한경지략』과 동일한 정보를 담

고 있지는 않다. 옥천암의 불상은 관음보살 좌상으로 5m에 가까운 대형 불상이며 고려 시기 조성한 것으로 추정된다. 현재 보물 제1820호로 지정되어 있다.

18

# 명승(名勝)

## 필운대(弼雲臺)

필운대는 성안 인왕산 아래에 있다. 오성(鰲城) 이항복이 젊었을 때 필운대 아래 도원수 권율(權慄, 1537~1599)의 집에서 살면서 스스로 호를 서운(西雲)이라고 지었다. 지금 석벽에 새겨진 '필운대(弼雲臺)' 세 자는 이항복의 글씨라고 한다. 필운대 옆 인가에서는 꽃나무를 많이 심어서 서울 사람들이 봄날에 꽃을 보러 다닐 때 반드시 이곳을 제일로 꼽고, 여항 사람들이 술을 가지고 시를 지으며 날마다 북적북적 모이니, 속칭 그 시를 '필운대풍월'이라고 한다. 필운대 옆에는 또 육각현(六角峴)이 있는데, 바로 인왕산 자락으로 필운대만큼 유명하다.

弼雲臺 在城內仁王山下 李鰲城少時 贅寓於弼雲臺下權都元帥家 自號曰西

雲 今石壁所鐫弼雲臺[103]三字 卽鰲城筆云 臺傍人家 多種花木 京城人春日看

花 必先數此地 而閭巷人 携酒賦詩 日日坌集 俗稱其詩曰 弼雲臺風月 臺傍

又有六角峴 卽仁王山麓也 與弼雲臺齊名

❋

필운대는 현재 배화여자대학교 안에 있는데, 배화여중·고등학교 서

쪽 암벽에 본문에서 이항복 글씨라고 한 '필운대' 각자가 남아 있다. '필

〈그림 46〉 정선, 「필운상화」, 개인소장

화면 원편의 큰 산은 목멱산이고 오른편에 아스라히 보이는 산은 관악산이다. 대 위에 노니는 선비들이 목멱
산, 관악산의 경치와 함께 꽃놀이를 즐기는 모습이 그려져 있다.

---

103 원문에는 雲弼臺라 되어 있으나, 내용상 弼雲臺로 바로잡는다.

운대' 각자는 이항복의 후손인 이유원(李裕元, 1814~1888)의 글씨로 추정하기도 한다. 그 주변에는 '필운대' 각자 외에도 여러 사람이 남긴 각자석이 남아 있다. 본문에서는 이항복이 필운대에 살면서 자신의 호를 '서운'이라 하였다고 하나 이는 '필운'의 오류이다.

## 도화동(桃花洞)

도화동은 북악 아래에 있다. 복숭아꽃이 많아서 이러한 이름을 가지고 있다. 아버지의 시에서

비바람이 분 푸른 개울가에 風風雨雨碧溪濱

도화동 속 봄을 바쁘게 좇아가네 忙趁桃花洞裏春

골짜기 속 복사꽃 일천 그루에 洞裏桃花一千樹

나비 따라 사람 가고 사람 따라 나비 가네 人隨蝶去蝶隨人

라고 하였는데, 지금까지도 사람들이 이 동에서 노닐 때 이 절구를 전하여 읊곤 한다. 육청헌(六靑軒)이 이 동에 있으니 청음(淸陰) 김상헌(金尙憲, 1570~1652)의 옛 집터이다.

桃花洞 在北岳下 多桃花故名 先君子詩曰 風風雨雨碧溪濱 忙趁桃花洞裏春 洞裏桃花一千樹 人隨蝶去蝶[104]隨人 至今人游此洞者 傳誦此絶句 又[105]靑軒 在此洞 淸陰舊基

❀

---

104 원문에는 蜨으로 되어 있으나, 『영재집』에 따라 蝶으로 바로잡는다.

105 원문에는 又로 되어 있으나, 내용상 六靑軒으로 추정된다.

기존 『한경지략』 번역본(1973)에서는 육청헌이 아니라 필사된 그대로 '우청헌(又淸軒)'이라 보고, 청헌(淸軒)을 문성(文晟)이라는 인물로 보아서 "청헌 문성이 이 동리에 살았고 청음 김상헌이 옛날 살던 터도 있다"라고 해석하였다. 그러나 문성이 어떠한 인물인지 확인되지 않으며, 문성 외에도 청헌이라는 호를 가진 인물이 몇몇 있으나 조건에 부합할 만한 인물을 특정하기 힘들어서 누구를 지칭한다고 보기 힘들다. 그보다는 김수항의 옥류동 집 사랑채를 육청헌이라 하였던 것을 볼 때 '六靑軒'의 오기로 추정된다. 이는 뜰 앞에 사철나무[冬靑] 여섯 그루가 있고 또 아들이 여섯 형제였기 때문에 붙여진 이름이다. 육청헌에는 김수항의 후손들이 대대로 살다가 고종 때 민규호(閔奎鎬, 1836~1878)와 민태호(閔台鎬, 1834~1884) 형제가 번갈아 살았으며 일제 시기에는 윤덕영(尹德榮, 1873~1940)이 이 일대를 사들여 벽수산장이라는 별장을 조성하기도 하였다. 육청헌 터에는 송시열이 쓴 '옥류동(玉流洞)' 각자와 김정희가 쓴 '송석원(松石園)' 각자가 있는데, 송석원 각자는 주택가 담벼락 아래 있어서 찾기가 어렵다.(『조선의 문화공간』 4, 462쪽) 이 인근인 종로구 창의문길 42(대경빌라 C동) 뒤편 계곡에는 '도화동천(桃花洞天)' 각자를 비롯한 여러 각자가 있다.

## 유란동(幽蘭洞)

유란동은 북악 아래에 있다. 언덕 바위에 '유란동(幽蘭洞)' 세 자가 새겨져 있다. 이 동에는 청송(聽松) 성수침(成守琛, 1493~1564)의 옛집이 있으며 꽃구경하기에 적합하다.

幽蘭洞 在北岳下 崖石鐫幽蘭洞三字 此洞卽成聽松舊居 而宜於賞花

　성수침은 부친인 성세순이 백악에 지은 집 뒤쪽에 청송당을 세우고 1519년 기묘사화 이후 은거하였다. 이 이름은 1526년 박상(朴祥, 1474~1530)이 붙여준 것이다.(『조선의 문화공간』 1, 68~69쪽) 청송당은 성수침 사후 폐허로 변했다가, 1668년(현종 9) 외손인 윤순거(尹舜擧, 1596~1668), 윤선거(尹宣擧, 1610~1669) 등이 뜻을 합하여 중건하였다. 성수침은 성혼의 아버지이며, 성혼의 딸이 윤순거·윤선거의 어머니였으므로, 엄밀히는 외증조부였다. 청송당을 중건한 후 송시열이 기문을 짓고 송시열, 윤순거, 윤선거, 남구만 등이 이를 기념하는 시회를 열었는데, 이를 통해 이이-성혼의 학맥을 계승한 서인에게 이 장소가 특별한 의미를 지닌 곳으로 기려졌음을 알 수 있다. 청송당은 현재 경기상업고등학교 자리, 혹은 청운중학교 지역으로 추정된다. 『동국여지비고』에는 청송당 규모가 몇 칸에 그치는 서당으로 기록되어 있는데 이후 얼마 안 가 건물이 사라진 것으로 보인다. 현재 '청송당유지(聽松堂遺趾)' 각자가 남아 있고, 『경성부사』에는 '유란동' 각자도 남아 있다고 하였다. 정선이 그린 「청송당」 그림이 간송미술관에 소장되어 있어 당대까지도 남아 있던 청송당의 모습을 잘 볼 수 있다. 유란동은 현재 경복고등학교 일대에 해당하는데, 겸재 정선이 태어나 52세까지 살았던 곳으로 그의 호 중 '난곡(蘭谷)'은 유란동에서 비롯된 것이다. 그는 이곳에 살면서 장동팔경을 비롯하여 이 일대를 묘사한 그림을 여럿 그렸다.

## 화개동(花開洞)

화개동은 북부 안국방에 있는데, 땅이 후미지고 으슥해서 술잔을 띄우고 시를 읊으며 놀기에 적합하다. 이 동에는 예전에 화기도감이 있어서, 나중에 화개동이라고 이름이 바뀌었다고 한다.

花開洞 在北部安國坊 地僻而宜於觴詠 此洞古有火器都監 故後轉稱爲花開洞云

❋

화개동이라는 이름은 여기서처럼 화기도감에서 유래했다는 설도 있고, 이곳에 옛날에 장원서가 있어서 꽃이 피어 있다는 뜻에서 붙었다는 설도 있다. 화개동은 1914년 행정구역 통폐합에 따라 주변 동 일부를 통합하며 화동이라 불렀으며, 이것이 해방 후 법정동 이름으로 자리 잡았다. 북촌한옥마을의 남쪽에 해당하고 북촌마을 안내소가 있는데, 옛 경기고등학교 자리인 정독도서관이 이 동의 대부분을 차지한다.

## 세심대(洗心臺)

세심대는 인왕산 아래 육상궁 뒤에 있다. 석벽에 '세심대(洗心臺)' 세 자가 새겨져 있으며, 봄날에 꽃구경하기에 좋다. 1735년(영조 11)에 장헌세자(1735~1762)가 탄생한 후 영성군(靈城君) 박문수(朴文秀, 1691~

1756)가 세심대에서 노닐다가 시를 짓기를,

> 그대는 노래 부르고 나는 읊조리며 운대에 오르니 君歌我嘯上雲臺
>
> 하얀 오얏꽃 붉은 복사꽃 흐드러지게 피었네 李白桃紅萬樹開
>
> 이런 풍광에 이런 즐거움 如此風光如此樂
>
> 해마다 태평의 술잔을 마시며 길이길이 취하리 每年長醉太平杯

라고 하였다. 1795년(정조 19) 춘당대에서 꽃구경에 낚시하는 연회를 베
풀고서 영성군 세심대 절구의 운을 써서 어제하고 연회에 참여한 여러
신하에게 갱진(賡進)하여 이해의 경사를 기념하였다.

洗心臺 在仁王山下 毓祥宮後 石壁鐫洗心臺三字 春日宜於看花 英廟朝乙卯
莊獻世子誕降後 靈城君朴文秀遊此臺 有詩曰 君歌我嘯上雲[106]臺 李白桃紅
萬樹開 如此風光如此樂 每年長醉太平杯 正宗朝乙卯 設賞花釣魚宴于春塘
臺 御製用靈城君洗心臺絶句韻 參宴諸臣賡進 以識慶年

세심대는 원래 이향성(李享成, 1524~1592)이 살던 세심정이 있던 곳으로
아름다운 경관으로 유명했는데, 임진왜란 때 쇠락했으며 얼마 후 광해
군이 이곳을 빼앗았다고 한다. 이후 왕실 소유지로 전해오면서 궁인이
조리하는 장소로 세심궁으로 불리며 한때 인현왕후가 몸조리를 한 곳
으로 사용한 적도 있다. 그러다 사도세자가 죽은 1762년 영조가 이곳을

---

106 원문에는 東으로 되어 있으나, 『홍재전서』 등을 따라 雲으로 바로잡는다.

사도묘(思悼廟)로 삼고자 하여, 탈상 후인 1764년 3개월여의 공사를 거쳐 5월에 완공하였다. 그러나 한 달 만에 동부 숭교방으로 사당을 이건하였으니, 이것이 경모궁이다. 국립고궁박물관에는 「세심궁도형(洗心宮圖形)」이 전해지고 있는데, 이는 사도묘 건설 이전 세심궁 상황을 파악하기 위해 그린 것으로 추정되고 있다.(김지희·전봉희, 2017)

　장헌세자는 정조의 아버지인 사도세자로서, 1735년 그의 탄생을 기념하며 박문수가 다른 신하들과 필운대에서 이를 축수하며 시를 지은 바가 있다. 정조는 1795년에 화성 행궁에서 혜경궁의 회갑연을 베풀고 궁으로 돌아오던 길에 인왕산 기슭에 있는 세심대를 들렀는데, 이곳이 처음 경모궁의 터를 잡았던 곳이기 때문이다.(『정조실록』 권42, 정조 19년 3월 7일 (무오)) 정조는 아버지의 회갑과 경모궁 터 등을 기념하고 박문수의 시에 나오는 운대가 이곳이라고 하면서 이를 차운하여 시를 짓고, 신하들 55인에게 화운하게 하였으며, 이를 모아 「세심대갱재축(洗心臺賡載軸)」을 만들었다. 이는 활자로 간행한 「갱재축」에 포함되어 규장각, 장서각 등에 전해진다. 정조의 시는 『홍재전서』(권6)에 전하며 이때 정조가 지은 어제어필시를 새긴 현판 몇 점이 국립고궁박물관에 소장되어 있다. 필운대는 현 배화여자대학교 안이고, 세심대는 국립맹학교 뒤편이기 때문에 엄밀히 말하자면 두 곳은 위치가 다르지만 정조는 이 고사를 이용하여 아버지를 기념하고 신하들의 호응을 이끌어내려고 한 것이다.

## 수성동(水聲洞)

수성동은 인왕산 자락에 있다. 골짜기가 깊고 그윽해서 샘과 바위가 빼어나 여름철에 노닐기에 가장 좋다. 어떤 이는 이 동이 비해당(匪懈堂) 옛터라고 한다. 기린교(麒麟橋)라는 다리가 있다.

水聲洞 在仁王山麓 洞壑幽邃 有泉石之勝 最好暑月遊賞 或云 此洞匪懈堂舊基也 有橋名麒麟[107]橋

❀

　수성동은 현재 누상동과 옥인동 경계로 그 터에는 옥인시범아파트가 들어서 있다가 2012년 아파트를 철거하고, 당시까지 남아 있던 기린교를 중심으로 수성동계곡을 복원하여 옛 경관을 되살렸다.

　비해당은 안평대군(安平大君, 1418~1453)의 집으로 이 당호는 세종이 하사한 것이다. 세종은 『시경』의 증민편과 『서명(西銘)』에 근거해서 이 이름을 내렸다는 등의 내용이 박팽년의 「비해당기」에 수록되어 있다. 이곳은 「비해당사십팔영(匪懈堂四十八詠)」의 장소이기도 하다.

　수성동은 간송미술관 소장 정선의 『장동팔경첩』에도 수록된 그림의 대상이기도 하고 본문에서도 여름철에 노닐기 좋은 곳이라고 꼽았으나, 실제로 장동의 안동 김문을 비롯한 관련 인물들 이외에는 19세기 이전에 이곳을 유람처로 언급한 것은 찾기 어렵다. 『한경지략』에는 수성동, 청풍계, 청휘각 등 18세기 장동 김문에 의해 부각된 명소가 많이 실려 있다. 이는 이들 명소를 정조대에 국도팔경으로 일컬으며 상당한 의

---

107 원문에는 麟麒로 되어 있으나, 내용상 麒麟으로 바로잡는다.

미를 부여한 데에서 비롯한 것으로 보인다.(조규희)

## 옥류동(玉流洞)

옥류동은 인왕산 아래에 있다. 수석(水石)이 빼어나고 석벽 사이에서 물이 나온다. 벽 위에는 '옥류동(玉流洞)' 세 자가 새겨져 있다. 앞에 있는 냇물을 계칙란(鸂鶒瀾)이라고 하고, 전각을 청휘각(淸暉閣)이라고 하니 모두 농암(農岩) 김창협(金昌協, 1651~1708)이 지은 이름이다.

玉流洞 在仁王山下 有水石之勝 水出石壁間 壁上鐫玉流洞三字 前有溪曰鸂鶒[108]瀾 有閣曰淸暉閣 皆金農岩命名也

청휘각은 원래 김창흡의 아버지인 김수항(金壽恒, 1629~1689)이 지은 전각이었으나 얼마 안 돼 무너져 버렸다. 이에 김수항의 여러 아들이 청휘각을 다시 짓고 시를 지어 이를 기념하였으며, 김창협은 청휘각 옆으로 흐르는 개울 이름을 지었다.(『청와대와 주변 역사·문화유산』, 244~245쪽) '옥류

---

108 원문에는 鶒로 되어 있으며 다른 판본도 마찬가지인데, 일반 자전에서는 확인되지 않는 글자이다. 기존 『한경지략』 번역본(1973)에서는 이를 수(鸂)라고 읽었고, 『동국여지비고』에서는 겹(鷐)이라고 하였으며, 『청와대와 주변 역사·문화유산』에서는 적(鸏)이라 읽었으나 다 근거를 밝히고 있지 않다. 鸂鶒은 비오리를 뜻하는 鸂鶒과 같은 것이어서 여기서는 鸂鶒으로 번역하였다.

동' 각자는 예전 사진이 『서울육백년』(김영상, 1994 서울 대학당)에 수록되어 있는데 현존하지 않는 것으로 알려졌으나 2019년 초에 다시 발견되었다. 이 일대는 일제 시기 윤덕영 소유로 바뀌며 벽수산장을 건설하여 경관이 크게 변화하였고, 윤덕영 사후 미쓰이(三井) 회사의 소유로 바뀌었다가 해방 후 여러 기관의 건물로 사용되었다. 그러던 중 1973년 도로 정비사업을 하며 완전히 철거하고 현재에는 단독 주택들이 많이 들어서 있다.

옥류동은 평민 시인 천수경(千手經, ?~1818) 등이 주도한 송석원시사(일명 옥계시사)가 열렸던 곳이기도 하다. 그는 1786년(정조 10) 시사를 결성하였는데, 이것이 후에 중인층 시단의 모체가 되었으며, 이를 바탕으로 『옥계아집첩(玉溪雅集帖)』을 만들고 1797년에 『풍요속선(風謠續選)』을 간행하여 위항문학의 성취를 보여주기도 하였다. 송석원은 청휘각과 매우 가까이 있었던 것으로 추정됨에도 『한경지략』에는 이러한 위항문학이나 여항 서리의 삶에 대해서는 전혀 언급을 안 하고 있어서, 저자가 이들에 대해 무관심했음을 보여준다.


## 백련봉(白蓮峯)

백련봉은 삼청동 끄트머리에 있는데, 북악의 남은 자락이다. 석벽에 '영월암(影月岩)' 세 자가 새겨져 있다. 황산(黃山) 김유근(金逌根, 1785~1840)의 옛집으로 백련사(白蓮社)라 한다.

白蓮峯 在三淸洞地盡頭 北岳餘麓也 石壁鐫影月岩三字 金黃山舊居 稱白蓮社

백련사는 현재 삼청공원 내 삼청테니스장 북서쪽에 있었는데, '영
월암' 각자가 아직도 남아 있다. 백련사는 김유근의 아버지 김조순(金

〈그림 47〉　백운동천 인근의 주요 인물 세거지(『백운동천 용역보고서』, 서울시립대학교 도시형
　　　　　태연구실, 2016)

祖淳, 1765~1832), 추사 김정희(金正喜, 1786~1856)의 아버지 김노경(金魯敬, 1766~1837), 김이재(金履載, 1767~1847) 등이 교유하던 곳이며 김유근의 당호이기도 하였다. 대를 이어 김유근, 김정희, 조면호(趙冕鎬, 1803~1887) 등이 교유하기도 하였다. 백련사 역시 안동 김문을 중심으로 하는 인물들이 교유하던 장소였다. 여기까지 소개된 명승은 경복궁을 중심으로 좌우에 분포되어 있는데, 그중에서도 경복궁 서쪽 지역이 많다.

## 송동(宋洞)

송동은 성균관 서쪽 자락에 있으니, 우암 송시열의 옛 집터이다. 석벽에 '증주벽립(曾朱壁立)' 네 자가 새겨져 있는데, 선생의 글씨이다. 골짜기가 깊고 그윽하며 또 꽃나무가 많아서 봄에 노니는 자가 매우 많다. 석벽 사이에 작은 청개구리가 있는데, 오래도록 떠나지 않으니 사람들이 모두 이상하게 생각하였다. 옛날 수정(修井) 정경순(鄭景淳, 1721~1795)의 「친구에게 준 송동에서 노니는 시(贈友人遊宋洞詩)」에 "서형과 이형 두 사람이 서로 앞서거니 뒤서거니 하니 송동의 즈믄 복숭아가 다 떨어지지 않는구나"의 구절이 있어서 사람들이 많이 전해가며 읊는다.

宋洞 在成均館西麓 宋尤菴舊居也 石壁鐫曾朱壁立四字 先生筆也 洞壑深邃 又多花木 春遊者甚衆 石壁間有小靑蛙 長不去 人皆異之 昔鄭修井景淳 贈友人遊宋洞詩 有徐兄二李應相逐[109] 宋洞千桃不盡飛之句 人多傳誦

---

109 『한경지략』 번역본(1973)에서는 '徐兄二李應相逐' 구절을 '徐李二兄應相逐'으로 보고

증주벽립이란 증자와 주자의 뜻이 벽처럼 우뚝 서 있다는 뜻으로서 두 사람을 공경하고 따르겠다는 의미이다. 송시열의 집터는 현재 서울과학고등학교 일대인데, 그 주변 민가에 증주벽립 각자가 남아 있다. 이 각자의 탁본을 바탕으로 1857년에 제주 오현단 인근에 이를 새겨 넣었으며, 현재 제주도 귤림서원터에 이 각자가 있다. 송동은 성균관 뒤편 산기슭이어서 서당도 여럿 있었고 성균관 유생들이 많이 놀러 가던 장소이기도 하였다.

송동의 청개구리 이야기는 『임하필기』에도 실려 있다. 석벽의 한 길쯤 되는 틈새에 청개구리 몇 마리가 사는데, 항상 그 틈에서 살고 사람이 꺼내놓아도 바로 틈새로 들어간다고 하였다.(『임하필기』 권28, 春明逸事 小蛙可怪)

### 북사동(北寺洞)

북사동은 혜화문 밖에 있다. 옛날에 묵사(墨寺)가 있던 곳이어서 묵사동이라고도 부른다. 또 어영청의 북창이 여기에 있어서 북둔(北屯)이라고도 한다. 맑은 냇물을 낀 양쪽 언덕에 사는 사람들이 복숭아 심는 것을 업으로 삼고 있어서, 매년 늦봄이면 노니는 사람들과 수레와 말이

---

번역하였다. 그러나 다른 판본을 포함한 원문에서도 모두 '徐兄二李應相逐'이라고 하고 있어서 어느 쪽이 맞는지는 분명하지 않다.

산골짜기 사이에 가득 찬다. 또 정갈하고 깨끗한 초가집도 많이 있다. 정유 박제가의 「성시전도시(城市全圖詩)」에서 "안쓰럽구나, 도성 북둔의 풍속이여, 복사꽃 심지 않는 것을 부끄럽게 여기네"라고 한 것이 이것이다.

北寺洞 在惠化門外 古有墨寺 故亦稱墨寺洞 又御營廳之北倉在此 亦稱北屯 淸溪挾岸居人 種桃爲業 每於晩春 遊人車馬 騈闐山谷間 亦多精麗之茅屋 朴貞蕤齊家城市全圖詩 最憐城北屯邊俗 不種桃花以爲恥者是也

❋

북사동은 성북구 성북동을 가리키던 이름으로 『동국여지비고』에서는 북저동(北渚洞)이라고 하였으며, 민간에서는 복사꽃이 많아 도화동이라고 부른다고도 하였다. 어영청의 성북둔이 이곳에 있었기 때문에 북둔이라고도 불렸으며, 현재 성북동이라는 동명 역시 여기에서 기원한다. 북사동의 맑은 냇물은 북악에서 발원해서 이 일대를 지나던 성북천을 가리킨다. 이덕무 역시 「성시전도시」에서 북둔의 복사꽃 경치를 읊은 바가 있다.

### 산단(山壇)

산단은 외남산에 있다. 곧 남단(南壇) 옆의 풀밭이다. 서울 풍속에 매년 단오 때면 젊고 건강한 사람들이 짝을 지어 씨름을 하며 이곳에서 노는데, 일반 사람 중에 구경하는 자가 매우 많다.

山壇 在外南山 卽南壇傍綠莎場也 京師風俗 每年端陽節 年少健壯者 結伴爲
角力戲於此地 庶人輩觀者甚衆

안설: 각력희(角力戲: 씨름)는 우리나라 풍속에서 젊은 천인 무리가 서로 부여잡고
다리 힘을 겨루어, 엎어지는 자는 지고 안 엎어지는 자가 이기는 것으로서, 중국
사람들이 고려기라고 부르는 것이다.

案角力戲 東俗年少賤人輩 相扶執角力 以仆者爲負 以不仆者爲勝 中國人所稱高麗技
是也

　　남단, 산단은 풍운뢰우산천성황단을 말한다. 줄여서 산천단, 산단이
라고도 불렀고, 도성의 남쪽에 있다고 해서 남단이라고도 불렀다. 남산
기슭의 씨름놀이는 유득공의 『경도잡지』에서도 언급한 바 있고 이것이
산천 편목의 목멱산 항목의 안설로 인용되어 있기도 하다. 비슷한 내용
을 중복 서술한 셈인데, 명승 편목의 다른 항목이 주로 자연경관을 구
경하는 것과 관련이 되는 것에 비해 산단은 사람들의 놀이를 구경한다
는 점에서 특색이 있다.

### 몽답정(夢踏亭)

몽답정은 창덕궁 서쪽 훈련도감의 북영 안에 있다. 샘과 바위 경치
가 자못 뛰어났다. 숙종대에 일찍이 꿈속에서 이 정자에 임어하시어 이
러한 이름을 하사하였다. 또 사정(射亭)이 있는데, 군자정(君子亭)이라고

한다.[풍릉(豐綾) 조현명(趙顯命, 1690~1752)이 편액을 썼다]

夢踏亭 在昌德宮西 訓局之北營內 頗有泉石之勝 肅廟朝 嘗於夢中 御此亭
仍賜名 又有射亭 曰君子·亭[趙豐綾顯命書額]

『동국여지비고』에 따르면 몽답정은 숙종이 이곳을 거니는 꿈을 꾸었
다 하여 이 이름을 하사하였고 군자정은 연꽃을 구경하는 정자이며, 사
정은 괘궁정(掛弓亭)이라고 했다고 한다. 그러나 『영조실록』에서는 훈장
(訓將) 김성응(金聖應)이 지은 이 정자를 영조가 대보단에서 내려다보고 '몽
답정'이라는 이름을 지어주었다고 한다.(권93, 영조 35년 2월 3일(갑인)) 괘궁정
의 건립 연대는 분명치 않은데, 괘궁정 인근 바위에 '괘궁암(掛弓岩)'이라
는 각자와 함께 '기유(己酉)'라는 명문이 있어서 1849년에 건립한 것으로
추정하고 있다.(『최후의 진전-창덕궁 신선원전』, 69쪽) 그렇다면 괘궁정은 『한경
지략』 저술 당대에는 존재하지 않던 건물일 것이다. 몽답정, 괘궁정 등
은 현재 창덕궁 신선원전 구역에 있다. 이덕무의 『청장관전서』에는 몽답
정에서 경치를 보거나 활쏘기를 구경하고 지은 시가 여러 수 전한다.

## 세검정(洗劍亭)

세검정은 창의문 밖 탕춘대(蕩春臺) 옆에 있다. 돌 위에 정자가 있고
폭포가 그 앞을 흘러가서 장마로 물이 넘칠 때마다 서울 사람들이 나와
서 물이 넘실대는 것을 구경한다. 정자 앞에 너럭바위가 있는데, 물에

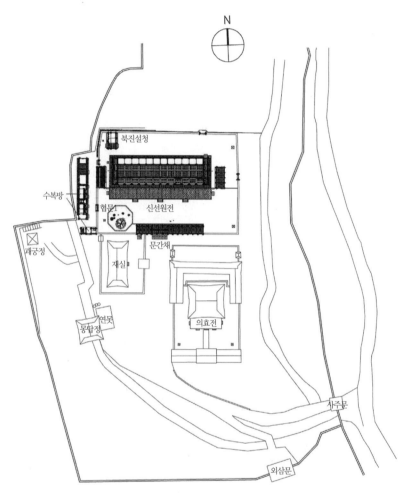

<N>

북진설청

수복방

협문

신선원전

괘궁정

재실

문간채

연못

몽답정

의효전

자주문

외삼문

〈그림 48〉 창덕궁 신선원전 구역 배치도(『최후의 진전 창덕궁 신선원전』, 국립문화재연구소, 2010)

왼쪽 구석에 괘궁정이, 그 아래 몽답정과 연못이 확인된다. 신선원전은 국왕 초상화를 모신 진전으로 1921년 건립되었다. 신선원전 건립 이전에 이곳에는 대보단이 자리 잡고 있었다. 신선원전 앞의 의효전은 원래 순종 비 순명효황후의 혼전으로 쓰였던 곳으로 원 건물은 경복궁 문경전이었으나 1904년 덕수궁 의효전으로 옮겨 졌다가 창덕궁 의효전으로 이건된 것이다.

닳아서 비단처럼 매끄럽고 깨끗하다. 동네 아이들이 붓을 가지고 와서 글자 쓰는 연습을 하므로 돌 위에 항상 먹물 자국이 있다. 이 폭포수를 따라 거슬러 올라가면 동령폭포(東嶺瀑布)가 있다.

洗劍亭 在彰義門外 蕩春臺傍 置亭于石上 瀑流經其前 每於潦漲時 都人出往 觀漲 亭前磐石 水磨滑淨如練 閭閻兒携筆 習寫字 故石上常有潘墨痕 此瀑流 沿溯以上 則有東嶺瀑布

## 천연정(天然亭)

천연정은 돈의문 밖 서지(西池)가에 있다. 이 정자는 본래 이해중의 서재였다. 지금은 경기감영의 중영(中營)의 관청 건물이 되었다. 연못의 연꽃이 제일 무성해서 서울 사람들이 여름철에 연꽃 보러 올 때 이 정자에 많이 온다.

天然亭 在敦義門外西池邊 此亭本是李海重之書齋也 今爲京畿監營之中營公 廨 而池荷最盛 都人夏月賞蓮處 賴有此亭耳

## 쌍회정(雙檜亭)

쌍회정은 남산 아래 창동 앞에 있다. 돌 사이 시냇물가에 있고 단풍 나무가 많이 있어서 가을 9월에 구경하기에 적합하다. 또 칠송정(七松 亭)이 남산 자락에 있는데, 정자는 없고 소나무 일곱 그루만 있다. 지대 가 높아서 올라가 조망하기에 좋다.

〈그림 49〉 서지와 천연정(『돈의문 밖, 성벽 아랫마을: 역사·공간·주거』, 서울역사박물관 아카이브)

경기중영은 개항 후 일본에 공관 건물로 제공되었는데, 이것이 사진 왼쪽의 단층 건물인 청수관으로서 임오군란 때 소실되었다. 청수관의 오른쪽 건물이 천연정이다. 본문의 설명에서처럼 서지에 연잎이 무성한 것을 볼 수 있어서, 연꽃이 피는 여름철에 좋은 구경거리가 되었을 것임을 상상할 수 있다.

雙檜亭 在南山下倉洞前 臨石澗多楓栢 宜於九秋遊賞 又七松亭在南山麓 無亭而有七松樹 地高只合登眺[110]

❁

---

[110] 원문 및 존경각본과 고려대본에는 '眺泉雨閣……'으로 쌍회정 항목 속에서 구분 없이 그대로 이어지며 원문에서는 眺 위에 ◎ 표시가 있어서 마치 眺泉雨閣이 하나의 항목인 것처럼 보인다. 그러나 역박본에는 眺에서 쌍회정 항목이 끝나고 泉雨閣으로 별도 항목으로 시작한다. 내용상 천우각으로 시작하는 것이 맞으므로 이에 맞춰 바로잡는다.

『임하필기』에 따르면 백사 이항복이 이곳에 전나무 두 그루를 직접 심었는데, 다른 사람의 소유로 넘어간 후 정자를 지은 사람이 전나무 두 그루의 이름을 따서 '쌍회정'이라고 했다고 한다. 서염순(徐念淳, 1800~?)이 단풍나무를 많이 심고 정자 이름을 '홍엽정'이라고 바꿨으나, 이항복의 후손인 이유원(李裕元, 1814~1888)이 이곳을 사들이고 쌍회정이라고 이름을 다시 바꿨다.(『임하필기』 권27. 春明逸事) 쌍회정은 이유원의 양자가 된 이석영과 조카인 이시영(李始榮, 1869~1953), 이회영(李會榮, 1867~1932) 형제들이 자주 모여 신·구학문을 익히는 요람이 되기도 하였다.

### 천우각(泉雨閣)

천우각은 남산 아래에 있으니, 남별영 소속 관청 건물이다. 개울에 걸쳐 각이 있어서 여름철에 피서할 만하다. 석벽에 '아계(丫溪)' 두 자가 새겨져 있다.

泉雨閣 在南山下 卽南別營所屬公廨也 跨澗置閣 可以夏月避暑 石壁刻丫溪二字

### 협간정(夾澗亭)

협간정은 낙산 아래에 있다. 앞에는 시내와 폭포가 내려다보이니, 쌍계(雙溪) 이복원(李福源, 1719~1792)이 지은 것으로 동촌 사람들이 노니는 곳이다.

夾澗亭 在駱山下 前臨澗瀑 雙溪李相公所構 爲東村人遊賞之所

〈그림 50〉 권신응, 북악팔경 중 「아계동」(개인소장)

아(丫)자 형으로 그린 계곡 물줄기와 그 위를 가로질러 위치한 정자가 그려져 있다. 이 정자가 천우각이며, 그 아래 오른편의 건물이 금위영의 남별영이다. 아계는 필동천의 상류로서, 현재 남산골 한옥마을 인근이다.

❋

　　일부 인터넷 정보에서는 이 정자의 이름이 내간정(來澗亭)이며 쌍계 이

재(李縡)가 지었다고 되어 있다. 그러나 이복원의 아들인 이만수(李晩秀,

1752~1820)가 협간정에서 노닐고 쓴 시 여러 편이 그의 문집인 『극원유고

『展園遺稿』)에 실려 있고, 이 근방인 관동이 이정귀(李廷龜) 이래로 연안 이씨들이 세거하는 동네였던 것으로 보아 이복원이 협간정을 지은 것이 분명하다.

## 읍청루(挹淸樓)

읍청루는 용산강에 있으니, 훈련도감 소속의 별영 창루(倉樓)이다. 앞으로 긴 강이 내려다보이는 곳에 있어 풍경이 매우 아름답다.

挹淸樓 在龍山江 卽訓局所屬別營倉樓也 前臨長江 風景甚美

## 창회정(蒼檜亭)[111]

창회정은 서빙고 강북에 있다. 세조가 잠저 때 항상 행차하여 노닐다가 이곳에서 권람(權擥, 1416~1465)을 만났는데, 한번 보자마자 오랜 지기처럼 되었고 후에 마침내 공신이 되었다.

蒼檜亭 在西氷庫江北 世祖潛邸時 常遊幸 遇權擥於此 一見有際遇 後竟爲功臣

안설: 도성에 팔영(八詠)이 있는데, 『여지승람』에서는 기전산하(畿甸山河), 도성궁원(都城宮苑), 열서성공(列署星拱), 제방기포(諸坊碁布), 동문교장(東門敎場), 서강조박(西江漕泊), 남도행인(南渡行人), 북교목마(北郊牧馬)라 하였다.[정도전, 권근, 권우(權遇, 1363~1419)의 시가 있다]

---

111 원문에는 창회정 항목이 안설 뒤에 있었으나 안설 앞으로 옮겼다. 안설이 읍청루에만 해당하기보다는 명승 편목 전체에 해당되어서 해설의 편의를 위해 이와 같이 조정하였다.

또 십영(十詠)이 있는데, 장의심승(藏義尋僧), 제천완월(濟川翫月), 반송송객(盤松送客), 양화답설(楊花踏雪), 목멱상화(木覓賞花), 전교심방(箭郊尋芳), 마포범주(麻浦泛舟), 흥덕상련(興德賞蓮), 종가관등(鐘街觀燈), 입석조어(立石釣魚)이다.[모두 정도전, 권근, 권우의 시가 있다]

또 남산팔영(南山八詠)이 있는데, 운횡북궐(雲橫北闕), 수창남강(水漲南江), 암저유화(岩底幽花), 영상장송(嶺上長松), 삼춘답청(三春踏靑), 구일등고(九日登高), 척현관등(陟巘觀燈), 연계탁영(沿溪濯纓)이다.[정이오의 시가 있다]

『지봉유설』에 다음과 같이 나와 있다. "『여지승람』에서는 한도십영(漢都十詠)을 장의심승, 흥덕상련, 입석조어라고 하였는데, 살펴보니 장의사는 예전에 창의문 밖에 있었고, 흥덕사는 동부 연희방에 있었고 연지가 있었다고 하는데, 언제 폐사되었는지는 알 수 없다. 입석포는 두모포 상류에 있다."

『경도잡지』에서 필운대행화(弼雲臺杏花), 북둔도화(北屯桃花), 흥인문외양류(興仁門外楊柳), 천연정하화(天然亭荷花), 삼청동탕춘대수석유상상영(三淸洞蕩春臺水石遊賞觴詠)이라고 한 것은 이곳에 많이 모였기 때문이다.

案都城有八詠 輿地勝覽云 畿甸山河 都城宮苑 列署星拱 諸坊碁布 東門敎場 西江漕泊 南渡行人 北郊牧馬[竝有鄭道傳權近權遇詩]

又有十詠 日藏義尋僧 濟川翫月 盤松送客 楊花踏雪 木覓賞花 箭郊[^112]尋芳 麻浦泛舟 興德賞蓮 鐘街觀燈 立石釣魚[竝有鄭道傳權近權遇詩]

又有南山八詠曰 雲橫北闕 水漲南江 岩底幽花 嶺上長松 三春踏靑 九日登高 陟巘觀燈 沿溪濯纓[并有鄭以吾詩]

芝峯類說云 輿地勝覽 漢都十詠曰 藏義尋僧 興德賞蓮 立石釣魚 案藏義寺 舊在彰義門外 興德寺 在東部燕喜坊 有蓮池云 而未知廢於何時 立石浦 則在豆毛浦上流

京都雜志曰 弼雲臺杏花 北屯桃花 興仁門外楊柳 天然亭荷花 三淸洞蕩春臺水石 遊賞

---

112 원문에는 橋로 되어 있으나, 『승람』에 따라 郊로 바로잡는다.

觴詠者 多集于此

✼

명승 편목은 다음의 각동 편목과 함께 『한경지략』에만 있는 편목이다. 명승은 각동처럼 인물의 행적과 관련이 깊은 장소가 많아서 각동과 내용이 겹치는 부분도 꽤 있다. 그러나 각동과 내용이 겹치더라도 명승은 사람들이 구경하거나 노니는 장소라는 특징을 잡아서 서술하였다는 점에서 차이가 있다. 여기에는 계절에 따른 놀이 문화가 반영되어 있어서 자연경관이 주로 완상의 대상이자 장소였지만, 산단의 씨름놀이처럼 순수하게 사람들이 만들어낸 유희도 그 대상이었다.

명승 편목의 19개 항목을 지역별로 나누어보면, 성안이 13개, 성 밖이 6개인데, 성안의 13개소 중에서도 아홉 곳이 경복궁 주변 지역에 포진되어 있어서 지역적으로 상당히 편중되어 있다. 성안의 나머지 4개 지역은 동쪽 지역이 두 곳, 남산 쪽이 두 곳이다. 성 밖 여섯 곳은 남산, 혜화문, 창의문, 돈의문 밖에 각 한 곳씩이 있고 한강 인근에 두 곳이 있다. 이는 조선 전기에 주로 꼽던 승경지와는 상당히 달라진 것으로서, 한양 관련 제영에서도 그 변화를 짚어볼 수 있다. 본문의 안설에서 언급한 한양의 명승 관련 제영을 정리하면 다음 표와 같다.

| 출전 | 종류 | 제목 | 의미 |
|---|---|---|---|
| 승람 | 도성<br>팔영 | 기전산하(畿甸山河) | 도성의 산과 강 |
| | | 도성궁원(都城宮苑) | 도성과 궁궐 |
| | | 열서성공(列署星拱) | 별처럼 늘어선 여러 관서 |
| | | 제방기포(諸坊碁布) | 바둑판처럼 펼쳐진 여러 동네 |
| | | 동문교장(東門敎場) | 동문의 교장 |
| | | 서강조박(西江漕泊) | 서강의 조운선 |
| | | 남도행인(南渡行人) | 남쪽을 건너는 사람들 |
| | | 북교목마(北郊牧馬) | 북교의 목마 |
| | 십영 | 장의심승(藏義尋僧) | 장의사 승려 찾아가기 |
| | | 제천완월(濟川翫月) | 제천정에서 달 즐기기 |
| | | 반송송객(盤松送客) | 반송정에서 손님 배웅 |
| | | 양화답설(楊花踏雪) | 양화나루에서 눈 밟기 |
| | | 목멱상화(木覓賞花) | 목멱산의 꽃구경 |
| | | 전교심방(箭郊尋芳) | 살곶이에서 꽃감상 |
| | | 마포범주(麻浦泛舟) | 마포에 배 띄우고 놀기 |
| | | 흥덕상련(興德賞蓮) | 흥덕사의 연꽃 구경 |
| | | 종가관등(鐘街觀燈) | 종가의 연등 구경 |
| | | 입석조어(立石釣魚) | 입석포의 낚시 |
| | 남산<br>팔영 | 운횡북궐(雲橫北闕) | 북쪽 궁궐을 가로지르는 구름 |
| | | 수창남강(水漲南江) | 남쪽 강에 넘실대는 물 |
| | | 암저유화(岩底幽花) | 바위 밑의 그윽한 꽃 |
| | | 영상장송(嶺上長松) | 산마루의 높은 소나무 |
| | | 삼춘답청(三春踏靑) | 삼월의 답청놀이 |
| | | 구일등고(九日登高) | 중양절의 등산 |
| | | 척헌관등(陟 觀燈) | 언덕에 올라 연등 구경 |
| | | 연계탁영(沿溪濯纓) | 시냇물에 갓끈 빨기 |

| 출전 | 종류 | 제목 | 의미 |
|---|---|---|---|
| 경도 잡지 | | 필운대 행화(弼雲臺杏花) | 필운대의 살구꽃 |
| | | 북둔도화(北屯桃花) | 북둔의 복사꽃 |
| | | 흥인문외 양류(興仁門外楊柳) | 흥인문 밖의 버드나무 |
| | | 천연정 하화(天然亭荷花) | 천연정의 연꽃 |
| | | 삼청동탕춘대 수석유상상영 (三淸洞蕩春臺水石遊賞觴詠) | 삼청동과 탕춘대 계곡 구경하며 술마시며 시 읊기 |

도성팔영은 정도전이 지은 「신도팔영」에서 비롯한 것으로 한양으로 천도한 초기에 지은 것이다. 구성을 보면, 한양의 자연이나 명승지를 자연스럽게 읊었다기보다는 도성 안은 산하-궁궐-관서-거주지의 순서로, 도성 밖은 동서남북으로 작위적으로 나누어서 풍경을 읊은 것이어서 새 수도를 찬양하기 위한 정치적 목적이 다분하다.

십영은 이보다는 좀 더 후대에 붙여진 것이다. 본문에서는 십영에 대해서도 정도전, 권근, 권우의 시가 있다고 하였으나 이는 틀린 내용이다. 『승람』에 수록된 십영은 월산대군, 강희맹, 서거정, 이승소, 성임 등 15세기 후반 인물들의 시로 구성되어 있다. 십영은 도성팔영보다 늦게 구성되고 한양이 수도로서 위치가 확고해진 시기에 붙은 것이어서 훨씬 현실적이며 자연스러운 풍경을 담고 있으나, 명승지 대부분은 도성 밖, 한강 변의 승경지나 남산 자락에 위치하고 있다. 성현은 『용재총화』(권1)에서 도성 안의 경치가 좋은 곳으로 백악 자락의 삼청동, 인왕산 자락의 인왕동, 쌍계동, 백운동, 남산의 청학동을 꼽기는 하였으나 도성 안에는 경치 좋은 곳이 적다는 단서를 붙이고 있어서, 조선 전기까지 도성

안의 풍경은 아직 완상의 대상이 되지 못하였음을 알 수 있다.

그에 비해 유득공이『경도잡지』를 지은 18세기에는 한강 변처럼 멀리까지 가지 않더라도 도성 안팎의 여러 지역도 미세하게 구분되며 완상하고 노니는 장소가 되었음을 볼 수 있으며,『한경지략』에는 필운대, 유란동, 세심대, 청휘각, 청풍계, 수성동 등 한양 북촌의 여러 지역이 명승조에 실려 있다.『승람』에서는 주목하지 않았던 지역들이 최고의 승경지로 꼽힌 반면, 조선 전기에 단독으로 팔경 중 하나로 지정되기도 하였던 남산 지역의 비중은 상당히 떨어진다. 이는 명승에 대한 인식이 변화하였음을 보여주는 것이다. 한양 북촌의 여러 지역은 장동의 안동 김문과 관련이 깊은 사적이다. 이 가문과 교유가 깊었던 18세기 이병연의 시와 정선의 그림이 붙으면서 서울의 대표적인 새로운 명승지로 부상하게 된 것이다.(조규희)

그러나 이렇게 구성된 명승을 당대 사람들이 보편적으로 인정했던 것으로 보기는 힘들다. 유본예와 비슷한 시기를 살았던 강준흠(姜浚欽, 1768~1833)은 정조의 촉망을 받은 남인계 학자였는데, 그도 한양의 여러 명소를 읊은「한경잡영」을 남긴 바가 있다.(『三溟詩集』6편 詩「漢京雜詠」) 이 시는 1816~1821년 사이에 지은 것으로서, 삼각산, 백악, 목멱산, 인왕산, 타락산, 창덕궁, 경희궁, 영희전, 경복궁, 춘당대, 반궁, 대보단, 종루, 광통교, 수표교, 조양루, 석양루, 원각사 고탑, 몽답정, 장원서 고송, 천우각, 삼청동, 청학동, 연자루, 관왕묘, 남지, 서지, 모화관, 선무사, 기현(안현), 탕춘대, 북저동, 전교목장, 독서당, 지덕사, 주교, 오강, 선유봉, 삼창, 저자도 등 40곳에 대해 시를 읊었다. 흥미로운 점은 그가 읊은 곳은 대부분 『한경지략』에서 명승 편목은 아니더라도 다른 편목에서 언급하거나 다루었지만, 『한경지략』의 명승 편목에 실린 경복궁 서쪽의 장동 김문과 관련이 깊은 명소들은 강준흠의 「한경잡영」에 하나도 거론되지 않았다는 점이다. 이 점은 같은 시대를 살아간 사람이라도 당색에 따라 교유의 범위가 달랐고 장소에 대한 애착과 평가가 달라졌다는 것을 보여준다.

한편 정조 역시 세손 시절 국도팔영을 읊은 적이 있다.(『홍재전서』권2, 춘저록 2 詩 國都八詠) 정조가 읊은 국도팔영은 필운화류(弼雲花柳: 필운대의 꽃과 버드나무), 압구범주(狎鷗泛舟: 압구정에 띄운 돛단배), 삼청녹음(三淸綠陰: 삼청동의 녹음), 자각관등(紫閣觀燈: 자하각의 관등), 청계간풍(淸溪看楓: 청풍계의 단풍), 반지상련(盤池賞蓮: 반송지의 연꽃 구경), 세검빙폭(洗劍氷瀑: 세검정의 언 폭포), 통교제월(通橋霽月: 광통교의 밝은 달)이었다. 이 중 필운대, 삼청동, 청풍계, 반송지(서지), 세검정 등은 『한경지략』의 명승과 일치하지만 압구정, 자하각, 광통교는 일치하지 않는다. 이런 점을 볼 때 명승 인식의 주관성 역시 주의할 필요가 있다.

명승의 개념 역시 생각해 볼 필요가 있는데, 유본예가 꼽은 명승은 단순한 도성 안팎의 랜드마크라기보다는 유명한 인물과 사람들의 행위가 결합된 장소였다. 당대 도성 안에서 눈에 띄는 여러 경관이나 건축물은 산천, 고적이나 각동 등 여러 편목에 흩어져 있다. 그가 명승으로 넣은 장소들은 단순히 아름다운 경치나 눈에 띄는 건축물로 유명한 곳들이 아니라, 유명한 인물의 사적이 서려 있고 계절에 따라 사람들이 모여 무언가를 즐기곤 하던 장소였다. 즉 사람과 사람의 행위가 결합된 장소를 명승으로 쳤다는 점이다. 한편 계절에 따라 달라지는 장소와 놀이의 종류도 언급하고 있어서, 이 편목은 장소의 설명이면서도 시간성이 살아 있다는 특징을 지니고 있다.

# 각동(各洞)[동下也 通街]

안설: 지금 경성의 여러 여항을 모두 동이라고 칭하니, 바로 중국의 호통(衚衕)이다. 『농암집』의 잡지(雜識, 권34)에서는 중국에서 동(洞)이라고 하는 것은 모두 바위굴 중 안이 비어서 살 수 있을 만한 곳만을 가리키지만, 우리나라는 경성의 방리도 동이라고 칭하니 더욱 말이 안 되는데 어디에서 비롯해서 이렇게 와전되었는지를 모르겠다고 하였다.

안설: 양신(楊愼)의 『승암집』에서 지금의 골목길을 호동(胡洞)이라고 하고, 또는 아동(衙衕)이라고도 쓰고 오동(俉衕)이라고도 쓴다고 하였으니, 우리나라에서 쓰는 동(洞)자는 모두 동(衕)이라고 해야 한다.

案今京城諸巷皆稱洞 卽中國之衚衕也 農岩雜識曰 中國所稱洞 皆指岩穴中空可居耳
我國則至於京城坊里 亦以洞稱 則尤無謂 不知何自而有此訛耳

又案楊升菴集曰 今之巷道 名爲胡洞 或作衙衕 又作俉衕云 則我東之用洞字 皆宜作衕

## 이문동(里門洞)

이문동은 이문안[里門內]이라고도 칭하는데, 인조 때의 잠저가 있다. 연못 이름이 잠룡지로서, 당 안에 영조 어필의 '잠룡지(潛龍池)' 편액이 걸려 있다.

里門洞 亦稱里門內 有仁廟朝潛邸 池名潛龍池 堂內奉揭英宗御筆 扁曰潛龍池

❃

이문은 현 종로구 인사동 222번지 종로타워 동쪽에 있었다. 이 문을 나오면 종로의 어물전과 만나게 되었으며, 이문으로 들어가는 길 끝에는 능성 구씨 가문의 집인 태화정과 잠룡지가 있었다. 능성 구씨는 인조의 외가여서 인조가 어렸을 때 이 집에서 자랐는데, 어릴 때 인조가 연못 인근에서 놀았다는 일화가 전하는 연못이 잠룡지다. 잠룡지 인근에 있던 태화정은 도성 안에서 경치가 좋기로 유명하였다. 능성 구씨 가문은 효종을 배종해 심양에 갔기 때문에 효종의 어필을 많이 소유하고 있었다. 영조는 이러한 인조와 효종의 사적을 기념하며 1773년(영조 49) 잠룡지와 태화정을 방문하였고 어제 시문 등을 내려주었다.(『영조실록』 권 120, 영조 49년 2월 15일(갑술)) 이때 정조도 배종했는데, 즉위 후에 당시의

---

113 원문에는 오부 구분이 없으나 편의를 위해 달았다.

시문 등을 모아 구윤명에게 내려주면서 이를 기록하여 게시하게 하였다. 이에 구윤명이 내력을 기술하고 정조와 영조의 시문 등을 모아 작성한 것이 「영조어제표태화정계판첩(英祖御製表太華亭揭板帖)」으로, 현재 그 탁본이 장서각에 소장되어 있다. 장서각에는 「이문내 구윤옥가 도형(里門內具允鈺家圖形)」도 소장되어 있는데, 작성 연대나 배경 등은 밝혀지지 않았으나 이 도형에 잠룡지도 표기되어 있다.(정정남, 2008)

## 향교동(鄕校洞)

향교동에는 정암 조광조의 옛집이 있다. 고려 때 한양향교가 여기에 있었다.

鄕校洞 有趙靜菴舊宅 前朝時 漢陽鄕校在此

## 수진동(壽進洞)

수진동은 방명으로 동을 칭하였으며, 목은(牧隱) 이색(李穡, 1328~1396)의 영당(影堂)이 있어서 매년 시제를 지내는데 참여하는 후손 및 유생이 매우 많다.

壽進洞 仍以坊名稱洞 而有李牧隱影堂 每年行時祭 後孫及儒生往參者 甚衆

안설: 『지봉유설』에 다음과 같이 나와 있다. "경성 내외의 49방명은 모두 정도전이 지은 것인데, 정도전이 수진방에서 죽게 되니, 사람들이 참언대로 되었다고 여겼다. 대개 (壽進과 壽盡이) 음이 같기 때문이다. 지금은 수중(壽重)으로 고쳤다."

　　민간에서는 정도전의 집이 수진방에 있었는데, 지금 중학이 서당 터이며 지금 제용감이 안채요, 지금 사복시가 마구간 터라고 한다. 정도전이 땅을 잘 볼 줄 알아서 말 수천 필을 매어놓을 자리를 점찍은 것이라 한다.

案芝峯類說曰 京城內外四十九坊名 皆鄭道傳撰定 而道傳在壽進坊誅死 人以爲讖 蓋
同音故也 今改稱壽重[此此]

世傳 道傳家在壽進坊 今中學爲書堂基 今濟用監爲內舍 今司僕寺爲馬廐墟 蓋道傳善
相地 占得繫馬千駟之地云[114]

종로구 수송동 91번지 목은관 옆에 본문에서 언급한 영당 건물이 있
으며, 보물 1215-1호로 지정된 이색의 초상화 두 본이 소장되어 있다.
모두 원본은 아니고 조선 후기에 모사한 것이지만 보존 상태가 양호하
며 수준이 높다.

### 시금동(詩琴洞)

시금동은 수표교 동쪽 수십 보 거리에 있는데, 삼연(三淵) 김창흡(金
昌翕, 1653~1722)이 친구들을 모아서 시를 짓고 거문고를 타던 장소여
서 이러한 이름을 얻었다.

詩琴洞 在水標橋東數十步 卽舊時金三淵 會士友 作詩琴會之地 故名焉

---

114 원문에는 수진방의 정도전과 관련한 안설이 시금동 다음에 붙어 있다. 그러나 내
  용상 수진동에 붙는 것이 적절하므로 수진동 다음으로 옮겼다.

### 내농포(內農圃)

내농포는 창덕궁 돈화문 밖에 있다. 동편에 채소밭이 있는데 내관이 밭을 주관한다. 채소를 심어서 궐내에 이바지하는 데 쓴다. 이상은 중부이다.

內農圃 在昌德宮敦化門外 東邊有圃田 而內官主其田 種蔬菜以作供上 以上 中部

## – 동부

### 어의동(於義洞)

어의동에는 효종 때의 잠저가 있는데, 용흥궁(龍興宮)이라 하고 누각의 이름은 조양루(朝陽樓)라고 하며, 우리 왕조에서 가례를 올릴 때마다 이 궁에서 행한다. 또 동편에 마주한 땅에 누각이 있는데 석양루(夕陽樓)라고 하니, 이것은 인평대군궁(麟坪大君宮)으로 봉사손이 대대로 거주한다.

또 기재(企齋) 신광한(申光漢, 1484~1555)의 옛집이 이 동의 타락산 아래 있다. 세상에서 명승지라 일컫는데 요즘 사람들이 신대(申臺)라고 일컬으며 가서 노는 곳이 이곳이다. 그 석벽에 '홍천취벽(紅泉翠壁)' 네 자가 새겨져 있는데, 표암 강세황의 글씨이다.

또 남이(南怡, 1441~1468) 장군의 집터가 이 동에 있으니, 지금의 박제가 집이다. 뜰에 아주 큰 반송이 있는데, 32개 기둥으로 떠받치고 있으며 어애송이라고 한다. 이 소나무는 영조 때 1767년(영조 43) 강릉(江

陵) 조진세(趙鎭世, 1689~?)가 심은 것으로 소나무를 심어서 후세에 이름을 전하는 것도 하나의 기이한 일이다. 정조 때 경모궁에 전배하고 후에 문희묘 터를 보다가 우연히 이 소나무 아래에 임하여 칭찬하고서 어애송이라는 이름을 내렸으니 사람들이 모두 영광스럽게 여겼다.

於義洞 有孝廟朝潛邸 曰龍興宮 樓名朝陽樓 國朝嘉禮時 每行於此宮 又於東偏相對之地 有樓名夕陽樓 此卽麟坪大君宮也 奉祀孫世居焉

又申企齋光漢舊宅 在此洞駝駱山下 世稱名勝地 今人謂之申臺而往遊處是也 其石壁所鐫紅泉翠壁四字 姜豹菴筆也

又南將軍怡家基 在此洞 卽今之朴貞蕤第也 庭有絶大盤松 擎以三十二柱 名曰御愛松 此松卽英廟朝丁亥 趙江陵鎭世所種也 以種松傳名於後世 亦一奇事也 正宗朝 展拜于景慕宮 後爲觀文禧廟基址 偶然歷臨于此松下 褒美之 遂賜御愛松之名 人皆榮之

❀

효종의 잠저인 하어의궁은 종로구 효제동 22번지 일대에 있었으며, 남북 방향으로 111m 내외, 동서 방향으로 119m 내외로 추정된다. 하어의궁이 마지막으로 가례소로 사용된 것이 1844년(헌종 10)인데, 1868년(고종 5) 장마에 피해를 많이 보았고, 이후에 필지가 분할된 것으로 추정되고 있다.(『종로 어영청지 유적』) 인평대군방에 있던 석양루는 현재 종로구 이화동 27-1(이화동 주민센터) 자리에 해당한다.

신대는 현재 이화장 터에 해당한다. 본문에서 언급한 '홍천취벽' 각자도 1960년대까지 있었다고 전하나, 지금은 땅에 묻혀 있다고 한다. 신광한은 젊은 시절 조광조와 친해서 기묘사화 때 그 당인으로 지목되어 어려움에 처하자 여주에 은거하였다. 1537년(중종 32) 기묘명현이 복권될 때 신광한도 대사성으로 복직, 63세 되던 1546년(명종 1) 낙산 아래 폭천정사(瀑泉精舍)를 세우고 서실인 기재(企齋)도 이곳으로 옮겼다. 신광한의 다른 호인 낙봉, 창성동주 등도 모두 낙산 일대와 관련이 깊어 이곳이 그에게 의미를 지닌 곳임을 알 수 있다. 이곳은 조선 후기 시인, 특히 인근에 거주한 관동 이씨와 그들과 교유한 인물들이 많이 찾은 장소이기도 했다. 19세기 초반에는 고령 신씨가 아닌 평산 신씨 부자가 살면서 더욱 명성이 나기도 하였는데, 1817년(순조 17) 이만수(李晩秀)를 맹주로 하여 결성한 시사인 홍천사(紅泉社)가 이곳에서 열리기도 하였다.(『조선의 문화공간』 1, 122~123쪽)

유득공―유본예와 교유가 깊었던 박제가의 집이 이곳, 남이의 집터에 있었는데 그가 장년 이후에 사용한 '정유(貞蕤)'라는 호가 이곳의 어애송에서 기원했다.


## 백동(栢洞)

백동은 낙산 아래에 있다. 태종 때 공신이었던 박은(朴訔, 1370~1422)의 옛집에 백림정(栢林亭)이 있어서 여기에서 이름을 백동이라고 하였다.

栢洞 在駱山下 太宗朝功臣朴訔舊宅 有栢林亭 故因名栢洞

## 송동(宋洞)

송동은 우암 송시열의 옛집이 이곳에 있었으니, 석벽에 우암의 글씨로 '증주벽립' 네 자가 새겨져 있다.

宋洞 尤菴舊宅在此 石壁鐫尤菴筆曾朱壁立四字

## 관동(館洞)

관동은 성균관 때문에 이름이 붙은 것으로, 월사(月沙) 이정귀(李廷龜, 1564~1635)의 옛집이 있어 봉사손이 대대로 거주한다. 사우 앞에 홑잎 홍매화나무가 있는데, 중국 사람이 이정귀에게 주어서 심은 것이다. 우리나라의 홑잎 홍매화는 오직 이 나무뿐이다.

남상문(南尙文, 1520~1602)은 선조 때 사람으로 관직이 군수에 이르렀다. 옛집이 낙산 아래에 있었는데, 정원과 연못, 나무가 아름다웠다. 명나라의 조사인 경리(經理) 양호(楊鎬, ?~1629)가 낙봉(駱峯)에서 노닐며 이름난 정원을 방문하였다가, 소나무 아래에 서 있는 어떤 늙은이가 수염과 눈썹이 모두 하얘서 모습이 예스럽고 고아한 것을 보았다. 자리로 이끌어 함께 앉아 "오늘 위인을 볼 줄은 생각도 못했소"라고 탄식하고서는 문에 '치덕구우달존지려(齒德俱優達尊之閭: 나이와 덕행이 뛰어난 달존의 거리)'라고 썼다.

館洞 以成均館稱之 而有李月沙舊宅 奉祀孫世居焉 祠宇前 有單葉紅梅樹 卽
中國人之贈月沙以種者也 我東之單辨紅梅 只此一樹云耳

南尙文 宣廟朝人 官至郡守 舊家在駱山下 有園池樹木之勝 皇明詔使楊經理
鎬 遊駱峯訪名園 見丈人立於松下 鬢眉皆白 狀貌奇古 延座歎日 今日不料見

偉人 遂題門曰 齒德俱優達尊之閭

✳

　관동은 관이 있는 동네라는 뜻으로 한양 안에는 이곳을 포함하여 세
곳의 관동이 있었다. 성균관 인근의 관동이 본문에서 언급한 관동이고,
모화관 인근도 관동이라고 불렸으며, 성외인 연은방 불광리계에도 관
동이 있었다. 이는 객관이 있어서 생긴 지명이다. 이정귀는 연안 이씨
로서 관동에 거주한 이 계파는 연안 이씨 관동파, 혹은 동촌 이씨 등으
로 불리며 이 일대에 세거해 왔다. 세종대에 문명을 날린 이석형(李石亨,
1415~1477)이 처음 이 일대에 자리를 잡은 것으로 추정되며, 그 후손인
이정귀 이후 매우 번성하면서 관동파의 입지가 확고해졌다. 이정귀는
이곳에 살며 관동을 비롯한 한성부 동부에 거주하던 여러 문인과 교유
했는데, 남상문, 이원익, 정엽(鄭曄, 1563~1625), 오윤겸(吳允謙, 1559~1636),
이수광 등이 대표적이었다. 본문에서도 언급한 남상문의 옛집이 송월
헌(松月軒)으로, 성종의 부마였던 할아버지 남치원(南致元)이 하사받은 것
인데, 임진왜란 때 폐허가 된 것을 남상문이 복구하여 예전 명성을 되
찾을 수 있었다고 한다. 이정귀는 이 송월헌을 방문한 적이 있고 그 기
문과 시를 짓기도 하였다. 이정귀 당대에는 당색에 구애받지 않는 교
유 범위를 보였으나 후손은 당색이 갈렸다. 일부는 17세기 후반 학맥
과 혼맥을 통해 송시열과 김수항을 중심으로 결집해 있던 노론과 밀접
하게 연결되었고, 일부는 소론으로서 적극적인 활동을 펼치기도 하였

다. 대체로 이정귀의 손자 중 관동에는 소론으로 활동했던 이만상(李萬相, 1622~1645)의 후손들이 세거하고 호동과 연동을 중심으로 하는 연화방에는 노론으로 활동한 이단상(李端相, 1628~1669)의 후손들이 거주하였다. 정조는 외가가 혼맥으로 관동파에 연결되어 있었고, 측근이던 이시수(李時秀, 1745~1821), 이만수(李晚秀, 1752~1820) 형제 역시 관동에 세거한 관동파여서, 경모궁에서 재숙하며 이정귀의 사우를 방문하고 이러한 인연을 다시 새기기도 하였다.(오세현)

원문에는 다음과 같이 두주가 길게 붙어 있다. "성균관 비천당은 바로 이석형(樗軒 李石亨)의 옛 집터로 정도전이 제사가 오래도록 끊기지 않을 자리라고 하였다. 이석형이 그 동편으로 이사하였다. 이정귀 집터는 박석고개 동편이다. 공전교(工專校: 공업전문학교)는 이천보(晉庵 李天輔) 집터, 호동은 대신 이존수(金石 李存秀), 경모궁 연지는 이소한(玄洲 李昭漢)의 옛 집터이며, 이천보 집터는 과동이다." 이석형, 이정귀, 이천보, 이존수, 이소한은 모두 연안 이씨로서 이 두주는 관동 일대에 거주한 연안 이씨 인물의 집터를 고증한 것이다.


## 홍덕전(弘德田)

홍덕전은 낙산 아래에 있다. 세상에 다음과 같은 이야기가 전한다. 효종이 심양관에 있을 때 나인 홍덕이 포로로 잡혀가 심양에 있었는데 김치를 잘 담가서 그때 매일 공상에 바쳤다. 효종이 즉위한 후에 홍덕도 마침내 속전을 내고 본국으로 돌아오게 되자 다시 김치를 만들어 나인을 통해 바쳤다. 임금이 맛을 보고 어디서 나왔는지를 묻자 나인이 사실대로 고하였다. 임금이 몹시 놀라면서 바로 홍덕을 부르고 후하게 상을 주고자 하였는데, 홍덕이 감히 받을 수 없다고 사양하니 임금이 낙산 아래 몇 경의 밭을 내려주어 그 노고를 위로하였다. 이 밭이 지금도 여전히 있어 홍덕전이라고 한다.

弘德田 在駱山下 世傳孝宗朝在瀋館時 內人弘德被俘留瀋 善爲沈葅 時進于日供矣 及御極後 弘德竟贖還本國 更沈葅 因內人以獻焉 上嘗而詢其所出 內人告以實狀 上驚異之 卽召弘德 欲厚賞之 弘德辭不敢當 上仍命賜駱山下幾頃田 以酬其勞 此田今尚在 名曰弘德田

안설:『지봉유설』에 다음과 같이 나와 있다. "고려 때 도선의 도참을 써서 한양에 오얏나무를 심어 압승하였으므로 종리촌(種李村)이라고 칭하였다. 어의동은 옛날에 한양 동촌이라고도 하고 양류촌(楊柳村)이라고도 하였는데, 여염집이 제일 많다."

요즘 사람들이 동촌이라고 칭하는 것도 이미 고려 때부터 시작된 것이다. 이상은 동부이다.

案芝峯類說曰 前朝時 用道詵圖讖 種李於漢陽以壓之 故名種李村 於義洞舊稱漢陽東村 或謂楊柳村 閭閻最盛云[止此] 今人亦稱東村者 已自高麗時始耳[115] 以上東部

이 안설은 홍덕전에 대한 안설이라기보다는 동부 소속 각동에 대한 안설이다. 안설에서 종리촌이라 칭한 곳은 향교동으로, 『지봉유설』에는

---

115 원문에는 耳자가 하나 더 있으나 오류이므로 생략하였다.

종리촌 다음에 '지금 향교동이 옛날 한양향교가 있던 곳이다(今鄕校洞 卽 古漢陽鄕校之所)'라는 구절이 들어가 있다. 도선 도참에 따라 한양에 오얏 나무를 심었다는 설화는 15세기에 유행했던 이른 시기의 남경 설화이다. 이는 이씨가 왕이 되어 한양에 도읍을 한다는 설화로서, 이를 압승하기 위해 오얏나무를 심었다가 베어버렸다는 내용이다.

## - 남부

### 회현동(會賢洞)

회현동은 남산 아래에 있으니, 역시 방명으로 동 이름을 부른 것이다. 문익공 정광필(鄭光弼, 1462~1538)의 옛집이 있어서 지금 그 후손이 대대로 살고 있다. 신인(神人)이 이 집 은행나무에 12개의 서대(犀帶)를 걸 것이라고 고하였는데, 정씨 중에 정승이 된 사람이 자못 많은데도 아직도 남은 서대가 있다고 사람들이 일컫는다. 또 양파 정태화의 옛집도 이 동에 있다. 옛날에는 사랑채 1칸짜리인 집이었는데, 형제가 정승이 되었는데도 같이 거처하며 좁은 것을 알지 못하였다. 또한 그 안채는 청음(淸陰) 김상헌(金尙憲, 1570~1652)이 태어난 방이다. 사람들이 지금까지도 일컬어서 감히 옛 모습을 바꾸지 못한다.

또 일두(一蠹) 정여창(鄭汝昌, 1450~1504)의 옛집이 이 동에 있으므로 정여창의 후손이 매년 거주인에게서 그 가대세를 받는다. 또 표암 강세황의 옛집이 이 동의 끄트머리 산자락에 있다. 참봉 이광려(李匡呂, 1720~1783)의 시에서 "산마루의 소나무 천만 그루나 되지만, 집 문서에

〈그림 51〉 1902년 서울지도로 본 남산 자락의 여러 마을

재산루, 쌍회정, 남산동, 호동, 나동, 교서관동, 필동, 생민동, 묵사당, (동악)시단 등 이 책에서 소개하고 있는 남산 자락의 여러 장소를 확인할 수 있다.

는 남산이 없구나"라고 한 것이 이것이다.

會賢洞 在南山下 亦以坊名稱焉 有鄭文翼公光弼舊宅 今其後孫世居焉 宅有 銀杏樹 世稱 神人告以十二犀帶掛此樹 鄭氏之入閣頗多 而尙有餘帶云 又鄭 陽坡相公舊宅 在此洞 舊時外舍 只是一間屋 兄弟拜相時 猶同居 不知狹窄 且其內舍 則金淸陰仙源胎産之室也 人至今稱之 不敢易其故

又鄭一蠹汝昌舊家基在此洞 故一蠹後孫 每年收其家垈稅于居生人 又姜豹菴 世晃舊第 在此洞地盡頭山麓 故李參奉匡呂詩曰 嶺松千萬萬 宅券[113]無南山 是也

❋

정태화는 정광필의 5대손이자 정유길의 증손으로 효종–현종대에 이르기까지 20여 년 동안 우의정, 좌의정, 영의정을 역임하였다. 동생인 정치화(鄭致和)는 좌의정을, 정만화(鄭萬和)는 예조참판을 역임하였으며, 4촌인 정지화(鄭知和)는 좌의정까지 올랐다. 할아버지, 아버지를 비롯해 정태화 당대는 물론 후손까지 일가 친족들이 높은 관직에 올라 있어서 본문과 같이 사람들이 그 번성함을 일컬었다. 김상헌은 어머니가 정유길의 딸이었으므로 외가인 정씨 고택에서 태어난 것으로 보인다.

## 재산루(在山樓)

재산루는 회현동 끄트머리로 남산 자락에 바로 접한다. 세상에서 청성부원군(靑城府院君) 김석주(金錫胄, 1634~1684)가 여기서 태어났다고 한다. 어렸을 때부터 모습이 호랑이를 닮았는데, 호랑이는 산에 있는 것이 마땅하다고 하여 마침내 그 집의 누각을 재산이라고 하였다고 한다. 담장 밖에 늙은 소나무 한 그루가 있는데, 김석주가 직접 심은 것이다. 또 열아홉 구비 폭포가 있으며, 아래에 우물이 있는데 맛이 매우 깔끔하고 우물의 동쪽 석벽에 '창벽(蒼壁)' 두 자가 새겨져 있다. 반석 위에는 작은 웅덩이가 있으니, 바로 먹 갈던 곳이다. 광해군의 외손인 박씨가 대대로 이 동에 살면서 제사를 받든다.

在山樓 在會賢洞地盡頭 直接南山麓 世稱靑城府院君金錫胄生於此地 幼時

---

116 원문에는 卷으로 되어 있으나, 『李參奉集』(권2, 詩 又用前韻)에 따라 券으로 바로잡는다.

相貌類虎 以爲虎宜在山 遂名其宅樓曰在山 墙外有老松一株 靑城手植也 又
有十九折瀑布 下有井 味甚洌 井東石壁 刻蒼壁二字 磐石上有小洼 卽其硯池
也 光海君外孫朴氏 世居此洞以奉祀

❊

　본문에서는 재산루가 호랑이를 닮은 김석주의 용모를 따라 이름을
붙인 것이라고 전해진다고 하였으나, 이는 잘못 전해진 것이다. 원래
재산루는 김석주의 조부인 잠곡 김육이 지은 것으로, 김육이 그 내력을
기록한 기문을 남기기도 하였다.(『잠곡유고』 권9, 序 在山樓記) 김육은 남산
계곡에 반월지를 만들고 태극정을 지었으며, 그 아래 재산루를 건설하
고 이곳이 무사들이 연마하는 곳이라 하며 이들 중에 호랑이나 표범이
산에 있는 것과 같은 기상을 바탕으로 국가를 지킬 인재가 나올 것이라
는 뜻을 담아 그 이름을 붙였다. 아마도 이러한 내용이 호랑이상이라는
김석주의 관상과 섞여 잘못 전해진 것으로 보인다.

　김육 사후 김석주는 재산루를 물려받아 가꾸었으며, 이곳에는 많은
도서가 소장되어 있었다고 한다. 일제 시기 학자인 마에마 교사쿠(前間
恭作)의 『고선책보(古鮮册譜)』에는 재산루 장서가 상당히 보이는데, 이들
중 상당수는 일본의 동양문고에 소장되어 있다. 한편 재산루 일대에서
는 정약용이 젊은 시절을 보내기도 하였다. 정약용은 자신의 집을 누산
정사(樓山精舍)라고 하였으며 아들 학연을 이곳에서 얻기도 하였다.(『조선
의 문화공간』 3, 138쪽)

## 송현(松峴)

송현에는 달성위옹주궁(達城尉翁主宮)이 있다. 이 궁은 원래 우리 10대조인 판서공의 옛집인데, 삼대를 전해오다가 궁이 되었다. 달성위가 동전(東田)에서 이곳으로 이사 온 것은 야사에 보인다.

松峴 有達城尉翁主宮 此宮本是吾家十代祖判書公舊宅 傳三世而爲宮 達城尉自東田移來此 見於野史

달성위는 선조의 부마 서경주(徐景霌, 1579~1643)를 일컫는 것으로, 그는 선조와 인빈 김씨 사이에서 태어난 정신옹주와 혼인하였다. 판서공은 유본예의 10대조인 유잠(柳潛, ?~1576)을 가리키는데,『동국여지비고』에서는 유잠의 아들인 유자신을 판서공이라고 보았으나, 족보 등을 볼 때 유잠이 맞다. 유잠의 손녀는 광해군비 유씨였으며, 손자인 유희분, 유희발, 유희량은 이러한 배경으로 광해군대에 세도를 누렸으나 인조반정으로 몰락하였다. 서경주는 인목왕후의 아버지인 김제남의 인친이어서 광해군대에는 그다지 서용되지 못하다가 인조반정 이후에 등용되었다. 그는 이괄의 난 때 호종한 공으로 품계가 올랐으며, 옹주의 곡식으로 토벌을 도왔던 내력으로 적몰한 역적의 집 두 채를 대가로 받았다.(『인조실록』권6, 인조 2년 6월 1일(계미)) 아마 이때 유잠의 집이 달성위 서경주에게 넘어간 것으로 보인다. 달성위 이름을 따서 이곳에 달성위계가 있었다. 본문에서는 달성위가 동전에서 이곳으로 이사 온 자세한 이야기는 생략하였는데, 자기 집안의 집에서 달성위궁이 된 내력을 자세히 서술하지 않은 것은 자기 가문의 치부를 은연중에 드러내지 않으려는 서술 태도로 보인다.

### 장흥동(長興洞)

장흥동은 옛날 장흥고가 이곳에 있었고, 읍취헌 박은의 옛 집터가 있다. 또 일송(一松) 심희수(沈喜壽, 1548~1622)의 집터가 있고 그가 직접 심은 소나무 한 그루가 아직도 있다. 일찍이 고 좌상 김국광(金國光)의 집이었는데, 김 재상이 집 지을 때는 사치스럽다 하여 탄핵을 받았으나 지금 보면 매우 누추하다고 한다.

長興洞 舊時長興庫在此 有朴挹翠軒誾故宅基 又有沈一松喜壽宅基 其手植 一松尙在 曾爲故左相金國光[117]宅 金相搆屋以侈被劾 而以今觀之 甚樸陋云

❈

심희수의 집터가 김광국의 집이었다는 이야기는 『부계기문』에 실려 있는데, 『부계기문』에 따르면 심희수 집은 김광국이 아니라 세조-성종대 활동한 김국광(金國光, 1415~1480)의 집이었다. 『부계기문』의 저자인 김시양(金時讓, 1581~1643)은 심희수의 집을 직접 방문해 보고서는, 이 집이 매우 낮고 좁은데도 예전 김국광이 지었을 때엔 탄핵을 받았다며 세상

---

117 원문에는 光國으로 되어 있으나, 『부계기문』에 따라 國光으로 바로잡는다.

이 훨씬 사치스러워졌다고 평한 바 있다. 『임하필기』(권32, 순일편 長興洞 古蹟)에 따르면, 옛 장흥고 인근의 사대부 집은 옛 관서 건물을 그대로 쓴 것이 많았다고 한다.

### 상동(尙洞)

상동은 성안(成安) 상진(尙震, 1493~1564)의 옛집이어서 상정승동이라 고도 한다. 숭례문 안 길옆에 있다. 영조가 동가하여 이 길옆을 지날 때 액례가 관례대로 동 이름을 외치니, 상이 절하고 지나갔다.

尙洞 卽尙成安震故居 故稱尙政丞洞 在崇禮門內路傍 英宗動駕 過此路傍時 掖隸例爲唱告洞名 則上爲軾而過[118]

### 교서관동(校書館洞)

교서관동은 옛날에 교서관이 이곳에 있었으므로 운동(芸洞)이라고도 칭하였다. 예전 장군 임경업(林慶業, 1594~1646)의 옛 집터로, 운관(교서 관)의 부군당 신상이 곧 임 장군이라고 한다. 예전 정조 때 이 동에 우 리 집이 오래 살았는데, 아버지가 고운(古芸)을 당호로 삼은 것이 이 때 문이다.

---

118 가람본과 고려대본의 원문에는 '尙洞 卽尙成安震故居 故稱坊' 다음에 궐외각사 편 목에 있는 장생전과 내시부 항목이 중복되어 잘못 들어가 있다. 坊자 역시 잘못 들어간 글자이므로 이 부분은 존경각본과 역박본에 따라 바로잡고 이에 근거하 여 번역하였다.

校書館洞[119] 舊時校書館在此 故亦稱芸洞 昔日林將軍慶業故宅基也 芸館之
附君堂神像 卽林將軍云 昔於正宗朝時 吾家久居此洞 先君以古芸爲堂號 以
此也

## 타락동(駝駱洞)

타락동에는 문강공(文康公) 조말생(趙末生, 1370~1447)의 옛집이 있으니,
신승 무학이 정한 집터이다. 그 후에 조씨의 자손이 많이들 이 동에 살았
는데, 남산의 주맥이 바로 낙동에 이르니 엎드린 거북 형국이라 칭한다.
서쪽의 조말생 집과 동쪽의 재상 윤시동(尹蓍東, 1729~1797) 집이 거북의
왼눈과 오른눈이 되고, 지금의 공북헌(拱北軒)이 그 꼬리라고 한다.

駝駱洞 有趙文康公末生故宅 卽神僧無學所定家基也 其後趙氏子孫 多居此
洞 而南山之幹脈 直抵駱洞 稱曰伏龜形 西爲趙文康宅 東則尹相國蓍東宅 爲
左右龜眼 今之拱北軒 爲其尾云

타락동은 줄여서 낙동이라고 부르기도 하였다. 『임하필기』(권34, 華東
玉糝編 雲崗篆)에서는 공북헌은 나대장동(나동)에서 제일 높은 집인데 윤순
(尹淳, 1680~1741)의 옛집으로, 이유원의 할아버지가 젊을 때 살던 곳이라
하였다. 이 집은 구들장이 튼튼하고 온돌 시설이 잘된 것으로 유명하다

고 하였으며, 그 언덕에 허목이 쓴 '운강(雲崗)'이라는 전자가 있다고 하였다. 『동국여지비고』에도 같은 내용이 실려 있는데, 이 시기에는 공북헌 자리가 당시 박제헌(朴齊憲, 1808~?)의 집이라고 하였다.

## 남산동(南山洞)

남산동은 남산 아래에 있다. 백강(白江) 이경여(李敬輿, 1585~1657)의 옛집이 있으며, 봉사손이 지금도 이곳에 거주한다.

南山洞 在南山下 有李白江敬輿舊第[120] 奉祀孫 至今居之

## 호위청동(扈衛廳洞)

호위청동은 남동(南衙)과 나동(羅衙) 사이에 있다. 옛날에 호위청이 이곳에 있어서 이러한 이름이 붙었다.

扈衛廳洞 在南衙羅衙之間 舊時扈衛廳在此 故名之

## 종현(鍾峴)

종현은 옛날에 종을 걸어둔 곳이라서 이런 이름이 붙었다. 『추관지』의 안설에 다음과 같이 나와 있다. "남쪽 고개에는 간쟁하는 북을 걸어두었고, 백성들의 비판을 게시할 수 있는 방목은 서교(西橋)에 설치하였다. 지금도 종현이니 방목교니 하고 전하는 것을 보면 국초에 삼대의 성대한 뜻을 모방하였음을 알 수 있다."

---

120 원문에는 第舊로 되어 있으나, 내용상 舊第로 바로잡는다.

세상에 전하기를, 윤선도(尹善道, 1587~1671) 집터에 주춧돌이 있는데, 전각으로 '여산부동(如山不動)'이라는 네 자가 있다고 한다. 혹은 미수(眉叟) 허목(許穆, 1595~1682)의 글씨라고도 한다.

鍾峴舊時懸鍾處 故名焉 秋官志案說云 懸諫鼓於南峴 設謗木於西橋 至今傳稱鍾峴謗木橋 則可知國初模倣三代之盛意也[止此]

世傳尹善道家基有石礎 篆刻如山不動四字 或云許眉叟筆也

안설: 이 고개의 산맥은 남산에서부터 와서 성안에서 갑자기 일어나니, 고산 윤선도가 말한 제비집 형국이다. 고개는 상, 중, 하의 세 가지 호칭이 있으며, 동쪽이 저동이다.

案此峴山脈 自南山來 突起城中 尹孤山謂之燕巢形 峴有上中下三稱 東則苧洞也

『임하필기』(권29, 春明逸史 不動樓)에서는 종현의 깎아지르는 지대에 윤선도의 옛집이 있는데, 터가 좋다는 평이 있었으며 전망이 좋아 도성 안이 굽어보이게 시야가 탁 트였다고 하였다. 본문에서 언급한 대로 '여산부동' 네 자는 허목이 고전(古篆)으로 쓴 것인데, 『임하필기』에서는 주춧돌이 아니라 돌기둥[石柱]에 쓰여 있다고 하였다. 아마도 누각에 쓰이는 장초석을 이르는 것이 아닌가 한다. 누각 처마에는 송시열이 반해서로 '부동루(不動樓)'라고 써서 걸었고, 집 뒷벽에는 윤선도의 손자가 그린 산수도가 있다고 하였다.

### 나동(羅洞)

나동은 옛날 대장 나홍좌(羅弘佐, 1649~1709)가 살던 곳이라 이러한
이름이 붙었다.

羅洞 舊時羅大將弘佐所居 故名焉

✲

나홍좌는 아버지 나성원과 함께 송준길의 문인으로 김장생의 제자
인 권순창의 외손인데, 무예를 닦아 무관을 지냈다. 어영대장, 포도대
장 등을 역임하였고 외직으로는 삼도통제사 등을 역임하였다. 나홍좌
의 집터는 현재 남산초등학교 자리이다.

### 창동(倉洞)

창동은 선혜창(宣惠倉)이 있어서 이런 이름이 붙었다. 미수 허목의 옛
집이 여기에 있다.

倉洞 有宣惠倉 故名之 許眉叟舊家在此

✲

허목은 창동의 집에 살게 된 내력에 대해 기문을 지은 바 있다.(『미수
기언』, 별집 권9, 記 倉洞僑居記) 기문에 따르면 허목은 대사헌에 임명된 후 서
울에 올라와 세 번 집을 옮겨 창동 이진헌(李震獻)의 빈집으로 왔다. 이

진헌은 달성위 서경주의 외손으로, 이 집도 남산을 마주 보는 자리에 원림이 울창하여 명가로 알려져 있다고 하였다.

### 주자동(鑄字洞)

주자동에는 권람(權擥, 1416~1465)의 옛집이 있는데 후조당(後凋堂)이라고 한다. 미수 허목의 글씨이다. 세상 사람들이 처음 집을 정할 때 무학에게 늦게까지 유지할 수 있는 땅을 정하게 해달라고 하여 후조당이라 하였다고 한다.

鑄字洞 有權擥故宅名後凋堂 眉叟筆 世稱卜宅之初 使無學爲定其後凋之地也

허목은 후조당의 내력에 대해서도 기술한 바가 있다.(『미수기언』권13, 棟宇 後凋堂記) 이에 따르면, 후조당은 남산 북쪽 기슭 비서감 동쪽 바위 언덕에 있었으며, 세조가 이곳에 거둥했던 이야기를 당시까지도 한다고 하였다. 서쪽 언덕에 있는 돌샘을 어정이라 하고 그 위쪽에 소한당(所閒堂)의 터가 남아 있는데, 3칸 규모로 남쪽에 온돌방이 있었으나 화려하지는 않았다. 이곳은 지세가 높아서 북한산, 백악, 인왕산, 궁궐이 다 내려다보이고 시정의 번화함이 그지없어 차계(叉溪)·학동(鶴洞)과 함께 남산의 명승으로 불렸다. 기문에서는 권람의 후손인 권흠의 부탁을 받아 선대에 집을 보수하고 가꾼 내용을 포함하여 글을 지었다고 하고 있어서, 이 글을 쓴 1674년 무렵까지는 권람의 후손에게 집이 계승되었음을 알 수 있다. 그러나 19세기에 편찬한 『동국여지비고』에서는 후조당이 녹천정(鹿川亭)이 되었고, 박영원(朴永元, 1791~1854)이 차지하였다고 하고 있으므로 『한경지략』과 『동국여지비고』 저술 사이에 주인이 바뀐 것으로 보인다.

## 묵사동(墨寺洞)

묵사동에는 동악 이안눌의 옛집이 있으니, 정원에 시단(詩壇)이 있다.[또 고적에 보인다]

또 풍원(豐原) 조현명(趙顯命, 1690~1752)의 귀록정(歸鹿亭) 옛터가 있는데, 풍원이 일찍이 푸른 실로 정자 아래에 사슴을 매어놓았으니, 곧 부부가 함께 녹거를 끌고 고향으로 돌아간다는 뜻이었다.[또 옛날에 허생(許生)이란 사람이 이 동에 은거하여 집안은 가난하였으나 독서하기를 좋아하여 자못 사적이 있어서 연암 박지원이 그를 위해 전을 썼다]

墨寺洞 有李東岳安訥故宅 園有詩壇[又見古跡]

又有趙豐原顯命歸鹿亭遺址 豐原嘗以靑絲 繫鹿於亭下 卽共挽鹿車 歸鄕里之意也[又昔有許生 隱居此洞 家貧好讀書 頗有事跡 朴燕岩爲之立傳]

안설: 『지봉유설』에 묵사동은 옛날 묵사가 있던 곳이며, 송송정(宋松亭)은 송씨 성을 가진 사람이 살았기 때문에 송정(松亭)이라고 했다고 하였다.

案芝峯類說 墨寺洞 古墨寺所在 宋松亭乃宋姓人所居 有松亭云

묵사동 이안눌의 동악시단 터는 원래 그의 외가인 능성 구씨가 거주하던 곳이다. 그의 양모는 구엄(具渰)의 딸로 이 집안은 조선 초 현달하고 연산군의 인친이어서 상당한 재력을 갖추었다. 이 집안의 자손인 이안눌은 이 집과 함께 연산군의 제사도 물려받았다. 이안눌 사후 이 집은 그의 조카를 거쳐 후손에게 이어졌는데, 후손인 이덕흠(李德欽, 1667~1746)은 이웃이던 조문명, 조현명 등을 불러 자주 시회를 열기도 하였으며, 이는 주인이 이주진으로 바뀐 이후에도 계속되었다. 두 집안은 묵사동에 집을 가지고 있었던 점도 같지만 양주 해등촌(현 도봉구)에 선영을 두고 있었던 점도 공통적이었다.(『조선의 문화공간』 3, 113~115쪽)

『동국여지비고』에는 귀록정이 조현명의 형인 조문명(趙文命, 1680~1732)의 집이라고 나와 있으나, 이는 오류이다. 조현명은 자신의 호를 '귀록'이라 하고 문집을 '귀록집'이라고 하여 귀록정에 많은 의미를 부여하였다. 본문에서는 묵사동에 귀록정이 있다고 서술되어 있으나 귀록정은 해등촌에 있었던 정자이고, 묵사동의 집은 운오헌(雲鳥軒)이다. 조현명은 「환성당중수기(喚醒堂重修記)」(권18, 記)에서 자신의 운오헌과 동악시단의 집인 환성당(喚醒堂)이 이웃하고 있었고, 해등촌에서는 동곡의 이주진 집과 자신의 귀록정이 이웃하고 있다고 한 바 있다.

송송정은 송우(宋愚, 1354~1422)의 집으로서 진천 송씨 족보에는 후에 성희안(成希顔)의 집이 되었다는 설이 있다. 연산군대에 '매이역가 수묵묵(每伊歟可首墨墨)'이라는 동요가 유행하곤 했는데, 여기서 '매이역가'는 중종을, '수묵묵'은 중종반정을 일으킨 성희안, 박원종 등의 집이 모두 묵사동에 있는 것을 빗대어 이들을 일컫는 것이었다 한다.(『연려실기술』 별집 권15, 천문전고 동요) 한편 이산해(李山海, 1539~1609)는 송송정 인근에 집을 마련하였는데 아버지 이지번과 숙부인 토정 이지함이 함께 집터를 잡았으며(『아계유고』 연보), 『어우야담』에는 남사고와 함께 송송정에서 안령과 낙봉을 보며 동서 분당과 동인과 서인의 운명을 예견했다는 설화가 전한다.

## 필동(笔洞)

필동은 옛날에 남부가 이곳에 있어서 부동(部洞)이라고 하였는데, 우리말에 붓과 부가 비슷해서 와전되어 필동이라고 칭하게 되었다. 이 동의 둘째 거리에는 미촌(美村) 윤선거(尹宣擧, 1610~1669)의 옛집이 있다.

笔洞 舊時南部在此 故謂之部洞 方言笔與部相似 仍訛稱爲笔洞 此洞第二巷有尹美村舊宅

## 소남동(小南洞)

소남동은 예전에 남소문이 이곳에 있어서 이러한 이름이 되었다. 국초에 구정(龜亭) 남재(南在, 1351~1419)의 집이 이 동에 있었으며, 또 동고(東皐) 이준경(李浚慶, 1499~1572)의 집터가 있었다.

小南洞 舊南小門在此 故名 國初南龜亭 在家居此洞 又有李東皐浚慶家基

❋

본문에서는 소남동이라고 하였으나 일반적으로 많이 쓰인 명칭은 남소동이었던 것으로 보인다. 이 책의 성곽 편목의 도성 항목이나 교량 편목의 남소동천 항목에서도 남소동이라고 하고 있다. 남재의 집은 태종에 의해 일시적으로 동궁이 된 적이 있다. 태종은 원경왕후 민씨와 한창 갈등이 심했던 때 연화방에 있던 동궁을 자신의 후궁을 들이기 위한 가례소로 삼겠다면서 이를 빼앗고 남재의 집을 동궁으로 삼았다.(『태종실록』 권22, 태종 11년 9월 20일(무인))

### 남학동(南學洞)

남학동은 남학이 이곳에 있다. 박승종(朴承宗, 1562~1623)의 옛 집터가 있으니, 읍백당(挹白堂)이라고 한다.

南學洞 南學在此 有朴承宗故基 曰挹白堂

박승종은 광해군의 세자빈 박씨의 할아버지로, 읍백당은 박승종과 그의 차남 박자응(朴自凝, 1589~1645)이 살던 집이다. 후에 민가가 들어서고 수어청의 사정(射亭)도 건설하였는데, 총융청의 사정으로 사용하기도 했다.(『일성록』 정조 18년 7월 26일(신해))

### 청학동(靑鶴洞)

청학동은 『여지승람』에서는 예전에 우의정 이행(李荇, 1478~1534)의 서옥(書屋)이 있어서 돌에 '용재이선생서사유지(容齋李先生書舍遺址)'라고 새겨져 있다고 하였다.

요즘 사람들이 읍취헌 박은의 옛집이 필동의 끄트머리인 청학동에 있었다고 한다.

靑鶴洞 輿地勝覽云 舊有右議政李荇書屋 崖石刻曰容齋李先生書舍遺址[止此]

今人傳稱 朴挹翠軒故宅 在筆洞地盡頭靑鶴洞

❀

『승람』에는 산천조의 신증으로 남산 자락에 있던 이행의 서재인 청학동에 대해 명 사신이 지은 시를 두 편, 남곤의 시를 한 편 수록해 놓았다. 그러나 이에 대해 『승람』의 신증 작업에 참여한 이행이 자신의 서재를 함부로 집어넣고 자신이 지은 시를 명 사신이 지은 것처럼 수록했다는 등의 비판이 일기도 했다.(『중종실록』 권72, 중종 27년 1월 6일(을묘)) 이행, 박은과 대은암의 남곤은 서로 깊이 교유하던 사이다.

### 생민동(生民洞)

생민동은 필동의 이웃 마을인데, 취금(翠琴) 박팽년(朴彭年, 1417~1456)의 옛집이 있고 뜰에는 큰 소나무가 있어 충신의 곧은 절개에 비유된다.

生民洞 與筆洞隔隣 而有朴翠琴彭年故宅 庭有長松 以比忠臣直節

❀

생민동의 반송은 육신송(六臣松)이라고도 불렸는데, 『동국여지비고』에는 말라 죽었다고 서술되어 있다.

## 소공동(小公洞)

소공동에는 남별궁이 있다.[궁실편에 자세히 보인다] 태종 때 공주의 저택이었으므로 소공동이라고 칭한다.

小公洞 有南別宮[詳見宮室] 太宗朝公主之第 故稱小公洞

## 쌍리문동(雙里門洞)

쌍리문동에는 예전에 한 쌍의 이문이 있었으므로 이렇게 이름이 붙었다. 혹은 이 동이 광해군 때 권세가가 살던 곳이라 한다. 이이첨(李爾瞻, 1560~1623)이 일찍이 쌍리(雙里)라고 자칭했는데, 그 후에 빈터가 되었으나 사대부들이 거처하지 않는다고 한다.

『어우야담』에 다음과 같이 나와 있다. "윤희굉(尹希宏)은 유학을 공부하는 선비인데, 성품이 소박하고 우아하며 자연의 경치를 사랑하였다. 쌍문리 남산 기슭에 살면서 바위를 깎아 산을 만들고 시내를 끌어들여 연못을 만들어 상쾌한 자연의 흥취가 있으니, 장안의 사대부들이 와서 감상하였다. 그 벗인 성택선(成擇善)이 술 마시며 놀리기를, '우리 집에 매우 큰 괴석이 있는데, 우뚝 솟은 모습이 진귀하니 자네가 만약 필요하다면 수레에 실어 보내주겠네'라고 하였다. 윤희굉이 몹시 기뻐하며 다음 날 한성부에 서류를 보내어 공용 수레와 소를 빌려서 명례동에 보냈다. 그러자 성택선이 웃으면서 남산의 잠두봉을 가리키며 '이것이 우리 집 괴석이니, 자네가 힘이 있으면 실어가게나'라고 하니 일꾼들이 당황하여 바라만 보다가 수레를 끌고 돌아왔다. 이때 젊은 유생 성택선(成擇善)이 와서 석산을 보고자 하였는데, 문지기가 거절하였다. 김두남이 성을 내며 붓을 찾아 그 문에, '그대 집안의 명승이 장안에 이름이 나니 매일매일 와서 노니는 사람들은 모두 고관대작이로구나. 산과 바위가 어찌 나만 거절하겠는가. 문까지 왔다가 돌아가려니 유관 쓴 것이 부끄럽구나'라고 썼다."

雙里門洞 舊有雙里門 故名 或云 此洞卽廢朝時權貴所居之地 爾瞻曾以雙里
自稱 而厥後仍墟其地 士大夫不居焉

於于野談曰 尹希宏儒士也 性疏雅 愛水石 居雙門里南山麓 斸岩爲山 引川爲
池 瀟灑有林泉之趣 長安士夫多來賞 其友成擇善 於酒間戲之曰 吾家有怪石
甚巨 峻拔琦瑰 子若要之 幸備車馬送之 希宏大喜 明日抵書京兆 假公車與牛
送明禮洞 成擇善嘆指南山矗頭曰 此吾家怪石也 爾如有力 任汝載去 其僕悵
望 驅車而還 是時年少儒生金斗南 來見石山 門人辭焉 斗南慍之索笔 題其門
曰 君家名勝擅長安 日日來游盡達官 山石豈能偏拒我 到門還愧着儒冠


## 야현(冶峴, 풀무재)

야현은 남산 동쪽 기슭에 있는데 비파정(琵琶亭)이 있다. 지금은 정자가 없이 소나무만 있는데, 올라가서 구경하기에 적합하다.

冶峴 卽南山東麓 而有琵琶亭 今無亭只有松 宜於登賞

야현은 풀무재라고도 한다.『동국여지비고』에서는 비파정 아래에 이 안눌의 시단이 있었다고 한다.

## 난정리문동(蘭亭里門洞)

난정리문동은 남산 아래에 있는데, 옛날 상당부원군 한씨의 옛집이며, 동종의 한씨들이 많이 살고 있어서 여러 종씨와 자주 난정에서 계회를 열었으므로 이러한 이름을 얻게 되었다. 지금은 난동(蘭洞)이라고만 칭한다.

蘭亭里門洞 在南山下 而昔日韓上黨故宅 及同宗諸韓氏多居 與諸宗 數爲蘭亭修楔會 故有是名 今則只稱蘭洞

난정리문동은 난동, 혹은 난정동으로 칭하였다.『동국여지비고』에서는 한준겸(韓俊謙)의 집이 이곳에 있다고 하였는데, 한준겸(韓浚謙, 1557~1627)과 동일 인물인지는 확인할 수 없다.

## 초전동(草廛洞)

초전동은 곧 초정동(椒井洞)이다. 지금 이 동 옆에는 작은 마을이 있는데, 전주묵동(全周墨洞)이라고 한다. 가운데에 우물이 있는데, 전초정(田椒井)이라고 한다. 전주묵이란 것은 방언으로 전초정(田椒井)이 잘못 알려진 것이다. 초전이란 것도 초정이 잘못 알려진 것이니, 이 우물을 통해 분명히 증명이 된다.

草塵洞 卽椒井洞也 今此洞傍有小巷 名全周墨洞 中有井 名田椒井 而全周墨
者 方言田椒井之訛稱也 草塵者 亦椒井之訛也 以此井爲明證

❀

『동국여지비고』나 『연려실기술』에는 초정동보다는 초전동으로 나와
있어서, 대중적으로는 초전동으로 불렸던 것으로 보인다.

### 죽전동(竹塵洞)

竹塵洞[121]

### 동현(銅峴, 구리개)

동현은 보은단동과 마주 보는 거리로, 운현(雲峴)이라고도 한다. 방
언에 구리[銅]와 구름[雲]이 서로 비슷하기 때문이다. 체부청동(體府廳
洞)이 동현 안에 붙어 있는데, 현종 때 체찰사부를 이 동에 설치하였다.

銅峴 卽與報恩緞洞相對之衚衕也 亦稱雲峴 方言銅與雲相似故也 體府廳洞
附在於銅峴內 顯宗朝設體察使府於此洞

❀

---

121 원문에 항목명만 있고 내용이 없다.

구리개는 약국이 많은 것으로 유명하였다. 『한경지략』의 시전 편목의
안설에서 구리개의 약국에 대해 간략히 서술한 바 있다.

## 피란동(披蘭洞)

피란동은 필동 안에 있다. 옛날에 피란사(披蘭寺)가 있어서 이러한 이
름이 되었다. 또 피란동(避亂洞)이라고도 하는데, 이것은 틀린 것이다.
이상 남부이다.

披蘭洞在笔洞內 舊有披蘭寺 故爲名 而又稱避亂洞者非也 以上南部

## ‑ 서부

## 정동(貞洞)

정동은 곧 국초 정릉(貞陵)의 옛터로 지금까지 정릉동이라고 칭한다.
지금 서학현 오른쪽 언덕 인가의 후원에 석단이 있는 곳이 무덤 자리였
다고 한다.

貞洞 卽國初貞陵舊址也 故至今稱貞陵洞 今西學峴右岡人家浚園 有石壇處
乃是塋域舊基云

원문에는 여백에 다음과 같은 주석이 있다. "정동은 현재 중추원 터
로 바로 사계 김장생의 옛집이다. 러시아영사관 터는 헌종 때 병조판

서 서좌보(徐左輔)의 옛집이다."라는 내용으로 정동 원문 뒤에 삽입하라
는 화살표가 표시되어 있다. 러시아영사관 터나 헌종대의 사실을 언급
한 것으로 보아 송신용이 붙인 것으로 볼 수 있는데, 원문에 삽입하라
고 표시한 이유는 알 수 없다.

### 어서각동(御書閣洞)

어서각동은 소정동 안에 있으니, 재상 최규서(崔奎瑞, 1650~1735)의
옛집이다. 이인좌의 난 때 분무공신이 되었으나 녹훈되는 것을 원하지
않으니, 1761년(영조 37) 특별히 어서로 '일사부정(一絲扶鼎)' 네 자를 내
리고 서울 집에 각을 세우도록 명하였다.

御書閣洞 在小貞洞內 卽崔相國奎瑞舊居也 以戊申奮武功臣 不願祿勳 英宗
辛巳 特賜御書一絲扶鼎四字 命建閣于京第

❋

어서로 '일사부정' 네 자를 내린 일은 이인좌의 난 처리 후인 1728년
(영조 4)의 일로, 본문 내용에 착오가 있다.(『영조실록』 권17, 영조 4년 4월 22일
(임인))

### 학교(鶴橋)

학교는 서소문 안에 있으니, 확교(確橋)라고도 부른다. 옛날 퇴계 이
황이 이 동에 거주하였는데, 성안 명승지라고 칭찬하였다.

『죽창한화』에 다음과 같이 나와 있다. "퇴계 이황의 옛집은 서울 안 서소문동에 있다. 뜰에 전나무가 있는데 키가 수십 길에 달하였다. 전란 후에 서울의 큰 나무가 다 없어졌으나 이 나무만 홀로 남아서 푸르게 하늘까지 뻗어 있었다. 1611년(광해군 3) 봄에 갑자기 부러지니 사람들이 모두 괴이하게 여겼는데, 그해 여름에 정인홍(鄭仁泓, 1535~1623)이 박여량(朴汝樑, 1554~1611) 무리를 사주하여 상소하게 해서 퇴계를 비방하여 이르지 않는 바가 없었다. 전나무가 부러지는 변이 여기에서 비로소 증험이 되었다."

鶴橋在西小門內 亦稱碻橋 昔李退溪居此洞 稱曰城內名勝地也

竹窓閑話云 李退溪舊宅 在於京中西小門洞 庭有老檜 長數十丈 兵火後 都下喬木 蕩然獨此樹猶存 蒼翠磨空 辛亥春 忽然摧折 人咸怪訝 其夏 鄭仁泓 嗾朴汝樑輩上疏 訛毀退溪 無所不至 檜折之變 於是始驗矣

### 누국동(漏局洞)

누국동은 학교(鶴橋) 북쪽에 있다. 사계(沙溪) 김장생(金長生, 1548~1631)의 옛집이 있는데, 자손들이 지금까지도 대대로 거주한다.

漏局洞 在鶴橋北 有金沙溪長生舊宅 子孫至今世居

누국동은 서소문동에 있던 마을로, 이 일대에 보루각이 있었던 데서 마을 이름이 유래했다.

### 태평동(太平洞)

태평동은 예전에 태평관이 있었다. 이 관은 명나라 사신을 접대하는 관이다. 아계 이산해 및 사암(思庵) 박순(朴淳, 1523~1589)의 옛집도 이 동에 있었다.

太平洞 舊有太平館 此館卽天使接待之館也 李鵝溪山海 及朴思庵淳故宅 亦
在此洞

✳

이산해의 집은 종현에 있었던 것이 유명하여, 그의 문집에도 종현에서 지은 시를 편집한 「종현록(鍾峴錄)」(『아계유고』 권4)이 있다. 종현의 집 말고도 만년을 보낸 도성 안팎의 셋집이나 향저가 여러 곳이 있으나 태평동의 집은 그 존재가 뚜렷이 드러나지 않는다.

### 보은단동(報恩緞洞)

보은단동은 속칭 미장동(美墻洞)이라고 하는데, 음이 와전되어서 그렇게 된 것이다.

『통문관지』에 다음과 같이 나와 있다. "홍순언(洪純彦)은 젊어서 불우한 처지였으나 의로운 기개가 있었다. 일찍이 북경에 가다가 통주(通州)에 이르렀는데, 밤에 기생집에 놀러 나갔다가 어떤 여자가 꽤 아름다워 속으로 기뻐하며, 주인 할매에게 접대를 요구하였다. 그러다 여자의 옷이 흰색인 것을 보고 물으니, 여자가 '첩의 부모는 본래 절강(浙江) 사람인데, 경사(京師)에 벼슬하러 왔다가 불행히도 병에 걸려 모두 죽고 말았습니다. 관이 객관에 있지만 첩이 홀몸인지라 돌아가 장례를 치를 방법이 없어서 어쩔 수 없이 제 몸을 팔고 있습니다'라고 말하였다. 말을 마치며 울먹이는데, 홍순언이 듣고 불쌍히 여겨 그 장례비를 물으니 300금 정도 되어야 한다고 하자 주머니를 털어 주고서는 끝내 가까이 하지 않았다. 여자가 이름을 알려줄 것을 청하였으나 끝까지 대답하지 않으니, 여자가 '대인께서 말씀하시지 않는다면 첩도 감히 받을 수가 없습니다'라고 하므로 성만 말해주고 나왔다. 동행이 그 미련함을 비웃지 않는 자가 없었다.

여자가 후에 예부시랑 석성(石星)의 계실이 되었는데, 시랑이 이 일을 알고서 그 의협심을 높이 사서 조선 사신을 볼 때마다 반드시 홍 통관이 왔는지를 물었다. 이때 본국에서 종계변무(宗系辨誣)의 일로 전후로 십여 차례 사신이 갔으나 모두 성공하지 못하였다. 1584년(선조 17) 공이 변무사 지천(芝川) 황정욱(黃廷彧, 1532~1607)을 따라 북경에 이르러 멀리 조양문(朝陽門) 밖을 보니, 비단 장막이 구름과 닿아 있는데 한 마리 말이 빠르게 달려와 홍 판사가 왔는지를 물었다. 예부의 석 시랑이 공이 왔다는 이야기를 듣고서 부인과 맞이하러 나가 기다린 것이었다. 잠시 후에 계집종 십여 명이 부인을 부축하여 장막에서 나오자 공이 매우 놀라 물러나 피하고자 하였다. 시랑이 '그대는 통주에서 은혜를 베풀었던 일을 기억하는가? 내가 부인의 말을 듣고 그대야말로 천하의 의로운 선비라고 생각하였는데 지금 다행히 만나게 되어 내 마음에 큰 위안이 된다'고 하였다. 부인이 바로 무릎을 꿇고 절하니, 공이 엎드려 사양하였다. 시랑이 '이는 그대에게 은혜에 보답하는 절이니 받지 않으면 안 된다'라고 하였고, 부인은 '그대의 높은 의로움에 힘입어 부모님을 장사지낼 수 있었으니 감사함이 마음에 깊이 맺혀 하루도 잊은 날이 없습니다'라고 하였다. 이어 크게 연회를 베풀고 부인이 술잔을 잡고 나아가 바쳤다. 시랑이 조선 사신이 온 이유를 묻자 공이 사실대로 대답하였는데, 시랑이 '그대는 걱정하지 말라'고 하였다.

한 달 남짓 회동관(會同館)에 머물렀는데 일이 과연 수락되어 특별히 새로이 개정하는 회전(會典)에 기록하여 보이니, 실로 석공이 해준 것이었다. 돌아오게 되어 그 집에 들르자 매우 후하게 예우하였다. 나전함 10개에 각각 오색 비단을 10필씩 담아 주며, 부인이 '이것은 첩이 손수 짠 것으로 공이 오기를 기다려 공께 드리려고 한 것입니다'라고 하였다. 공이 사양하고 받지 않았으나, 돌아오는 길에 압록강 변에 이르자 대공군(擡扛軍)들이 따라와서는 그 비단을 두고 가버렸는데, 비단 끝에는 모두 '보은(報恩)' 두 글자가 자수로 놓여 있었다. 돌아오자 그 비단을 사고자 하는 사람들이 다투어 이르러서 사람들이 그가 사는 동을 보은단 동이라고 하였다고 한다.

임진왜란 때 왜노가 도성을 범하자 거가가 서쪽으로 가서 명나라의 도움을 요청하였다. 석공이 마침 병부상서여서 구해야 한다고 홀로 열심히 말하고, 또 먼저 군기(軍器)와 화약을 내려줄 것을 청하였으니, 우리나라가 다시 나라로 회복할 수 있었던 것은 모두 석공의 힘이다. 공은 광국공신에 책봉되고 당릉군(唐陵君)에 훈봉되었다. 그 손자인 홍효손(洪孝孫)은 숙천부사가 되었다." 이상 서부이다.

報恩緞洞 俗稱美墻洞 以其音訛傳之致也

通文館志曰 洪純彦 少落拓有義氣 嘗赴燕 到通州 夜遊靑樓 見一女子有殊色 意悅之 託主媼要歡 見其衣素 問之則曰妾父母 本浙江人 仕宦京師 不幸遘癘 俱沒 旅櫬在館 獨妾一身 返葬無資 不得已自鬻 言畢泣下 洪聞之愍然 問其 葬費 可用三百金 卽傾橐與之 而終不近焉 女請姓名 終不言 女曰 大人不肯 言 妾亦不敢受賜 乃言姓而出 同行莫不嗤其迂

女後爲禮部侍郎石星之繼室 侍郎知此事而高其義 每見東使 必問洪通官來否 時本國以宗系辨誣 前後十餘使 皆未得請 萬曆甲申 公隨卞誣使黃芝川廷彧 到北京 望見朝陽門外 錦幕連雲 有一騎疾馳 來問洪判事言 禮部石侍郎 聞公 來 與夫人迎候 俄見女奴十餘 簇擁夫人 自帳中出 公驚愕 欲退避 侍郎曰 君 記通州施恩事乎 我聞夫人言 君誠天下之義士 今幸相見 大慰我心 夫人卽跪 拜 公俯伏固辭 侍郎曰 此報恩拜君 不可不受 夫人曰 蒙君高義 得葬父母 感 結中心 何日忘也 仍大張宴 夫人執盃以進 侍郎問東使來事 公以實對 侍郎曰 君毋慮

留會同館月餘 使事果得准請 特命錄示 新改會典 石公實爲之地也 及還 邀至 其家 禮待甚厚 夫人以鈿函十 各盛五色錦緞十疋 曰此是妾手織 以待公至 願 以此獻公 公辭不受 還到鴨綠江邊 見擡杠軍隨至 置其緞去 錦端悉剌報恩二 字 旣歸買錦者爭赴 人稱所居洞爲報恩緞洞云

壬辰倭奴犯城 車駕西巡 請援天朝 石公時爲兵部尙書 獨力言救之 且請先賜 軍器火藥 吾東得復爲國 皆石公力也 公策光國 勳封唐陵君 其孫孝孫 爲肅川 府使 以上西部

보은단동은 미장동, 미동 등으로 불렸다. 『임하필기』 저술 당대까지도 홍순언의 자손들이 이 인근에 살았다고 한다. 종계변무를 해결한 것은 1584년(선조 17)의 일로 주청사 황정욱과 서장관 한응인 등이 갔고 홍순언도 상통사로 수행하였다. 종계변무는 명의 기록에 태조 이성계가 이인임의 아들로 잘못 기록되어 있는 것을 바로잡으려고 한 것으로서, 선조 때까지도 이 부분이 해결되지 않았다가 이때 정정하기로 확정을 하고 1588년 개정된 『대명회전』을 받음으로써 일단락되었다. 이때 공을 세운 사람들이 광국공신으로 책봉되었다. 홍순언은 내력이 분명치 않지만 서얼 출신으로서, 명종대부터 선조대까지 역관으로 활동하였다.

## - 북부

### 대사동(大寺洞)

대사동은 바로 탑사동(塔寺洞)이다. 옛날에 원각사(圓覺寺)가 있었으며 지금까지도 석탑이 남아 있다.[고적편에 자세히 보인다]

재상 신만(申晩, 1703~1765)의 집이 이 동에 있는데, 율곡(栗谷) 이이(李珥, 1536~1584)의 옛집이라고 한다. 이 동의 서쪽으로 전의감동(典醫監洞)을 넘으면 작은 마을이 있는데 청석동(靑石洞)이라고 하니, 바로 옛날 청성부원군 김석주의 집이 이곳에 있어서 이름을 붙인 것으로, 석과 성이 음이 서로 비슷해서 그런 것이다.

『죽창한화』에 다음과 같이 나와 있다. "재상 이완(李浣, 1602~1674)이 대사동에 집을 지었는데, 죽은 지 20년 후에 민종도(閔宗道, 1633~?)가 이곳에 살았다. 뜰 안에 이완이 직접 심은 배나무가 있었는데, 민씨네가 들어와 산 후로는 전혀 열매를 맺지 않다가, 갑술년 후에 이완의 서손이 들어와 산 이후로 배가 다시 열매를 맺게 되었다."

大寺洞 卽塔寺洞 舊有圓覺寺 而今尙有石塔[詳見于古跡]

申相國晩家 在此洞 而卽李栗谷舊宅云耳 自此洞西 踰典医監洞 有小巷 名靑石洞 卽舊日淸城府院君金錫冑第在此故名 石與城音相似也

竹窓閑話曰 李相國浣 治第于大寺洞 損館卄年後 閔宗道居之 園有相國手植梨 閔家入居後 全不結實 甲戌後 其庶孫還入後 梨又結實

본문에서는 이완의 집에 민종도가 들어가서 산 것에 대해 별다른 설명이 없으나, 『동국여지비고』에 따르면 이완의 집을 민종도가 빼앗았는데 이를 이완의 서손이 소송하여 되찾은 것이라고 한다.


## 삼청동(三淸洞)

북악 아래 진장방에 있다. 옛날에 삼청도관(三淸道觀)이 이곳에 있었기 때문이다. 혹은 산청(山淸), 수청(水淸), 인청(人淸)이라서 삼청(三淸)이 된다고 한다. 냇물이 석벽에 흐르고 석벽 위에 '삼청동문(三淸洞門)' 네 자가 새겨져 있는데, 감사 이상겸(李尙謙)의 글씨이다. 이상겸이 대

대로 이 동에 살았다고 한다. 삼청동문 옆에는 또 노봉(老峯) 민정중(閔
鼎重, 1628~1692)의 옛집이 있다. 이 동에는 장원서가 있으니, 곧 매죽
당(梅竹堂: 매죽헌 성삼문)의 3칸 옛집이다. 장원서 뜰 안에 성삼문이 직
접 심은 소나무가 있었는데 30년 전까지도 말라 죽은 나무가 있었다.
후세 사람이 잘라다가 거문고의 재료로 썼는데, 그 거문고가 지금까지
도 세상에 있다 한다.

三淸洞 在北岳下鎭長坊 舊時三淸道觀在此故 而或云山淸水淸人淸爲三淸也
有川流石壁 壁上鐫三淸洞門四字 李監司尙謙筆 尙謙世居此洞云 洞門傍 又
有閔老峯鼎重舊居 此洞有掌苑署 卽梅竹堂三間舊宅也 署庭有成學士手植松
三十年前 猶朽株矣 後人伐爲琴材 其琴則尙今在世云

❁

　　본문에서는 '삼청동문' 각자가 이상겸의 글씨라 하였으나, 성해응(成
海應, 1760~1839)의 「기경도산수(記京都山水)」(『연경재전집』 권51)에서는 이 각
자를 김경문(金敬文, 1602~1692)의 글씨라 하였다. 이상겸은 누구를 지칭
하는지 정확하지는 않지만 순조대에 경상우도병마절도사를 지낸 인물
과 이름이 같다. '삼청동문' 각자 왼쪽에는 '임술 사월각(壬戌 四月刻)'이라
는 각자가 있는데, 성해응의 설에 따르면 1682년(숙종 8)이 되고, 『한경지
략』에 따라 순조대에 경상우도병마절도사를 지낸 이상겸이라고 한다면
1802년(순조 2)일 가능성이 크다. 이덕무는 '삼청동문' 글자에 대해 단자
(丹字) 혹은 주홍으로 돌에 새겼다고 하여서 원래 글씨가 붉은 칠이 되어

있었음을 알 수 있으나, 현재에는 색이 거의 남아 있지 않다. 서울시 문화재자료 제58호로 지정되어 있으며, 종로구 삼청동 63-1번지에 있다.

### 팔판동(八判洞)

팔판동은 삼청동(三淸洞) 서쪽에 있다. 옛날에 판서 여덟 명이 살았다고 해서 이렇게 부른다.

八判洞 在三淸洞之西 古有八判書居之 故云耳

### 계생동(桂生洞)

계생동은 제생원(濟生院)이 있으므로 제생동(濟生洞)이라고 칭하였는데, 후에 바뀌어서 계생동(桂生洞)이라 칭하였다. 동고 이준경의 옛집이 있다.

桂生洞 有濟生院 故稱濟生洞 後轉稱爲桂生洞 有李東皐浚慶舊第

✲

이준경의 집터는 계동 128번지로 추정되는데, 현재 이곳은 인촌 김성수의 집이기도 하다. 이준경은 동부 연화방에서 출생하여, 소남동과 계생동 등에 거주하였다. 『한경지략』에는 이준경의 후손이 여전히 살고 있는 것이 아니고 별다른 이야기가 있는 것이 아닌데도 소남동과 계생동, 두 군데에서 이준경의 옛집에 대한 기록을 담고 있어서 이 인물에 대한 비중이 은근히 높은 것을 볼 수 있다. 이준경은 중종대 후반부터 선조대까지 관직에 있으면서 조광조를 신원하고 을사사화로 죄를 받은 사람들을 신원한 공이 있었으나, 기대승·이이 등 신진 관료와 뜻이 맞지 않아 비난과 공격을 받기도 하였다. 특히 임종하며 유언으로 붕당을 예언하고 이를 타파해야 한다는 차자를 올렸는데, 이것이 임금의 의심을 불러온다며 이이 등에게 격렬하게 비판을 받기도 하였다. 붕당이 시작되던 시기의 이러한 논의는 후대까지 기억되어 숙종-정조대에 붕당이나 탕평에 대한 이야기가 나올 때 양자의 주장을 종종 언급하였는데, 저자의 이준경에 대한 기억은 이러한 당대의 분위기를 반영하는 것이 아닐까 한다.

### 맹감사현(孟監司峴)

맹감사현은 북산 아래 재동과 접한 경계에 있다. 예전에 문정공(文貞公) 맹사성(孟思誠, 1360~1438)의 옛집이 있었기 때문으로 이런 이름이 붙었으니, 세종대의 명재상이다.

『무인기문』에 다음과 같이 나와 있다. "문정공 맹사성은 자가 성지(誠之)이며 신창(新昌) 사람이다. 청렴하고 단아하며 진중하여 의정부에 있으면서 대체를 지켰다. 또 음률을 잘 이해해서 항상 피리 하나를 가지고서 날마다 서너 소리를 부르면서 문을 닫고 손님을 맞이하지 않았다. 일을 아뢰는 자가 있으면 문을 열고 들어서 접대하였는데, 여름이면 소나무 그늘에 앉아서, 겨울이면 방 안에 앉아서 하되 부들자리 좌우에 아무 물건도 없었다. 일 아뢰는 사람이 가고 나면 바로 문을 닫았다. 일 아뢰는 사람이 동구에 이르렀을 때 피리 소리가 들리면 공이 확실히 계시는 걸 알 수 있었다."

孟監司峴 在北山下齋洞接界 昔日孟文貞公思誠舊居故名 世宗朝相臣也

戊寅記聞云 孟文貞公思誠 字誠之 新昌人 淸簡端重 在相府持大體 又性解音

律 常執一笛 [日]<sup>122</sup>弄三四聲 關門不接賓客 有稟事者 開門引接 夏則坐松陰

冬則坐房內 蒲茵左右無他物 稟事者去 旋卽關門 稟事者到洞口 聞笛聲 則知

公之必在

✳

『동국여지비고』에서는 감사를 지낸 맹만택(孟萬澤, 1660~1710)의 집이 있어서 맹감사현이라는 이름을 얻었다고 하였다. 맹만택은 맹사성의 후손이므로, 집안에서 물려온 집이었을 가능성이 크다. 맹감사현은 현재 종로구 정독도서관 뒤편 언덕 일대로, 정독도서관 야외에 맹감사현에서 나왔다는 유물 2점이 전시되어 있다.

### 장의동(壯義洞)

장의동은 의통방에 있다. 육상궁 옆에 양정재(養正齋)라는 집이 있는데 인원왕후(仁元王后, 1687~1757)가 태어난 곳이다. 청풍계(淸風溪)가 이 동에 있으며, 선원 김상용의 옛집이 있다.

---

122 원문에는 日이 없으나 『필원잡기』에 따라 日을 추가하였다.

壯義洞 在義通坊 毓祥宮傍 有第曰養正齋 仁元王后誕降之所也 淸風溪在此
洞 有金仙源尙容舊宅

❁

안동 김문인 김상용의 후손들은 인왕산 자락의 청풍계를 소유하였
고, 그 동생인 김상헌의 후손들은 옥류동을 중심으로 번성하였다. 인원
왕후는 경주 김씨, 김주신(金柱臣)의 딸로서 인현왕후 사후 간택되어 궁
중에 들어온 계비이다. 양정재는 인원왕후의 외가인 조씨의 집으로, 영
조 때에는 후손인 조학천(趙學天)이 소유하였다. 송준길이 쓴 현판과 소
지(小識)가 있었으며, 영조가 육상궁과 함께 여러 차례 방문하며 「어제
양정재기(御製養正齋記)」를 내리는 등 우대하였다.(『영조실록』 권91, 영조 34년
3월 9일(을미)) 정선의 『장동팔경첩』에는 이 동의 청풍계를 그린 그림도
있다.

### 태고정(太古亭)

태고정은 선원 김상용의 사우로서 '늠연당'이라는 편액이 있다. 냇물
위에도 석각이 있는데, '대명일월백세청풍(大明日月百世淸風)' 여덟 자가
있었으니, □□□□의 글씨이다.

太古亭 仙源祠宇 額曰凜然堂 溪上又有石刻 曰大明日月百世淸風八字 卽□
□□□笔也

태고정은 인왕산 아래 계곡인 청풍계의 김상용 집에 있던 정자다. 늠연당은 1708년(숙종 34)에 건립한 김상용의 사당 늠연사를 이르는 것으로, 송시열이 이를 세우는 데 적극 관여하였다. 늠연사는 태고정 서쪽에 위치한 회심대 근처의 돌길에 세워졌다. 다른 본도 위 본문과 다름이 없으나, 역박본에는 태고정에 대한 서술이 다음과 같이 좀 더 자세하다.

"태고정은 선원 김상용의 영정을 모신 각으로 늠연당이라 한다. 숙종 어제 시에 '금성탕지의 요새가 함락되니 세상사 슬프구나. 차마 감당할 수 없도다, 철류처럼 위태로운 나라의 운명이여. 누각 위에서 한 몸 불살라 누각과 함께 사라졌으니, 충절의 당당함[凜然]을 천지가 알리라'라고 하였으므로 늠연이라 현판을 내렸다. 시냇가에 또 석각이 있는데, '대명일월'은 송시열의 글씨요, '백세청풍'은 명 사신 주지번의 글씨이다.(太古亭 仙源影幀奉閣 曰凜然堂 肅宗御製詩曰 失險金湯世事悲 不堪國步綴旒危 焚身樓上進[123] 樓滅 忠節凜然天地知 故宣額以凜然 溪上又有石刻 曰大明日月 宋尤菴筆也 百世淸風 卽明使朱之蕃筆也)" 이처럼 역박본에서는 '백세청풍'이 주지번의 글씨라고 하였으나, 안동 김문인 김양근(金養根, 1734~1799)은 청풍계에 대해 서술한 「풍계집승기(楓溪集勝記)」(『東埜集』 권7, 記)에서 '대명일월' 글씨는 송시

---

123 숙종어제시는 『선원유고』의 선원선생연보 및 『모주집』의 「늠연당기」에도 수록되어 있는데, 여기에서는 進이 아니라 竝으로 되어 있다.

열의 글씨이며 '백세청풍'은 주희의 글씨를 집자한 것이라고 하여, 차이가 있다. 「풍계집승기」에서는 청풍계의 경치, 건물 등에 대해 자세히 서술하고 있다.

현재 청운초등학교 오른쪽 주택가의 시멘트벽 아래 '백세청풍' 각자 암벽이 있는데, '대명일월' 각자는 일제 시기에 없어졌다. 이 일대는 일제 시기 일본의 미쓰이 회사가 사용하며 옛 경관이 크게 변화하였는데, 당시 태고정 1칸만 남아 인부들의 숙소로 사용되다가 그마저도 없어졌다고 한다.


### 대은암(大隱岩)

대은암은 예전 남곤(南袞, 1471~1527)의 집터이며, 바위 옆에 행랑이 있으니 구봉(龜峯) 송익필(宋翼弼, 1534~1599)이 태어난 곳이다. 그 행랑이 아직도 있어서 사람들이 지금도 전하여 일컫는다. 이 동에는 또 송강(松江) 정철(鄭澈, 1536~1593)과 청송 성수침의 옛집이 있다.

이 동 안에 수각(水閣)이 있는데, 『현호쇄담』에 다음과 같이 나와 있다. "서파(西坡) 오도일(吳道一, 1645~1703)은 해주 사람으로 충정공 오윤겸(吳允謙, 1559~1636)의 손자이다. 어렸을 때 아이들을 따라 장동의 수각에서 노는데, 이때 여러 명관이 모여 있다가 오도일의 용모를 보고는 뉘 집 아이인지 물었다. 오도일이 '저는 추탄 오윤겸의 손자입니다. 공들은 탄옹을 모르십니까?'라고 답하니 사람들이 기이하게 여겼다. 시를 지을 수 있는지를 묻자, '술 한 대접을 마시면 할 수 있습니다'라고 답하니, 바로 술잔을 들려 주면서 삼(三)자 운을 불렀다. 이에 응하여 말로 대구하기를, '누각 머리에 취하여 누운 오정일이요, 소나무 아래 시를 읊는 유도삼이라'라고 하였다. 사람들이 어른 이름을 가지고 시를 지었다고 꾸짖자 오도일이 '오정일과 유도삼이 서로 모여 삼자를 운으로 내니, 어찌 안 그럴 수가 있겠습니까?'라고 답하여 일동이 모두 놀랐다. 또 한 구절을 짓기를, '구름이 구의산에서 시름하니 달이 천고에 밝으며, 물은 삼상강에 가득 찼으니 가을이 만 리로다'라 하였다. 송곡(松谷) 조복양(趙復陽, 1609~1671)이 크게 기특하게 여겨, 마침내 사위로 삼았다."

大隱岩 卽舊時南袞家基 而岩傍有屋廊 乃宋龜峯翼弼所生處 其廊屋尙在 人今傳[124]稱之 此洞 又有鄭松江澈 成聽松守琛舊宅

此洞內有水閣 故玄湖鎭談曰 吳西坡道一 海州人忠貞公允謙之孫也 幼時逐童隊 游壯洞水閣 時諸名官會集 見吳容貌 問誰家兒 答曰 吾乃楸灘之孫 公輩不知灘翁耶 諸人異之 問能作詩否 答曰 飮一大白則可矣 卽擧觴屬之 以三字呼韻 應口對曰 樓頭醉臥吳挺一 松下吟詩柳道三 諸人責用長者名爲詩 吳答曰吳挺一柳道三 相會出韻三字 安得不爾 一坐悚然 又有一句 曰雲愁九疑月千古 水滿三湘秋萬里 趙松谷復陽大奇之 竟有東床之選

## 백운동(白雲洞)

백운동은 인왕산 아래에 있다. 『여지승람』에 추부 이염의가 옛날에 살았다고 한다. 월성위궁이 이 동에 있는데, 이 궁에는 능소화가 있어

---

124 원문에는 博으로 되어 있으나, 내용상 傳으로 바로잡는다.

서 6~7월에 핀 주황색 꽃이 늙은 소나무 위로 덩굴을 타고 올라간다.
또 북송현(北松峴) 두실(斗室) 심상규(沈象奎, 1766~1838) 상공댁에도 홀로 능소화가 있다.

> 白雲洞 在仁王山下 輿地勝覽云 樞府李念義[125]舊居也 月城尉宮在此洞 而此宮有凌霄花 六七月間 開花朱黃色 蔓上于老松上 又北松峴沈斗室相公宅 獨有凌霄花

❀

　　월성위는 영조의 딸인 화순옹주와 혼인한 김한신(金漢藎, 1720~1758)을 말한다. 영조는 화순옹주를 매우 사랑하여 옹주의 탄생지이자 자신의 잠저인 창의궁에서 멀지 않은 적선방에 180여 칸의 집을 만들어 주고 전각의 현판을 직접 써서 하사하였다. 지금의 적선동에 있었다.

　　심상규의 집에 능소화가 있다는 원문에 이어서 가람본에는 "심두실 댁은 지금 사간동 천향각 건축예정지"라는 송신용의 두주가 있다. 고려 대본에는 두주가 아니라 본문으로 이어서 서술되어 있고 "소화 12년 5월 22일 송신용이 조사 기입"했다고 하고 있다. 존경각본과 역박본에는 두주가 없다. 북송현 심상규의 집은 현재 사간동으로 근래까지 미국대사관 직원의 숙소로 사용된 자리이다. 천향각은 1936년에 천향원이라는 최고급 요정 주인인 김옥교가 조선식 호텔을 건립하겠다는 명목으

---

125 원문에는 載로 되어 있으나, 『승람』에 따라 義로 바로잡는다.

로 건설을 시작하였는데(『매일신보』 1936년 7월 24일 자), 중일전쟁으로 중단
했다가 1947년 호텔을 완공하였다.(『부인신보』 1948년 6월 26일 자)


## 원동(院洞)

원동은 창덕궁 요금문 밖에 있다. 촌은(村隱) 유희경(劉希慶, 1545~
1636)의 옛집이 있는데, 그 정원 땅 뒤가 궁장 안으로 들어갔다. 지금
내각 뒤뜰에 있는 늙은 전나무가 바로 유희경이 심은 것이라고 한다.

院洞 在昌德宮曜金門外 有劉村隱希慶舊居 其園地後入于宮墻內 今內閣後
庭老樅樹 卽希慶所種云

안설: 『부계기문』에는 다음과 같이 나와 있다. "서울 안에 홍계관리(洪繼寬里)가 있
는데, 바로 국초에 장님 점쟁이 홍계관이 점을 잘 치기로 유명해서 동네 이름이 되
었다."

"홍윤성(洪允成, 1425~1475)이 젊었을 때 불우하여 홍계관에게 찾아가 점을 쳤다.
홍계관이 그 운수를 꼽아보더니 이윽고 무릎을 꿇고서 '공은 매우 귀하게 될 운명
입니다'라고 하고, 또 '아무 년 아무 시에 공이 반드시 형조판서가 되실 것인데, 아
무 시에 제 아들 아무개가 죽을 죄로 잡혀 올 것이니 제발 살려주십시오'라고 하였
다. 홍윤성이 놀라서 감히 승낙하지 못하였는데, 10년이 안 되어 익대공신이 되며
자급을 뛰어넘어 형조판서가 되었다. 하루는 죄수를 국문하는데, 죄수가 "저는 홍
계관의 아들입니다"라고 부르짖으니, 홍윤성이 알아듣고 풀어주었다."

案涪溪記聞云 都中有洪繼寬里 卽國初盲卜洪繼寬 以善卜鳴 仍爲里名[止此] 洪允成少
落拓不遇 就洪繼寬卜 繼寬推其命 良久跪曰 公極貴命也 仍曰 某年某時 公必判刑部
其時某子 繫當獄死 願活之 允成愕然不敢諾 未十年 以翊戴功 超刑判 一日鞫囚 囚呼
曰 是洪繼寬子也 允成悟而釋之[止此]

유희경은 천민 출신으로 박순(朴淳)에게 당시(唐詩)를 배우고 남언경(南彦經)에게 『가례(家禮)』를 배워 학문의 경지가 높았으므로, 당대 명사들의 인정을 받아 널리 교유하였다. 같은 천민 출신인 백대붕과 풍월향도를 결성하여 시사를 주도했으며, 백대붕 사후인 1601년(선조 34) 창덕궁 인근에 침류대(枕流臺)를 만들었다. 정확한 위치를 알 수는 없지만 대체로 창덕궁 경추문 안쪽 개울가에 있었던 것으로 추정된다. 원래는 더러운 물이 흐르던 개울이었으나 유희경이 침류대를 경영하면서 경관을 일신하였다. 유희경은 침류대에서 여러 차례 시회를 열어 당대의 유명 사대부들과 교유하였는데, 이들과 주고받은 시를 모아 『침류대시첩』을 만들었다. 침류대는 1656년(효종 7) 만수전 공사가 시작되면서 그 앞에 있던 이원익의 집과 함께 도총부에 편입되며 헐려서 궁장에 포함되게 되었다.(『조선의 문화공간』 3, 23~39쪽) 유희경의 문집인 『촌은집』을 손자가 인간했는데, 서문을 김창협이 써주었다.(『농암집』 권22, 序 村隱集序)

## 누각동(樓閣洞)

누각동은 인왕산 아래에 있다. 연산군 때 누각을 지은 곳이다. 지금은 여항의 서리배가 많이 사니, 사대부는 살지 않는다. 또 야족와(也足窩)는 사직동 옆에 있는데, 시가의 이름이다. 옛날에 자신의 호를 야족와라 한 사람이 여기에 살았다 한다. 또 지금 북산 아래 육각현에 인가가 있는데, 담장이 매우 길고 여러 종류의 꽃을 심어서 사람들이 만리

장성집이라고 한다. 이상은 북부이다.

樓閣洞 在仁王山下 燕山朝作樓閣處 故今閭巷胥吏輩多居 而士大夫則不居
焉 又也足窩在社稷洞傍 而市街名世[126] 昔有人自號曰也足窩者 居此云 又今
北山下六角峴 有人家 垣圍甚長 多種花本 人謂之萬里長城家 以上北部

* * *

『한경지략』과 『동국여지비고』에서는 누각동의 누각을 연산군대에 지
은 것이라고 하였으나, 연산군대에 이곳에 특별히 누각을 지은 것은 확
인되지 않아서 광해군대에 지은 인경궁의 누각으로 추정한다.(『서울지명
사전』 누각동) 『동국여지비고』에서는 누각동에 퇴직한 아전이 많이 살면서
꽃과 과실나무를 심어 생업으로 삼는다고 하였으며, 『임하필기』에서는
누각동에서 만든 떡을 제일 좋은 품질로 친다고 하였다.(권32, 旬一編 南酒
北餅)

야족와는 어숙권(魚叔權)을 지칭하는 것으로서, 그의 집을 야족와라고
했다.(『해동역사』 권69, 인물고 3 어숙권) 인물 사전에도 그의 호를 야족당이라
고 하고 있어서 상통한다. 육각현은 필운대 인근으로 필운대와 함께 유
명하였다.

---

126 원문에는 世로 되어 있으나, 역박본, 존경각본, 고려대본에서는 모두 也라 하였
다. 여기에서는 也로 보고 번역하였다.

## – 성 밖

### 흥인문(興仁門) 밖

흥인문 밖에는 하정(夏亭) 유관(柳寬, 1346~1433)의 옛집이 있다.

안설: 『필원잡기』에 다음과 같이 나와 있다. "하정 유관 정승은 초명이 관(觀)이었고, 자는 경부(敬夫)로 문화 사람이며 고려의 명신 유공권(柳公權)의 6세손이다. 세종 때 벼슬을 하면서 청백리로 소문이 났다. 흥인문 밖에 집을 잡아 초가집 몇 칸을 지었는데, 비가 오면 우산을 들고 새는 곳을 막으면서, 부인에게 '우산이 없는 집은 어떡하나?'라고 했다고 한다. 당시 사국(史局: 실록 편찬을 위해 설치한 임시 관청)을 금륜사(金輪寺)에 열었다. 절이 성안에 있어서 공이 실록 편찬 책임자로서 연모(軟帽)에 지팡이를 짚고, 혹은 소년을 데리고서 흥얼흥얼 오가니, 사람들이 그 여유로운 모습에 감복하였다. 절은 이제 없어졌다."

興仁門外 有柳夏亭舊第 案筆苑雜記云 夏亭柳政丞寬 初名觀 字敬夫 文化人 高麗名臣公權之六世孫也 仕世宗朝 以淸白鳴世 卜宅于興仁門外 爲草屋數間 雨則持傘以承其漏 謂夫人曰 無傘家 何以爲之 時開史局于金輪寺 寺在城內 公修史以軟帽杖屨 或攜冠童 嘯咏往還 人服其雅量 寺今已廢

유관의 집은 흥인문 밖 낙산 동쪽에 있었는데, 후에 5대 외손인 이수광의 소유가 되었다. 이수광은 이곳에 비우당(庇雨堂)을 짓고 거처하였는데, 그의 호 지봉은 낙산의 한 봉우리를 일컬을 만큼 이곳에 애착을 갖고 있었다. 근래 낙산공원 안에 비우당을 복원하였다.(『조선의 문화공간』 1,

116~117쪽)

## 왕심리(枉尋里)

왕심리는 흥인문 밖 10리에 있다. 세상에서 무학이 와서 서울 땅을 살펴보다가 잘못 찾아 이곳에 와서 이 땅을 왕심리라고 이름 지었다고 한다. 이 땅은 무논이 많아 거주민들이 미나리를 심어서 파는데 품질이 매우 좋다.

枉尋里 在興仁門外十里 世稱 無學來相京都地 誤尋到此 故名其地 曰枉尋里 云 此地水田 居民 種芹以賣甚美

무학대사가 천도지를 찾는 과정에서 왕십리에 이르렀을 때 어떤 노인이 나타나 여기에서 십 리를 더 가라고 하여 이 지역이 왕십리가 되었다는 설화는 조선 후기에 매우 유행하였다. 그러나 이미 고려 말부터 왕심리, 왕심촌 등으로 지역명이 존재했음이 확인되며, 한양은 12세기경에 개발되어 고려 말에는 개경에 버금가는 도시의 위상을 지니고 있었기 때문에 무학대사가 처음으로 천도지를 찾았다는 것은 사실과 다르다. 아마도 원래의 지역명에 이곳이 도성에서 약 십 리 정도 떨어졌다는 사실이 결합하여 만들어진 설화일 것이다.

## 종암(鍾岩)

종암은 흥인문 밖 멀지 않은 곳에 있다. 그 아래 논이 비옥하여 사람들이 좋은 밭을 칭할 때는 꼭 종암전(鍾岩田)이라고 한다.

『기재잡기』에 다음과 같이 나와 있다. "문정공(文靖公) 서평(西平) 한계희(韓繼禧, 1423~1482)는 정승 한상경(韓尙敬, 1360~1423)의 아들이며, 상당부원군 한명회(韓明澮, 1415~1487)의 재종형이었다. 온 가문이 혁혁하게 부귀하였는데, 공만 홀로 청렴함을 지켜서 아침저녁으로 나물밥을 먹었고 나이가 들어서도 더욱 심하게 하였다. 하루는 한명회의 집에서 문중 모임이 열렸는데, 좌중이 모두 '서평이 나이가 이미 많이 들었는데, 집안이 가난하니 어찌 도와줄 방법이 없을까요?'라고 하였다. 한명회가 '이는 나의 잘못이다'라고 하고는 아이를 불러 종이와 붓을 가져오게 하여 문서 하나를 썼고 자리에 있던 친지들이 나란히 서명하였다. 위에는 공의 청렴한 덕을 서술하고 다음으로 한 가문이 공을 봉양하지 못한 실책을 서술하고는 마지막으로 하찮은 물건으로 정을 다 표현하기 힘들다는 뜻을 쓰고, 마침내 흥인문 밖 종암 아래의 무논 10석짜리를 바쳤다. 늙은이와 젊은이가 모두 일어나 춤을 추고 술에 취해 서로 부축하며 밤이 되어서야 돌아갔으니, 한 가문의 충후함이 성대하다고 할 만하였다."

鍾岩 在興仁門外不遠地 其下稻田膏沃 故世人稱良田 必曰鍾岩田也

寄齋雜記云 西平韓文靖繼禧 政丞尙敬之子 上黨府院君明澮再從兄也 一門富貴赫然 而公獨氷蘗自守 朝夕菜糲 老而愈屬 一日設門會於上黨第 坐中咸曰 西平年記已高 家道艱窘 盍思所以處之 上黨曰 此吾之責也 呼兒取紙笔

來成一卷 列署諸親在坐之名 上敍公清簡之德 次述一門不能奉公之失 末[127]
言微物不足稱情之意 遂以興仁門外鍾岩下稻田十石者獻之 老少咸起舞扶醉
夜還 可謂一門忠厚之盛矣

✱

　한계희는 한상경의 아들이 아니라 손자이며, 한명회의 재종형이 아
니라 재종제였다. 종암의 무논은 『기재잡기』에는 고암(鼓巖)의 무논이라
고 나와 있는데, 종암은 고암으로도 불렸기 때문에 같은 지역을 가리킨
다. 『기재잡기』의 저자 박동량(朴東亮, 1569~1635)은 종가에 전하는 고암
밭이 있는데, 이는 자기 아버지의 외조모가 한계희의 손녀여서 이때 나
누어 받은 것이라고 하였다.

### 청파(靑坡)

　청파는 숭례문 밖에 있으니, 역시 미나리를 많이 심은 무논이다. 전
하기를, 임진왜란 때 숭례문 편액을 잃어버렸는데, 나중에 청파 땅에서
갑자기 상서로운 기운이 있어 파봤더니 편액이 나와서 다시 걸었다고
한다.

　靑坡 在崇禮門外 亦多種芹水田 傳稱 崇禮門題額 壬辰倭亂時見失 後於靑坡
地上 忽有瑞氣 掘之 得扁額還揭云

---

127 원문에는 未로 되어 있으나, 내용과 역박본에 따라 末로 바로잡는다.

## 송경현(誦經峴)

송경현은 숭례문 밖에 있으니, 한음(漢陰) 이덕형(李德馨, 1561~1613)의 옛집이 있다.

誦經峴 在崇禮門外 有李漢陰德馨舊宅

## 자연암(紫燕岩)

자연암은 숭례문 밖에 있다. 효자 소격서참봉 이지남(李至男, 1529~1577) 집의 정려가 있는데, 충신, 효자, 효녀, 절부, 열녀가 한집안에 총 여덟 명이나 있어 모두 정문을 세웠다. 인조대에 '효자삼세(孝子三世)'라고 사액하여 대문에 게시하였으니, 세상에서 팔홍문집이라고 한다.

紫燕岩 在崇禮門外 有孝子昭格署參奉李至男家旌閭 忠臣孝子孝女節婦烈女 一室之內 合爲八人 并立綽楔 仁廟朝賜額曰孝子三世 揭于大門 世稱八紅門家

✽

자연암은 숭례문 밖 서북쪽 염천교 인근에 있던 바위에서 이름이 유래하였다. 붉은빛이 난다 하여 자연암(紫煙巖), 자바위, 자색바위 등으로도 불렸다. 영조는 교외에 행차했다가 오는 길에 자연암 인근에서 이 집의 정문을 보고 특별히 정문을 더하도록 명하기도 하였다.(『영조실록』 권60, 영조 20년 8월 7일(신해))

## 임당(林塘)

임당은 숭례문 밖에 있으니, 재상 정유길(鄭惟吉, 1515~1588)의 옛집
이다.

林塘 在崇禮門外 卽鄭相公惟吉舊宅也


## 추모동(追慕洞)

추모동은 소의문 밖에 있으니, 바로 차동(車洞)이다. 인현왕후(仁顯王
后) 민씨(閔氏, 1667~1701)가 탄생한 집터이다. 영조대인 1761년(영조 37)
에 어서로 '인현왕후탄강구기(仁顯王后誕降舊基)' 여덟 자를 써서 비석을
세웠다.

追慕洞 在昭義門外 卽車洞也 仁顯王后閔氏誕生宅基 英宗朝辛巳 御書仁顯
王后誕降舊基八字豎碑

숙종이 인현왕후의 아버지인 민유중의 집 안에 건물을 지어주어, 그
곳에서 그 후손 및 민씨 일가가 대대로 살았는데, 그 5대 종손 민치록
의 딸이 바로 고종비 명성황후이다. 명성황후는 인현왕후가 폐비가 되
어 머물던 집의 안채에 감고당(感古堂)이라는 당호를 내려주었는데, 이곳
은 일제 시기 천도교의 종단 소유가 되었다가 1959년 덕성여자대학교
로 이전되어 이사장 사택으로 쓰이기도 하였다. 2004년 철거하여 2006
년 명성황후 유적 성역화 사업에 따라 경기도 여주시 명성황후 생가 옆

으로 이전, 복원하였다.


## 차동(車洞)

차동에는 모당(慕堂) 홍이상(洪履祥, 1549~1615)이 대대로 살아온 집
이 있으니, 봉사손이 들어가 산 것이 모두 13대가 되며, 안채가 40칸으
로 매우 웅장하다. 옛날에 집을 지을 때는 모두 방을 적게 하고 대청을
많이 했으니, 대체로 옛날에는 노인이어야 비로소 온돌에 거처하고 젊
은이들은 대청에서 많이 잤기 때문에 그런 것이다.

車洞 有洪慕堂履祥世居之宅 奉祀孫入居 凡爲十三世 而內屋四十間 甚宏
傑 古之屋製 皆房少而廳多 蓋古之老人 始居溫堗 少年輩多宿處于廳事 故
如此耳


## 약전현(藥田峴)

약전현에는 약봉(藥峯) 서성(徐渻, 1558~1631)의 옛집이 있다. 지금까
지도 봉사손이 대대로 거주한다. 이 고개에는 옛날 내의원에서 약재로
쓸 식물을 재배한 터가 있었는데, 지금은 그 땅의 세금만 거둔다.

藥田峴 有徐藥峯渻舊宅 至今奉祀孫世居焉 此峴有舊時內局種藥之墟 今但
收其地稅


❇


『동국여지비고』에는 서성이 집을 지을 때의 이야기가 전한다. 서성의

어머니가 앞을 보지 못했는데, 집을 지을 때 공사하는 사람들을 빈틈없이 부려 농간을 못 부리게 하니 목수가 앙심을 품고 대청의 첫 기둥을 거꾸로 세웠다. 그러나 어머니가 손으로 나뭇결을 만져보고 이를 알아차려 목수를 꾸짖으니 목수가 감복하여 다시는 속이지 못하였다고 한다.

## 아현(鵝峴, 애오개)

아현에는 도암(陶菴) 이재(李縡, 1680~1746)의 옛집이 있으니, 취백당(翠白堂)이라고 한다. 귀락당(歸樂堂) 옛터가 취백당 위에 있으니, 도암의 숙부인 판서 이만성(李晩成, 1659~1722)의 옛집이다.

鵝峴 有李陶菴縡故宅 曰翠白堂 歸樂堂舊址 在翠白堂之上 卽陶菴叔父判書晩成故宅也

안설: 일찍이 도암의 후손이 이런 말을 하는 것을 들었다. "당 앞에 작은 연못이 있는데, 한번은 공이 용 한 마리가 연못에서 노닐고 용 새끼가 이를 따라다니는데 물고기 새끼같이 가는 것이 연못 안에 가득 차서 이루 다 셀 수가 없는 모습인 꿈을 꾸고서는 그 연못을 양용지(養龍池)라고 이름 지었다. 후원에는 밭 수 경(頃)이 있는데, 공이 또 예쁜 옥이 밭 가운데서 나오고 옥의 싹이 빽빽하게 자라 있는 꿈을 꾸고서는 깬 후 기이하게 생각하여 그 옥이 나온 곳 수 칸을 헤아려서 표시하여 봉하며 종옥전(種玉田)이라 이름 지었다. 그 옆에 있는 밭에서는 지금도 씨를 뿌리며, 자손들이 때때로 그 연못을 준천하면 바로 과거에 급제하는 경사가 있다."

案嘗聞諸陶菴後孫曰 堂前有小池 公嘗夢有一龍游嬉於池 而龍子隨之 細如魚兒者 彌滿池中 不可勝數 仍命其池 曰養龍池 後園有田數頃 公又夢美玉 生於田中 碧筍秀茂 覺而異之 遂量標其玉生處數間地 而封之 名曰種玉田 其傍田 則至今耕種 子孫若以時疏其池 則輒有科慶云

## 만리현(萬里峴)

만리현은 남대문 밖에 있으니, 국초 부제학 최만리(崔萬里, ?~1445)가 살던 곳이다. 지금 사람들이 보통 만리현이라고 하는 것은 별 뜻이 없다.

萬里峴 在南大門外 卽國初副提學崔萬里所居也 今人泛稱萬里峴者 無意耳

안설: 이 고개와 아현은 서남문 밖에 있다.

『경도잡지』에 다음과 같이 나와 있다. "정월 보름에 아현 사람들이 만리현 위에서 돌을 던지며 서로 싸운다. 풍속에 삼문(三門: 남대문, 서대문, 서소문)이 이기면 기내가 풍년이 들고, 아현이 이기면 지방 각도가 풍년이 든다고 한다. 용산, 마포의 무뢰배가 무리를 지어서 아현을 돕는데, 싸움이 한창일 때에는 함성이 땅을 울리며 이마가 깨지고 팔이 부러지는데도 후회하지 않는다. 관에서 왕왕 금단한다. 성 안의 아이들도 이를 본받아서 하니, 지나가는 사람들은 모두 돌이 무서워 피해 간다. 또 『당서』 「고려전」을 살펴보니 매해 초에 패수 가에 모여 강돌로 서로 치고 던지고 쫓아다니는데 두세 번을 한 후에야 그친다고 하였다."

이것이 우리나라 풍속인 석전의 시작인데, 지금은 편전(便戰)이라고 한다. 그러나 이 놀이는 점점 예전처럼 성행하지는 않는다.

案此峴及阿峴 在西南門外

京都雜志曰 上元 阿峴人飛石相鬪於萬里峴上 俗云 三門勝則畿內豐 阿峴勝則諸路豐 龍山麻浦惡少結黨 救阿峴 方其酣鬪時 喊声動地 破額折臂 亦不悔也 堂部往往禁斷之 城中群兒 亦效而爲之 行人皆畏石回避 又案唐書高麗傳 每年初 聚戱浿水之上 以水石相濺擲馳逐 再三而止[止此] 此卽東俗石戰之始 而今謂之便戰 然此戱 漸不如前之甚盛耳

## 고마청동(雇馬廳洞)

고마청동은 돈의문 밖 경기감영 옆에 있다. 현종대에 화곡(華谷) 이경억(李慶億, 1620~1673)이 경기감사가 되었을 때 육우관(六郵館)을 창립하여 역마를 두었다. 또 고마법(雇馬法)을 창설하였으므로 동명이 여기에서 비롯되었다고 한다.

雇馬廳洞 在敦義門外畿營傍 顯宗朝 李華谷慶億爲畿伯 創立六郵館 以處驛馬 又創雇馬法 故洞名 自此始云

○절재(節齋) 김종서(金宗瑞, 1382~1453)의 옛집은 돈의문(敦義門)에 있고, 또 심정(沈貞, 1471~1531)의 집터는 도저동(桃諸洞)에 있다.

金節齋宗瑞舊宅 在敦義門 又沈貞家基 在桃諸洞

고마법은 사신이나 지방관의 행차에 필요한 말을 구입하기 위해 만든 제도로, 쇄마법(刷馬法)이라고도 한다. 조선 전기에는 역참에서 마호의 입역 형태로 역마를 마련하였는데, 17세기 광해군, 인조대를 거치면서 민간의 말을 돈으로 사서 이용하는 정책을 시행하기 시작하여 숙종대에 정착하였다.

### 서문(西門) 밖 원교(圓嶠) 아래

서문 밖 원교 아래에는 청성군(靑城君) 심덕부(沈德符, 1328~1401)의 옛집이 있다. 세상 사람들이 얘기하기를, 이곳은 신승 무학이 정해준 땅으로, 처음 정할 때 원교의 아래이자 청파의 위가 복이 꾸준히 길고 멀리까지 이어지는 땅이어서 집터를 점찍을 만하다고 하였다고 한다.
이상은 성 밖이다.

> 西門外圓嶠之下 有靑城君沈德符故宅 世稱 神僧無學所定之地 初定時以爲
> 圓嶠之下 靑坡之上 有連綿長遠之地 可以卜宅云 以上城外

❉

〈표 9〉 각동 수록 동명과 현 위치(현 위치 고증은 『서울지명사전』에 근거하였다)

| 오부 | 동명 | 현 위치 | 내용 |
|---|---|---|---|
| 중부 | 이문동 | 종로구 견지동, 종로 2가, 인사동 | 인조 잠저 |
| | 향교동 | 종묘 서편. 종로구 경운동, 낙원동, 돈의동, 종로 2가 · 3가 | 조광조, 한양향교 |
| | 수진동 | 종로구 수송동, 청진동 | 이색 영당 |
| | 시금동 | 중구 수표동, 입정동, 을지로 3가 | 김창협 |
| | 내농포 | 창덕궁 돈화문 밖 동편. 종로구 권농동 | |
| 동부 | 어의동 | 종로구 종로 5가, 연지동, 효제동 | 효종 잠저, 인평대군궁, 신광한, 남이, 박제가, 어애송 |
| | 백동 | 종로구 혜화동, 동숭동 | 박은 |
| | 송동 | 종로구 명륜동 1가 · 2가, 혜화동 | 송시열 |
| | 관동 | 종로구 명륜동 3가 | 이정구, 남상문 |
| | 홍덕전 | 종로구 동숭동 | |

| 오부 | 동명 | 현 위치 | 내용 |
|------|------|---------|------|
| 남부 | 회현동 | 중구 회현동 1가 · 2가, 충무로 1가, 남대문로 3가 | 정광필, 정태화, 김선원, 정여창, 강세황, 김석주, 광해군 외손 박씨 |
| | 송현 | 중구 소공동, 북창동, 남대문로 2가 · 3가 | 달성위옹주궁(유본에 10대조 판서공 옛집) |
| | 장흥동 | 중구 남대문로 3가, 충무로 1가, 회현동 1가 | 박은, 심희수, 김광국 |
| | 상동(상정 승동) | 중구 북창동, 남창동, 남대문로 3가, 태평로 2가 | 상진 |
| | 교서 관동 | 중구 주자동 | 임경업, 유득공 |
| | 타락동 | 중구 명동 2가, 충무로 1가, 회현동 3가 | 조말생, 윤시동 |
| | 남산동 | 중구 회현동 2가 · 3가, 남산동 1가 · 2가 · 3가 | 이경여 |
| | 호위청동 | 중구 남산동 1가 · 2가 | |
| | 종현 | 명동성당 앞 고개 | 윤선도 |
| | 나동 | 중구 남산동 1가 | 나홍좌 |
| | 창동 | 중구 남대문로 4가, 남창동, 회현동 1가 | 허목 |
| | 주자동 | 중구 남학동, 예장동, 주자동, 충무로 2가 · 3가, 필동 1가 | 권람 |
| | 묵사동 | 중구 묵정동, 충무로 4가 · 5가, 필동 2가 · 3가 | 이안눌, 조현명, 허생 |
| | 필동 | 중구 필동 1가 · 2가, 인현동 1가, 충무로 3가 · 4가 | 윤선거 |

| 오부 | 동명 | 현 위치 | 내용 |
|---|---|---|---|
| | 소남동<br>(남소동) | 중구 쌍림동, 장충동 1가 · 2가, 광희동 1가 · 2가, 을지로 6가 | 남재, 이준경 |
| | 남학동 | 중구 남학동, 예장동, 필동 1가 | 박승종 |
| | 청학동 | 중구 예장동 남산한옥마을 | 이행, 박은 |
| | 생민동 | 중구 충무로 4가 | 박팽년 |
| | 소공동 | 중구 남대문로 2가, 소공동, 을지로 1가 | |
| | 쌍리문동<br>(쌍리/쌍<br>림동) | 중구 묵정동, 충무로 5가, 오장동, 광희동 1가, 쌍림동 | 이이첨, 윤희굉 |
| | 야현 | 중구 쌍림동 73번지 북쪽 부근 고개<br>중구 묵정동, 장충동 2가, 충무로 5가 | |
| | 난정리문<br>동 | 중구 회현동 2가 | 한명회 |
| | 초전동 | 중구 을지로 3가, 입정동, 초동, 충무로 3가 | |
| | 죽전동 | 중구 을지로 2가 · 3가, 수표동, 장교동, 저동 2가 | |
| | 동현 | 중구 을지로 1가와 2가 사이에 있던 고개<br>중구 을지로 2가,<br>명동 1가 · 2가,<br>충무로 1가, 남대문로 2가 | |
| | 피란동 | 중구 필동 2가 | |

| 오부 | 동명 | 현 위치 | 내용 |
|---|---|---|---|
| 서부 | 정동 | 중구 정동 | |
| | 어서각동 | 중구 정동, 서소문동 | 최규서 |
| | 학교 | 중구 서소문동과 신창동 북쪽에 있던 다리, 중구 서소문동 | 이황 |
| | 누국동 | 중구 서소문동 | 김장생 |
| | 태평동 | 중구 남대문로 4가, 북창동, 서소문동, 태평로 2가 | 이산해, 박순 |
| | 보은단동 | 중구 남대문로 1가, 을지로 1가 | 홍순언 |
| 북부 | 대사동 | 종로구 관훈동, 인사동 | 신만, 이이 |
| | 청석동 (청성동) | 종로구 견지동, 관훈동 | 김석주, 이완, 민종도 |
| | 삼청동 | 종로구 삼청동 | 이상겸 |
| | 팔판동 | 종로구 팔판동 | |
| | 계생동 | 종로구 계동, 가회동, 원서동 | 이준경 |
| | 맹감사현 | 종로구 삼청동 정독도서 관 뒤에서 가회동으로 넘어가는 삼청동 35-119 번지 언덕 일대 | 맹사성 |
| | 장의동 (장동) | 종로구 통의동, 효자동, 창성동 | 인원왕후, 김상용 |
| | 대은암 | 종로구 궁정동 육상궁 북쪽 큰 바위 | 남곤, 송익필, 정철, 성수침 |
| | 백운동 | 종로구 청운동 | 이염의, 월성위궁 |

| 오부 | 동명 | 현 위치 | 내용 |
|---|---|---|---|
| | 원동 | 종로구 원서동 | 유희경 |
| | 누각동 | 종로구 누상동 | 여항 서리배, 사대부 살지 않음 |
| 성 밖 | 흥인문 밖 | | 유관 |
| | 왕십리 | 성동구 하왕십리동 | |
| | 종암 (고암) | 성북구 종암동 | 한계희 |
| | 청파 | 용산구 청파동 | |
| | 송경현 | 도동에서 동자동으로 넘어가는 고개, 용산구 후암동 | 이덕형 |
| | 자연암 (자암동/ 자연동) | 중구 봉래동 1가, 순화동, 의주로 2가 | 이지남 |
| | 임당 | 용산구 후암동 | 정유길 |
| | 추모동 | 중구 의주로 1가, 순화동 | 인현왕후 |
| | 차동 | 중구 의주로 1가, 순화동 | 홍이상 |
| | 약전현 | 중구 만리동 입구에서 충정로 3가로 넘어가는 고개 | 서성 |
| | 아현 | 서대문네거리에서 충정로 삼거리를 지나 마포구 아현동으로 넘어가는 고개, 서대문구 충정로 2가, 중구 의주로 1가, 순화동 3가, 북아현동, 마포구 아현동 | 이재, 이만성 |
| | 만리현 | 중구 만리동 2가에서 마포구 공덕동으로 넘어가는 고개, 중구 만리동 | 최만리 |

| 오부 | 동명 | 현 위치 | 내용 |
|---|---|---|---|
| | 고마청동 | 서대문구 충정로동 | 김종서 |
| | 돈의문 | 종로구 신문로 | |
| | 도저동 | 중구 남대문로 5가, 용산구 동자동 | 심정 |
| | 원교 아래 | 서대문구 충정로 2가 무악의 봉우리, 금화산 | 심덕부 |

# 시전(市廛)

성안의 종루, 이현(배오개) 및 남대문 밖 칠패와 팔패가 큰 시장이다. 종루 양편에는 긴 행랑이 나란히 건설되어 있어 시장 사람들이 거주한다. 큰 것이 여섯 개가 있다.

城內之鍾樓梨峴及南大門外七牌八牌 是爲大市 而鍾樓兩傍 列建長廊 市人居之 大者有六

### 면전(綿廛)

면전이라고 하고 또 입전이라고도 한다.[서서 물건을 판다고 해서 이렇게 부른다] 중국 비단을 판다.[십푼역]

曰綿廛 亦稱立廛[謂長立而賣物也] 賣中國錦緞[十分役]

### 면주전(綿紬廛)

면주전은 토산 명주를 판다.[팔푼역]

綿紬廛 賣土産綿紬[八分役]


### 면포전(綿布廛)

면포전은 속칭 백목전이라고 한다. 토산 면포를 판다.[구푼역]

綿布廛 俗稱白木廛 賣土産綿布[九分役]


### 포전(布廛)

포전은 토산 마포를 판다.[오푼역]

布廛 賣土産麻布[五分役]


### 저포전(苧布廛)

저포전은 저포 및 황저포를 판다.[육푼역]

苧布廛 賣苧布及黃苧布[六分役]


### 청포전(靑布廛)

청포전은 중국 삼승포 및 양모자를 판다.[삼푼역]

靑布廛 賣中國三升布 及羊帽子[三分役]


### 지전(䋺廛)

지전은 각종 명목의 색지를 판다.[칠푼역]

塵 賣各名色塵[七分役]

내 · 외어물전(內外魚物塵)
내 · 외어물전은 각종 건어를 판다.[사푼역. 외전은 서소문 밖에 있다]
內外魚物塵 賣各種乾魚[四分役 外塵在西小門外]

이상 각 시전은 모두 종가에 있는데, 육의전이라고도 칭한다.[의(矣)
는 민간에서 주비라고 부른다]
以上各塵 并在鍾街 亦稱六矣塵[矣俗號注非]

　면전은 서서 판다는 뜻으로 입전, 혹은 선전이라고 하였다. 『동국문
헌비고』에 따르면, 면포전은 주요 물종은 토산 무명이지만 은자도 팔았
기 때문에 은목전(銀木塵)이라고도 하였다. 포전은 면포전 건너편, 동상
전 남쪽에 있었고, 저포전은 진사전 동쪽에, 청포전은 종루 동쪽에 있었
다. 본문에서는 내 · 외어물전이 모두 4푼역으로 나와 있으나, 『육전조
례』(1864)에는 내어물전은 5푼역으로, 외어물전은 4푼역으로 나와 있다.
　이상의 시전을 본문에서는 육의전이라고 설명하였으나, 실제로 나열
한 시전은 여덟 개이다. 육의전은 고액의 국역을 부담하고 난전을 금할
수 있는 권한을 갖고 있었는데, 시기별로 그 수는 여섯 개에 한정되지
않았다. 순조대에 편찬한 『만기요람』에서는 청포전과 포전이 빠진 나머

지가 육의전으로 수록되어 있는 반면,『증보문헌비고』에서는 포전은 빠지고 내어물전과 청포전이 합병된 것으로 수록되어 있기도 하다.『육전조례』에는 여덟 개가 수록되어 있으나, 수록된 시전은『한경지략』과 약간 차이가 있다.

본문에서는『동국문헌비고』에 비할 때 육의전이 종가에 있다는 사실만 밝히고 구체적인 위치까지는 밝히지 않고 있어서, 저자가 시전 위치를 기록하는 데에는 큰 관심이 없었음을 알 수 있다.

## 연초전(烟草廛)

연초전은 속칭 절초전이라고 한다. 서초 및 각 품의 연초를 판다.[오푼역]

烟草廛 俗稱切草廛 賣西草及各品烟草[五分役]

## 상전(床廛)

상전은 총 열세 곳이다. 가죽, 말총, 황랍, 향사 및 서책, 휴대 등 잡물을 판다. 상 위에 늘어놓아서 상전이라고 한다. 바늘은 오직 동상전에서만 판다.[의금부 망문 앞의 상전은 삼푼역이고, 신상전은 이푼역, 동상전 및 수진방 상전은 □푼역이다. 포전 앞 상전, 철물교 상전, 필동 상전, 남대문 상전, 염전병문 상전, 정동 상전, 동현 상전은 모두 무푼역이다]

床廛 凡十三處賣皮物馬尾黃蠟鄉絲 及書冊休帒等雜物 布列於床上 故謂之床廛 針子則獨於東床廛貨賣[禁府望門前床廛 三分役 新床廛二分役 東床廛及壽進坊床廛 □分役 布廛前床廛鐵物橋床廛筆洞床廛南大門床廛鹽廛屛門床廛貞洞床

廛銅峴床廛 并無分役]

## 미전(米廛)

미전은 모두 다섯 곳이다. 각종 곡식을 판다.[상·하미전은 각각 삼푼
역이고, 문외미전은 이푼역, 서강 및 마포 미전은 모두 무푼역이다]

米廛 凡五處 賣各穀[上下米廛 各三分役 門外米廛 二分役 西江及麻浦米廛 并無

分役]

## 잡곡전(雜穀廛)

잡곡전은 잡곡을 판다. 철물교 서쪽에 있다.[삼푼역]

雜穀廛 賣雜穀 在鐵物橋西[三分役]

## 생선전(生鮮廛)

생선전은 각종 생선을 판다. 종루 서쪽에 있다.[삼푼역]

生鮮廛 賣各種魚鮮 在鍾樓西[三分役]

## 유기전(鍮器廛)

유기전은 놋으로 만든 그릇을 판다. 어물전 뒤에 있다.[이푼역]

鍮器廛 賣鍮鑄器皿 在魚物廛後[二分役]

## 의전(衣廛)

의전은 각 의복을 판다. 종루에 있다.[이푼역]

衣廛 賣各衣服 在鍾樓[二分役]


## 혜전(鞋廛)

혜전은 각색 가죽신을 판다. 각처에 있는데, 놋갖신[油釘鞋]만 종루전에서 판다.[이푼역]

鞋廛 賣各色皮鞋 在各處 而油釘鞋 獨賣於鍾樓廛[二分役]


## 면화전(綿花廛)

면화전은 씨를 뺀 목면을 판다. 광통교 옆에 있다.[이푼역]

綿花廛 賣去核之木綿 在廣通橋傍[二分役]


## 은국전(銀麴廛)

은국전은 술을 만드는 누룩을 판다. 색깔이 흰색이므로 은국이라고 칭한다. 입전병문에 있다.[이푼역]

銀麴廛 賣造酒之麴 色白 故稱銀麴 在笠廛屏門[二分役]


## 화피전(樺皮廛)

화피전은 각종 물감 및 중국 과일을 판다. 물건을 자작나무 껍질로 싸기 때문에 화피전이라고 칭한다. 종가 동쪽에 있다.[일푼역]

樺皮廛 賣各種彩色 及中國果實 而物貨裒於樺皮 故稱以樺皮廛 在鍾街東[一分役]

## 진사전(眞絲廛)

진사전은 각색 당사와 향사 및 갓끈, 띠, 끈 등의 물건을 판다. 의금부 옆에 있다.[일푼역]

眞絲廛 賣各色唐鄕絲及纓帶組紃之屬 在禁府傍[一分役]


## 인석전(茵席廛)

인석전은 등메[龍鬚席: 골풀로 만든 돗자리]와 안식(案息: 앉을 때 기대는 방석) 등의 물건을 판다. 수진방에 있다.[일푼역]

茵席廛 賣龍鬚席案息等物 在壽進坊[一分役]


## 체계전(髢髻廛)

체계전은 속칭 다리전[月子廛]이라고 한다. 다리라는 것은 우리말로, 머리에 얹는 가발이다. 부인의 머리 장식과 다리를 판다. 내전은 광통교에 있고, 외전은 서소문 밖에 있다.[일푼역]

髢髻廛 俗稱月子廛 月子者 方言髢也 賣婦人首飾髮髻 內廛在廣通橋 外廛在西小門外[一分役]


## 청밀전(淸蜜廛)

청밀전은 벌꿀을 판다. 속칭으로 꿀을 청이라 한다. 이현에 있다.[일푼역]

淸蜜廛 賣蜂蜜 俗呼蜜曰淸 在梨峴[一分役]

## 경염전(京鹽廛)

경염전은 서해의 자염을 판다. 서울에 가까우므로 경염이라고 한다. 이현에 있다.[일푼역]

京鹽廛 賣西海煑鹽 近於京師 故謂之京鹽 在梨峴[一分役]


## 내장목전(內長木廛)

내장목전은 집 재목을 판다. 또 외전이 있는데 성외 각처에 있다.[일푼역]

內長木廛 賣屋材 又有外廛 在城外各處[一分役]


## 연죽전(烟竹廛)

연죽전은 각색 담뱃대와 담배설대를 판다. 각처에 있다.[일푼역]

烟竹廛 賣各色烟竹與煙盃 在各處[一分役]


## 시저전(匙箸廛)

시저전은 놋숟가락과 젓가락을 판다. 내전은 종가에 있고, 외전은 서소문 밖에 있다.[일푼역]

匙箸廛 賣鍮匙箸 內廛在鍾街 外廛在西小門外[一分役]


## 철물전(鐵物廛)

철물전은 각종 철물을 판다. 각처에 있다.[일푼역]

鐵物廛 賣各樣鐵物 在各處[一分役]

## 마전(馬廛)

마전은 말을 판다. 둔한 말만 있고 준마는 없다. 동대문 안에 있다.[일푼역]

馬廛 賣馬匹 只是駑駘而無駿驦 在東大門內[一分役]

안설: 이상 각 전은 모두 평시서에 붙어 있다. 양이 정해진 분수가 있어서 국역에 응하니, 십푼부터 일푼까지 있다. 모두 서른일곱 전이다. 국역 때마다 십푼전은 십푼역에 응하고 일푼전은 일푼역에 응한다. 궐 안 여러 관서 각처의 수리에 도배 및 봉조군은 분수에 따라 부역한다.

안설: 국초에 경복궁 신무문 밖에 시장을 열어서 전조후시(前朝後市)에 맞게 하려고 하였으나 지세가 치우쳐서 행하지 못하였다고 한다. 지금의 비단, 명주, 종이, 포의 큰 시전은 모두 종가 양편에 있다. 시장에 가는 사람은 새벽에는 이현 및 소의문 밖에 모이고, 한낮에는 종가에 모인다. 동부의 채소, 칠패의 생선은 온 도성에서 쓰는 것이고, 남촌은 술을 잘 빚고 북촌은 떡을 잘 빚어서 모두 남주북병(南酒北餅: 남촌의 술과 북촌의 떡)이라고 한다.

案以上各廛 皆屬於平市署 量定分數 以應國役 自十分至一分 凡三十七廛 每當[128]國役
時 十分廛應十分役 一分廛應一分役 闕內諸上司各處修理塗褙及縫造軍 依分數出役
又案國初開市于景福宮之神武門外 以道前朝後市之封 而地偏 故未行云 今之緞紬帋
布大廛 皆在鍾街兩傍 而趨市者 晨集于梨峴及昭義門外 午集于鍾街 而以東部菜七牌
魚爲一城所需 又南村善釀酒 北村善爲餅 故每稱曰南酒北餅

❈

---

128 원문에는 堂으로 되어 있으나, 내용상 當으로 바로잡는다.

연초전은 본문에서 오푼역이라고 하였으나 『육전조례』에는 삼푼역으로 나와 있다. 서초는 평안도 지역에서 나는 고급 담배를 말한다. 상전은 상자리전이라고도 하며, 『한양가』에서는 각종 빗과 쌈지, 허리띠, 보료에 각종 종이도 취급한다고 하였다. 본문에서는 상전이 열세 곳이라고 하였으나, 나열한 상전은 열한 곳이다. 『만기요람』과 『육전조례』에는 상전이 열두 곳으로 나와 있는데, 본문에서 언급한 열한 곳에 더하여 무푼역인 지상전(紙床廛)이 더 있다. 기록에 따라 동상전이 이푼역으로 나와 있는 경우도 있다. 『동국여지비고』에는 열세 곳이라 하였는데, 본문에 수록한 것에 더하여 지상전과 이푼역인 묘상전(廟床廛)이 있다.

본문에서는 문외미전이 이푼역이라고 하였으나 『육전조례』에서는 문외미전은 삼푼역이라고 하였다. 미전이나 잡곡전 모두 쌀도 팔고 잡곡도 팔았기 때문에 여러 차례 갈등을 빚기도 하였다. 의전에서는 의복을 파는 것 외에 혼례 때 쓰는 신랑 단령 등을 대여하기도 하였고, 왕실 혼례 때 집안인(執雁人)이 입는 각종 옷이나 왕실 장례에 필요한 물품을 마련하는 일도 담당하였다. 혜전은 다른 자료에서는 주로 이전(履廛)이라고 하였다. 놋갖신을 파는 종루전은 『동국여지비고』에서 청포전의 동쪽에 있다고 하였다. 마전은 우전과 함께 동대문 안 태평교(마전교) 남안에 있었다.

### 과전(果廛)

과전은 속칭 우전(隅廛: 모전)이라고 한다. 처음에 요로의 모퉁이에 세워졌기 때문에 우전이라고 한 것이다. 각종 과일을 판다. 큰 과전

은 모두 여섯 곳이 있다.[송현, 정동, 전동 및 문외우전과 상우전과 하우전이다]

果廛 俗稱隅廛 以其初設於要路隅 仍呼爲隅廛矣 賣各種果實 大廛凡爲六處
[松峴貞洞典洞及門外上下也]

안설[129]: 『경도잡지』에 다음과 같이 나와 있다. 배 중에 좋은 것을 추향(秋香)이라고 하는데, 황해도의 황주, 봉산 등지 것이다. 감에 이르러서는 월화(月華), 소원(小圓)이라고 하는데 경기의 남양, 안산 땅에서 난다. 귤과 석류는 모두 남쪽에서 나는데, 서울에서는 화분에 석류를 심는 것도 성하다. 복숭아 중에 털이 없는 것을 승도(僧桃)라고 하고, 털이 있고 크며 일찍 익고 붉은 것을 유월도(六月桃)라고 한다. 울릉도 안에서는 큰 복숭아가 많이 나는데, 그 씨를 가져다가 심은 것을 울릉도(鬱陵桃)라고 한다.

京都雜志曰 梨之佳者曰秋香 自每西之黃州鳳山等地 而至柿名月華小圓 則産於畿內之南陽安山也 橘榴俱南産 而京城盆養石榴亦盛 桃之不毛 其曰僧桃 有毛而絶大 早熟紅美曰六月桃 鬱陵鳥中多大桃 取核而種之曰鬱陵桃

### 채소전(菜蔬廛)

채소전은 각종 채소를 판다. 종루 및 칠패에 있는데, 동문 밖 왕십리 살곶이벌의 무, 동대문 안 훈련원 밭의 배추, 남대문 밖 청파의 미나리를 제일로 친다.

---

129 원문에는 案이라는 표기가 없으나, 체제와 내용상 안설에 해당하므로 안설이라고 달았다.

菜蔬廛 賣各種蔬菜 在鍾樓及七牌 而以東門外往十里箭串坪之蘿葍 東
大門內訓鍊院田荵萊 南大門外[130]青坡芹爲第一

## 외장목전(外長木廛)

외장목전은 크고 작은 집 재목을 판다. 성 밖에 있다.

外長木廛 賣大小屋材 在城外

## 세물전(貰物廛)

세물전은 혼례나 상례 때 여러 기구 및 그릇 등을 빌려주는데, 건마
다 값이 10전을 넘지 않는다. 여러 곳에 있다.

貰物廛 貰給婚喪諸具及器用 而每件價不過十錢 在於各處

## 잡전(雜廛)

잡전은 우산, 엮은 발, 횃불 등의 잡물을 판다. 혜정교 옆에 있다.

雜廛 賣雨傘篇箔脂炬等雜物 在惠政橋傍

## 양태전[涼臺廛]

양태전은 갓을 만드는 대나무 양태[涼臺]를 판다. 서소문 밖에 있다.
양태는 통영에서 대나무로 짠 것이 가장 가늘어서 상품으로 친다. 신랑
이 쓰는 황초립전은 종루 옆에 있다.

---

130 원문에는 南大外門으로 되어 있으나, 내용상 南大門外로 바로잡는다.

涼臺廛 賣造笠之竹涼臺 在西小門外 涼臺以統營織竹最細 爲上品 又有新郎
所着黃草笠廛 在於鍾樓傍

## 전립전(氈笠廛)

전립전은 소털과 전립을 판다. 내전은 유전교에 있고, 외전은 돈의문
밖에 있다.

氈笠廛 賣牛毛氈笠 而內廛則在於有廛橋 外廛則在敦義門外

## 망건전(綱巾廛)

망건전은 속머리를 묶는 망건을 판다. 그 가게 사람은 아침에는 서소
문 밖에, 한낮에는 종루 옆에 있다.

綱巾廛 賣裏頭之鬠結綱巾 其廛人 朝則在西小門外 午則在鍾樓傍

## 도자전(刀子廛)

도자전은 방물전(方物廛)이라고도 칭한다. 소장도 및 담배합을 판다.
부인들의 장신구, 금은 가락지, 머리꽂이 등의 물건은 시장 사람이 종
가에서 많이들 노점으로 좌판을 벌인다.

刀子廛 亦稱方物廛 賣小粧刀及煙盒 婦人佩飾 金銀指環 首釵等物 市人多
露坐於鍾街上

## 분전(粉廛)

분전은 연지와 분을 판다. 여자 상인이 파는 것이다. 내전은 종가에

있고, 외전은 서소문 밖에 있다.

粉廛 賣肢粉 女賈所賣 內廛則在鍾街 外廛在西小門外


## 잡철전(雜鐵廛)

잡철전은 각색 철물을 파는데, 여러 곳에 있다.

雜鐵廛 賣各色鐵物 在於各處


## 칠목기전(漆木器廛)

칠목기전은 각종 옻칠 그릇 및 장과 궤짝을 판다. 장전(欌廛)이라고
도 한다. 장이라는 것은 중국에서는 세워놓는 궤[豎櫃]라고 하는 것이
다. 장은 꼭 3, 4층이 있어서 무늬 있는 나무로 만들거나 색지를 바른
다. 광통교에 있다. 또 목기전이 있는데, 나무 소반, 나무 농, 키, 고리
같은 물건을 판다. 하나는 육조 앞에 있고, 하나는 이현에 있어서 상전
과 하전이라고 부른다.

漆木器廛 賣各樣漆木器及欌櫃 亦稱欌廛 欌者中國所謂豎櫃也 欌必有三四
層 以紋木製 或以色紙塗 在於廣通橋 又有木器廛 賣木盤柚籠箕簣等物 一
在六曹前 一在梨峴 謂之上下廛


## 자기전(磁器廛)

자기전은 자기를 판다. 종가 및 남대문 밖에 있다. 또 세기전이 있는
데, 잔치에 필요한 소반과 그릇 등의 물건을 빌려준다. 종가에 있다.

磁器廛 賣磁器 而在鍾街及南大門外 又有貰器廛 貰給宴需所用盤器 在鍾街

## 등전(鐙廛)

등전은 마상전이다. 말안장 등의 여러 물건을 판다. 광통교에 있다.

鐙廛 卽馬床廛也 賣馬鞍諸具 在廣通橋

## 혁저전(鞋底廛)

혁저전은 속명으로 창전이라고 한다. 소가죽과 신발 밑창을 판다. 입전동에 있다.

鞋底廛 俗名昌廛 賣牛皮鞋底 在笠廛洞

## 승혜전(繩鞋廛)

승혜전은 생마와 숙마로 만든 미투리 및 짚신을 판다. 여러 곳에 있다.

繩鞋廛 賣生熟麻鞋及稿草鞋 在於各處

## 전촉전(箭鏃廛)

전촉전은 각종 화살촉을 판다. 동대문 안에 있다.

箭鏃廛 賣各樣箭鏃 在東大門內

## 현방(懸房)

현방은 쇠고기를 파는 곳이다. 고기를 걸어서 팔기 때문에 현방이라고 한다. 성 안팎에 스물세 곳이 있는데, 모두 반촌 사람으로 하여금 팔아서 살아가도록 하고, 고기를 세금으로 바치게 하여 태학생의 먹거리를 대도록 한다.

懸房 賣牛肉之屠肆也 懸肉以賣 故稱懸房 城內外 凡二十三處 幷使泮民販業
資生 納稅肉以繼太學生食養需

## 생치전(生雉廛)

생치전 및 건치는 생선전병문에 있다.

生雉廛及乾雉 在於生鮮廛屛門

## 계전(鷄廛)

계전은 광통교에 있고, 계란전도 그 옆에 있다.

鷄廛 在廣通橋 而鷄卵廛 亦在其傍

## 저육전(猪肉廛)

저육전은 여러 곳에 있는데, 대상 때 이 가게 사람들이 방상씨가 된다.

猪肉廛 在於各處 而大祥以此廛人 爲方相氏

## 백당전(白糖廛)

백당전은 엿과 사탕을 판다. 여러 곳에 있다. 어린아이들이 쟁반에
담아서 돌아다니며 판다.

白糖廛 賣飴糖 在於各處 而兒童亦荷盤行賣

## 좌반전(佐飯廛)

좌반전은 절인 생선이나 젓갈 등의 반찬을 판다. 여러 곳에 있다.

佐飯廛 賣醢魚鹽醯等饌物 在於各處

## 종자전(種子廛)

종자전은 갖가지 채소 종자를 판다. 여러 곳에 있다.

種子廛 賣各蔬菜種子 在於各處

## 해전(醢廛)

해전은 젓갈을 판다. 남대문 밖에 있다.

醢廛 賣醢 在南大門外

## 고초전(藁草廛)

고초전은 집을 덮는 볏집이나, 울타리 할 바자[笆子]를 판다.

藁草廛 賣蓋屋之藁草 及籬笆子

## 초물전(草物廛)

초물전은 삼, 칡, 억새, 갈대 같은 것을 판다. 서소문 밖에 있다. 또 형파전(荊杷廛: 갈퀴를 파는 가게)이 있다.

草物廛 賣麻葛繩管削之屬 在西小門外 又有荊杷廛

안설: 이상 각 전은 모두 분정된 국역이 없다. 약을 파는 약국은 모두 동현(銅峴, 구리 개)의 좌우에 늘어서 있고 여러 곳에 흩어져 있는 것은 문 옆에 반드시 '신농유업 만병 회춘'이라는 구호를 붙여놓았으며, 창을 길가로 내고 갈대발을 늘어뜨려 놓았다.

또 염전국(染靛局)은 여러 곳에 있는데, 문밖 벽 위에 청대꽃으로 손바닥 자국을 찍어서 표시를 해놓았으니, 정유 박제가의 「성시전도시」에서 "갈대발 안에 사람 자못 한가로운 듯 앉아서 천궁과 백지를 달고 있네. 염전국 잊을까 봐 쉬이 알 수 있도록 벽 가득 푸르게 손자국을 찍어놓았네."라고 한 구절이 이것이다.

1518년(중종 13) 중국의 예에 의하여 성안에 서사(書肆)를 설치하였다. 소격서의 놋그릇과 폐사의 종으로 공사를 가리지 않고 활자를 주조하여 책을 인쇄하였으니 매우 성대한 전례였으나, 성안에는 큰 서사가 없는 것만이 실로 결점이었다. 또 서울에서 쓰는 땔감은 경강의 상류와 하류의 땔감 장수들이 배로 실어다가 강둑에 두면, 서울 사람들이 매일 가서 등짐을 져 가지고 와서 이문을 챙겨 살아간다. 또 근기 백성들이 소나 말에 싣고 성에 들어가서 팔기도 하는데, 한 짐의 땔감 가격이 100전 내외를 벗어나지 않는다.

案以上各廛 并無分定之國役 而賣藥之局 皆在銅峴 列於左右 其散在各處者 門傍必書 付神農遺業萬病回春之號 窓臨街路 必垂蘆箔

又染靛局 則諸處有之 門外壁上 以靛花 搨掌痕爲表 故朴貞蕤城市全圖詩 有葦簾[131] 中人頗似閑 坐稱川芎與白芷 易知難忘染靛局 滿壁靑痕[132]搨掌指之句是也

中宗朝十三年 依中朝例 設書肆于城中 以昭格署鍮器及廢寺鍾 不拘公私 鑄字印書 甚盛典 而城內但無大書肆 實爲欠典 又京用柴薪 則京江上下流柴商 船運以置於江干 則京居民日往負來 嬴利資生 又近畿民 則牛輪馬載 入城以賣 一馱柴價 不出百錢內外耳

---

131 원문에는 篇으로 되어 있으나, 『정유각집』(권3, 「城市全圖應令」)에 따라 簾으로 바로 잡는다.

132 원문에는 靛花로 되어 있으나, 『정유각집』(권3, 「城市全圖應令」)에 따라 靑痕으로 바로잡는다.

과전은 도로 모퉁이에 있어서 뜻을 살려 우전이라고도 하고 음을 살려 모전(毛廛)이라고도 하였다. 도자전은 1744년 설립되어 초기에는 칼만 취급하였으나 이 무렵엔 작은 장도를 비롯해 담배합, 금속으로 된 부인 장신구 등까지 취급하고 있어서 취급 물종이 확대되었음을 알 수 있다.(『시폐』, 160쪽) 세기전은 그릇 대여를 주업으로 하던 곳으로, 『동국문헌비고』에는 내세기전과 외세기전이 있었다고 하였으며 자기 및 홍칠반을 빌려주었다고 하였다. 생치전은 일반적인 꿩고기뿐만 아니라, 말린 꿩고기 및 꿩깃 등 각종 부산물도 취급하였다. 본문에는 형파전에 대한 설명이 없는데, 『동국여지비고』에 따르면 형파전은 성 밖에 있었고 나무꾼이 쓰는 갈퀴를 팔았다.

　현방은 성균관에 세육을 납부했고 속전 납부의 의무도 지고 있었다. 조선에서는 농사짓는 소의 도살을 원칙적으로 금지하고 있었는데, 현방은 도성 내에서 특별히 소 잡는 것을 허가받은 대신에 속전을 납부하였다. 이를 삼사속전(三司贖錢)이라 하였다.(『시폐』, 185쪽) 현방은 처음에 마흔여덟 곳에 설치되었으나, 17세기에 우역 등으로 여러 차례 큰 변동을 겪다가, 숙종대에 스물한 곳에 설치되고, 정조대 두 곳, 순조대 한 곳이 더 허가받아서 총 스물세 곳이 되었다. 『동국여지비고』를 통해 본 현방의 분포는 다음과 같다.

〈표 10〉 『동국여지비고』의 현방의 분포 상황

| 지역 | 현방의 위치 |
|------|-------------|
| 중부 | 하량교, 이전(履廛), 승내동(承內洞), 향교동, 수표교 |
| 동부 | 이교(二橋), 광례교(廣禮橋), 왕십리 |
| 남부 | 광통교, 저전동(苧廛洞), 호현동, 의금부 |
| 서부 | 태평관, 정릉동, 허병문(許屛門), 육조 앞, 서문 밖, 마포, 야주현 |
| 북부 | 의정부, 수진궁, 안국방 |

　　표에서 볼 수 있듯이 현방은 여러 곳에 흩어져 있었으나 경복궁과 창덕궁 사이, 종로 대가와 남대문로 등에 주로 위치하고 있었다. 이는 이 일대가 부유한 양반과 중인층이 주로 거주했기 때문으로 보인다.(최은정, 92~93쪽)

『한경지략』에서 인용한 책 소개

『견한잡록(遣閒雜錄)』: 심수경(沈守慶, 1516~1599)이 지은 잡록. 『대동야승』과 『시화총림』에도
　　수록되어 있다.

『경도잡지(京都雜志)』: 유득공(柳得恭, 1749~1807)이 지은 세시풍속지.

『고려도경(高麗圖經)』: 1123년(인종 1) 송의 사절로 고려에 온 서긍(徐兢)이 지은 책. 사절로 머
　　문 동안의 견문을 그림과 글로 저술하였으나 그림은 전하지 않고 글만 남아 있다.

『고려사(高麗史)』: 1451년(문종 1) 완성한 고려시대 역사서. 기전체로 정리한 관찬 사서이다.

『광여기(廣輿記)』: 명말 육응양(陸應陽)이 편찬하고 청 강희 연간 채방병(蔡方炳, 1626~1709)
　　이 증정한 지리서. 본문에서는 육응양을 청대 인물로 잘못 소개하였다.

『국당배어(菊堂徘語)』: 정태제(鄭泰齊, 1612~1669)의 잡록. 선조~인조 연간 임진왜란과 병자
　　호란 등 그가 직접 겪거나 들은 이야기를 수록하였다.

『국조보감(國朝寶鑑)』: 조선 시기 역대 왕의 선정을 모아 편찬한 편년체 사서. 세조대, 숙종대,
　　영조대, 정조대에 찬수하였는데, 특히 정조대에는 이전에 편찬한 3조 외 나머지 역대 13조
　　의 보감을 찬수하였다.

『국조인물고(國朝人物考)』: 조선 건국 초부터 숙종 때까지 주요 인물 관련 사항을 편집한 책.
　　정조대에 편찬하였다.

『규장각지(奎章閣志)』: 정조대에 신설한 규장각의 연혁 및 제도, 의식을 기록한 관서지. 1784
　　년 정유자로 간행하였다.

『기재잡기(寄齋雜記)』: 박동량(朴東亮, 1569~1635)의 저술. 야사류와 일기를 함께 편저한 책이다.

『농암집(農巖集)』: 김창협(金昌協, 1651~1708)의 시문집.

『당서(唐書)』: 중국 당나라의 정사. 당 멸망 직후 편찬한 『당서』를 『구당서』로, 송대 내용을 고쳐 새로 편찬한 것을 『신당서』로 부른다.

『대명일통지(大明一統志)』: 1461년(천순 5)에 완성한 중국 명나라의 관찬 지리지. 중국 전역과 조공국의 지리를 포괄하고 있다.

『대전통편(大全通編)』: 1785년(정조 9) 『경국대전』과 『속대전』 및 그 뒤 법령을 통합해 편찬한 법전.

『대청일통지(大淸一統志)』: 청대 편찬한 관찬 지리지. 1744년, 1790년, 1842년 등 3차에 걸쳐 편찬하였다.

『동각잡기(東閣雜記)』: 이정형(李廷馨, 1549~1607)이 고려 말부터 조선 선조 때까지의 정치와 명신의 행적을 기록한 역사서. 『대동야승』에 수록되어 전하고 있다.

『동경몽화록(東京夢華錄)』: 중국 남송대 맹원로(孟元老)의 저서. 1147년(소흥 17)에 완성했는데, 북송 말 수도 변경의 상업과 민간 풍속을 잘 보여주는 필기류 자료이다.

『동국지리지(東國地理志)』: 한백겸(韓百謙, 1552~1615)이 지은 역사지리서.

『동사(東史)』: 이종휘(李種徽, 1731~1797)가 지은 역사서. 기전체 형식으로 구성된 역사서로, 소론계 학자의 역사인식을 보여준다.

『동주집(東州集)』: 이민구(李敏求, 1589~1670)의 시문집.

『명신록(名臣錄)』: 조선 초부터 17세기 중반까지 명신에 대한 기록을 모은 책. 정조의 명으로 이익진(李翼晋, 1750~1819) 등 초계문신이 편찬하였다.

『무인기문(戊寅記聞)』: 기준(奇遵, 1492~1521)의 저서.

『문헌비고(文獻備考)』: 1770년(영조 46) 홍봉한 등이 왕명으로 편찬한 유서. 중국의 『문헌통고』를 모델로 편찬한 것으로 영조대에 편찬한 것을 『동국문헌비고』라 하고 고종대에 증보한 것을 『증보문헌비고』라 한다. 영조대에 편찬한 『동국문헌비고』는 간행하지 못하고 필사본으로만 남았는데, 유본예는 여러 부분에서 이를 활용하였다.

『반계수록(磻溪隧錄)』: 유형원(柳馨遠, 1622~1673)의 저술. 통치 제도에 대한 고찰과 개혁안이 담겨 있다.

『부계기문(涪溪記聞)』: 김시양(金時讓, 1581~1643)이 지은 잡록집. 부계는 함경도 종성의 이명으로, 1611년(광해군 3)에 이곳에 유배된 김시양이 그곳에서의 견문을 기록한 것이다. 『대동야승』에도 수록되어 있다.

『비국등록(備局謄錄)』: 『비변사등록』. 비변사의 업무 내용을 기록한 책이다. 1617년(광해군 9)부터 1892년(고종 29)까지의 기록이 남아 있으며 국보로 지정되어 있다.

『사군지(四郡志)』: 유득공(柳得恭, 1749~1807)이 편찬하고 서유구가 교정, 필사한 한사군에 대한 역사서. 대체로 1795년(정조 19)경에 편찬한 것으로 추정한다.

『사기색은(史記索隱)』: 『사기(史記)』 주석서. 당나라 때 사마정(司馬貞)이 편찬하였다.

『산해경(山海經)』: 중국에서 가장 오래된 지리서. 지리지식과 신화, 전설이 함께 수록되어 있다.

『삼보황도(三輔黃圖)』: 한나라의 서울인 장안과 그 속현에 대한 저술.

『상촌집(象村集)』: 신흠(申欽, 1566~1628)의 시문집.

『서애집(西厓集)』: 유성룡(柳成龍, 1542~1607)의 시문집.

『소문쇄록(謏聞瑣錄)』: 조선 중기 역관 조신(曺伸)의 잡록집. 정본은 발견되지 않았으며 내용 일부가 『대동야승』이나 『시화총림』, 『패림』 등에 수록되어 있다.

『수도제강(水道提綱)』: 중국 청나라의 제소남(齊召南, 1703~1768)이 물길을 중심으로 작성한 지리서. 1761년 저술되었다.

『승암집』(『양승암집』) : 중국 명나라의 무종·세종대의 학자인 양신(楊愼)의 시문집.

『신원지략(宸垣識略)』: 중국 청나라의 오장원(吳長元, 1770년 전후)이 북경의 역사, 지리와 명승고적을 기술한 책. 강희 연간 주이존(朱彝尊, 1629~1709)이 편집한 『일하구문(日下舊聞)』과 건륭 연간 편집한 『일하구문고』를 합하고 수정하여 저술하였다.

『신증동국여지승람(新增東國輿地勝覽)』: 조선 중기에 편찬한 관찬 지리서. 1481년(성종 12) 『동국여지승람』을 편찬하였고, 1499년 일부 수정을 하였으며 1530년(중종 25) 이행, 윤은보 등이 증수하여 완성하였다.

『양경부(兩京賦)』: 중국 한나라 때 장형(張衡)이 지은 부. 서경부와 동경부 두 편을 저술하였다.

『어우야담(於于野談)』: 유몽인(柳夢寅, 1559~1623)이 편찬한 설화집.

『열조통기(列朝通記)』: 안정복(安鼎福, 1712~1791)이 조선의 역사를 각 왕대별로 편찬한 책.

『오산설림(五山說林)』: 차천로(車天輅, 1556~1610)가 지은 시화(詩話), 수필집. 『대동야승』, 『광사』, 『시화총림』 등에 실려 있다.

『용재총화(慵齋叢話)』: 성현(成俔, 1439~1504)이 지은 필기 잡록류.

『용천담적기(龍泉談寂記)』: 김안로(金安老, 1481~1537)가 지은 야담설화집. 『대동야승』, 『패림』, 『시화총림』에도 수록되어 있다.

『일하구문(日下舊聞)』: 청나라 때 주이존의 저술. 청대 북경에 관한 문헌으로는 가장 일찍 나온 책이다.

『장안지(長安志)』: 중국에서 가장 오래된 수도에 대한 지리지. 북송대 송민구(宋敏求, 1019~1079)가 지었다.

『제경경물략(帝京景物略)』: 유동(劉侗, 1593~1636), 우혁정(于奕正, 1597~1636)이 지은 역사 지리서. 명나라 때 북경에 대한 이야기가 풍부한 자료이다.

『조야기문(朝野記聞)』: 서문중(徐文重, 1634~1709)이 지은 기사본말체(紀事本末體)의 책.

『조야집요(朝野輯要)』: 조선 건국부터 순조 초기까지를 편년체로 기록한 역사서. 저자와 간행 연대는 미상이다.

『조야회통(朝野會通)』: 조선시대 편년사. 저자와 간행 연대는 미상이나 『연려실기술』 별집 야사 목록에는 정조 초 사람인 김재구(金載久)의 편저로 되어 있다.

『주례(周禮)』: 주나라 왕실의 관직제도 등을 담은 유교 경전.

『죽창한화(竹窓閑話)』: 죽천(竹泉) 이덕형(李德泂, 1566~1645)의 수필집. 저자의 선조인 이색 등 한산 이씨에 대한 이야기가 많다.

『준천사실(濬川事實)』: 1760년(영조 36)에 한성판윤 홍계희(洪啓禧, 1703~1771)가 준천사(濬川司)의 사업내용을 기록한 책.

『지봉유설(芝峯類說)』: 1614년(광해군 6)에 이수광이 편찬한 유서.

『지북우담(池北偶談)』: 청대 왕사정(王士禎, 1634~1711)이 지은 필기소설.

『징비록(懲毖錄)』: 유성룡이 임진왜란 동안 경험한 사실을 기록한 책.

『청강쇄어(淸江瑣語)』: 이제신(李濟臣, 1536~1584)이 지은 수필집. 1629년(인조 7) 간행하였으며 『대동야승』에도 수록되어 있다.

『청창연담(晴窓軟談)』: 신흠이 지은 시비평집.

『청파극담(靑坡劇談)』: 조선 전기 문신인 이육(李陸)이 지은 야담집으로 1512년(중종 7)에 처음으로 편찬하였다. 2권의 일부는 『대동야승』에 수록되어 있다.

『추강냉화(秋江冷話)』: 남효온(南孝溫, 1454~1492)의 수필집. 『추강집』의 부록으로도 수록되었고 『대동야승』에도 수록되어 있다.

『추관지(秋官志)』: 1781년(정조 5) 박일원(朴一源)이 편찬한 형조 관련 사례를 모아 편집한 책.

『춘명몽여록(春明夢餘錄)』: 중국 명말 청초 손승택(孫承澤, 1592~1676)이 명대 북경의 상황과 체제에 대해 저술한 지리지.

『춘명퇴조록(春明退朝錄)』: 중국 송나라 때 송민구(宋敏求)가 지은 저술. 당송대의 전장제도와 관직제도 및 의례 등을 서술하였다.

『통문관지(通文館志)』: 사역원의 연혁과 중국 및 일본과의 외교관계를 기록한 책. 숙종 때 편찬하였다.

『패관잡기(稗官雜記)』: 어숙권(魚叔權, 16세기)이 지은 패관문학서. 각종 설화, 시화를 모아 해설을 붙인 것이다. 『대동야승』에 전체 6권 중 1~4권의 일부가 수록되어 있다.

『필원잡기(筆苑雜記)』: 서거정(徐居正, 1420~1488)이 지은 한문 수필집.

『해동제국기(海東諸國記)』: 1471년(성종 2) 신숙주(申叔舟, 1417~1475)가 일본의 지세, 국정 등을 기록한 책. 1443년(세종 25) 서장관으로 다녀온 경험과 정보를 바탕으로 성종 초에 왕명에 따라 찬진한 것이다.

『현호쇄담(玄湖瑣談)』: 조선 후기 효종 연간에 임경이 34편의 시화를 엮어 편찬한 시화집.

참고문헌

## 1. 보고서 및 도록

국립문화재연구소, 2010, 『최후의 진전-창덕궁 신선원전』

_____, 2011, 『창덕궁 우물지 · 빈청지 발굴조사 보고서』

_____, 2013, 『국립문화재연구소 소장 조선왕실 건축도면』

대통령경호실, 2007, 『청와대와 주변 역사 · 문화유적』

동대문역사관, 2019, 『도성의 수문』

박경룡, 2012, 『청계천, 중구의 물길 따라』 서울 중구문화원

서울시립대학교 도시형태연구실, 2016, 『백운동천 역사 및 도시공간 변천사』

서울역사박물관 아카이브, 2009, 『돈의문 밖, 성벽 아랫마을; 역사 · 공간 · 주거』

서울역사박물관, 2018, 『경강』

청계천박물관, 2017, 『준천, 영조와 백성을 잇다』

한울문화재연구원, 2011, 『종로 어영청지 유적』 한울문화재연구원


## 2. 단행본

경성부, 1934 · 1936 · 1941, 『京城府史』 1 · 2 · 3(서울시사편찬위원회, 2012 · 2013 · 2014 『(국역) 경성부사』 1 · 2 · 3)

구만옥, 2016, 『세종시대의 과학기술』, 들녘

배우성, 2015, 『독서와 지식의 풍경』, 돌베개

비편사 편, 조영준 역해, 2013, 『시폐-조선후기 서울 상인의 소통과 변통』, 아카넷

서울시사편찬위원회, 2009, 『서울지명사전』

서울특별시, 2016, 『성균관과 문묘의 세계유산적 가치』

서울역사편찬원, 2010, 『사진으로 보는 서울』(전6권).

유본예 저, 권태욱 역, 1973, 『한경지략』, 탐구당(2016 개정판)

이민희, 2015, 『마지막 서적중개상 송신용 연구』, 보고사

이병도, 1980, 『(개정판) 고려시대의 연구』, 아세아문화사

이종묵, 2006, 『조선의 문화공간』 1~4, 휴머니스트

장지연, 2015, 『고려·조선 국도풍수론과 정치이념』, 신구문화사

정기준, 2017, 『서운관의 천문의기』, 경인문화사

## 3. 논문

고동환, 1998, 「조선후기 한성부 행정편제의 변화」, 『서울학연구』 11

구만옥, 2012, 「숙종대(1674~1720) 천문역산학의 정비」, 『한국실학연구』 24

김현정, 2008, 「19세기 초반 조선지식인의 서울인식과 조선중화의식-유본예의 『한경지략』을 중심으로」, 서울시립대 국사학과 석사논문

김희경, 2007, 「조선후기 성시풍속도의 유형별 특징 연구」, 『온지논총』 16

길지혜, 2017, 「한성부내 연지연구」, 서울대학교 조경학 박사학위논문

김소희, 2015, 「『조선부』의 한중일 간행과 유통」, 『장서각』 33

김지희·전봉희, 2017, 「세심대 일원의 변천과 사도묘의 건립과정」, 『대한건축학회 논문집-계획계』 33(1)

박현욱, 2008, 「『한경지략』의 저자와 현존 제본에 대하여」, 『도시역사문화』 7

박희성, 2012, 「조선 선농단 훼손과정으로 본 동교의 도시재편 양상」, 『향토서울』 81

배우성, 1996, 「18세기 전국지리지 편찬과 지리지 인식의 변화」, 『한국학보』 85

송인호·조은주, 2011, 「조선 별궁 어의궁(용흥궁)의 도시 위상과 영조의 친영」, 『대한건축학회 논문집: 계획계』 Vol.27, No. 5

안대회, 2009, 「성시전도시와 18세기 서울의 풍경」, 『고전문학연구』 35

오문선, 2008, 「서울지역 공동체신앙 전승과정 고찰: 조선시대 각사 신당의 존재양상과 변화를 중심으로」, 『문화재』 Vol.41, No.2

오세현, 2015, 「조선후기 한양 동부 관동의 인문지리와 연안이씨 관동파」, 『서울학연구』 61

우경섭, 2017, 「17~18세기 임진왜란 참전 명군에 대한 기억」, 『한국학연구』 46

윤정, 2005, 「18세기 경복궁 유지의 행사와 의례」, 『서울학연구』 25

_____, 2012, 「숙종 45년, 국왕의 기로소 입소 경위와 그 정치적 함의」, 『역사문화연구』 43

이순우, 2015, 「근대시기 사부학당 터의 위치 확인과 공간 변화과정에 대한 고찰」, 『향토서울』 89

이현진, 2017, 「조선시대 한양도성에 조성한 남소문의 역사적 변천」, 『조선시대사학보』 83

장지연, 1997, 「광해군대 궁궐영건-인경궁과 경덕궁의 창건을 중심으로」, 『한국학보』 86

_____, 2009, 「권력관계의 변화에 따른 동교 단묘의 의미 변화-근대 선농단과 동관왕묘를 중심으로」, 『서울학연구』 36

_____, 2011, 「조선 초 중앙 사직단단제의 형성과 그 성격」, 『서울학연구』 43

_____, 2011, 「조선시기 고려 법궁에 대한 지식의 변천」, 『규장각』 39

_____, 2012, 「조선시대 선농단과 선잠단의 실제 형태 고찰」, 『조선시대사학보』 63

_____, 2013, 「조선 전기 한양의 지세 인식과 풍수 논란 및 설화」, 『역사문화연구』 46

_____, 2013, 「조선 전기 개념어 분석을 통해 본 수도의 성격」, 『서울학연구』 52

_____, 2018, 「『한경지략』을 통해 본 19세기 한 서울인의 자의식」, 『서울학연구』 70

정대영, 2015, 「『기인한상량』, 19세기 초 홍희조가 바라본 조선의 지리지 제작」, 『한국문화』 72

정정남, 2008, 「인사동 194번지의 도시적 변화와 18세기 한성부 구윤옥 가옥에 관한 연구」, 『건축역사연구』 17권 3호

_____, 2009a, 「장용영의 한성부내 입지와 영사의 건축적 특성-『본영도형』의 분석을 중심으로」, 장서각 21

_____, 2009b, 「임진왜란 이후 남별궁의 공해적 역할과 그 공간 활용」, 『건축역사연구』 18권 4호

조계영, 2011, 「규장각 소장 현판의 역사와 특징」, 『규장각』 39

조규희, 2012, 「조선후기 한양의 명승명소도와 국도 명승의 재인식」, 『한국문학과 예술』 10

진경환, 2015, 「학제 간 연구에서 고전 텍스트의 수용 문제-노송취병을 중심으로」, 『한국전통조경학회지』 33권 4호

최은정, 1997, 「18세기 현방의 상업활동과 운영」, 『이화사학연구』 23 · 24 합집

탁효정, 2017, 「조선시대 정업원의 위치에 관한 재검토」, 『서울과역사』 97

홍순민, 2011, 「조선후기 동궐 궐내각사 배치 체제의 변동-어제 궁궐지 및 궁궐지의 분석을 중심으로」, 『서울학연구』 44

_____, 2012, 「조선후기 동궐 궐내각사의 구성과 직장」, 『서울학연구』 46

_____, 2016, 「조선 후기 승정원의 직제와 공간 구조」, 『규장각』 49

## 인명

## 건물 및 장소

책 및 문헌, 작품명

기타

지은이

**유본예**(柳本藝, 1777~1842)

조선 후기 문신. 본관은 문화(文化), 호는 수헌(樹軒). 아버지가 정조대 규장각 검서관
으로 활동한 유득공(柳得恭, 1748~1807)이다. 유득공은 서일의 후예였기에 관직으로
현달하지는 못하였으나 비슷한 처지의 이덕무(李德懋), 박제가(朴齊家), 서이수(徐理
修) 등과 함께 정조가 설치한 규장각의 검서관으로 많은 활동을 펼쳤다. 형인 유본학
(柳本學)도 규장각 검서관을 지냈고, 유본예 역시 잠시 찰방이나 현감 같은 외직을 지
낸 때를 제외하고는 생애 대부분을 규장각의 검서관으로 근무하였다. 그는 이러한 가
문의 경험과 지식을 바탕으로, 『일성록』의 초본 작성 때 참고하기 위한 『일성록범례』
를 형과 함께 보완, 저술하기도 하였다. 이처럼 서울에서 나고 자라며 규장각을 중심
으로 활동하고 교유한 유본예의 환경은 『한경지략』의 저술에도 많은 영향을 미쳤다.
문집으로는 『수헌집(樹軒集)』이 전한다.


역해자

**장지연**

대전대학교 역사문화학전공 교수. 서울대학교 국사학과를 졸업하고 동 대학원에서
고려~조선시대를 전공했으며, 국도풍수(國都風水) 연구로 박사학위를 받았다. 고려와
조선의 수도인 개경과 한성의 수도계획과 이념 등을 통해 정치이념이 공간을 활용하
고 공간에 반영되는 양상과 공간이 다시 정치와 국가에 영향을 미치며 상호 교섭하는
양상 등을 연구하고 있다. 저서로 『고려·조선 국도풍수론과 정치이념』(신구문화사,
2015), 『경복궁, 시대를 세우다』(너머북스, 2018) 등이 있다.

# 한경지략
## 19세기 서울의 풍경과 풍속

1판 1쇄 찍음 ┃ 2020년 6월 25일
1판 1쇄 펴냄 ┃ 2020년 7월  7일

역해자 ┃ 장지연
펴낸이 ┃ 김정호
펴낸곳 ┃ 아카넷

출판등록 2000년 1월 24일(제406-2000-000012호)
10881 경기도 파주시 회동길 445-3 2층
전화 031-955-9510(편집) · 031-955-9514(주문) ┃ 팩시밀리 031-955-9519
책임편집 ┃ 김일수
www.acanet.co.kr ┃ www.phildam.net

ⓒ 장지연, 2020

Printed in Paju, Korea.

ISBN 978-89-5733-683-0  94080
ISBN 978-89-5733-230-6 (세트)

이 도서의 국립중앙도서관 출판시도서목록(CIP)은
서지정보유통지원시스템 홈페이지(http://seoji.nl.go.kr)와
국가자료공동목록시스템(http://www.nl.go.kr/kolisnet)에서
이용하실 수 있습니다.(CIP제어번호: CIP2020024347)